D1868478

Wolf W. Lasko, Frank Frenzel

Die Magie der Erfolgreichen

Wetten, daß auch Ihr Talent geweckt werden kann

Dieses Buch ist *Ihnen* gewidmet.

Wolf W. Lasko, Frank Frenzel

Die Magie der Erfolgreichen

Wetten, daß auch Ihr Talent
geweckt werden kann

Junfermann Verlag • Paderborn
1996

Covergestaltung: Petra Friedrich

Fotos auf Front-Cover: dpa

Satz: La Corde Noire – Peter Marwitz, Kiel

Die Deutsche Bibliothek – CIP-Einheitsaufnahme
Lasko, Wolf:
Die Magie der Erfolgreichen: Wetten, daß auch Ihr Talent geweckt werden kann / Wolf Lasko; Frank Frenzel. – Paderborn: Junfermann, 1996.
ISBN 3-87387-304-4

NE: Frenzel, Frank; GT

ISBN 3-87387-304-4

Inhalt

Vorwort

Sie haben sich für dieses Buch entschieden – und gehören damit zu den Menschen, die verstanden haben, daß Sie dann Erfolg haben werden, wenn Sie etwas auf andere Weise TUN, als Sie es bisher getan haben. Die in diesem Buch vorgestellten Prominenten sind herausragende Persönlichkeiten auf ihrem Gebiet – und noch viel mehr als das: Hinter jeder Person steht ein Erfolgsprinzip, das auch für Sie einen entscheidenden Wendepunkt in Ihrem Leben markieren kann – wenn Sie es nicht nur kennen, sondern auch nutzen.

Es sei deshalb an dieser Stelle darauf hingewiesen, daß es für Sie bei der Lektüre dieses Buches weniger darum gehen wird, so autofahren zu können wie Michael Schumacher, Tennis zu spielen wie Boris Becker, oder Ihre Kegelbrüder mit geschliffenen Dialogen à la Thomas Gottschalk zu verblüffen – das wäre simpler Personenkult und hätte mit der intelligenten Nutzung der vorgestellten Erfolgs-Denkmuster so viel zu tun, wie ein Rennwagen mit einer Großserienlimousine.

Es geht also nicht darum, eine möglichst originalgetreue Kopie, ein besseres Plagiat einer prominenten Persönlichkeit abgeben zu können (was Ihnen mit diesem Buch allenthalben möglich sein wird, sofern Sie dem Personenkult frönen möchten), sondern darum, die Essenz, die wesentlichen Bestimmungsstücke des Erfolgsmusters zu kennen, durch permanentes Training zu können und für die eigenen Ziele zu adaptieren.

Es geht darum, daß Sie sich Ihrer Fähigkeiten und Talente bewußt werden, daß Sie das entdecken, was Sie wirklich lieben, das tun, wovon Sie 100%ig überzeugt sind – also einfach ausgedrückt: endlich die Potentiale zu voller Wirkung zu bringen, die Sie ohnehin seit dem Tage Ihrer Geburt in sich tragen. Das heißt, daß dieses Buch ein praktischer Wegbegleiter ist, der Ihnen zeigt, wie Sie Ihre Voraussetzungen und Fähigkeiten in allen Bereichen des Lebens besser nutzen können. Es ist ein Katalysator, der bestimmte Prozesse beschleunigen wird, die Sie ohnehin früher oder später durchlaufen hätten.

Sie werden beim Lesen schnell feststellen, daß Sie Talente und Möglichkeiten im Überfluß in sich tragen, daß Sie, wie viele andere Menschen, „eigentlich" alles an Wissen haben, um ein wirklich erfolgreiches und erfülltes Leben führen zu können – und Sie werden sich auch sehr schnell darüber klar werden, daß wir manchmal nicht tun, was wir wissen.

Sollten Sie sich also entschlossen haben, endlich aufzuwachen, zuzugreifen und die Dinge zu erreichen, die Ihnen wirklich wichtig sind, dann dürfen Sie sich schon jetzt auf eine ganze Reihe spannender Entdeckungen freuen...

... und dabei wünschen wir Ihnen jetzt viel Spaß!!

Elsdorf-Bergheim/Münster, im Dezember 1995
Frank Frenzel
Wolf W. Lasko

P.S.: Wie oft verglimmen die gewaltigsten Kräfte, weil kein Wind sie anbläst oder: Der einzige Weg, der zum Wissen führt, ist Tätigkeit.

1 Jetzt sind Sie dran! Oder: Warum manche Menschen immer wieder vor dem Erfolg davonlaufen.

Immer wieder Sonntags ... Mal ehrlich: Haben Sie nicht auch irgendwann einmal im tiefsten Winkel Ihres Herzens all die Stars und Sternchen bewundert, die den Erfolg und das Leben in vollen Zügen genießen können?

Haben Sie auch schon einmal, wenn auch nur ganz nebenbei, so etwas wie Neid gespürt, wenn Michael Schumacher und Damon Hill sich auf dem Siegertreppchen wie selbstverständlich ein Prickelwasser aus der Champagne über die sponsorenverzierten Mützchen gegossen haben, während Sie mit einem Glas Schaumwein in der Hand trübsinnig auf dem Sofa lagen?

Ihre Entscheidung, sich mit diesem Thema auseinanderzusetzen zeigt, daß Sie mehr wollen, als eine auf unbestimmte Zeit gültige Karte für die Zuschauertribüne des Lebens – zumal es dort ja auch schon ziemlich eng ist.

Wie aber gehen Menschen vor, die scheinbar keine Probleme haben, (fast) jedes beliebige Ziel zu erreichen? Wie denken sie? Wie schaffen sie es, immer wieder im entscheidenden Moment ihren Erfolg selbst zu kreieren und zu genießen?

Woher nehmen sie die Hartnäckigkeit und Beharrlichkeit, die tiefe innere Überzeugung und all den Mut, Träume nicht nur zu haben, sondern auch Wirklichkeit werden zu lassen? Sind nicht auch strahlende Siegertypen manchmal von Zweifeln geplagt, schauen nicht auch sie manchmal ängstlich oder unsicher in die Zukunft?

Wir versprechen Ihnen – auch diese Menschen tun es. Anders als viele andere Menschen wissen sie jedoch, daß sie ihr Leben selbst in der Hand haben. Sie können Ihr Leben ändern – indem Sie auf Ihre inneren Kräfte vertrauen und Entscheidungen treffen. Sie entscheiden ganz allein, wie glücklich oder unglücklich Sie sind – nur Sie haben es in der Hand. Wie sonst sollten Sie den Partner bekommen, den Sie lieben, wie sonst sollten Sie die Sterne auch dann sehen können, wenn der Himmel bewölkt ist?

Die uns bekannte Flut von neuerdings erschienenen Werken zu diesem Thema gehen bei der Analyse dieses Phänomens kaum über einfache Patentrezepte oder die gebetmühlenartig wiederholte Aufforderung zum „positiven Denken" hinaus. Andere „Werke" wiederum verlaufen sich in der Behauptung, jeder könne sein noch so trostloses Dasein als Postbeamter, Salamiverkäufer oder Bürger der neuen Bundesländer innerhalb weniger Minuten ändern – vorausgesetzt er fände die für ihn passenden „Erfolgswörter", die ihn von Stund an zu Höchstleistungen anspornen. „Genial", „phänomenal" und „Superlativ" allein lassen den Erfolg jedoch noch nicht vom Himmel fallen (und wer FILOFAX gesehen hat, hat vielleicht auch schon entdeckt, daß so etwas nur im Film funktioniert!).

Was also ist der Unterschied, der den Unterschied ausmacht? Während unserer langjährigen Tätigkeit als Unternehmensberater der Winner's Edge, Gesellschaft für Führungs-, Strategie- und Verkaufscoaching mbH in Düsseldorf, hatten wir permanent Kontakt zu Kunden, die mit uns gemeinsam Außergewöhnliches vollbracht haben: strategische Neuorientierung defizitärer Unternehmensbereiche, Erstellung und Umsetzung von Visionen, deren Konsequenzen bis weit in das nächste Jahrtausend hineinreichen werden, Aufbau völlig neuer Verkaufs- und Außendienststrukturen, die neue Absatzmärkte schaffen und damit das Tor zu weiterem Unternehmenserfolg öffnen. Auf unserem Weg trafen wir auch viele Menschen, die privat überaus erfolgreich waren und deren Erfolg ins Berufsleben abstrahlte und umgekehrt.

So war es irgendwann naheliegend, das persönliche Wachstum jedes einzelnen, hinter dem Erfolg stehenden Menschen, den wir kennengelernt und als Prozeßberater ein Stück seines Weges begleitet haben, zu dokumentieren und in einem zweiten Schritt zu analysieren.

Dabei war die Zusammenarbeit mit unseren Partnern von der European Academy for Research of NLP and MORE GmbH immer wieder nützlich und hilfreich dabei, die Spitzenleistungen dieser Siegertypen nicht nur zu verstehen, sondern mit Hilfe des NLP* auch zu modellieren. Erst dadurch ist es möglich geworden, dieses Buch zu ge-

* NLP (Neurolinguistisches Programmieren) ist eine der effektivsten Kommunikationsmethoden, die in den letzten Jahren entwickelt wurden. NLP hat in den verschiedensten Bereichen von Kommunikation neue Standards etabliert. Welche Kommunikationsmuster und welche sprachlichen Elemente benutzen die Menschen, die höchst erfolgreich kommunizieren? Der Mathematiker und Psychologe Richard Bandler und der Sprachwissenschaftler John Grinder filterten diese Elemente in den frühen siebziger Jahren durch Beobachtung und Modellierung „kom-

stalten, das die Erfolgsstrategien der Siegertypen nicht nur beschreibt, sondern erstmalig auf ihre gedanklichen Strukturen (Denkprogramme, oder im NLP: META-Programme) hin untersucht und sie damit für jeden Interessierten verstehbar und nachvollziehbar macht.

Die Idee der neun Grundmuster/META-Programme ...

In unserer Arbeit zeigte sich immer deutlicher, daß es nicht ausreicht, einfach irgend etwas irgendwie zu denken – das tut bekanntlich jeder, und ebenso bekannt sind die manchmal frustrierenden trial and error-Versuche solcher gedanklichen Kapriolen.

Wirklich nützlich und sinnvoll, so war unsere Überlegung, kann ein solches Buch nur dann sein, wenn es uns gelingt, das Denksystem dieser erfolgreichen Persönlichkeiten zu entschlüsseln und damit für jeden Interessierten verstehbar und nachvollziehbar zu machen. Nur mit einer Systematisierung, die es Ihnen möglich machen wird, einzelne Teile dieser Denkmuster oder gar ein ganzes Denksystem für Ihr persönliches Leben zu übernehmen, kommen Sie von der Zuschauertribüne herunter in das Fahrerlager.

Wir stellen Ihnen daher in diesem Buch neun Grundmuster des Denkens vor (s.u.), die sich in unterschiedlicher Kombination und mit unterschiedlicher Gewich-

---

munikativer Zauberer" wie Milton Erickson, Virginia Satir und Fritz Perls. Später untersuchten sie auch erfolgreiche Verkäufer und Führungspersönlichkeiten und machten dabei erstaunliche Entdeckungen, die das Menschenbild im NLP bis heute bestimmen: Jeder Mensch, egal ob erfolgreich oder weniger erfolgreich, hat alle Ressourcen in sich, um die Ziele zu erreichen und die Resultate zu produzieren, die er sich wünscht. Was sie brauchen, um das angestrebte Ziel zu erreichen, ist die Möglichkeit, sich ihre persönlichen Ressourcen wirklich in vollem Umfang verfügbar zu machen.

Doch diesen professionellen Veränderern gelang noch mehr: Sie waren in der Lage, sowohl das eigene Verhalten als auch das ihrer Mitmenschen in einem sehr kurzen Zeitraum höchst effektiv zu verändern und dadurch nicht nur wichtige Ziele gemeinsam mit ihren Partnern zu erreichen, sondern auch zu einem respektvollen und würdigenden Umgang miteinander zu kommen.

Die Ergebnisse ihrer Analysen stellten Bandler und Grinder in „Programmen" zusammen, die „linguistisch" (sprachlich) vermittelbar sind und die „neurologischen" (nervlichen, gedanklichen) Abläufe im Gehirn beeinflussen können. Das Neurolinguistische Programmieren (NLP) war geboren.

NLP versteht sich als Sammlung anwendungsorientierter Fähigkeiten aus der Praxis erfolgreicher Kommunikation. Deshalb sind die Bausteine erfolgreicher Kommunikation für jeden Interessierten nachvollziehbar und erlernbar. All das ist nachzulesen in so hervorragenden Büchern wie: *NLP in Stichworten. Ein Überblick für Einsteiger und Fortgeschrittene* von Thomas Rückerl oder: *Der Zauberlehrling. Das NLP-Lern- und Übungsbuch* von Alexa Mohl – beide Bücher sind im Junfermann Verlag, Paderborn, erschienen.

tung bei ALLEN erfolgreichen Siegertypen finden lassen und die auch Ihnen zur Verfügung stehen. Sollten Sie also zu denjenigen Lesern gehören, die sich bereits mit diesem Thema beschäftigt haben, so werden Sie vieles von dem, was Sie bereits jetzt praktizieren, womit Sie schon heute erfolgreich sind, hier noch einmal systematisiert vorfinden (und dabei noch so manche neue Idee entwickeln).

Sollten Sie zu denjenigen Menschen gehören, die den Erfolg wollen, aber noch nicht wissen, wie sie das Ziel erreichen können, enthält dieses Buch eine Fülle von praktischen Anregungen und Beispielen, die sich direkt auf Ihr Leben umsetzen lassen.

Wenn Sie sich noch gar nicht gefragt haben, warum andere Menschen Sie ständig überholen (wieso haben Sie dann dieses Buch gekauft?), dann gehören Sie zu den Lesern, die das größte Entwicklungspotential besitzen und am stärksten von diesem Buch profitieren werden – herzlich willkommen.

... und wie SIE sie anwenden sollten

Doch Vorsicht: Das Lesen von Büchern und anschließende Reproduzieren der dort gefundenen, mehr oder weniger geistreichen Formulierungen im Freundeskreis reicht keinesfalls aus, um wirklich erfolgreich zu sein. Dieses Buch ist weder als Pausenlektüre in der Kantine, noch als Weihnachtsgeschenk für Freunde empfehlenswert. Vergessen Sie auch die Auswüchse alter Silvestertraditionen, gute Vorsätze auf ein Blatt Papier zu schreiben, in der Hoffnung, sie erfüllten sich dadurch schneller. Wann immer Sie in diesem Buch etwas wirklich anspricht und begeistert (und wir versprechen Ihnen, dies wird vorkommen) – dann legen Sie das Buch aus der Hand und TUN Sie etwas. Rufen Sie endlich Ihren wichtigsten Kunden an, bitten Sie Ihre Exfrau/Exmann um Frieden oder beginnen Sie jetzt damit, Ihr Unternehmenskonzept/Ihre Produktidee umzusetzen.

Werfen Sie auch farbige Textmarker und ähnlichen Schund in den Müll (oder schenken Sie sie den Nachbarskindern), mit dem Sie bisher Ihrer Umwelt rege geistige Anteilnahme an einem Buch demonstrieren wollten. Dies ist ein Arbeits- und kein Malbuch. Und wenn Sie partout Dinge unterstreichen wollen, „um sie nicht zu vergessen" (was übrigens nur passiert, wenn Sie im Sessel sitzenbleiben und weiterlesen – Dinge, die Sie GETAN haben, werden Sie NIE mehr vergessen!!), dann tun Sie das bitte mit Bleistift und Lineal. Diese Technik nutzte bereits der alte Goethe und hat es damit zu acht Frauen und bis zum Geheimrat am Hof des Herzogs Karl August von Weimar gebracht. (Zwischendurch soll er auch noch einige schwer zu verstehende Bücher verfaßt haben, die deshalb heute bei weiten Teilen der Bevölkerung in Vergessenheit geraten sind – eine Ausnahme bildet hier lediglich die Boxerlegende FAUST, die dann und wann noch von wohlmeinenden Pädagogen im Deutschunterricht bemüht wird – meistens jedoch mit K.O.-Effekt.)

Die neun Grundmuster/META-Programme

Die Grundidee der META-Programme ist verblüffend einfach: Wie aus der empirischen Sozialforschung bekannt, unterscheiden sich Menschen sowohl hinsichtlich ihrer Einstellungen (Werte) als auch hinsichtlich ihres Verhaltens (Handlungen). Für manche Menschen sind Werte wie Höflichkeit oder Freundlichkeit sehr wichtig, andere wiederum legen größten Wert auf Ehrlichkeit. Manche Menschen essen morgens lieber Müsli, andere dagegen nehmen nur Yoghurt zu sich (Verhaltensweisen).

Andere bekannte Modelle aus dem NLP (u.a. des Modell der logischen Ebenen der Veränderung von Dilts) unterstützen die Annahme, daß Verhalten (und damit auch erfolgreiches Verhalten) sich aus den Werteorientierungen und den dahinterstehenden Glaubenssätzen oder Identitätsaussagen eines Menschen ableiten läßt. Ein Verfahren, das bei näherer Betrachtung ebenso einleuchtend wie handhabbar erscheint.

X Wer glaubt, etwas nicht zu schaffen, hat eine große Wahrscheinlichkeit auf seiner Seite, tatsächlich zu versagen (vgl. Kap. 2). Wer von sich sagt:

- „Das schaffe ich sowieso nicht",
- „Das ging noch nie",
- „Ich bin halt doch nicht so gut wie die anderen" (Glaubenssätze), oder
- „Ich bin doch nur ein Angestellter" (Identitätsaussage),

der wird sein Ziel tatsächlich nicht erreichen, weil er sich vorher schon sabotiert und auf Mißerfolg programmiert.

Sie glauben, solche Denkmuster entscheiden nicht über Erfolg oder Mißerfolg? Das folgende Beispiel wird Ihnen zeigen, daß Ihre Identität („Ich bin ein/e...") zu bestimmten Glaubenssätzen („Ich bin/ich kann...") führt. Ihre Glaubenssätze ermögli-

Die logischen Ebenen der Veränderung

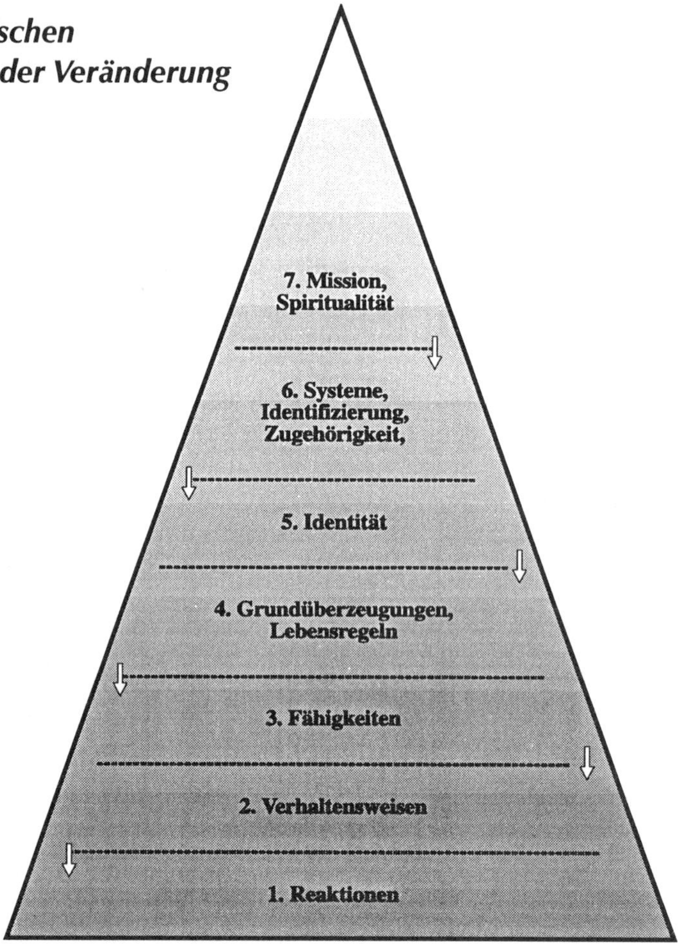

chen es Ihnen, oder machen es Ihnen unmöglich, bestimmte Fähigkeiten zu aktivieren („Ich habe die Fähigkeit...“), die ihrerseits das letztendlich erfolgreiche Verhalten („Ich tue...“) erst ermöglichen oder verhindern – obwohl Sie die Fähigkeit vielleicht durchaus besessen hätten!!

Stellen Sie sich bitte die folgende Situation möglichst plastisch vor: Sie sitzen mit einem bis zum Knie eingegipsten rechten Bein auf einem Motorrad und befahren eine Straße in Strandnähe. Plötzlich kommen Sie in einen Bereich, in dem die Straße von einer größeren Sandfläche durchbrochen wird. Sie erkennen, daß der Sandstreifen tiefer ist. Nun wissen Sie zweierlei: Erstens hat Ihnen das Durchfahren von Sandpassagen bisher noch nie Schwierigkeiten bereitet. Zweitens dürften Sie im Falle eines Strauchelns aber nur Ihr linkes (das nicht eingegipste) Bein ausstrecken, um das Motorrad abzustützen. Sie wissen außerdem, daß es Ihnen bisher niemals Schwierigkeiten bereitet hat, sich beim Straucheln für nur eines der Beine (z.B. das linke) als Stütze zu entscheiden. Mit welchem Gefühl fahren Sie durch die Sandpassage?

Bei allen Versuchen, die wir mit dieser Konstellation gemacht haben, reagierten Teilnehmer mit erheblichen Unsicherheitsgefühlen, die sich auf allen logischen Ebenen (s.o.) dokumentieren ließen. Allein der Glaube „Ich bin verletzt, das schaffe ich nicht", führte dazu, daß eine ganze Batterie von Fähigkeiten (nämlich – unabhängig von dem Gips –, sich für das linke Bein als Stütze zu entscheiden, auf seine Erfahrung und sein Balancegefühl zu vertrauen etc.) nicht aktiviert wurden und damit auch nicht in erfolgreiches Verhalten umgesetzt werden konnten – und dies, obwohl jeder unserer Camp-Teilnehmer über die Verhaltensweisen verfügte, die ein erfolgreiches Lösen der Aufgabe ermöglicht hätten!!

Wenn Identitätsaussagen schon in wenig komplexen Situationen wie dieser einen so entscheidenden Einfluß auf Erfolg oder Mißerfolg haben, überlassen wir es Ihrer Phantasie, sich auszumalen, welche Fortschritte Sie machen werden, wenn Sie limitierende Glaubenssätze und überholte Identitätsaussagen, die Ihnen vielleicht in der Vergangenheit nützlich und hilfreich waren, einmal sorgfältig auf ihre aktuelle Relevanz überprüfen. Womit wir nicht gesagt haben, daß Sie sich zukünftig mit Hurra-Gebrüll auf jedes Sandloch stürzen – diese Strategie kennzeichnet den Dilettanten (also jemanden, der nur aus Spaß an der Freud eine Sache tut), nicht aber den Profi und bringt übrigens außer dem Gelächter der allenthalben schadenfrohen Zuschauer nichts außer Beulen am Kopf und Sand zwischen den Zähnen.

Die empirische Sozialpsychologie hat die Wirkung von Identitätsaussagen und Glaubenssätzen sowie der nachgeordneten Aktivierung von Fähigkeiten und Verhaltensweisen auch noch an einem anderen, mittlerweise klassischen Beispiel deutlich gemacht:

Was aber sagen und denken wirklich erfolgreiche Menschen? Wir haben die in diesem Buch präsentierten Erfolgsstrategien aus Interviews mit den hier vorgestellten prominenten Siegertypen herausgearbeitet und den entsprechenden META-Programmen zugeordnet. Die META-Programme sind ein von uns exclusiv entwickeltes Analyseinstrument, das wir schon in vielen Modelling-Seminaren, Trainings und natürlich speziell beim Coaching von Führungspersönlichkeiten des Spitzenmanagements oder Sportlern erfolgreich eingesetzt haben. Wer sich dabei für die statistische Basis der einzelnen Kategorien oder deren Zustandekommen interessiert, sei hier auf den Anhang verwiesen, der detailliertere Einblicke erlaubt.

Ausgehend von der Erfahrung, daß sich der Denkprozeß und die Denkprogramme eines Menschen zu einem großen Teil in seiner Sprache und der Form seiner Formulierungen widerspiegelt (also nicht im Inhalt, womit wir der landläufigen Meinung entgegentreten, es sei wichtig, WAS jemand sagt; wir sind vielmehr davon überzeugt, daß der entscheidende Anteil der Information über die Denkprozesse daher gewonnen wird, WIE jemand etwas sagt), haben wir eine Fülle von sprachlichen Formulierungen der hier vertretenen Personen untersucht und kategorisiert.

Falls Sie nicht glauben, daß das WIE des Denkens und Sprechens wichtiger sind als das inhaltliche WAS, so machen Sie bitte sofort folgendes Experiment: Gehen Sie zu Ihrem Kollegen, Ihren Kindern, Ihrer Nachbarin und sagen Sie ihm/ihr ohne Blickkontakt, mit hängenden Schultern und Beerdigungsstimme: „Ich schätze Sie wirklich als einen wertvollen Menschen." Wie war die Reaktion?

Falls Sie Personalchef, Führungskraft oder in einer ähnlichen Position sind, machen Sie schnell folgendes Gedankenspiel: Sie wollen eine Stelle, die Fremdsprachenkenntnisse erfordert, intern neu besetzen und haben zwei Bewerber zur Auswahl. Beide verfügen nicht über die vollständigen Fremdsprachenkenntnisse, die aus Ihrer Sicht der Dinge wünschenswert wären. Für welchen Kandidaten entscheiden Sie sich?

Kandidat 1: „Ich will bestimmt versuchen, mir das erforderliche Wissen anzueignen – allerdings hatte ich mit den Fremdsprachen immer so meine Probleme, weil ich mich beim Lernen nicht so konzentrieren kann."

Kandidat 2: „Ich werde in den nächsten Wochen mit erster Priorität an der Verbesserung meiner Spanischkenntnisse arbeiten."

Während der erste Kandidat außer einer wohlmeinenden Absichtserklärung und einer Problemorientierung (*weg von*; er sagt Ihnen, was ihm alles schwerfällt und was er nicht kann, ja, schon in der Vergangenheit alles nicht konnte) nichts bietet, geht Kandidat zwei lösungsorientiert vor (*hin zu*; Zukunft, meine Stärken) und wird wohl weitaus eher eine Chance auf ein neues Büro und eine Gehaltserhöhung haben. Was Kandidat eins vielleicht bleibt, ist die Einsicht in die Ungerechtigkeit der Welt und deren

Unabänderbarkeit als genetisch vorprogrammierte Schicksalsbürde (womit wieder bewiesen wäre, daß seine Eltern an allem Schuld haben).

Jedes der neun META-Programme spannt ein ganzes semantisches Bedeutungsfeld auf, dessen Einzelbegriffe ebenfalls im Anhang dokumentiert sind und die in den entsprechenden Äußerungen der Personen immer wieder auftauchen (siehe Beispiel oben).

Hier nun die Kategorien im einzelnen:

1.	Einsatz, Leistung, Anstrengung	vs.	Gott wirds geben, es wird schon wieder werden
2.	Talente erkennen und nutzen	vs.	Einordnen in die Strukturen der Zeit
3.	Verzichten, Demut, Entbehrung	vs.	Mitnehmen, was ich bekommen kann
4.	Gerichtetes Handeln, Zielfixierung	vs.	Spontanes Handeln, zufälliges Agieren
5.	Werteursprung innen, Konfliktpotential wird erkannt und konstruktiv genutzt	vs.	Werteursprung außen, was ist für andere wichtig, Konfliktvermeidung
6.	Mut- und Risikobereitschaft	vs.	Sicherheit, Komfort, Tradition
7.	Kopfgesteuertes Handeln (i.S. der Frommschen Kategorien)	vs.	Emotional gesteuertes Handeln, Sein-Orientierung
8.	Denken in großen Zusammenhängen	vs.	Denken in detaillierten Strukturen
9.	Handeln zukunfts- und lösungsorientiert	vs.	Handeln vergangenheits- und problemorientiert

Zu den Kategorien:

Einsatz/Leistung vs. Gott wird's geben (Kategorie 1)

Viele Menschen haben inzwischen erkannt, daß die Götter vor den Lohn den Schweiß gesetzt haben und sind entsprechend gewillt, sich anzustrengen, um etwas zu erreichen. Andere hingegen glauben immer noch, das Warten auf bessere Zeiten allein reiche aus, sie auch tatsächlich herbeizubringen. Dabei ließ uns schon Goethe wissen: „Wem es an Willenskraft fehlt, dem gebricht es an einem Wort der Entschuldigung nicht."

Nun gibt es ja immer noch jene hartnäckig überzeugten praktizierenden Christen, die zwar zu ihrer Konfirmation das letzte Mal ein Gotteshaus von innen gesehen haben, seitdem aber umso hartnäckiger nach der biblischen Weisheit: „Sie säen nicht und sie ernten nicht und dennoch sorgt der himmlische Vater für sie" leben. Zeitgenössische, gewissermaßen säkularisierte Varianten des himmlischen Herrn begegnen uns heute in jeder Gemeinde in Form von Arbeits- und Sozialämtern.

Falls Sie also Ihr Monatsgehalt vom größten und krisensichersten Arbeitgeber Deutschlands beziehen und mit Stammtischexperten darüber räsonieren, daß sich „richtiges" Arbeiten doch gar nicht mehr lohne und viel zu niedrig bezahlt sei, so überlegen Sie bitte, was Sie (außer der Umsatzsteigerung Ihrer Stammkneipe) selbst getan haben, um in eine höhere Einkommenskategorie zu gelangen.

Siegertypen haben erkannt, daß die Beobachtung ihres beruflichen Umfeldes und das Registrieren von Trends und Veränderungen zu einer der wichtigsten Leistungen gehört, die ihnen den Erfolg garantieren. Falls Sie also wieder mal nur knapp an der Beförderung verbeigeschlittert oder mir nichts, dir nichts „unverschuldet" arbeitslos geworden sind, oder „plötzlich und unerwartet" einen wichtigen Kunden an einen Mitanbieter verloren haben, dann ist es ernsthaft an der Zeit, sich bei der Suche nach den Schuldigen den Spiegel vor Ihr Gesicht zu halten und diesem Schuft fest in die Augen zu sehen. Bei dieser Gelegenheit sollten Sie ihm gleich eine der nachfolgenden Fragen stellen:

❐ Woher nahmst du die sichere Überzeugung, dein ruhiges und beschauliches Leben würde ewig so weitergehen?
❐ Was hast du in den letzten zwölf Monaten (zwei Jahren, fünf Jahren) getan, um Veränderungen in deinem Umfeld zu registrieren? (Firmen brechen nicht von heute auf morgen zusammen und „plötzlicher" Kundenschwund ist unserer Ansicht nach ein Phänomen aus dem Bereich von Dichtung und Heldensagen). [1]
❐ Wo war dein Einsatz hinsichtlich Weiterbildung, Höherqualifizierung (fachlicher oder persönlicher Bereich) und Kompetenzerweiterung?
❐ Hast du die richtigen Dinge getan, anstatt nur die dir aufgetragenen Dinge richtig zu tun?

Siegertypen wissen, daß die Luft an der Spitze dünner wird. Sie wissen auch, daß dort auf lange Sicht nur derjenige bestehen wird, der sein faustisches Streben nicht nur als platte small talk-Platitüden auf Stehempfängen und Cocktail-Parties zum besten gibt, sondern verinnerlicht hat und jeden Tag mit der Maxime beginnt: „Werd ich beruhigt mich je auf ein Faulbett legen, so sei es gleich um mich getan."

Doch halt, bevor wir diese Katagorie abschließen, sollte noch auf einen wichtigen Umstand hingewiesen werden: Sie begegnen uns ja tatsächlich immer wieder – die Menschen, die eigenverantwortlich, motiviert, leistungsorientiert und mit Spaß an die Arbeit gehen. Außendienstler in Banken, Versicherungen oder Pharmakonzernen, die tagtäglich überdurchschnittliche Leistungen erbringen, dafür aber nur durchschnittlich entlohnt werden. Sollten Sie zu dieser zahlenmäßig kleinen Kategorie von Mitarbeitern zählen und solches oder ähnliches schon mehrfach erlebt haben, so ist es vielleicht langsam aber sicher an der Zeit, sich zu überlegen, ob Sie mit Ihren Kompetenzen wirklich noch für die richtige Firma arbeiten. Siegertypen fischen immer dort, wo die Fische sind. Nehmen Sie Ihr Angelzeug und wechseln Sie den Teich!

Für hierarchisch strukturierte Unternehmen gilt: Je eigenständiger und kompetenter der Mitarbeiter, desto größer ist die Gefahr sensibler Vorgesetzter, Gefühle von kränkelnder Ego-Bedrohung oder Schübe akuter Kompetenzverlustängste, schlimmstenfalls bis hin zur Frage nach der Sinnhaftigkeit des eigenen Daseins, zu erleiden. Ebenso klassisch wie diese Heldenfigur sind ihre in weiten Teilen berechenbaren Reaktionen zur „Abwendung" der Krise: Aufblähung des firmeninternen Controlling-Wesens (was die Katastrophe zwar nicht abwendet, aber wenigstens zahlenmäßig penibel kontrollierbar macht), Aufbau weiterer Kontrollinstanzen sowie die radikale Streichung all jener Mittel, die in grauer Vorzeit einmal als sinnvoll angesehen wurden, um an den Kunden heranzukommen (in der Regel Budgets für Aus- und Weiterbildung, Geschäftsreisen, Kunden- und Mitarbeiterincentives, Bewirtungskosten etc.). Falls gar ein neues Vorstandsmitglied oder ein externer Berater in das Unternehmen geholt wurde, der, ähnlich wie der oben beschriebene Mitarbeiter von der irrigen Annahme ausging, tatsächlich Veränderungen herbeiführen zu sollen, so wird man sich möglichst schnell wieder von ihm trennen – notfalls einfach deshalb, weil er den Betriebsfrieden stört (dies ist die in Unternehmenskreisen übliche Umschreibung eines gegen den Strom schwimmenden Querdenkers, der dem Mißverständnis aufsaß, tatsächlich das tun zu wollen, wofür er beauftragt wurde. Die typische Dramaturgie solcher Heldenepen entnehmen Sie bitte der Fachpresse). Daß all diese Maßnahmen nichts mehr mit Einsatz oder Leistung, sondern allenfalls mit blindem Aktionismus zu tun haben, versteht sich für den außenstehenden Betrachter von selbst.

Siegertypen wissen daher, daß Leistungsbereitschaft und Einsatzwille nichts mit Aktionismus, dafür aber sehr viel mit Zielstrebigkeit und Disziplin zu tun haben – doch davon soll später noch die Rede sein (vgl. Kategorie 4).

Typische sprachliche Beispiele aus beiden Bereichen sind etwa (wobei wir diejenigen Leser, die das gesamte semantische Feld kennenlernen möchten, auf den Anhang verweisen): Ehrgeiz, Stimulation, rackern, ringen, Pflicht, in etwas aufgehen, bzw. sich kein Bein ausreißen, nicht denken an, auf der faulen Haut liegen, träge, lässig, lax.

Talente erkennen und nutzen vs. Einordnen in die Strukturen der Zeit (Kategorie 2)

Es gibt immer wieder Menschen, die über besondere Talente verfügen und diese nutzen – auch wenn sie damit gegen den Strom der Zeit oder einen aktuellen Trend schwimmem müssen. Jil Sander ist ein besonders anschauliches Beispiel dieser Kategorie, die allgemeine Tendenz zur Eröffnung von mehr und größeren Filialen an möglichst vielen international bekannten Modestädten nicht mitzutragen, sondern mit einem ganz eigenen Konzept, das ihren persönlichen Talenten entspricht, zum Erfolg zu gelangen.

Siegertypen, die ihre Talente erkennen und nutzen, tun dies nicht deshalb, weil es gerade im Trend der Zeit liegt – sondern weil sie es sowieso hätten tun müssen. Oft ist gerade dieses Talent, das sie nutzen, das einzige, das sie besitzen. Wer sich den Lebensweg eines Thomas Gottschalk, eines Henry Maske oder einer Fürstin Gloria anschaut, wird feststellen, daß sich keiner dieser Siegertypen einfach in die Strukturen der sie umgebenden Zeit eingeordnet hat – Siegertypen stellen vielmehr das isolierte Element in der Masse der Mittelmäßigkeit, und beeinflussen dadurch das Denken und Handeln vieler Menschen in eine neue, manchmal positive Richtung: Henry Maske war schon zu DDR-Zeiten bei Experten als kluger Taktiker geschätzt und wurde allenfalls von seinen weniger erfolgreichen Kollegen oder Gegnern abschätzig als „Zähler" bezeichnet. Er lebt für einen Beruf, der durch sein Auftreten und seine herausragenden Leistungen den endgültigen Ausstieg aus dem Schmuddelimage der rolexverzierten Bahnhofsumgebung gefunden hat. Thomas Gottschalk war der erste, der dem staatlicherseits verordneten Fernsehmief aus deutschen Wohnstuben den frischen Wind eines zielgruppenorientierten Programms entgegensetzte (wir denken hier natürlich vor allem an junge Zuschauer, die auch damals schon die Kapitalkraft besaßen, sich den lieben langen Tag mit Hamburgern und Gummibärchen vollzustopfen und ihre Eltern mit der zehnten LP von Thommy's Pop Show zur Verzweiflung zu treiben). Auf nähere Betrachtung gerontologisch/geriatrischer Veranstaltungen wie Thoelkes „Der große Preis", Elstners Kärtchenquiz oder Hanse Rosenthals „Dalli Dalli" soll hier verzichtet werden.

Der Wille, seine eigenen Talente zu erkennen und notfalls auch gegen den Widerstand der Umwelt durchzusetzen (Sie denken hier bitte auch an das Rauschen im Blätterwald, das der Hut von Fürstin Gloria anläßlich der Siemens-Beerdigung verursachte und erkennen, daß selbst solche Kleinigkeiten manchen Menschen tagelang Diskussionsstoff liefern und so die allgemeine Tristesse des Lebens bis zur nächsten Folge von Hans Meisers Hausfrauendiskussionen überbrücken helfen), schlägt sich bei allen untersuchten Siegertypen auch sprachlich nieder. Als Beispiele mögen hier dienen: Talent, Begabung, Fähigkeit, Errungenschaft, Entdeckung, Geschicklichkeit, Einträglichkeit, Nutzbarkeit, bzw. schwanken, verfliegen, Ja-Sager, Ohr-Bläser, gleichförmig, goldene Mitte, Allerweltsfreund.

Verzichten, Demut vs. mitnehmen, was ich bekommen kann (Kategorie 3)

Wirkliche Siegertypen sind keine Eintagsfliegen. Gerade im Sport gelingt jedem Athlet irgendwann einmal eine herausragende Leistung. Siegertypen zeichnen sich jedoch dadurch aus, daß sie solche Leistungen permanent wiederholen können. Dazu gehört auch die Fähigkeit, auf Trainer und Mentoren zu hören, sich seine Karriere langsam und mit Bedacht aufzubauen und eher zurückhaltend bei allzu verlockenden Finanzversprechungen freigiebiger Sponsoren zu sein (die dafür in der Regel Gegenleistungen in Form von Autogrammstunden, Kaufhausinterviews etc. erwarten). Wem die Wichtigkeit von Bescheidenheit zur rechten Zeit nicht deutlich wurde, der schaue sich die boxerische Entwicklung von Henry Maske an, nachdem er alle möglichen

Fernsehauftritte, Auszeichnungen etc. akzeptiert hatte – seine boxerischen Leistungen fielen hernach nicht nur nach eigenem Bekunden deutlich zurück. [2]

Siegertypen zeichnen sich durch die Erkenntnis aus, daß Fernsehauftritte in einer Zeit, in der selbst Kulturagrarökonomen und gelangweilte Hausfrauen ungehinderten Zutritt zu heißen Stühlen, diversen Türmen, Bahnhöfen und sonstigen Explosiv-Shows haben, eine durchaus weltliche Angelegenheit sind und überlassen derartige Übungen deshalb auch den alleinerziehenden, nickelbebrillten und bärtigen Betroffenheitsvätern, die dort wahlweise Kinderlieder zur Laute intonieren oder über die seelische Grausamkeit von Frauen schwadronieren.

Wer den sportlichen Werdegang einer Steffi Graf mit dem von Kolleginnen vergleicht, die den plötzlichen Ruhm nur noch im Drogennebel ertragen können, dem wird vielleicht die Bedeutung von Verzicht und Entbehrungen deutlich. Der Steuerskandal, der die Familie Graf in der letzten Zeit in der Öffentlichkeit diskreditierte, ändert an dieser Grundeinstellung nichts. Diese Eigenschaften sind gerade dort wichtig, wo große Gagen und schnelle Berühmtheit locken und der siegestrunkene Taumel der Eintagsfliege nur zu leicht mit dem entbehrungsreichen Leben eines Leistungssportlers verwechselt wird, den viele Menschen gerade deshalb als Star bewundern, weil er sich nicht wie einer verhält.

Wortbeispiele aus diesem Bereich sind: im Hintergrund bleiben, sich beschränken, es bewenden lassen, entbehren können, zufrieden, genügsam, abgeben, teilen, bzw. sich ausleben, ausschweifen, dem Affen Zucker geben, sich gehen lassen, Lebemann, Schwelger, Prasser, über die Schnur hauen.

Gerichtetes Handeln, Zielfixierung vs. spontanes Handeln, zufälliges Agieren (Kategorie 4)

Menschen, die gerichtet handeln, setzen alle ihre Energien und Ressourcen ein, um das gesetzte Ziel zu erreichen. Sie wissen, was es ihnen bedeutet, das Ziel zu erreichen und sie wissen auch, was es heißen würde, das Ziel nicht zu erreichen. Sie bezahlen einen hohen Preis an Entschlossenheit, Mut und Zielstrebigkeit, um ans Ziel zu kommen.

Diese Strategie kommt ihnen keinesfalls hausbacken oder altmodisch vor. Während die inzwischen wieder in die Mode gekommenen Sponti-Typen sich jeden

Tag aufs neue ganz entspannt im Hier und Jetzt zielstrebig auf das Finale ihrer einmaligen, weltverändernden Tat vorbereiten und dabei meistens eher streben, als daß sie zielen, erkennen Siegertypen ihren Stern auch bei bewölktem Himmel. Sie wissen, daß nicht jeder Tag gleich gut ist. Sie verfolgen ihr Ziel auch dann, wenn das Training mäßig, das Duschwasser kalt oder die letzte Show ein Flop war. Sie sind nicht abhängig von äußeren Umständen und sie vertun auch nicht ihre Zeit damit, einen Mißerfolg ihrem Vorgesetzten, Berater, dem schlechten Publikum oder dem widerlichen Wetter in die Schuhe zu schieben. Flexibilität bedeutet für sie, alle möglichen Wege auszuprobieren, bis sie den gefunden haben, auf dem sie das Ziel erreichen – nicht aber, das Ziel so lange herunterzuschrauben, bis es an ihre mäßigen Leistungen heranreicht.

Wir sprechen an dieser Stelle nicht von jener Art von Spontaneität, die nötig ist, um das Publikum einer Samstagabend-Show mitzureißen oder jener Mischung aus Schlagfertigkeit und Mutterwitz, die bisweilen exzellente und überzeugende Parlamentsdebatten hervorbringt (die auch in Deutschland mit etwas Glück noch zu besichtigen sein sollen, inzwischen jedoch wegen der akuten Bedrohung durch Möllemänner, ratlose Rudis und andere verbale Vacuum-Jongleure unter Artenschutz gestellt werden mußten). Wir verstehen hier unter Spontaneität den höchst vordergründigen Versuch, mangelnde Disziplin auf dem Weg zum Ziel durch allerlei halbherzige Ausreden zu kaschieren: Hinterhältige Vorgesetzte rollen Ihnen arglistigerweise Steine in den Weg, bösartige Kollegen erschweren Ihnen mobbend den alltäglichen Überlebenskampf im Büro, und neurotische Schwiegermütter rauben Ihnen selbst am Wochenende noch das letzte bißchen Energie, das unserem tragischen Alltagshelden dann ausgerechnet am Montag zum endgültigen Durchbruch auf der Abteilungsleiterbesprechung fehlt. Aber da war ja sowieso schon dieser Miesepeter aus der Zentrale, der Ihren Vorschlag schon beim letzten Mal abgelehnt hat...

Sollte ein solcher Zeitgenosse dennoch einmal eines seiner Ziele erreichen (was nach dem Gesetz statistischer Zwangsläufigkeit zufällig auch irgendwann einmal geschehen wird), so wird er es nicht versäumen, Sie mit Hinweis auf seinen „Erfolg“ von der Richtigkeit dieser Lebensphilosophie überzeugen zu wollen. „Nur Geduld, nicht alles auf einmal und jedes Ding zur rechten Zeit. Ich habe eben auf eine günstige Gelegenheit gewartet.“ Sie sehen auch hier: Offenheit auch für die kleinen Zufälligkeiten des Alltags macht sich allemal bezahlt und steht vielleicht auch Ihnen viel besser zu Gesicht als zielorientierte Schinderei – weshalb sich „spontan“ handelnde Menschen gern hinter der Maske der „Flexibilität“ und einer „Der Weg ist das Ziel“-Philosophie tarnen, um sich und der Umwelt deutlich zu machen, warum auch Unentschlossenheit manchmal zum Ziel, leider aber manchmal auch knapp daneben führen kann. Unser Urteil: Nur empfehlenswert für Maler, Lebens- und sonstige Künstler und für Piloten der New Delhi Airlines.

Siegertypen wissen auch, welche Kategorie von Zielen zu ihnen paßt (auch hier begegnet uns wieder die Variation einer Volksweisheit: „Schuster, bleib bei deinen Leisten“): Claudia Schiffer konzentriert sich darauf, ihre Ziele als Modell zu erreichen, Michael Schumacher hält das Erreichen eines Startplatzes in der ersten Reihe für eines seiner wichtigsten Ziele, für das er sich immer wieder mit Begeisterung und Energie einsetzt. Keine der hier untersuchten Personen käme auf die Idee, etwas anderes zu tun als das, was er besonders gut kann – oder könnten Sie sich Claudia Schiffer als Autorin (etwa: Claudia Schiffer: „Zehn neue Wege, lean zu werden“), Wolfgang Niedecken als Lagerfeld-Modell oder Wolfgang Schäuble als Late Night-Moderator vorstellen?

Sollten Sie, verehrter Leser, zu der erfahrungsgemäß kleinen Anzahl unserer Leser gehören, die obige Beispiele absurd und aus der Luft gegriffen finden, so schauen Sie bitte nicht sich selbst im Spiegel an, sondern in Ihrem Bekanntenkreis um: Wie viele Ihrer ehemaligen Studienkollegen fahren immer noch Taxi, obwohl Sie „eigentlich“ zum Unternehmer berufen sind?

Wie viele verkannte Genies arbeiten in klimatisierten Großraumbüros eher schlecht als recht und nehmen trotzdem jeden Tag klaglos das firmensubventionierte Kantinenessen zu sich? Vielleicht, so hoffen sie, ergibt sich ja doch noch „spontan“ oder „eines Tages“ die Chance auf einen großen Durchbruch. Und wenn Sie nicht gestorben sind, dann warten sie noch heute.

Schlüsselwörter dieser Katagorie sind: Absicht, Methode, Plan, Eifer, direkter Weg, Hartnäckigkeit, Zielstrebigkeit, beschließen, bestimmen, entscheiden, fertigstellen, erreichen, erwirken, erzielen, bzw. flexibel, wechselhaft, unentschlossen, experimentierfreudig, tollkühn, Zufall, blindlings, spielen, wagen, wetten.

Werteursprung innen, Konfliktpotential wird erkannt und genutzt vs. Werteursprung außen, was ist für andere wichtig, Konfliktvermeidung (Kategorie 5)

Wer sich wirklich entschlossen hat, in seinem Leben erfolgreich zu sein, unterscheidet sich von der Masse. Wer zur Quelle will, muß gegen den Strom schwimmen. Durchschnittliche Menschen erfüllen die von außen vorgegebenen Maßstäbe des Erfolgs – Siegertypen setzen die Maßstäbe. (Wir denken da an Boris Becker als den zu seiner Zeit jüngsten Wimbledon-Sieger oder an Franziska van Almsick, die seinerzeit nur deshalb noch nicht an den Europameisterschaften teilnehmen durfte, weil sie das geforderte Mindestalter noch nicht hatte – eine bittere mentale Niederlage für alle Starterinnen, zu wissen, daß sie eine Medaille nur deshalb gewinnen konnten, weil die wirklich Schnellste nicht zum Start zugelassen wurde.) Ob im Sport, in der Politik oder der Wirtschaft – wer seinen persönlichen Leitstern des Erfolgs gefunden hat, ist damit nicht notwendigerweise sofort ein Star. Er riskiert vielmehr Auseinandersetzungen mit Kollegen, Vorgesetzten, Trainern oder seinem sozialen Umfeld. Wahre Siegertypen wissen, daß ihre Fähigkeit, diese Auseinandersetzungen zu durchleben, später ein Teil ihres Erfolgsgeheimnisses sein wird. Sie nutzen das darin liegende Konfliktpotential für ihren Erfolg, statt den Kopf in den Sand zu stecken. Sie wissen, daß sie im Leben entweder Hammer oder Amboß sind, entweder Spielführer oder Fußball – und haben sich für die Rolle des Spielführers entschieden.

Ihre charakteristischen Vokabeln sind: seinen Weg gehen, Format haben, ausrichten, formen, gestalten, abgeklärt, stimmig, balanciert. Erfolgsängstliche Menschen schauen eher darauf, was MAN so macht, orientieren sich in Krawattenbreite und Sakkofarbe, Fahrzeug und Meinung an dem, was der Nachbar, der Vorgesetzte, die Schwiegereltern oder die Boulevardpresse für richtig halten und nehmen die Meinung selbsternannter Experten im Fernsehen immer noch wichtiger als ihre eigene. Das einzige, was diese Menschen dereinst aus dem Strom des Vergessens reißen wird, ist die turnusmäßige Besichtigung ihres Grabsteines am Totensonntag. Aufschrift: Sein Leben war ein langer, stiller Fluß. Typische Formulierungen dieser Menschen sind: MAN, Konsens, Kompromiß, Harmonie, andere, vorsichtig sein, abtasten, vorfühlen, miteinander, zögern, zweifeln, Rücksichtnahme.

Mut und Risikobereitschaft vs. Sicherheit, Komfort und Tradition (Kategorie 6)

Jeder Siegertyp, der in seinem Leben wirklich Großartiges vollbracht und alles gegeben hat, ist von bekannten Wegen abgewichen. Wolfgang Niedeckens Entscheidung, Rockmusik mit kölschen Mundarttexten zu präsentieren, dürfte dem Produzenten der Plattenfirma wohl mindestens ein Kopfschütteln entlockt haben – schließlich war durch die Bläck Föös nur zu gut bekannt, daß ein Erfolg kaum über bestimmte regionale Grenzen hinaus zu erwarten war. Siegertypen orientieren sich (siehe Kategorie fünf) wenig an dem, was andere Menschen vor ihnen getan haben. Sie sind von ihrer Idee überzeugt und wollen den Erfolg. Sie wissen, daß alle Erfolge dieser Welt im Kopf begonnen haben und jede großartige Tat zunächst ein Gedanke war. Zur Verwirklichung ihrer Idee scheuen sie (fast) kein Risiko. Sie verzichten lange Zeit auf Sicherheit, setzen sich den stirnrunzelnden Blicken ihrer Mitmenschen aus (das sind übrigens dieselben, die später „schon immer" gewußt haben wollen, „daß aus dem Jungen noch mal was wird") und überlassen ihre Ansprüche an eine gesetzlich garantierte Mindestrente bereitwillig ihrem Nachbarn (dem mit dem Kugelgrill und den hübschen Gartenzwergen, Sie erinnern sich ...?). Sollte Ihnen also die Verwirklichung Ihres Lebenstraumes wichtiger sein, als der Zuteilungstermin für Ihren Bausparvertrag oder der Zustand der Rasenflächen in Ihrem Kleingarten, dann wissen Sie ohnehin schon, daß nur der Mensch Spuren hinterläßt, der von ausgetretenen Wegen abweicht, die Pflege von Traditionen getrost den Historikern überläßt (die haben mehr Zeit für so etwas) und Komfort für das hält, was ihm die Bundesbahn in einem Abteil Zweiter Klasse anbietet. Wer risikobereit ist, fährt deshalb ICE und vertraut dem Slogan: Vor 100 Jahren war Bahnfahren ein Abenteuer – jetzt ist es wieder soweit. Sicherheits- und komfortorientierte Menschen dagegen fliegen – und entpuppen sich dabei trotz intimer Kenntnis sämtlicher Abstürze der zivilen Luftfahrt der letzten Jahre, mit denen sie in schauerlicher Detailgenauigkeit plappernd ihre Sitznachbarin langweilen, keinesfalls als risikoerprobte Draufgängertypen, die sie gerne wären. Ein solcher Mensch, meist männlichen Geschlechts, ausgestattet mit der auf der ganzen Welt gleichen Merkmalskombination aus Aktentasche, Streifenhemd und „Ich-bin-zu-allem-bereit-Blick" läßt spätestens nach der Landung am Schalter die Hosen herunter und zeigt uns sein wahres Gesicht. Hier bekommen wir nicht mehr das sonnengebräunte Antlitz des Abenteurers, sondern allenfalls die akribisch-strengen Züge eines rabattmarkensammelnden Schnäppchenjägers zu Gesicht, der seine Miles and More-Karte immer im obersten Fach jener geschmackvollen Schweinslederbörse verwahrt, die Mutti ihm unter den Christbaum gelegt hat.

Risikobereitschaft beinhaltet bekanntlicherweise die Möglichkeit des Scheiterns. Dies könnte im ungünstigsten Fall dazu führen, daß Denkweisen geändert, alte Gewohnheiten aufgegeben und liebgewonnene Routinen überdacht werden müssen. Genau das aber fürchtet unser Überflieger wie der Teufel das Weihwasser. Wehe dem, der Unordnung in die millimetergenaue Ausrichtung der Feinrippunterwäsche in seinem Koffer bringt. Schon der Volksmund lehrte uns: „Wer sich in Gefahr begibt, kommt darin um." Weshalb routinierte Tiefflieger sich praktischerweise gar nicht erst einer solchen aussetzen. Sie sehen den Versuch, einen neuen Kunden zu gewinnen, die Struktur ihres Betriebes zu ändern, den längst überfälligen Arbeitsplatzwechsel zu vollziehen oder endlich ihr Leben neu zu ordnen nach einmaligem Scheitern, als undurchführbar an und greifen für den einmal im Jahr fälligen Seitensprung sicherheitshalber auf ihre inzwischen unglücklich verheiratete Jugendfreundin zurück.

Wenn Sie sich tatsächlich einmal mit risikobereiten Siegertypen unterhalten, werden Ihnen einige der folgenden Wendungen besonders auffallen: Reiz, Herausforderung, Entwicklungsmöglichkeit, Neuland, neue Ufer, Risiko, Unsicherheit, Schwierigkeiten begegnen. Sollten Sie Ihr nächstes Gespräch jedoch mit einem komfortorientierten Traditionalisten führen (was wesentlich wahrscheinlicher ist), so dürften Ihnen die folgenden Vokabeln bekannt vorkommen: Gewohnheit, Sorgfalt, Ruhe, Mäßigkeit, die Augen offenhalten, Vorhersicht, Grundsatz, grundsätzlich, lauschig, wohlig, Alltag, Bequemlichkeit.

Rationales Handeln (Haben-Orientierung) vs. emotionales Handeln (Sein-Orientierung) (Kategorie 7)

Um keine Mißverständnisse aufkommen zu lassen: Mit emotional gesteuertem Handeln meinen wir keinesfalls die Figur, die gerade mit hochrotem Kopf und wie ein Rumpelstielzchen Verwünschungen ausstoßend vor Ihrem Schreibtisch tobt. Diese Person ist stark herzinfarktgefährdet und im ungünstigsten Fall Ihr Abteilungsleiter, der Sie bei der Lektüre dieses Buches während der Arbeitszeit erwischt hat. Sondern vielmehr jene zahlenmäßige Menschen-Minderheit, für die ein Sein-orientiertes Leben abseits von Status-Symbolen und St. Moritz eine höchst wünschenswerte Alternative darstellt. Um einen weiteren Irrtum auszuschließen: Natürlich wurde der Becker-Bursch des Nachts von den Ordnungshütern wegen überhöhter Geschwindigkeit im schnellsten derzeit zu ordernden Porsche gestoppt. Anders als viele Leser dieses Buches dürfte Bobbele jedoch im Besitz des Statussymbols nicht die Erfüllung seines Lebenstraumes gesehen haben, sondern allenfalls eine Abwechslung zur tagtäglichen, öden Return-Drescherei beim Training – weshalb er die Spoilerschleuder schnellstens in den Kleinanzeigenteil der Leimener Zeitung setzte (oder bei Caroline von Monaco gegen ein Off-Shore-Boat mit Wertausgleich eintauschte) und hernach folgsam den sponsorenseitig verordneten Ford durch den Stop and Go-Verkehr zum Tennisplatz ritt.

Damit ist gesagt: Während Haben-orientierte Menschen oft das wichtigste im Leben versäumen (beispielsweise Kontakte zu den Menschen, die für die Realisierung ihrer späteren Erfolge wirklich wichtig sind, Arbeit an sich selbst durch Persönlichkeitsentwicklung, Coaching etc.), haben Sein-orientierte Menschen erkannt, daß Empfindungen, Gefühle, das In-Sich-Ruhen und der kongruente und stimmige Umgang mit ihrer Umwelt wichtiger sind, als ihr Kontostand oder die aktuellen Leasing-Konditionen ihrer Hausbank. Sie haben erkannt, daß jede wirklich herausragende Leistung auf gedanklichem Gebiet (Sie erinnern sich: auch die Mondlandung war zunächst nichts als eine fixe Idee) nach dem Gesetz der Zwangsläufigkeit irgendwann öffentliches Ansehen und materiellen Erfolg nach sich ziehen wird. Natürlich schwimmen Siegertypen mit dieser Einstellung schon wieder gegen den Strom der allgemeinen „Fahre jetzt, bezahle später"-Mentalität.

Wer jemals Michael Schumacher erlebt oder die Ansprache Henry Maskes nach einem Kampf gehört hat, der weiß um den Unterschied zwischen einem egozentrischen Steinbeißer, der im Käfig seines Erfolges gefangen ist, und Menschen wie denen, die wir hier beschreiben: Sie erleben Freude und Glück auf dem Weg zur Verwirklichung ihrer Lebensziele. Sie wissen, daß viele Versuche dazugehören, diesen Zustand zu erreichen. Spaß, Unterstützung, motivationale Selbstläufer und Lebensglück warten als Belohnung auf denjenigen, der durch die Oberfläche des Daseins dringt und die Wirklichkeit erfaßt.

Auch diese Kategorie runden wir durch einige typische Begriffe ab:

Plan, Absicht, Einsicht, Vorhaben, Kalkül, Analyse, rational, brauchbar, förderlich, vernunftgemäß, sachlich, klar, konsequent, bzw. gemeinsam, Spaß, Freude, Sinn, Freundschaft, Emotionalität, beleben, unerschütterlich, schenken, Entspannung, Lebensweisheit.

Denken in großen Zusammenhängen vs. Denken in detaillierten Strukturen (Kategorie 8)

Der Teufel steckt bekannterweise oft im Detail. Kaum ein wirklich großes Vorhaben, was daran nicht scheitern könnte. Die „neue" (inzwischen verbesserte und deshalb „alte") S-Klasse von Mercedes ist hierfür ein hervorragendes Beispiel: Entwicklungsingenieure und Marketingspezialisten hatten einen derartig großen, zukunftweisenden Wurf geplant, entwickelt und gebaut, daß niemand sich Gedanken über solche „Kleinigkeiten" wie Verbrauchswerte oder Nutzlast machte. Dies führte dazu, daß die ersten Typen dieser Baureihe erstaunlich viel Treibstoff konsumierten und nicht einmal vier Personen Platz boten (was nicht etwa an der zu engen Gestaltung des Innenraumes, sondern an der Überschreitung des zulässigen Gesamtgewichtes lag).

Andererseits hat wohl jeder schon einmal Diskussionen, Meetings etc. erlebt, in denen allzu kleinschrittiges, an Details orientiertes Vorgehen (böse Zungen könnten an dieser Stelle auch auf die Idee kommen, ein solches als kleinkariert zu bezeichnen) eben jenen Erfolg verhindert haben, der durch die entfesselte Diskussion über einzelne Details so dringlichst herbeigeführt werden sollte. Wer jemals an einer Diskussion über die Papierdicke der sickness-bag (zu deutsch: Kotztüte) in einer großen Fluggesellschaft teilgenommen hat, der weiß, wovon hier die Rede ist. Ein solches Vorgehen kommt oft dann zustande, wenn das eigentliche Ziel aus den Augen verloren wurde (oder gar nie so wichtig war), so daß der Streit um den Weg dorthin sich verselbständigt hat und zur Spielwiese unterschiedlichster Selbstdarstellungsbedürfnisse oder abteilungsinterner Machtspielchen verkommen ist.

Wie also organisieren Siegertypen gedanklich ihren Erfolg? Gehen Sie in eher kleinen Schritten (Chunks) oder eher im Sinne des großen Entwurfes an die Sache heran? Sie dürfen gespannt sein, welche Strategien wir herausgefunden haben und in welchen Situationen die jeweilige Strategie ihre spezifischen Vorteile voll ausspielen kann.

Typische sprachliche Anzeichen sind z.B.: im großen und ganzen, das Ziel im Auge behalten, die große Linie ist, alles in allem, generell, hauptsächlich, grundsätzlich, letztlich, bei Lichte betrachtet, bzw. genau, konkret, einzelner Fall, speziell, in diesem Fall, singulär, ausgliedern, unterteilen, zerlegen, Schritt für Schritt etc.

Zukunfts- und lösungsorientiertes Agieren vs. vergangenheits- und problemorientiertes Reagieren (Kategorie 9)

Haben Sie auch schon von Kollegen, Vorgesetzten, Oma und Opa oder Ihrem Lebensabschnittsgefährten gehört, daß früher einmal alles besser war? Ärgern Sie sich auch über den Verkäufer im Geschäft, der Ihnen erzählt, was Ihnen alles nicht steht, anstatt Ihnen das zu zeigen, was Sie ausgezeichnet tragen können? Haben Sie sich bis vorhin noch auf die Dinge konzentriert, die Sie aus diesem Buch nicht umsetzen konnten? Gratulation, dann kennen Sie Menschen, die problemorientiert in der Vergangenheit nach der besseren Welt suchten und suchen, die es damals, als der Opa die Oma nahm, auch schon nicht mehr gab.

Vielleicht bewegen auch Sie sich in Ihrem Denken nicht auf die Dinge zu, die Sie erreichen möchten (*hin zu*), sondern eher weg von Dingen, die Ihnen unangenehm erscheinen. Haben Sie jemals versucht, *nicht mehr so viel Schokolade zu essen, weniger zu rauchen* oder *nicht mehr so oft mit Ihren Kindern zu streiten?* Wenn ja, dann haben Sie vielleicht auch schon gemerkt, wie erfolglos solche *negativen Zieldefinitionen* sind. Das glauben Sie nicht? Dann machen Sie bitte folgendes Experiment: Steigen Sie am Hauptbahnhof in ein Taxi und verlangen Sie vom Taxifahrer: „Bringen Sie mich weg!" Das finden Sie absurd? Genau das täte der Taxifahrer auch – denn unser Taxifahrer ist ein ganz vernünftig denkender Mensch. Was Sie nun beim Taxifahren absurd finden, tut ein großer Teil der Menschen im alltäglichen Denken jedoch wie selbstverständlich: Sie generieren negative Zielvorstellungen, die von unserem Gehirn zu 30% schlechter bearbeitet werden können als entsprechende positive Vorstellungen. Warum? Nun, falls Sie gerade mal wieder eine Frühjahrs-, Büro-, Kartoffel- oder Bikinidiät machen, dann versuchen Sie doch jetzt einfach, nicht an eine große Sahnetorte zu denken – hat es geklappt?

Das gleiche passiert, wenn Sie daran denken, weniger rauchen zu wollen. Um diese Zielvorstellung umzusetzen, muß Ihr Gehirn zunächst ein Bild Ihrer Person mit einer Zigarette im Mund herstellen. Dieses Bild führt dazu, daß Sie sich alle angenehmen Empfindungen in Erinnerung rufen, die mit dem Rauchen verbunden sind (und sich, so ganz nebenbei, gleich eine anstecken). Wenn Sie also wirklich Ihr Verhalten ändern wollen, dann gilt es, ein Zielbild aufzubauen, das ein Höchstmaß an Attraktivität besitzt – wie wäre es, wenn Sie morgens aufstehen und frei atmen können, die frische, klare Luft eines Frühlingsmorgens atmen können und sich jetzt fit fühlen?

Sie bekommen immer das, worauf Sie Ihre Aufmerksamkeit fokussieren: Denken Sie also an das, was in der Zukunft funktionieren soll und funktionieren wird und nehmen Sie jetzt einen neuen Anlauf – heute ist der erste Tag vom Rest Ihres Lebens.

Siegertypen gehen zielorientiert vor und sie wissen, daß sie alles, was ihnen nicht gelungen ist, nur in der Zukunft besser machen können – niemals jedoch in der Vergangenheit. Die Zeit, die Sie bisher investiert haben, um dieses Buch zu lesen, ist unwiederbringlich vergangen – sollten Sie also schon jetzt davon profitiert haben, so können Sie diesen Erkenntnisnutzen nie wieder rückgängig machen. Falls nicht, jammern Sie nicht über die Vergangenheit, sondern überlegen Sie sich, wie Sie den Nutzen von dieser Zeile ab steigern können.

Die Vergangenheitsorientierung hat dagegen auch ihre unbestreitbaren Vorteile – führt sie doch in der Regel dazu, daß Sie immer irgendeinen Schuldigen finden können, der Sie in der Vergangenheit grausam mißhandelt hat („Seit sich die Elvira damals von mir hat scheiden lassen, habe ich nie wieder zu meiner alten Energie zurückgefunden"), immer irgendeinen Mißerfolg Ihr Eigentum nennen können, der Sie fürchterlich straucheln ließ, um fortan die Rechtfertigung für ein tatenloses Dasein im sicheren Reservat des ewig Mittelmäßigen zu besitzen.

Der zukunfts- und lösungsorientierte Siegertyp fragt dagegen: Was geht? Wie kann ich es erreichen? Wo stehe ich heute und was kann ich in Zukunft besser machen? Zur Erinnerung: Auch Siegertypen gehen in Konkurs, werden geschieden und durchleben schwere Krankheiten. Was sie jedoch von Verlierern unterscheidet, ist ihre Art und Weise, damit umzugehen. Sieger wissen, daß die Welt, in der sie leben, sich in einem permanenten Wandel befindet. Und sie wissen, daß sie diesen Wandel entweder selbst aktiv mitgestalten, oder zum Spielball sogenannter „unabänderlicher äußerer Umstände" (Rezession, Verlust des Arbeitsplatzes, Trennung) werden. Um sehr frei mit Shakespeare zu sprechen: „To change, or to be changed – that is the question!"

Wo Verlierer noch nach Unterschieden und trennenden Dingen suchen (was gerade bei Konflikten kontraproduktiv wirkt), haben Sieger schon die Gemeinsamkeiten herausgestellt und Lösungen kreiert.

Dementsprechend unterschiedlich ist der Sprachschatz beider Personenkreise: Zukunft, Lösung, aktiv, hin zu, Dinge gestalten, Gemeinsamkeiten, Ergebnisse, Möglichkeiten, etwas erreichen wollen, zupacken, frischweg, kurzerhand, bzw. Vergangenheit, Probleme, weg von, „geht nicht“, „ist schwer durchführbar“, „in der Realität sieht so etwas doch ganz anders aus“, nach, seit, unmöglich, mühevoll, Zweifel, zu Pfingsten auf dem Eise.

Ab heute entscheiden Sie, auf welcher Seite des Lebens Sie stehen!

Anmerkungen:

1. Aus der gleichen Abteilung kommen übrigens auch „plötzliche“ Rezessionen. Die Wiedervereinigung Deutschlands schuf uns eines der anschaulichsten Beispiele aus diesem Bereich. Während die Anzeichen für einen wirtschaftlichen Rückgang und die zu seiner Überwindung notwendigen Maßnahmen wie schlankere Produktion, größere Kundennähe, Marktschnelligkeit und Dezentralisierung selbst für einen Volksschüler bei entsprechender Interessenlage deutlich erkennbar waren, hat sich die Mehrzahl von Mitarbeitern sowohl im produzierenden Bereich, aber auch im mittleren Management stillschweigend auf die bekannte Variante der gesundbeterischen Vogel-Strauß-Politik verständigt, haben sie gemeinsam den Kopf in den Sand gesteckt und auf eine moderne Variante der antiken Deus-ex-machina-Nummer (Rettung durch göttlichen Einsatz zur rechten Zeit) gehofft.

2. Henry Maske hat in diesem Zusammenhang auf ein weiteres Schlüsselerlebnis hingewiesen, das ihm schon als 17jährigem die Bedeutung von Demut, aber auch von Zielfixierung und Zukunftsorientierung deutlich gemacht hat: Sein Trainer Manfred Wolke hatte damals zu ihm gesagt: „Bei dir schäme ich mich, in der Ecke zu stehen.“ Henry Maske hat die Bedeutung dieses Satzes sofort erfaßt und überlegt: „Wenn du jetzt mit Boxen aufhörst, wird dein Leben völlig anders sein. Dann klingelt morgens um sechs der Wecker und abends um fünf fällt der Hammer.“

Ich denke, was ich bin: Sieger werden nicht geboren, sie kreieren ihren Erfolg

Haben Sie sich auch schon gefragt, wie internationale Allroundlieblinge wie Boris Becker und Steffi Graf scheinbar mühelos berufliche Spitzenleistungen und privates Glück unter einen Hut bekommen?

Hat Sie auch schon mal der Neid gepackt, weil Fürstin Gloria mit ihrer American Express Platin Card mühelos Hubschrauber chartern, Sinatra auftreten lassen und Motorräder in beliebiger Anzahl kaufen kann, während Ihnen der freundliche Geschäftsstellenleiter der Sparkasse gerade mal wieder die Eurocard gesperrt hat?

Und (falls Sie ein Mann sind): Schwinden Ihre Chancen bei Frauen zusehends, seit das Fernsehen nicht nur die Californian Dream Boys, sondern auch Bilder von Männern wie Henry Maske (Abiturdurchschnitt 1,6; Jahresgage ca. 2,5 Mio.) in das Schlafzimmer jener Fleischereifachverkäuferin aus Oberursel sendet, die Sie gerade mühsam mit Ihrer Familienkutsche aus Untertürkheim beeindruckt haben?

Wahre Siegertypen kosten solche Strampeleien nur ein Lächeln. (Die Einladung unserer Fleischereifachverkäuferin aus Oberursel übrigens auch – denn nichts ist erotischer als Erfolg!) Sollten Sie sich jetzt mal wieder als zweiter Looser in der ersten Reihe fühlen, so machen Sie sich bitte nichts vor: Keiner dieser Helden, mit denen einige von Ihnen vielleicht gemeinsam die Schulbank gedrückt haben und denen Sie vor gar nicht allzu langer Zeit noch beim Einkaufen begegnen konnten, ist direkt aus dem Geburtskanal aufs oberste Treppchen des Erfolgs gestolpert. Millionengagen, beruflicher Spitzenerfolg und privates Glück sind das Ergebnis jahrelanger harter Arbeit, erfordern Verzicht, Entbehrung und totale Hingabe an eine Sache.

Positive Programmierungen und die Kraft der Vision

Das allein jedoch reicht keinesfalls aus: Spitzensportler haben ebenso wie Spitzenpolitiker und Spitzenmanager längst erkannt, daß es nicht ausreicht, jeden Tag acht Stunden im Kreis zu fahren, Schattenboxen zu betreiben, oder sich tagelang in der letzten Reihe des Langen Eugen auf die zweite kleine Anfrage vorzubereiten. Gewinnertypen wissen vielmehr, daß ein entscheidender Anteil ihres Erfolgs direkt in ihrer gedanklichen Mentalität wurzelt.

Der Umgang mit den Mitmenschen, unserer Umwelt und uns selbst ist erfolgsentscheidend. Wir finden bei den Siegertypen die moderne Variante der antiken Erkenntnis: „Ich denke, also bin ich."

Siegertypen denken nicht nur, sie denken auf eine ganz bestimmte Art und Weise: Ich bin, was ich denke. Probieren Sie es selbst aus, dann wissen Sie sehr schnell um die Kraft der sich selbst erfüllenden Prophezeiung. Wohl prominentester Vertreter dieser „Denke" war John F. Kennedy mit seinem Ausspruch: Noch in diesem Jahrzehnt wird ein Mensch seinen Fuß auf den Mond setzen. Dieser simple Satz setzte eine wahrhaft gigantische Maschinerie aus Einzelaktivitäten in Gang, an deren Anfang nichts weiter als die absolute Überzeugung von der Machbarkeit des scheinbar Unmöglichen stand und an dessen Ende Neil Armstrong seinen Fuß auf den Mond setzte.

Sie meinen, das funktioniert nur bei Präsidenten? Weit gefehlt. Schauen Sie sich um in der Welt. Was wollen Sie sehen? Alle Mißerfolge, die Sie bisher hatten, das Waldsterben, das Ozonloch, Ihren miserabel gelaunten Vorgesetzten, den Tod von Elvis Presley und Ihre nächste Aufgabe, bei der Ihnen auch schon ganz schlecht wird? Wunderbar, sie wird Ihnen nicht gelingen, Sie werden keinen Erfolg haben – denn Sie haben sich gerade auf den Mißerfolg programmiert. Vielleicht waren Sie damit schon als Schüler während der Mathematik-Klassenarbeit „erfolgreich". „Glaube versetzt Berge", will der Volksmund wissen, und wer lange genug daran glaubt, nicht erfolgreich zu sein, der schafft es auch irgendwann einmal (Sie müssen sich allerdings schon ein bißchen anstrengen – ohne etwas Übung funktioniert auch der Mißerfolg nicht!).

Sie haben Beweise, objektiv nachprüfbare Tatbestände Ihrer vergangenen Mißerfolge? Machen Sie sich nichts vor: Alle wirklich erfolgreichen Menschen sind nicht einmal, sondern oft in ihrem Leben auf die Nase gefallen. Sie haben Schmerzen ertragen – physisch und psychisch. Sie werden schnell feststellen, daß Michael Schumacher bisweilen Zweifel an seinem Beruf hatte, wie jeder andere Mensch auch – UND wie er sie, im Gegensatz zu vielen anderen, bewältigt hat –, daß Steffi Graf sich manchmal ausgelaugt und Claudia Schiffer sich bisweilen einsam und verloren fühlt UND woher diese Menschen die Kraft und die Motivation nehmen, in immer neuen Anläufen, mit immer neuer Energie von Erfolg zu Erfolg zu kommen. Auch Siegertypen haben bisweilen Angst. Doch wie sagte Henry Maske so treffend: „Es ist für einen Boxer wichtig, daß er mit Angst umgehen kann."

Machen Sie sich bitte schon an dieser Stelle deutlich, daß es kein schlimmeres Verliererverhalten gibt, als das Warten auf Erfolg (übrigens: Dies ist die zeitgenössische Variante des *Wartens auf Godot*). Erfolg ist kein Zufall, sondern das, was er-folgt. Folgen kann logisch betrachtet ein Ergebnis, aber nur auf eine vorherige, zielgerichtete Handlung. Dazu müßten Sie notwendigerweise Ihren Hintern aus dem Sessel bewegen, den Fernseher ausschalten (Margarethe Schreinemakers wird sich auch in der nächsten Woche wieder ein paar Tränen abquetschen) und mit dem Jammern über die allgemein schlechten Zeiten, die schlechten Vorgesetzten, die miserable Ertragslage und die allgemeine Ungerechtigkeit der Welt aufhören. Sollten Sie zu der Kategorie von Menschen gehören, die darauf warten, daß die Dinge von allein besser werden, so schenken Sie dieses Buch lieber jetzt schon einem Freund, der Ihnen dann in kürzester Zeit zuwinken wird – aus einem Cabriolet von der Überholspur aus. Noch nie in der Geschichte der Menschheit ist irgendeine Entwicklung oder Veränderung zufällig geschehen. Veränderungen sind das Resultat zielgerichteter Handlungen. Wenn Sie also erkannt haben, daß es ein Leben vor dem Tod gibt, können Sie gleich jetzt damit beginnen, die Wirkung positiver Selbstprogrammierungen auszuprobieren und einen Blick über den Zaun zu werfen, hinter dem Sie sitzen. Keine Angst, Sie werden nicht gleich herunterfallen. Sollte dies dennoch einmal passieren, so stehen Sie wieder auf und versuchen es an einer anderen Stelle noch mal. Wann immer irgend etwas nicht funktioniert, gibt es nur einen Weg, zum Erfolg zu kommen: Sie ändern etwas an der Strategie.

Die Straße zum Siegertreppchen beginnt bei Ihnen

Da es bekannterweise leichter ist, sich selbst zu ändern als andere Menschen, fangen Sie lieber gleich bei sich selbst an. Das ist Ihnen zu schwierig? Dann sollten Sie alles so lassen, wie es bisher war – allerdings mehr davon tun. Versuchen Sie keinesfalls, durch Gespräche, Seminare oder Bücher irgend etwas zu lernen. Schotten Sie sich hermetisch gegen neue Erkenntnisse ab. Bestellen Sie die Tageszeitung ab und lassen Sie niemanden mehr in Ihre Wohnung. Kappen Sie auch die entferntesten Möglichkeiten, Handlungsalternativen zu finden. Beschimpfen Sie häufiger Ihren Intensivsozialpartner, ziehen sie öfters über Ihre Vorgesetzten her (vorzugsweise in deren Abwesenheit) und machen Sie sich noch deutlicher, welch schlimmes Los Sie erwischt haben. Die dabei angewandte Scheinlogik (mehr desselben bringt mehr) ist zwar ein paradoxer Fehlschluß, aber immer noch besser, als das Risiko einzugehen, etwas Neues zu lernen. Manch einer soll ja schon versucht haben, ein Loch in der Hose dadurch zu stopfen, daß er sie mit einem speziellen Waschmittel gewaschen hat. Sollte dies erwartungsgemäß schiefgegangen sein, so ist dafür natürlich nicht etwa der Fehler im logischen Ansatz, sondern die Menge des verwendeten Waschmittels verantwortlich zu machen.

Merke: Wenn das Loch nach dem ersten Waschen immer noch vorhanden war, dann war es eben noch nicht genug Waschmittel. Man nehme also mehr davon und wiederhole den Vorgang so lange, bis die Hose gänzlich auseinanderfällt. Vielleicht aber sollten Sie sich gar nicht erst damit beschäftigen, für Ihr Hosenproblem einen praktikableren Ansatz zu finden, der unter gegenwärtigen Bedingungen auch machbar ist, sondern das Loch ein Loch sein lassen und sich gleich auf die Suche nach dessen tieferen Gründen und Ursachen begeben. Hier bietet sich ein ebenso akribisches wie zeitaufwendiges Ausforschen Ihrer frühen Kindheit an. Es bietet Ihnen die sichere Garantie, sich nicht mit Ihren aktuellen Problemen beschäftigen zu müssen, sondern sämtliche Kommunikations-, Führungs-, Unternehmens- oder private Probleme den eigenen Eltern, Geschwistern, und – in der Regel gegen Aufpreis – der grausamen Umwelt oder Ihrer mißglückten Erziehung in die Schuhe schieben zu können. Solchermaßen argumentativ gewappnet, wird es Ihnen ein Leichtes sein, jedermann zu beweisen, daß keinesfalls Sie, sondern in jedem Fall alle anderen Verursacher Ihrer Misere sind. Noch viel wichtiger ist, daß Sie jederzeit den Beweis antreten können, daß Sie gar nicht anders werden konnten als so, wie Sie eben jetzt sind – schließlich haben die anderen Sie ja dazu gemacht.

Merke: Manche Menschen laufen ihr Leben lang in zerrissenen Hosen herum und freuen sich nach derartig tiefschürfenden Gesprächen, wenigstens zu wissen, warum sie es tun.

Siegertypen ragen als isolierte Elemente aus der Masse heraus

Doch Vorsicht: Sollten Sie bereits jetzt, wenn auch nur am Rande, über die Möglichkeit einer Neuorganisierung Ihrer persönlichen Denkstrukturen nachdenken, so machen Sie sich bitte deutlich, daß Sie damit gegen den Strom schwimmen und aus der Masse heraustreten. Hüten Sie sich also davor, Ihrem Nachbarn etwas davon zu erzählen – es sei denn, Sie wollen demnächst die samstagnachmittägliche Grill-Tortur in Ihrem Garten allein zelebrieren.

Und machen Sie sich auch klar, daß mit jedem Versuch die Möglichkeit des Scheiterns verbunden ist. Scheitern kann finanzielle Einbußen oder persönliche Verletzungen nach sich ziehen. Diese schmerzen umso mehr, je länger Sie sich Zeit geben, sich zu bedauern.

Siegertypen lassen sich von solchen Petitessen jedoch nicht aufhalten. Während Sie noch Ihrer vor drei Jahren gescheiterten ersten Ehe nachtrauern, heiratet Elizabeth Taylor den achten oder neunten Mann und zeigt damit deutlich, daß Siegertypen nur eine Richtung kennen: nach vorne! Siegertypen scheren sich nicht um das, was gestern war und sie wissen, daß sie alles, was heute ist, morgen verbessern können – und zwar, indem sie es selbst in die Hand nehmen. Sie halten das für eine rücksichtslose Rambo-Mentalität? Weit gefehlt. Wer jemals das Vergnügen hatte, einem sauerteigigen Weltverbesserer (hier bieten sich besonders die ewig erfolglosen Künstler, die wahlweise von ihrer Frau oder von Mutti durchs Leben gefüttert werden, als Studienobjekte an) in seinen elaborierten Ausführungen darüber zu lauschen, warum er immer am falschen Ort, zur falschen Zeit mit den falschen Personen zusammenkommt und deshalb mit allen seinen Vorhaben notwendigerweise scheitern MUSS, der weiß, wie erfrischend es ist, von Menschen umgeben zu sein, die wissen, was sie wollen und die bereit sind, für Erfolg oder Scheitern die Verantwortung zu übernehmen, indem sie sich einsetzen.

Während die ewig Zweiten noch in qualmgeschwängerten Räumen mit selbsternannten Experten über die Mißstände der Welt und deren Verbesserung (vornehmlich natürlich durch andere, z.B. Politiker, Funktionäre, Trainer, Vorgesetzte, Kollegen, Mitarbeiter und Lieferanten) diskutieren, ist der Siegertyp längst unterwegs und sucht sich den nächsten Weg zum Erfolg.

Während er sich seinen Platz als Dauergast auf der Überholspur des Lebens sichert, hat er erkannt, daß niemand außer ihm selbst für seinen Erfolg oder Mißerfolg verantwortlich ist.

Ein Sieger setzt sich ein und glaubt an sich

Wie aber kommt er dazu, so zu denken? Wieso kämpft er im Madison Square Garden bei 40 Grad um seinen 23. Grand Slam-Sieg, während Sie mit gut temperierten Getränken zum 173. Male mit Mutter Beimers Familie in der Lindenstraße leiden? Wieso findet er/sie Ihren Traumpartner, während Sie zur Partytime allein vor der Glotze sitzen und über die aphrodiasierende Wirkung Ihres achten Mallorca-Urlaubs grübeln?

Sieger besitzen nicht nur einen interessanten und anregenden Freundeskreis, verfügen über internationale Kontakte, wohnen in ihrem Traumhaus und erfreuen sich am privaten Glück. Sie können auch scheinbar mühelos schwere persönliche Krisen überstehen (Wolfgang Schäuble), sich gegen eine übermächtige Konkurrenz aus dem Ausland behaupten (Jil Sander), mit Wanderliedern in Mundart zum Weltstar werden (Wolfgang Niedecken), Schulausbildung und Olympiamedaillen gleichzeitig erreichen (Franziska van Almsick) oder als Aushilfskellnerin einen der reichsten Männer Deutschlands heiraten (Fürstin Gloria).

Was steckt an Denkprozessen hinter der unerschütterlichen „Schaun mer mal"-Mentalität eines Franz Beckenbauer, der damit nicht nur als Spieler, sondern auch als Trainer Weltmeister wurde? Die tiefe Überzeugung, ein unerschütterlicher Glaube an den Erfolg, an die Machbarkeit einer Idee.

Doch halt, haben nicht auch diese Menschen ihre Probleme und Schwierigkeiten? Selbstverständlich! Sie unterscheiden sich jedoch in einem wesentlichen Punkt vom Durchschnitt: Sie gehen damit anders um. Sie werden all diese Strategien kennenlernen von Henry Maske, der einmal zugab:

> *„Ich bin fast daran zugrundegegangen, weil meine Vorstellungen von der eigenen Stärke falsch waren"* [1],

über Steffi Graf, die eingesteht:

> *„Demotivierend ist, wenn ich nicht gut spiele."* [2],

bis hin zu Claudia Schiffer, die freimütig bekennt:

> *„Es gibt auch eine weinende Claudia Schiffer. Manchmal, wenn ich viele Tage hintereinander hart arbeite und ich mich fühle, als ob ich am Ende der Welt wäre. Wenn sich im Hotelzimmer die Faxe stapeln, meine Agentin mich ständig anruft und ich meine Eltern und meinen Freund nicht erreichen kann. Dann bricht alles zusammen. Dann sitze ich da und denke: ‚Ich bin ganz verlassen, keiner ist hier, keiner liebt mich'."* [3]

Was geht in einem Menschen wie Boris Becker vor, wenn er sagt:

> *„Das müßte auch der Stärkste zugeben, daß er hie und da Augenblicke der Schwäche hat. Ich bin ja kein Übermensch. Manchmal habe ich Angst"* [4],

und wie geht ein derartig erfolgreicher Mensch damit um? Wie schaffen es diese Menschen immer wieder, eine Krise als Chance persönlicher Entwicklung zu nutzen? Wir versprechen Ihnen an dieser Stelle nicht, daß dies leicht sein wird. Vielleicht wird es die größte Herausforderung Ihres Lebens sein, derartige Tiefs zukünftig anders zu meistern als bisher. Vielleicht leben oder arbeiten Sie im Augenblick tatsächlich unter besonders widrigen Umständen mit besonders „schwierigen" Menschen zusammen.

Haben Sie jemals darüber nachgedacht, daß Sie immer auf die Menschen treffen, die Sie verdienen? Sie haben die Kollegen, die Sie verdienen, den Chef, der am besten zu Ihnen paßt (wieso arbeiten Sie sonst überhaupt noch in diesem Laden – Sie haben alle Resourcen, etwas Besseres aus Ihrem Leben zu machen) und den Partner, den Sie sich ausgesucht haben. Sie tun etwas immer so lange, wie es Ihnen Spaß macht – ansonsten hätten Sie doch schon längst damit aufgehört und sich attraktiveren Dingen zugewendet – oder?? Sie können das – vielleicht noch nicht jetzt, sondern erst später –, dies ist der Grund dafür, warum Sie immer dort im Leben verweilen, wo Sie etwas lernen können. Wenn Sie also tatsächlich zu den etwa 30 Prozent der Bevölkerung gehören, die nicht nur des Lesens und Schreibens mächtig ist und ein Buch nach dem Kauf ins Regal stellt, wo es zugegebenerweise allein schon durch die geschmackvolle Gestaltung des Titelbildes geeignet wäre, die Sonntags herannahende Verwandtschaft zu entzücken, sondern es von der ersten bis zu letzten Seite lesen, dann dürfen Sie sich schon jetzt auf einen Test am Ende des Buches freuen: Wir stellen Ihnen drei unterschiedliche Siegerprofile vor und geben Ihnen die Möglichkeit festzustellen, welche Potentiale in Ihnen schlummern und vielleicht nur darauf warten, geweckt zu werden.

Wir haben drei unterschiedliche Siegertypen für Sie herausgearbeitet und laden Sie ein, Ihre persönliche Siegerstrategie zu entdecken. Ja, Sie lesen richtig: Auch für Sie gibt es eine geeignete Siegerstrategie, wenn Sie sich die Mühe machen, dieses Buch nicht nur als dekorativen Wohnzimmerzierschmuck zu benutzen, sondern tatsächlich zu lesen. Sollten Sie jedoch bereits nach der Lektüre des Inhaltsverzeichnisses ermüdet sein, so wünschen wir Ihnen schon an dieser Stelle viel Spaß bei der nächsten Folge von „Gute Zeiten, schlechte Zeiten“ oder einer ähnlich phantasieanregenden Produktion. Sollten Sie wider Erwarten als Angehörige(r) einer schützenswerten Minderheit in diesem Buch lesen wollen, weil Ihnen einige grundsätzliche Zusammenhänge so langsam dämmern, dann sind Sie jetzt bereit für den Übergang in die Praxis der tagtäglich gelebten Siegerstrategien und dürfen an dieser Stelle gespannt umblättern.

Anmerkungen:

1. Berliner Morgenpost, 3.4.1994
2. Süddeutsche Zeitung, 14./15.5.1994
3. Stern, 24/1994
4. TEMPO, 1/1994

3 Henry Maske: „Ich glaube an mich!"

„Sport ist heute in vielen Bereichen so hochentwickelt, daß sich derjenige mit der stärkeren Psyche durchsetzt", hat Henry Maske einmal gesagt [1] (und kurz darauf, am 4.6.1994, seinen IBF-Titel im Halbschwergewicht zum vierten Mal erfolgreich verteidigt – diesmal gegen Andrea Magi).

Werfen wir einen Blick auf den Lebensweg des Mannes, den die deutsche Sportpresse 1993 zum „Sportler des Jahres" wählte.

Geboren am 6.1.1964 in Treuenbritzen, einem kleinen Kaff in der ehemaligen DDR, südwestlich von Berlin. Er ist das jüngste der drei Maske-Kinder, hat noch eine ältere Schwester und einen älteren Bruder. Sein Vater arbeitete als Kranschlosser und später als Verkaufsfahrer und hatte mit dem Boxen nichts zu tun. Dafür war er aktiver Judoka. Im Alter von sechs Jahren beginnt Henry Maske in Ludwigsfelde mit dem Boxtraining, den ersten Kampf trägt er mit neun Jahren für die BSG Motor Ludwigsfelde aus. Sein Trainer war damals Hans Hörnlein, von dem er sich 1977 durch seinen Wechsel zum ASK Vorwärts Frankfurt/Oder trennt. Im gleichen Jahr wird er Sieger in seiner Klasse bei der Kinder- und Jugend-Spartakiade. Schon als Amateur ist er unter seinem neuen Coach Manfred Wolke einer der erfolgreichsten Boxer im anderen Teil Deutschlands: Zwischen 1983 und 1989 wird er Olympiasieger und Weltmeister, dreimal bringt er Gold von den Europameisterschaften mit. Kein anderer deutscher Boxer gewinnt mehr Kämpfe als Amateur als er (163 von 181). Nach dem Fall der Mauer folgt der Wechsel ins Profilager. Dort tut Maske genau das, was er in den Jahren vorher auch getan hat: Er schlägt seine Gegner möglichst schnell und technisch perfekt K.O., oder er punktet sie aus. Einziger Unterschied: Steigende Gagen und eine ständig wachsende Fangemeinde.

Am 20.3.1993 erreicht er den vorläufigen Höhepunkt seiner Karriere: Er gewinnt in der Düsseldorfer Philippshalle vor tausenden begeisterten Zuschauern den IBF-Titel im Halbschwergewicht von „Prince" Charles Williams, der seit 1987 als Regent auf dem Thron saß und seinen Titel insgesamt achtmal erfolgreich verteidigt hat, bis er im zehnten Kampf den Platz für den neuen König räumen muß. Doch nicht einmal jetzt ruht Henry Maske sich auf seinen Lorbeeren aus. Schon ein halbes Jahr später, am 18.9.1993, begleicht er eine alte Rechnung mit dem Amerikaner Anthony Hembrick, der 1988 bei den Olympischen Spielen in Seoul den Bus zur Halle verpaßt hatte und seitdem keine Gelegenheit ausließ, zu erklären, er sei der wahre Anwärter auf die Halbschwergewichtskrone. Vor 7000 begeisterten Zuschauern gelingt es Henry Maske in der Philippshalle, diese Aussage als schweren Irrtum zu entlarven: Während das Publikum seinen Favoriten „Sir" Henry von Runde zu Runde frenetischer anfeuert, bis schließlich nur noch der Ruf „Henry, Henry" durch die Halle gellt, zeigt der so angefeuerte Henry Maske seinem Widersacher in jeder der zwölf Runden, wer der Chef im Ring ist und gewinnt den Kampf trotz unfairster Attacken seines Widersachers überlegen nach Punkten. Damit aber noch nicht genug. Schon während man noch dabei ist, ihm erneut den Weltmeisterschaftsgürtel umzulegen, erklärt er seinen Fans, die zu diesem Zeitpunkt wahrscheinlich ähnlich erschöpft sind wie er selbst, daß er seinen Titel in derselben Halle zum zweiten Mal verteidigen wird. Als Datum nennt er den 11. Dezember, Gegner ist David Vedder.

Der Rest ist Geschichte: Auch diesmal verteidigt er seinen Titel erfolgreich und tut dies weitere drei Monate später, am 26.3.1994 – zum dritten Mal – in Dortmund gegen Ernesto Magdaleno. Auch diesmal ist die Halle ausverkauft, auch diesmal sehen Boxsportfreunde aus ganz Deutschland (über RTL 7,3 Mio. Zuschauer) eine überragende Leistung und einen phantastischen Sieg des Weltmeisters Henry Maske. Der hat auch nach dreimaliger Titelverteidigung längst nicht genug und akzeptiert als nächsten Gegner Andrea Magi. Die Begegnung findet als Sportereignis auf internationalem Niveau am 4. Juni 1994 in der Dortmunder Westfalenhalle statt – nicht zuletzt auch durch die Anwesenheit von Ringsprecher Michael Buffer aus den USA. Dem blieb nach einem mitreißenden und spannenden Kampf über alle Runden am Ende des Kampfes nichts weiter übrig, als in seiner unnachahmlichen Art („And stiiil light heavyweight champion of the wooorrld – Henrrry MMMMaske") die vierte erfolgreiche Titelverteidigung Maskes zu verkünden.

Im Herbst 1994 tritt Henry Maske schließlich erneut an. Die internationale Herausfordererschar hat inzwischen zähneknirschend akzeptiert, daß „Sir" Henry seinen Titel nur innerhalb der Grenzen Deutschlands zu verteidigen bereit ist. An Herausforderern mangelt es dennoch nicht. In der Weber-Halle im westfälischen Halle tritt Henry Maske am 8.10.1994 gegen Iran „Blade" Barkley an. Wieder wirkt der unnachahmliche Michael Buffer als Kommentator mit, wieder ist die Halle schon Wochen vor dem Kampf bis auf den letzten Platz ausverkauft. Der Erfolg Henry Maskes läßt Methode erkennen und bleibt dennoch immer abwechslungsreich und voller Spannung – nicht zuletzt deshalb, weil Maske sich bei der Wahl seiner Gegner nun wirklich nichts schenkt. Das Fernsehen überträgt auch diesen Kampf als Hauptereignis des Abends. Und wieder startet Henry Maske aus der blauen Ecke und wieder wird er unrasiert zum Kampf erscheinen – beide Merkmale zählt er zu seinen persönlichen Glücksbringern. Das scheint er an diesem Tag auch mehr als dringend zu brauchen, will man den Sprüchen seines Herausforderers Barkley glauben, der im Fernsehen verkündet, er schlage Maske „vom Ring direkt ins Grab". Der Rekord des 34jährigen amerikanischen Halbschwergewichtlers aus der Bronx läßt einiges erwarten: Von 42 Kämpfen gewinnt er 33, davon immerhin 20 durch K.O.! Er ist Profi seit 1982 und mußte in zwölf Jahren erst 9 Niederlagen einstecken. Dreimal war der Linkshänder, der in Normalauslage boxt, bereits Weltmeister, den vierten Titel will er sich jetzt von Henry Maske holen. Der belehrt an diesem Abend nun auch diejenigen Kommentatoren eines Besseren, die bisher behauptet hatten, Maske werde niemals einen harten Punscher als Gegner akzeptieren, weil er Techniker sei und solche Kämpfer nicht boxen könne. Seine eigene Strategie ist inzwischen, wie immer gemeinsam mit Coach Manfred Wolke festgelegt, längst klar:

> *„Nie aufgeben, stur seinen Weg gehen, Schritt für Schritt."* [2]

Und genau das tut er dann auch – Runde für Runde. Nachdem Iran Barkley zu den Klängen von Mariah Careys „Hero" finsteren Blicks in den Ring gestiegen ist, begrüßt das Publikum wie immer mit minutenlangen „Henry, Henry"-Sprechchören einen Favoriten, der zu den Klängen von „Conquest of paradise" hochkonzentriert die Halle betritt. Die Zuschauer, die seinen Weg zum Ring säumen, reißen jubelnd die Arme hoch, wenn sie ihr Idol nur einen Augenblick lang zu Gesicht bekommen. Von Michael Buffers Ansage ist nur der erste Teil verständlich, der Rest geht im Jubel des Publikums unter. Noch einmal wird die Halle für einen kurzen Augenblick still, als die Nationalhymnen abgespielt werden, dann brechen die Sprechchöre erneut los. Das begeisterte Publikum erlebt einen Kampf, wie ihn wohl nur Henry Maske zeigen kann: In jeder einzelnen Runde setzt er sich geschickt und clever gegen die wütenden Attacken des Amerikaners zur Wehr. Mehrmals muß er harte Wirkungstreffer des Gegners einstecken, der ihm an Schlagkraft weit überlegen zu sein scheint. Dennoch ist man nach den ersten drei Runden in der Ecke von Maske hochzufrieden. Die Rechnung scheint aufzugehen: Barkley kann sich gegen den technisch überlegenen Henry Maske nicht durchsetzen und zeigt erste Ermüdungserscheinungen. Der Weltmeister war dem Trommelfeuer seiner Schläge immer wieder durch geschickte Meidebewegungen aus dem Weg gegangen, hatte geduldig auf seine Chance gewartet und dann präzise und, wie sich bald zeigen sollte, vernichtend zugeschlagen. Spätestens ab der sechsten Runde feuert das Publikum dann einen drückend überlegenen Henry Maske an, der diese Unterstützung eigentlich schon nicht mehr braucht und gerade deshalb so überzeugend ist, weil er bis zum Schluß seinen exzellenten Stil durchbringt und die Begegnung nicht in eine Schlägerei ausarten läßt. Es wäre für ihn leicht und jederzeit möglich gewesen, den Kampf durch einen aggressiveren und etwas unvorsichtigeren Stil zu beenden – der Gegner ist bereits schwer angeschlagen und nicht nur der Ringarzt fragt sich zu diesem Zeitpunkt, ob Barkley seinen Gegner überhaupt noch sehen kann – die Schwellungen rund um Barkleys Augen lassen jedenfalls nichts Gutes für den Herausforderer ahnen. Dennoch wird der Kampf unter den Begeisterungsrufen der Zuschauer, die inzwischen ein wenig überflüssig wirken, noch einmal freigegeben. Wer sich diese siebte Runde genau angesehen hat, wird festgestellt haben, daß Maske mehr als einmal die Chance zu einem vernichtenden Schlag hatte. Und dennoch geht er weiterhin nüchtern, überlegt und präzise vor und dokumentiert damit, daß die Sicherheit des eigenen Kopfes allemal höher zu bewerten ist als ein spektakulärer Niederschlag. Er spürt auch so, daß das Ende naht. So überrascht es dann niemanden, daß der Kampf nach der Pause zwischen der siebten und achten Runde nicht wieder freigegeben wird. Der Referee hatte erneut den Ringarzt bemüht, der noch einmal Barkleys Auge inspizierte und dann amtlicherseits feststellte, was jeder aufmerksame Zuschauer auch so wußte: Die Verletzungen waren inzwischen so schwer, daß Barkley nur noch in die Richtung schlagen konnte, in der er seinen Gegner vermutete.

So hatte dann wieder einmal Michael Buffer das letzte Wort und durfte den „old and new cruiserweight champion of the woorrrrld – Heeenryyy MMMaaaskeee“ ausrufen, der sich in der üblich entspannten Haltung den Gürtel umlegen läßt, den er schon so häufig nach dem Ende solcher Kämpfe getragen hat.

Ziemlich genau vier Monate später, am 11.2.1995, ist es dann erneut soweit: In Frankfurt/M. absolviert Henry Maske eine erneute Titelverteidigung, diesmal gegen den Kanadier Egerton Marcus. Auf den war Maske schon im Finale der Olympischen Spiele in Seoul getroffen und an der damaligen Rollenverteilung sollte sich auch diesmal nichts ändern. Marcus, in seiner bisherigen Profilaufbahn unbesiegt, schafft es trotz seiner immensen Schlagstärke auch an diesem Abend nicht, „Gentleman" Henry niederzuschlagen und bringt aus Frankfurt die erste Niederlage seiner Profikarriere mit nach Hause.

So langsam fragte sich nicht nur die Fachwelt, wie lange der Erfolgsstern des Henry Maske noch strahlen würde und wann es endlich einem Kämpfer gelingen würde, den scheinbar Unbesiegbaren zu demontieren. Die Aussichten dafür scheinen günstig zu sein, als Maske für den 27. Mai 1995 einen Kampf austrägt, der lange in der Luft gelegen hat: die von Presse und Veranstalter zu einer „Frage der Ehre" stilisierte Begegnung zwischen Henry Maske und Graciano Rocchigiani. Über den Kampf ist im Vorfeld viel geschrieben und spekuliert worden – nicht zuletzt von den beiden Boxern selbst. Rocchigiani, der bis zu diesem Datum 39 Profikämpfe bestritten hat, 19 vorzeitige Siege, 18 Punktsiege, ein Unentschieden und nur eine Niederlage zu verzeichnen hat, der Mann also, der IBF-Weltmeister im Super-Mittelgewicht 1988 und Europameister im Halbschwergewicht 1991 war, hatte Maske mehrfach öffentlich vorgeworfen, einer Auseinandersetzung mit ihm vorsätzlich auszuweichen. Davon konnte an diesem Abend in der erwartungsgemäß ausverkauften Westfalenhalle keine Rede mehr sein.

Graciano, der den Kampf im Vorfeld ebenso großmäulig wie ungeschickt zu einer Auseinandersetzung zwischen Ost und West zu stilisieren versucht hatte, marschiert dann folgerichtig zu den Klängen des „Liedes vom Tod" in die Halle ein, Henry Maske läßt sich wie gewohnt von Vangelis einstimmen. Der bevorstehende Kampf ist der ungewöhnlichste in der Profilaufbahn des Henry Maske: Erstmals steht das Publikum nicht eindeutig auf der Seite von Henry Maske, erstmals hat er es mit einem Gegner zu tun, dem als Herausforderer vor allem vom Hallenpublikum mindestens ebensoviel Sympathie entgegengebracht wird wie dem Titelverteidiger. Die Stimmung in Dortmund ist dementsprechend aufgeheizt, der Sympathiebonus für den Herausforderer, der seine Laufbahn hier noch einmal nach oben ausrichten möchte, unübersehbar, und mit den Besuchern in der Halle fragten sich Millionen Zuschauer an den Fernsehgeräten nach dem fast rituellen Begrüßungssatz „Guten Abend, liebe Boxsportfreunde, Boxsportskeptiker und Boxsportkritiker“ von Werner Schneyder, der bei solchen Veranstaltungen inzwischen ebenso zum Inventar gehört wie die amerikanische Ringsprecher-Legende Michael Buffer, ob Henry Maskes Thron im Kampf gegen den als Puncher gefürchteten Rocchigiani erstmals wackeln würde. Genau danach nämlich sieht es schon bald aus: Maske läßt den Wahlberliner Rocchigiani immer wieder gefährlich nah an den Körper heran, hat ganz offensichtlich die Infight-Qualitäten seines Gegners unterschätzt und wirkt in den ersten Runden konzeptlos und gehemmt. Spätestens ab der dritten Runde ist deutlich, daß Maske unübersehbare Schwierigkeiten mit Graciano hat. Die Stimmung in der Halle gleicht der einer Treibjagd: Während die Auseinandersetzung bis zur siebten Runde hin und her wogt, Maske in der achten Runde deutlich mehr Initiative zeigt, harte Wirkungstreffer plaziert, und nun auch die Mehrzahl der Fans wieder auf seiner Seite zu haben scheint, just in dem Augenblick also, als die schon schwer lädierte Augenpartie seines Herausforderers die Hoffnung auf ein baldiges Ende des Kampfes nährt, kommt es in der Mitte der neunten Runde zur Katastrophe: Graciano durchbricht Maskes Deckung, drängt ihn mit kurzen, schnellen Haken zurück, stellt Maske in der Ringecke und erzielt hintereinander mehrere schwere Wirkungstreffer an den Kopf des Weltmeisters. Den „weggehen!“-Ruf seines Trainers Manfred Wolke mag Maske noch gehört haben – umsetzen kann er den Rat seines Coaches nicht mehr. Mehrmals rutscht er rückwärts in die Seile, wird erneut schwer am Kinn getroffen und taumelt abermals seitlich weg. „Bahnt sich hier eine Sensation an?“, fragt Werner Schneyder nun zurecht in den frenetischen Jubel der Graciano-Fans hinein. Maske ist jetzt, um es mit Schneyders Worten zu sagen, „schwer beeindruckt, wenn nicht angeschlagen“. Und dann drückt er mit jenem bedeutungsschweren Satz das aus, was in der Halle fast körperlich spürbar ist und die einen von den Sitzen reißt, die anderen geradezu niederdrückt: „Jetzt kann es sein, daß er untergeht.“ Mit dem Gongschlag zur zehnten Runde ist den dreizehntausend tobenden Menschen klar, daß es jetzt ums Ganze geht. Maske kommt gut erholt aus der Pause in diese Runde und vermag es dennoch nicht, seinen Gegner entscheidend zu treffen oder wenigstens zu stoppen. Wie viele Runden, so fragt sich manch einer hier, darf er als Champion verlieren, wenn er Champion bleiben will, in wie vielen Situationen darf er sich Schwächen leisten? Die zehnte Runde zeigt einen fightenden Henry Maske und gibt all denjenigen Recht, die vermutet hatten, daß auch Graciano Rocchigiani irgendwann am Ende seiner konditionellen Kräfte angelangt sein würde – dennoch wogt die Auseinandersetzung weiter hin und her und es scheint beinahe unmöglich, Vorteile für einen der beiden Kämpfer auszumachen. In Runde elf kann Rocchigiani dann erneut zulegen und mehrere Treffer landen, die bei Maske Wirkung erzielen. Den langersehnten Durchbruch durch eine Wiederholung der Dramatik der neunten Runde kann er zwar nicht mehr erzielen – dennoch wird jetzt nicht nur in Maskes Ecke gerechnet und spekuliert, ob der Weltmeister zu diesem Zeitpunkt überhaupt noch, und wenn ja, wie weit nach Punkten vorn liegen kann. Auch in der zwölften und letzten Runde zeigt sich Maske beeindruckt von den Schlägen des Herausforderers, der ihn von einer Ringecke in die nächste treibt. Es sieht inzwischen nicht mehr gut aus für den Champion, „Flucht ist jetzt die Parole, Flucht und Clinchen. [...] Maske läuft", wie Werner Schneyder treffend kommentiert, „noch fünfzehn Sekunden. [...] Der Kampf ist zuende, und das Urteil wird interessant." Ein Unentschieden wäre ausreichend für „Gentleman Henry", um die Weltmeisterschaftskrone zu behalten. Das Urteil der Punkterichter überrascht dann den Weltmeister wahrscheinlich ebenso wie den Herausforderer und die versammelten Experten: Henry Maske liegt nach Punkten klar vorn, was vor allem auf die beinahe sensationelle Wertung des italienischen IBF-Punkterichters Enzo Scala zurückzuführen ist, der Maske in der Endabrechnung mit 117:111 Punkten vorn hat und damit eindrucksvoll dokumentiert, daß auch eine nachlassende Sehschärfe in Verbindung mit schlafähnlichen Dämmerzuständen während der Arbeitszeit in seiner Profession nicht zwangsläufig zu Berufsunfähigkeit führen muß.

In der Folgezeit wird viel geredet, analysiert und spekuliert über einen Kampf, dessen zweifelhafter Ausgang teils als Geschenk an Maske kritisiert, teils zur deutlichen Überlegenheit des Champions schöngeredet wird – nicht zuletzt vom Weltmeister selbst unmittelbar nach dem Kampf. Nicht nur die Zuschauer in Dortmund zeigen dem Champion jedoch durch Pfiffe und einen spürbar verhalteneren Applaus, daß sie das nun nicht so ganz glauben mögen. Wahrscheinlich hat nicht einmal Henry Maske selbst so recht geglaubt, was er seinem Publikum in dieser eilig improvisierten Dankesansprache erzählt hat. Eines ist jedenfalls jetzt schon klar: Für das Publikum ist die Frage nach dem „wahren" Champion im Halbschwergewicht durch diesen Kampf längst nicht entschieden. So etwas kann jemandem auch dann den Schlaf rauben, wenn ein reichlich mit bunten Steinchen verzierter Gürtel über der Bettstatt hängt – und so bekommen die Boxsportfans, die Skeptiker, die Kritiker und nicht zuletzt Henry Maske selbst dann am 14. Oktober 1995 nach diversen Verhandlungen und wochenlangen Gerüchten unterschiedlichsten Inhaltes endlich das, was sich folgerichtig aus umstrittenen Urteilen ergeben muß: den Rückkampf gegen „Graze".

Für den bereits vertraglich festgelegten Weltmeisterschaftskampf gegen Duran Williams, der für den 14. Oktober 1995 vorgesehen ist, zahlt sein Manager und Promotor Wilfried Sauerland eine „teure Abstandszahlung" [3] an den Amerikaner – für Maske ist die Revanche gegen Rocchigiani nun wirklich zu einer „Frage der Ehre" geworden. Und so sah Deutschland dann am 14. Oktober in der Tat eine der ganz seltenen Fortsetzungen großer Begegnungen im Ring, wie sie dereinst nur zwischen Muhammed Ali und Joe Frazier oder Max Schmeling und Joe Louis stattgefunden hatten. Henry Maske mag diesen Druck gespürt haben, die unausgesprochene Forderung, endlich eindeutig zu klären, wer von beiden der bessere Boxer ist. Es ist nicht nur für das Publikum, sondern vor allem für einen Boxer schwer, mit einer solchen Uneindeutigkeit zu leben:

> *„Ich muß mir selbst etwas beweisen, mir selbst zeigen, daß ich nicht so schlecht bin, wie ich vor einigen Monaten war."* [4]

Dementsprechend ist die Münchener Olympiahalle schon Wochen vor der Begegnung ausverkauft, auf dem Schwarzmarkt werden die Plätze direkt am Ring mit bis zu 10.000 DM gehandelt. Auch die Prominenz ist wieder da – und erlebt den Weltmeister in taktisch deutlich besserer Verfassung als fünf Monate zuvor. Michael Schumacher, inzwischen ein Freund Henry Maskes, hat zunächst einige Irritationen bei seinem Eintreffen im Zuschauerraum zu meistern: An den Umgang mit den Medien inzwischen halbwegs gewöhnt, wirkt er bisweilen auch bei solchen, meist vorbereiteten Gelegenheiten da und dort noch ein wenig unterkühlt und nüchtern und ist erst im Beginn, sein Potential an Ausstrahlung und Charisma voll ausszuschöpfen, deren volle Blüte viele Menschen auf der ganzen Welt zu Bewunderern von Persönlichkeiten vom Schlage eines Ayrton Senna gemacht hat. Von der Veranstaltungsregie schlecht koordiniert, sitzt Michael Schumacher, obwohl ziemlich weit vorn plaziert, hilflos im Kreis der normalsterblichen Zuschauer und ist dem Blitzlichtgewitter von etwa dreißig Fotografen ausgeliefert. Anders aber als „Loddar" Matthäus, der auf der anderen Seite des

Rings einen vergleichbaren Platz bezogen hat, läßt sich Michael Schumacher jedoch weder zu einem Lächeln in die Menge, noch zu einem Winken hinreißen, sondern bespricht die ausweglose Lage unter Zurschaustellung verbissensten mimischen Ausdrucks, in dem er nur noch von seiner mitgereisten Gattin Corinna übertroffen wird, mit seinem Manager Willi Weber. Da nützt die beste Boxenstop-Strategie nichts, da wird die überlegenste Taktik zur Makulatur, wenn bei solch profaner Veranstaltung die begehrten Plätze direkt am Seilgeviert in unerreichbarer Ferne liegen. Der zwischenzeitlich von einer knapp bekleideten Hostess mit Luftballon am Hinterteil kredenzte Sekt vermochte die Stimmung des zweimaligen Weltmeisters ebensowenig zu heben wie die Nachricht des Hallensprechers, daß Becker, Stich, Schreinemakers und Wasmeyer ihre Plätze in der vierten Reihe inzwischen bezogen hatten – und dort für den gleichen Auflauf an Fotografen sorgten. Der aus dem nahen Österreich nach München gereiste Markus Wasmeyer demonstrierte dann auch gleich, was man in der sonst nicht gerade trendsettenden Alpenrepublik unter Publikumsnähe versteht: Auf den Anruf eines Fotografen („Wasi, Wasi, schau halt e mol her") warf der Angesprochene elegant und sehr natürlich Teile seines Haupthaares zurück, blickte den Knipser winkend und charmant lächelnd an und konnte ihn damit immerhin zu der begeisterten, von einem Rippenstoß begleiteten Bemerkung: „Na geh, auf den Wosi, da koost dich verlasse" gegenüber einem ebenfalls knipsenden Kollegen hinreißen. Zum Vergleich der Kommentar eines resignierten Schumacher-Jägers: „Bilder, die die Welt nicht braucht." Nachdem nun also auch Schumacher mitsamt Frau und Manager am Pulsschlag des Geschehens saßen, bedurfte es noch der fundierten Prognose einer Boxsportkennerin vom Schlage einer Margarethe Schreinemakers, die gern bereit war, uns mit gewohnt nöliger Stimme, zum Erstaunen der Weltöffentlichkeit jedoch ohne die sonst in dramatischen Situationen üblichen Tränenausbrüche, unter der Rubrik: „Kommentare, die die Welt nicht braucht" wissen zu lassen, was niemand geahnt hätte: Daß der Henry ein Taktiker und der Rocky ein Schläger ist und das ihr Herz natürlich für den Henry schlägt. Jetzt fehlten eigentlich nur noch „Lieder, die die Welt nicht braucht" – und die kamen dann auch. Das späte Eintreffen des wie gewohnt bis zur Schmerzgrenze geschmacklos bekleideten Wigald Boning zeigte einmal mehr, daß an diesem Abend wirklich nichts unmöglich sein sollte – nur gut, daß das Kleidchen seiner Begleiterin, dessen Farbgebung und Muster aus der Entfernung zunächst an den Entwurf eines Bundeswehrnahkampfanzuges erinnern mochte, sich später bei näherer Betrachtung als harmloseres Modell mit Blümchenmuster in mehr oder weniger gedeckten Frühlingsfarben herausstellte.

Nun ging es also los. Auf die inzwischen zwar nicht mehr besonders originelle, aber immerhin bewährte und für jeden Kampf neu choreografierte, aufwendige Lasershow zum Veranstaltungsauftakt hatte man in der „Weltstadt mit Herz" großzügig verzichtet und sich statt dessen etwas wirklich Anspruchsvolles ausgedacht: So durften die 12.500 Zuschauer in der Halle dann erleben, wie mehrere muskelbepackte, nicht-weiße Amerikaner einen nicht-farbigen weiblichen Opernstar umtanzten, der mithilfe eines von der Decke herabhängenden Drahtseiles nach einer schwer erkennbaren Gesetzmäßigkeit bald heraufgezogen, bald heruntergelassen wurde und dabei das Motto der Veranstaltung („It's a question of honour") intonierte. Gut, daß Henry Maske derlei Sperenzchen nicht miterleben mußte.

Der Champion hatte schon beim Wiegen seltsam angespannt gewirkt, sich in den Tagen vor dem großen Ereignis mit Kommentaren und Prognosen merklich zurückgehalten und so war die Stimmung in der Halle nach den Vorkämpfen, die dem Publikum unter anderem einen drückend überlegenen Zeljko Mavrovic zeigten und der gewohnt grandiosen Ansage von Michael Buffer wirklich „readyyy to ruuumbleeee" und konnte sich nunmehr gespannt auf das außergewöhnliche Hauptereignis des Abends konzentrieren. Und genau so verlief dieser Kampf dann auch – außergewöhnlich. Obwohl hier ein Champion gegen einen Herausforderer antritt, haftet dem Kampf stellenweise fast etwas von einem Comeback an, mit dem Henry Maske sich überzeugend bei all denjenigen zurückmeldet, die seine Tage als Weltmeister nach dem letzten Kampf für gezählt halten. Das Publikum erlebt einen taktisch erstaunlich überlegenen Henry Maske, der spätestens ab der siebten Runde „Chef im Ring" war. Maske hat aus den Fehlern der Vergangenheit gelernt und boxt wie in jenen Tagen, da er unangefochten und über jeden Zweifel erhaben den Gürtel trug, aus der Halbdistanz. Immer wieder kommt er mit Kombinationen zum Körper von Rocchigiani durch, der ab Runde sieben eine deutlich nachlassende Kondition erkennen läßt. Maske dagegen spielt nicht erst ab der siebten Runde seine deutliche psychologische Überlegenheit aus. Er wirkt konzentriert wie nie, die Anspannung der vorangegangenen Tage scheint mit dem Gongschlag zur ersten Runde von ihm abgefallen zu sein. Unter dem begeisterten Jubel der Zuschauer läßt er sich von Rocchigiani nicht in den Infight ziehen, sondern schlägt absolut präzise Konter aus der Distanz. Er ist sowohl konditionell in Bestform, als auch taktisch besser eingestellt und dadurch eindeutig aktiver als „Graze“, der mit der Energie der Verzweiflung und der nicht minder begeisterten Unterstützung seiner Fans versucht zu retten, was nun nicht mehr zu retten ist. Der Kampf geht erwartungsgemäß über die Runden und zeigt am Ende unter einstimmigen „Henry, Henry-Chören“ den Mann als alten und neuen Weltmeister, der seine achte Titelverteidigung verdient gewonnen hat und damit alle Zweifler und Unkenrufer eines besseren belehrt hat: Die Frage der Ehre ist eindeutig entschieden.

Wie ist die imponierende Erfolgsbilanz dieses Boxers zu erklären, der in 28 Profikämpfen ungeschlagen aus dem Ring gestiegen ist (12 K.O.-Siege, 16 Punktesiege) und seinen Weltmeisterschaftstitel nach dem ersten WM-Sieg gegen Prince Charles Williams 1993 bis jetzt acht Mal verteidigt hat?

Ein Blick auf die Denkprogramme von Henry Maske zeigt besonders starke Ausprägungen bei den Kategorien Einsatz/Leistung, Zielfixierung/Disziplin und Zukunftsorientierung/hin zu.

Wertediagramm Henry Maske

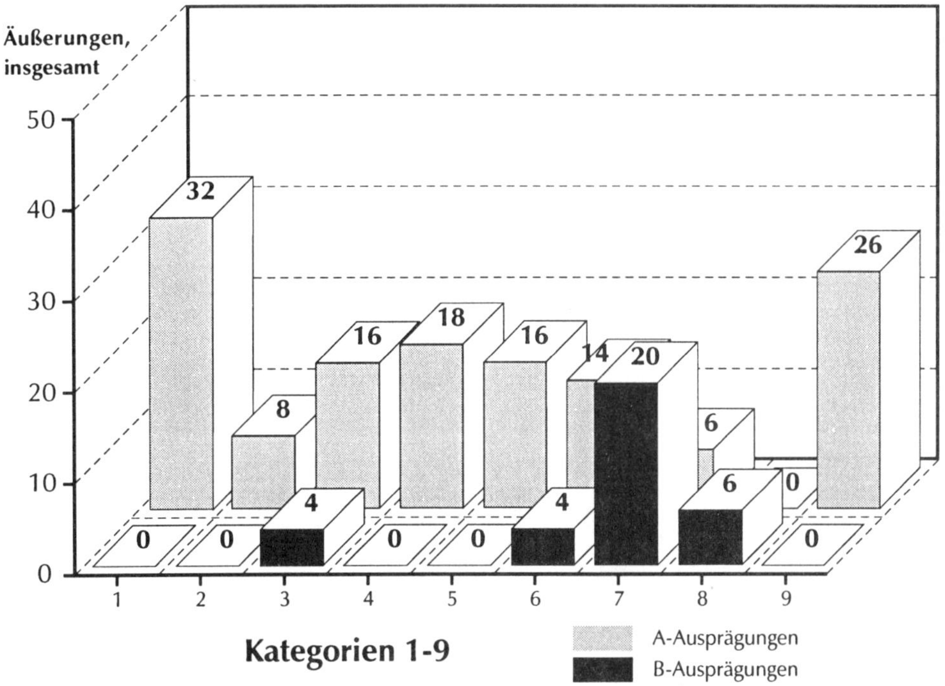

Dominante Kategorien

Kategorie 1: Einsatz/Leistung (= *A-Ausprägung) vs. Gott wird es geben*

> *„Ich habe nichts gegen große Sprüche, wenn Leistung dahintersteht. Muhammad Ali hielt im Ring fast immer, was er vorher versprochen hat.“* [5]

Mit einer klar erkennbaren Häufung an Äußerungen der Kategorie Einsatz/Leistung bewegt Henry Maske sich hier deutlich an der Spitze – begleitet von Steffi Graf, Franziska van Almsick, Franz Beckenbauer und gleichauf mit Jil Sander.

Dabei betonte er immer wieder, daß seine Erfolge sich zwar durch die Öffnung der Mauer (einem sogenannten „glücklichen Zufall“, von denen wir einige ja schon im letzten Kapitel kennengelernt haben) besser vermarkten lassen und ihm nun auch eine andere Bühne zur Auswahl seiner Gegner zur Verfügung steht, was sich positiv auf die Qualität der Kämpfe auswirken dürfte, er weist aber gleichzeitig all diejenigen in die Schranken, die in ihm nun einen typischen Wende-Gewinnler sehen wollen:

> *„Wenn die Bereitschaft zur Leistung zu erkennen ist und wenn Erfolge da sind, kommt man immer zurecht.“* [6]

Womit deutlich gesagt ist, daß kontinuierliche Anstrengung immer noch die erste Voraussetzung für den Erfolg eines Siegertypen ist. Im nächsten Satz konkretisiert Henry Maske seine Leistungsorientierung durch seine Überzeugung, daß

> *„ein Hochleistungssportler diese Spannung in sich spüren [muß], um die letzten zehn Prozent Reserve aus sich herauskitzeln zu können.“* [7]

Dabei setzt er, wie alle von uns untersuchten Siegertypen, nicht etwa auf kurzfristige Erfolge oder schraubt seine Ziele praktischerweise gleich so hoch, daß er sie niemals wird erreichen können (was bei vielen Menschen im Alltagsleben zu beobachten ist), sondern entscheidet sich für die langfristige Perspektive harter Arbeit und intensiver Bemühungen:

> *„Mir war klar, daß jetzt [nach der Wende] nicht auf einen Schlag alles besser wird, sondern daß ich hart arbeiten mußte, damit alles gut wird. [...] Aber ich will nicht die erst-*

> *beste Chance zur Verbesserung ergreifen, um dann langfristig unzufrieden zu sein – so bin ich nun mal.“* [8]

Hier geht es nicht nur um Leistung, sondern auch um Verzicht und Bescheidenheit – eine Kategorie (3), die bei Maske einen gut balancierten mittleren Wert aufweist.

Die Leistungsorientierung zieht sich als dominierendes Element auf die eine oder andere Art durch viele seiner Äußerungen: Ob es um Marktwirtschaft, sportliche Erfolge oder seine Zukunftsgestaltung geht, spielt dabei kaum eine Rolle – Leistungsorientierung und Einsatzbereitschaft sind die zentralen Motive:

> *„Sport war in der DDR so ziemlich die einzige Form der Marktwirtschaft. Ich habe daher schnell gelernt, daß du nicht nur quatschen kannst. Du mußtest den Kopf runternehmen, arbeiten und Leistung bringen.“* [9]

Das wichtigste Prinzip ist für ihn dabei, Leistung nicht deshalb zu wollen, weil sie von anderen verlangt wird oder weil früher oder später eine Belohnung winkt. Bei Henry Maske ist deutlich zu spüren, daß Leistung für ihn um ihrer selbst Willen wichtig ist – nicht als Selbstzweck, sondern weil sie für ihn persönlich eine Bedeutung hat. Sehr deutlich wird diese Einstellung in seinem Kommentar zum Rückkampf gegen Graciano Rocchigiani:

> *„Ich habe die Überzeugung gewonnen, daß mir etwas fehlen würde, wenn ich das so stehenließe. Ich muß das geradebiegen. Ich muß nicht Rocky, der Öffentlichkeit oder wem auch sonst was beweisen. Ich muß es mir selber zeigen. Deshalb werde ich den Rückkampf gegen Graciano bestreiten.“* [10]

Der Gedanke, Außergewöhnliches leisten zu wollen, ist immer wieder zentrales Thema in Henry Maskes Äußerungen. Der Wille und die Bereitschaft zur Leistung sind dabei (s.o.) nicht notwendigerweise auf ein bestimmtes Ziel gerichtet, sondern bestimmen das Denken Maskes als Grundfärbung stets mit. Es scheint für ihn kaum vorstellbar zu sein, irgendeinen Tag zu beschließen, an dem er sich nicht gefordert hat, an dem er nicht irgend etwas erreicht hat, was am vorherigen Tag noch nicht möglich gewesen wäre.

> *„Man hat sich so an einen Leistungsgedanken gewöhnt, daß man in Ruhepausen ein schlechtes Gewissen hat. Du trainierst halt, forderst dich ein bißchen, aber du hast*

nicht abgerechnet. Wenn's dann bloß ein Lauf ist, bei dem ich meine Zeit verbessere, dann ist es etwas, was mich ein bißchen beruhigt." [11]

Eine solche Einstellung mag manchem Leser wie ein selbsterzeugter Dauerstreß vorkommen, der letztendlich weder der persönlichen Zufriedenheit, noch der Gesundheit besonders förderlich sein müßte. Für Henry Maske ist diese Einstellung jedoch, ebenso wie für andere Erfolgsmenschen auch, Voraussetzung und zentraler Bestandteil ihres Denkens und Handelns, ohne die ein dauerhafter Erfolg gar nicht möglich wäre. Was beim ersten Lesen eher abschreckend wirkt, erweist sich letztlich als einer der wichtigsten Erfolgsfaktoren Henry Maskes.

Kategorie 9: *Zukunft, Lösung, hin zu* (= *A-Ausprägung*) vs. *Vergangenheit, Problem, weg von*

„Ich würde schon deshalb gerne gegen ihn boxen, weil ich mich Problemen gern stelle." [12]

Die Kategorie Zukunfts-/Lösungsorientierung steht bei Henry Maske mit 15% aller Äußerungen (bei 26 Äußerungen total) an zweiter Stelle. Das Eingangszitat zu diesem Teil verdeutlicht mehr, als der Leser vielleicht anfangs erahnt: Henry Maske beschreibt sein Verhalten hierdurch als ein strategisch nach vorn orientiertes. Probleme werden von ihm erkannt und zu Aufgaben umformuliert, die in der Zukunft lösbar sind. Die Orientierung auf die Zukunft verlangt dabei durchaus neben momentanem Verzicht auch ein entsprechendes Maß an Geduld:

„Nach einem schweren Schlag nicht sofort blind reagieren. Nein: wegstecken, geduldig auf die Chance warten!" [13]

Und dann ergänzt er noch:

„So sollte es auch im Leben sein." [14]

Der aufmerksame Leser findet in diesem Zitat nicht nur eine Anleitung zu aufgabenorientiertem und zukunftsgerichtetem Handeln, sondern gleichsam die Lebensphilosophie des Henry Maske im Miniaturformat.

Und noch mehr: die Gewißheit, daß es nur wenige (keine) Probleme gibt, die sich nicht in handhabbare und damit lösbare Aufgaben zerlegen lassen. Wie oft haben Sie selbst schon vor einem Problem kapituliert, weil es Ihnen allzu umfangreich erschien?

Nicht jede formulierte Aufgabe ist damit automatisch lösbar. Sie programmieren sich jedoch durch ein kleinschrittiges und konkretes Vorgehen sehr viel schneller auf den Erfolg, als durch ein mühsames Herumstolpern in Siebenmeilenstiefeln, die Ihnen sowieso nicht passen.

Konsequenterweise haben wir bei Henry Maske dann auch nicht eine einzige Aussage gefunden, die eher allgemeine, abstrakte, d.h. hochgechunkte Ziele beschrieb (siehe Graphik oben, Kategorie 8). Dafür aber Aussagen, die ein konkretes, kleinschrittiges Vorgehen erkennen lassen. Bei einer Sportart wie dem Boxen, bei der sich der Sportler jedesmal von neuem auf einen Gegner einstellt, dessen Taktik kennenlernt und seine eigenen Vorbereitungen darauf abstimmt, scheint uns ein sehr konkretes Vorgehen, wie es sich in dem nächsten Zitat ausdrückt, dann auch folgerichtig zu sein:

> *„Ich bin froh, daß jetzt erst einmal der Kampf gegen den Amerikaner Ernesto Magdaleno ansteht.“* [15]

Sollten Sie also eher zu der Kategorie Menschen zählen, die einen großen Teil ihres Lebens damit zubringen, über all die hochfliegenden Pläne nachzudenken, so denken Sie ab heute über kleinere Teilschritte nach.

Sich auf die Zukunft einzustellen, bedeutet für Henry Maske auch, die Chancen zu nutzen, die sich ihm heute bieten. Wie jeder andere erfolgreiche Mensch auch, erkennt er die Gelegenheit und nutzt sie für sich:

> *„Ich habe momentan eine Chance, die ich später nicht mehr kriege. Ich verdiene gutes Geld, aber es ist nicht so, daß ich mich zurücklehnen und auf meinen Lebensabend warten kann.“* [16]

Kategorie 4: ***<u>Zielfixierung/Disziplin</u>*** ***(= A-Ausprägung) vs. zufälliges Agieren***

> *„Ich bin ein zielstrebiger Typ, trenne die wesentlichen Dinge von den unwesentlichen.“* [17]

Was nutzen Ihnen die schönsten und verlockendsten Ziele, wenn Sie jeden Tag ein neues (anderes?) Ziel verfolgen? Was nützt es, wenn Sie keine Zielhierarchie und keine klaren Tagesprioritäten haben?

Sie werden sich heillos verzetteln, sofern Sie nicht heute beginnen, das Wichtige vom Unwichtigen zu trennen. Da fällt Ihnen doch Gottseidank kurz bevor Sie die karriereentscheidenden Bewerbungsunterlagen entwerfen wollen, gerade noch rechtzeitig ein, daß Sie ja unbedingt noch Anna, Rolf und Wolf anrufen und zu Ihrer Party am Samstag einladen wollen. Anschließend entdecken Sie „zufällig" noch den Geschirrberg in der Küche und schaffen noch eben Ordnung. Zwischendurch ruft Sie noch ein alter Freund aus Amerika an, mit dem Sie auch seit drei Monaten nicht gesprochen haben.

Spätestens danach fühlen Sie sich schon ein wenig abgespannt – zurecht – Sie haben auch bereits einen nicht unerheblichen Teil des Vormittags vertrödelt. So beschließen Sie erst einmal, sich bei einem Cappuccino eine kurze Pause, einen italienischen Moment, oder was auch immer zu gönnen. Ihre Arbeitsleistung (gemessen an dem Ziel, das es mit oberster Priorität zu erledigen gilt) bis hierher: gleich NULL.

Wer wirklich erfolgreich sein will, darf das Ziel nicht aus den Augen verlieren! Reduzieren Sie das Zeitbudget aller Aktivitäten, die Sie nicht näher an das Ziel heranbringen.

„Eine knallharte Niederlage bringt dich weiter als ein schwacher Sieg." [18]

Dieses Zitat verrät nichts weniger als die Haltung eines Profis, der weiß, aus welchem Holz Erfolge geschnitzt sind. Es sagt sehr viel über seinen Umgang mit sich selbst und seiner Umwelt aus. Wir haben die Bedeutung dieses Zitates weiter oben schon kurz gestreift. Als eines, das in die Kategorie Demut, Verzicht und Bescheidenheit fällt, dabei aber durchaus noch in der bedeutungsmäßigen Nähe von Kategorie eins anzusiedeln ist. Eine solche Aussage verrät den unbedingten Willen, auch nach Mißerfolgen weiter zu machen, wieder aufzustehen, es noch einmal zu probieren.

Hand aufs Herz: Wie oft haben Sie schon Dinge nach einem einmaligen Versuch aufgegeben? Ganz egal, ob es sich um das Tennismatch mit Ihrem Kollegen, einen Vertrag mit Ihrem wichtigsten Kunden oder den Tanzkurs mit Ihrer Frau handelt: Gönnen Sie sich einen zweiten Versuch. Begreifen Sie auch eine „Niederlage" als Chance, etwas zu lernen. Sie werden das Ziel dann erreichen, wenn Sie auch innerlich dazu bereit sind. Deshalb sollten Sie sich nach einem gescheiterten Versuch fragen: Was sagt mir dieses Feedback über die Strategie aus, die ich gewählt habe, um mein Ziel zu erreichen? Ja, Sie lesen richtig: Eine „Niederlage" ist nichts weiter als eine Information oder ein persönliches Feedback Ihrer Umwelt an Sie! Es ist die Aufforderung, sich einen anderen Weg zu suchen und dabei zu lernen.

Fragen Sie sich deshalb: „Welche Fähigkeiten kann ich ausbauen und erweitern, wo will ich noch etwas lernen, um mein Ziel zu erreichen?"

Kategorie 3: *Verzicht, Demut und Entbehrung* (= *A-Ausprägung*) vs. *mitnehmen, was ich bekommen kann*

> *„Max Schmeling ist durch sein ganzes Leben eine Legende geworden. Da kann ich mich nicht in einem Atemzug nennen."* [19]

Wir haben diese oder ähnliche Haltungen bei vielen der von uns untersuchten Erfolgsmenschen gefunden: Ob Fürstin Gloria, Claudia Schiffer, Michael Schumacher oder Henry Maske: Alle haben in dieser Kategorie zumindest eine mittlere Ausprägung zum Verzicht und zur Demut. Ausnahmen bilden lediglich Jil Sander und Franz Beckenbauer mit einem sehr niedrigen Wert in dieser Kategorie. Weitere Ausnahme: Thomas Gottschalk, der sogar eine höhere Ausprägung des Gegenpoles („mitnehmen, was ich bekommen kann") hat. Wir werden später noch sehen, wie sich diese Ausprägung des hamburgergestählten Erfolgsmenschen erklären läßt.

Gerade im Sport scheint es eine wichtige Erfolgsvoraussetzung zu sein, sich in Bescheidenheit zu üben. Nirgendwo sind Erfolge so vergänglich, gibt es so viele potentielle Nachfolger, die an die Spitze drängen, wie hier.

Dies erfordert nicht nur Bescheidenheit gegenüber dem Publikum, sondern auch ein erhebliches Ausmaß an Verzicht auf andere Dinge. Oft haben die Athleten mit langen Trennungszeiten von ihren Familien zu leben (Henry Maske: *„Durch das wochenlange Trainingslager bin ich ja schon lange vorher von meiner Frau getrennt. Wir müssen uns also auf Telefonsex beschränken."*) und Reisen inkauf zu nehmen, die von Länge und Entfernung jedem Top-Außendienstmitarbeiter als Maßstab dienen können. Dennoch haben Sie nur eine Chance, nur einen Kampf, nur ein Match, um ihr Publikum zu überzeugen. Schlägt der Versuch fehl, bleibt nichts als die Rückreise, der anschließende Verriß in der Presse und die erneute stetige Arbeit an der eigenen Person. Dieser Prozeß kann bisweilen sehr schmerzhaft sein – vielleicht wurde der Gegner unterschätzt oder das eigene Können zu hoch angesetzt:

> *„Ich bin fast daran zugrunde gegangen, weil meine Vorstellungen von der eigenen Stärke falsch waren."* [20]

Sollten Sie an dieser Stelle einwenden wollen, daß Personen wie Henry Maske oder Boris Becker ja inzwischen Startprämien oder Garantiebörsen erhalten, so überlegen Sie vielleicht einen Augenblick, daß dies zwar richtig ist, aber keinesfalls immer so war. Der Weg zur Garantiebörse steht nur dem offen, der sich dafür durch Leistung (Kategorie 1), Zielfixierung (Kategorie 4), Glaube an die Machbarkeit von Erfolg (Kategorie 9) und ein entsprechendes Maß an Demut und Verzicht (Kategorie 3) qualifiziert hat. Wer allzu früh versucht, zum Höhenflug abzuheben und sich im Ruhm anderer zu sonnen, die vor ihm erfolgreich waren, lernt vielleicht nur, daß Hochmut vor dem Fall kommt. Vielleicht tun erfolgreiche Menschen auch deshalb manchmal Dinge, die Lieschen Müller nicht gleich auf Anhieb versteht:

> *„Ich werde auch das Platten-Angebot ablehnen, den alten Schmeling-Song ‚Das Herz eines Boxers' neu zu singen. Das ist sein Lied und nicht meines."* [21]

Kategorie 5: Werteursprung innen *(= A-Ausprägung)* vs. Werteursprung *außen*

> *„Ich hoffe, daß mein Sohn mal in meine Fußstapfen tritt. Nicht daß er Boxer wird, sondern daß er seinen Weg gehen will und wird."*

Vielleicht würde Henry Maske hier sogar ergänzen wollen: „Seinen Weg, das heißt natürlich den eigenen." Damit hätte er den vierten Faktor seines Erfolges auch so ziemlich genau benannt: die eigenen Maßstäbe zu schaffen und die anvisierten Ziele höher anzusetzen, als es der Durchschnitt der Menschen tut. Wenn Sie wirklich erfolgreich werden wollen, dann gibt es vor allem zwei Möglichkeiten: Entweder Sie orientieren sich an den Maßstäben, die vorgegeben sind, oder Sie finden Ihre eigenen. Während die erste Möglichkeit kurzfristigen Erfolg dadurch verspricht, daß Sie den Erwartungen anderer Menschen entsprechen, bietet Ihnen die zweite Alternative die einmalige

Chance, etwas wirklich Individuelles (und damit „Persönliches“ und Einmaliges) in Ihrem Leben zu schaffen. Keine wirklich große Persönlichkeit der Weltgeschichte hat sich an den Maßstäben orientiert, die andere Menschen ihr vorgegeben haben oder unhinterfragt die Werte und Verhaltensweisen übernommen, die andere von ihr erwarteten.

Bei näherer Betrachtung ergibt diese Haltung auch einen Sinn: Wenn meine Erfolge abhängig von den Erwartungen anderer Menschen sind, dann besteht die Möglichkeit, bei Änderung dieser Erwartungen plötzlich nicht mehr erfolgreich zu sein – hier sei nur auf die Gratwanderung verwiesen, die Menschen wie Thomas Gottschalk machen, um den sich ständig wandelnden Publikumsgeschmack zu befriedigen (und wir werden im nächsten Kapitel sehen, daß selbst diese Aufgabe nicht ohne eine mindestens gleichstarke Ausprägung an Rückgrat, also einer Orientierung an den eigenen Werten, möglich ist).

In Bereichen dagegen, in denen der Erfolg weniger von der Gunst des Publikums, als vielmehr von der eigenen Leistung abhängig ist, scheint es wesentlich sinnvoller, eigene Maßstäbe zu definieren und Leistungen stärker nach dem eigenen Gefühl zu beurteilen, als ängstlich darauf zu schielen, den Erwartungen der Umwelt zu entsprechen. Vielleicht führt diese Haltung sogar dazu, vor lauter Publikumsverliebtheit oder Sorge um die Erfüllung der von außen herangetragenen Erwartungen die eigene Leistung zeitweilig zu vernachlässigen – wenn sie denn durch das Fehlen interner Kriterien überhaupt noch meßbar ist. Dazu noch einmal Henry Maske über einen Herausforderer:

> *„Er [Dariusz Michalczewski] macht das mit, was alle von ihm erwarten. [...] Eigene Leistung ist jedoch nur bedingt vorhanden.“* [22]

Kategorie 7: *kopfgesteuertes, rationales Handeln* vs. *emotional gesteuertes intuitives Handeln* (= B-Ausprägung)

> *„Ich war mir sicher zu gewinnen.“ (Henry Maske über seinen Kampf gegen Charles „Prince“ Williams)* [23]

Woher schöpfen Erfolgsmenschen diese Sicherheit? Einmal natürlich aus der Tatsache, sich vertrauensvoll, fast blind auf die Personen verlassen zu können, die sie bei der Lösung ihrer Aufgabe unmittelbar umgeben: Trainer, Masseure, Physiotherapeuten etc. Beide Seiten, sowohl der Sportler als auch seine Begleiter, brauchen keine Grundsatzklärungen mehr und sind dennoch sehr aufmerksam für kleinste, manchmal erfolgskritische Änderungen:

> *„Wenn heute Veränderungen nötig sind, handelt es sich nur um Nebensächlichkeiten. Viele Worte fallen zwischen uns nicht mehr. Wir verstehen uns durch Gesten und Stichwörter.“* [24]

Zum anderen scheint die Beziehung eines erfolgreichen Menschen zu seinem Umfeld ein zweiter wichtiger Faktor zu sein:

> *„Familie ist für mich das größte. Sie ist Ursprung für alles, was ich mache, wie ich es mache und wie ich auftrete.“* [25]

Wenn Sie diese Strategie nun mit dem derzeitigen Zustand Ihrer Ehe oder Ihrem momentanen Verhältnis zu Vorgesetzten oder Mitarbeitern und Kollegen vergleichen, entdecken Sie vielleicht einen wünschenswerten Idealzustand, der bei Ihnen noch nicht erreicht ist. Wie es dazu kommt? Die oben beschriebene Strategie kann wohl nur vor dem Hintergrund gegenseitiger, echter Achtung und einem ehrlichen, gelebten Respekt vor der anderen Person (Sie können auch Demut dazu sagen) funktionieren.

Wann haben Sie zuletzt Ihrem Mann/Ihrer Frau/Ihren Kindern ein Kompliment gemacht? Wann zuletzt die Bemühungen eines Kollegen positiv erwähnt? Bedenken Sie: Das Verhalten der Menschen, die Sie umgeben, ist ein Spiegel Ihres eigenen Verhaltens. Sie werden genau das ernten, was Sie gesät haben. Gerade in der Familie wird diese Tatsache allzu häufig verdrängt. Dabei scheint die Familie, oder eine intakte Beziehung zu einem anderen Menschen einer der wichtigsten Garanten, vielleicht sogar Grundvoraussetzung des Erfolges zu sein:

> *„Ich würde nie auf meine Familie verzichten.“* [26]

Wer prominente Persönlichkeiten beobachtet, ihre Presse verfolgt und sich ihre Vita genauer anschaut, bekommt vielleicht einen gegenteiligen Eindruck: Elizabeth Taylor heiratet zum 9. Mal, Tom Cruise wird nach nur 31 Monaten Ehe vom Starlet Mimi Rogers geschieden, und Anna Nicole Smith heiratet einen Mann, der ihr Großvater sein könnte – zufällig ist er Öl-Milliardär und natürlich beteuern beide, daß dieser Umstand für ihre Liebe zueinander nicht die geringste Rolle spielt – inzwischen hat der Gute das Zeitliche gesegnet und Mrs. Smith streitet mit den Söhnen ums Erbe – natürlich aus Liebe! Familie oder dauerhaften Beziehungen scheint eine gewisse Beliebigkeit anzuhaften. Doch Vorsicht: Liz Taylor macht gerade die nächste Entziehungskur (und läßt sich wahrscheinlich praktischerweise im Anschluß gleich liften), Tom Cruise ist, wir wissen es inzwischen, ein Sekten-Fuzzi und Anna Nicole Smiths einzige öffentlichkeitswirksame Leistung nach ihrer Hochzeit bestand darin, uns durch eine schlechte Kopie der Monroe-Nummer (Sie wissen schon, die mit dem flatternden Rock über dem Lüftungsschacht) in einer Fernsehshow ihre strammen Keulen zu zeigen, die inzwischen auf einen Umfang angeschwollen sind, der sie wahrscheinlich für Werbeaufnahmen ungeeignet, dafür aber möglicherweise zum Renner für sabbernde Opas macht, die zu später Stunde noch vor der Glotze hocken.

Die Gier nach Geld, Publicity und dem schnellen Ruhm verstellt manchen Menschen den Blick für das Wesentliche, für die Dinge, die dereinst übrig sein werden, wenn die Fäuste schlapp, das Auge trübe und die irdischen Genüsse tausendmal erlebt sind – oder vielleicht noch schlimmer, windige Manager und Berater dafür gesorgt haben, daß auch der letzte Cent unter die Leute gebracht worden ist. Wer sich heute Ali anschaut, der weiß, wovon die Rede ist und der spürt vielleicht auch die Bedeutung der folgenden Aussage Henry Maskes:

> *„Meine Familie zählt für mich tausendmal mehr als mein Bankkonto.“* [27]

Weniger stark ausgeprägte Kategorien

Im Gegensatz zu anderen von uns untersuchten Personen verfügt Henry Maske in einigen Kategorien über eine bemerkenswert niedrige Merkmalsausprägung, die wir bisher noch nicht angesprochen haben: So ist das Merkmal „Talente erkennen und nutzen“ (Kategorie 2) bei Henry Maske wesentlich weniger stark ausgeprägt, als z.B. bei Jil Sander, Thomas Gottschalk, Franziska van Almsick oder Wolfgang Niedecken.

Eine Erklärung dafür könnte sein, daß Maske sehr früh mit dem Boxen begonnen hat und wir es mit einer Sportart zu tun haben, bei der Talent eine wichtige, aber nicht die zentrale Rolle für den Erfolg spielt. Jeder Boxexperte weiß, daß neben Talentfaktoren wie einem guten Auge, Reaktionsschnelligkeit und einem großen Herzen vor allem das permanente Training, Zielstrebigkeit, Disziplin und die ständige Suche nach neuen Herausforderungen die Zutaten sind, aus denen Erfolge gemacht werden. Vielleicht taucht auch gerade deshalb das Merkmal „Sicherheit, Komfort und Tradition" (Kategorie 6) bei Henry Maske weniger häufig auf, als bei Fürstin Gloria oder Thomas Gottschalk. Gerade in neueren Äußerungen zeigt Henry Maske hier eher die andere Seite – die Suche nach dem Risiko, dem Wagnis, dem letzten „Kick":

> *„Ich möchte nicht in zwei, drei Jahren aufgehört haben und mich fragen: Warum hast du diesen Kampf [gemeint ist der gegen einen der drei amtierenden Weltmeister der anderen Verbände; Darius Michalczewski, Virgil Hill oder Mike McCallum] nicht gewagt? Ich suche das Besondere, den Kick habe ich immer schon gewollt."* [28]

Das Merkmal „Denken in großen Zusammenhängen" (Kategorie 8) schließlich taucht bei Henry Maske überhaupt nicht auf und bildet damit einen interessanten Kontrast zu den Ausprägungen dieser Kategorie bei Wolfgang Schäuble, Thomas Gottschalk und Michael Schumacher. Wo Henry Maske seine ganze Aufmerksamkeit auf einen bevorstehenden Kampf konzentriert, ist es für Wolfgang Schäuble erfolgsentscheidend, in Dimensionen einer Legislaturperoide und darüberhinaus nicht nur Einzelaufgaben, sondern größere Zusammenhänge zu sehen. Für Michael Schumacher mag es wichtig sein, nicht nur die Distanz von einem Rennen zu sehen, sondern sich taktisch auf eine ganze Saison vorzubereiten – dabei sind andere (größere, aber deshalb nicht bedeutsamere) Zusammenhänge zu beachten, abstraktere Aufgabenstellungen zu lösen, als wenn einem Boxer wie Henry Maske ein Gegner 12 x 3 Minuten gegenübersteht.

Welche Faktoren Ihres zukünftigen Erfolges haben Sie bei Henry Maske kennengelernt?

1. Bei allem, was Sie erreichen wollen, dürfen Sie sich niemals auf Zufälle, den guten Willen eines Vorgesetzten oder Gottes Gnade verlassen. Ihr Einsatz, Ihre persönliche Anstrengung allein wird darüber entscheiden, ob Sie ein Champion auf Ihrem Gebiet sind oder diesen Part anderen überlassen. Vergessen Sie ab heute Ausreden und Rechtfertigungsstrategien, die nur einen Sinn haben: Ihren Mißerfolg zu entschuldigen!

2. Weder Henry Maske noch Boris Becker tragen das Prädikat „Beruf: Sohn“, und ihre Eltern gehörten nicht zum Establishment. Alles, was sie heute können oder besitzen, verdanken Maske und Becker ihrem oft jahrelangen Einsatz, bei dem sie trotz der geforderten Entbehrungen konsequent ein Ziel verfolgt haben. Dieser Punkt sollte Ihnen deutlich machen, daß Sie vielleicht mehrere hundert Versuche benötigen werden, um ans Ziel zu kommen. Es gibt auf diesem Weg keine Fehler, es gibt nur Feedback. Edison, der Erfinder der Glühbirne, soll einmal gesagt haben:

> *„Ich habe auf meinem Weg zur Erfindung der Glühbirne nicht einen einzigen Fehler gemacht – ich habe nur immer wieder neue Wege entdeckt, die Glühbirne nicht zu erfinden.“*

3. Fragen Sie sich, ob Sie das, was Sie als Ziel erreichen wollen, auch tief in Ihrem Inneren bejahen. Stehen Sie als ganzer Mensch kongruent und stimmig, mit Ihrer ganzen Person dahinter? Schauen Sie sich um in der Welt! Nehmen Sie all die graugesichtigen und ausgebrannten Personen wahr, die zwar dem Erfolg nachjagen, aber längst vergessen haben, wozu das gut sein soll, wenn sie ihn dann irgendwann einmal erreicht haben (die internationale Automobilindustrie hält für diesen Fall glücklicherweise eine genügend große Anzahl glänzender Trostpflästerchen bereit). Leben Sie Ihr Leben, oder das Ihrer Nachbarn? Sind Sie frei, oder befolgen Sie irgendein Skript aus Ihrer frühen Kindheit („Mein Papa hat immer gesagt, als Mann mußt du Geld haben...“)?

4. Denken Sie immer an das, was Sie erreichen wollen, nicht an die Dinge, die Sie vermeiden wollen. Wo soll es hingehen? Wie kann ich es erreichen? Was wird mir dabei hilfreich sein? Welche Energien stehen mir zur Verfügung? Programmieren Sie dadurch Ihr Unterbewußtsein auf den Erfolg – und Sie werden ihn haben.

Anmerkungen:

1. Playboy 3/94
2. ebenda
3. Sport-Bild, 11.10.1995
4. ebenda
5. Playboy 3/94
6. ebenda
7. ebenda
8. ebenda

9. Stern, 20.7.1995
10. ebenda
11. Frankfurter Allgemeine Zeitung, 2.1.1995
12. Playboy 3/94
13. ebenda
14. ebenda
15. ebenda
16. Stern, 20.7.1995
17. Berliner Morgenpost, 3.4.1994
18. ebenda
19. BILD, 23.3.1994
20. Berliner Morgenpost, 3.4.1994
21. BILD, 23.3.1994
22. Playboy 3/94
23. ebenda
24. ebenda
25. PRINZ 5/93
26. ebenda
27. BILD, 23.3.1994
28. Der Spiegel, 23.1.1995

Thomas Gottschalk: „Ich habe mir nie im Leben etwas hart erarbeitet im Sinne von Pauken, Schwitzen, Nächte durcharbeiten."

Wer das Erfolgsprofil eines Henry Maske mit dem von Thomas Gottschalk vergleicht, stellt gleich auf Anhieb eine fast ungekehrte Merkmalsausprägung fest. Wir wollen im folgenden feststellen, wie zwei derartig unterschiedliche Menschen es dennoch beide auf ihre eigene Art und Weise zu Erfolg, Beliebtheit, Werbeverträgen und Familienglück bringen.

Thomas Gottschalk, Sohn eines Rechtsanwaltes, geboren am 18. Mai 1950 in Bamberg. Wollte Lehrer werden, schaffte es auch und wurde dennoch nie ein Beamter. Handelte nach einer Maxime, die da lauten könnte: „Ich mache nur das, was mir gefällt – vorausgesetzt, ich finde eine genügend große Anzahl von Menschen, denen das auch gefällt."

Trägt sich in Hotels im Geiste als Lehrer ein, *„weil das für mich die Bestätigung ist, es wenigstens zu einem ‚anständigen' Beruf gebracht zu haben."* [1]

Sagt von sich selbst, daß er mit zwanzig noch keine Lebensplanung hatte, niemals vorhatte, *„in der* Bravo *über mich zu lesen, populär oder reich zu werden"*. [2]

Zum Rundfunk wollte er,

> *„um da ein bißchen Dampf reinzubringen. Die Radiounterhaltung war zäh und behäbig, da saßen Studienräte und moderierten in schlechtem Englisch, und der Bayerische Rundfunk war für mich die Wurzel allen Unterhaltungsübels."* [3]

Beschreibt sich selbst schon mal als *„krankhaft harmoniebedürftig"* [4] und bewegt sich (trotz alledem, oder gerade deshalb) seit seinem Start als Volontär beim *Münchener Merkur* 1976 ständig auf dem schmalen Grat zwischen der Publikumsgunst, die Bestandteil, ja Voraussetzung seines Erfolges ist, und seinem Hang zur Großkotzigkeit, indem er erklärt:

> *„Man beginnt als hehrer Charakter im Fernsehen, und wenn man nicht gehörig aufpaßt, endet man als Quotennutte."* [5]

Wer ihn erlebt, dem erscheint er als ein Hans-Dampf-in-allen-Gassen: Neben seiner Tätigkeit für Fernsehsender und Rundfunkanstalten bediente er auch das Kino mit diversen Klamaukfilmen – allesamt erfolgreich. Ein Stehaufmännchen, das den Neustart seiner „Late Night Show" nach den verunglückten Erstversuchen unbekümmert mit dem Satz *„Ich bin wieder die Sahne auf der Torte"* [6] kommentiert.

Stationen seiner Karriere sind der Bayerische Rundfunk, „Telespiele", „Thommy's Pop-Show", „Na sowas", und schließlich, als Sprung in das Samstagabendprogramm: „Wetten, daß". Nach seinem Ausstieg beim ZDF Wechsel zu RTL und neuen Aufgaben: Als beliebtester Entertainer Deutschlands soll er eine hierzulande noch weitgehend unbekannte, in den USA aber überaus populäre Unterhaltungsform etablieren: die „Late Night Show". Ein scheinbar unentbehrliches Allroundtalent, das nach dem unrühmlichen Abgang von Wolfgang Lippert bei „Wetten, daß" sogar von einer öffentlich-rechtlichen Anstalt an die Stätte seines einstigen Wirkens zurückgebeten und vom Publikum mit offenen Armen empfangen wird – eine Art von Comeback, wie es vor ihm in der deutschen Fernsehgeschichte nur Kuhlenkampff geschafft hat.

Was also ist dran an dem Sunnyboy, der sich einerseits *„lebensnotwendige Gefallsucht"* [7] bescheinigt, andererseits aber so vorsichtig und sicherheitsorientiert ist, daß er über seinen Umgang mit Frauen sagt:

> *„Ich bin inzwischen in einem Alter, wo ein schönes Abendessen auch genügt. Ich pfeif mir gnadenlos Gambas mit Knoblauch rein, damit bringe ich weder mich noch irgendwelche Frauen in Gefahr."* [8]

Lesen Sie selbst...

Dominante Kategorien

Kategorie 5: *Werteursprung innen, was ist für mich persönlich wichtig, Konfliktpotential wird erkannt und konstruktiv genutzt (= A-Ausprägung) vs. Werteursprung außen, was ist für andere wichtig, Konfliktvermeidung (= B-Ausprägung)*

In dieser Kategorie begegenet uns das zentrale Bestimmungsstück des Gottschalkschen Erfolges. Keine andere der von uns untersuchten Personen konnte derartig ho-

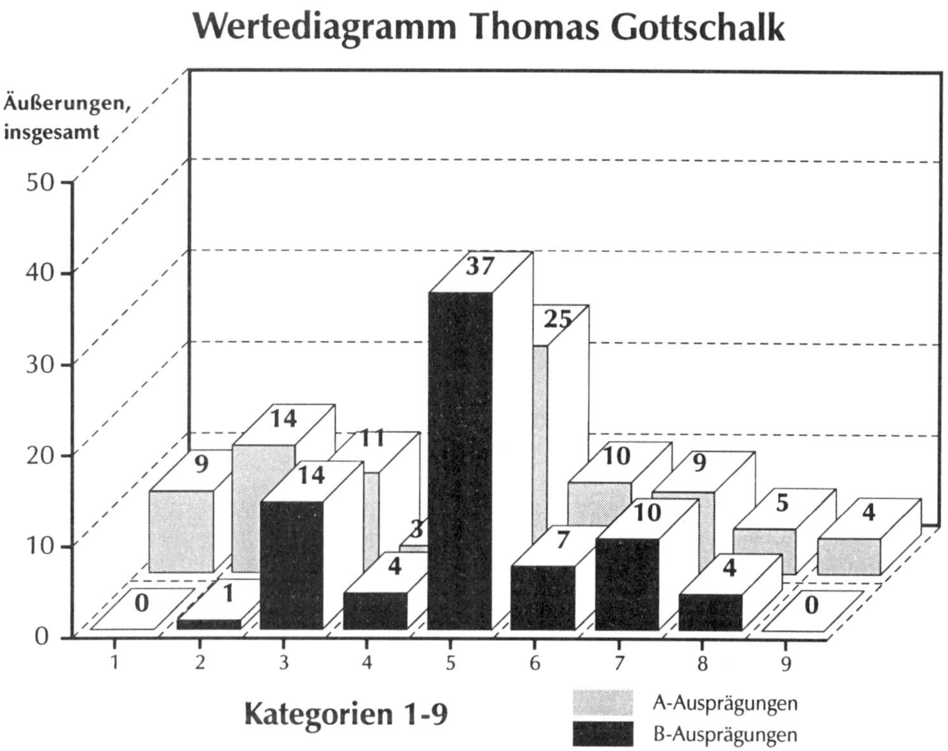

he und gleichzeitig gleichstark ausgeprägte Werte für beide Merkmalsausprägungen auf sich vereinen. So scheint Thomas Gottschalk gerade deshalb so erfolgreich zu sein, weil er ständig zwischen seinem eigenen Anspruch, dem, was für ihn ganz persönlich wichtig ist, und den Anforderungen anderer Menschen vermitteln kann – dabei überwiegt letzten Endes jedoch eher die Konfliktvermeidung und die Orientierung an Harmonie und Publikumsgeschmack. Jemand, der derart im Mittelpunkt der Öffentlichkeit steht, kann aber auch dann nicht erfolgreich sein, wenn er sich ausschließlich zum ausführenden Arm eines Senders oder des Publikumsgeschmacks machen läßt. Thomas Gottschalk dazu:

> *„Ich habe auch noch nie die Notwendigkeit gefühlt, mich verbiegen zu müssen, um Erfolg zu haben. Ich bin heute so weit, daß ich sage: Ich habe den Erfolg genossen, wenn ich mich verbiegen muß, ziehe ich mich zurück."* [9]

Gleichzeitig relativiert er die Bedeutung einer solchen Aussage jedoch, wenn er sagt:

„Natürlich unterliege auch ich irgendwelchen Zwängen. Aber weniger als alle anderen.“ [10]

Jede wirklich erfolgreiche Person unterliegt in ihrem Wirken dem paradoxen Spannungsfeld aus Anpassung an die gegenwärtig geltenden Normen und der Tatsache, daß sie gerade deshalb „in“ und gefragt ist, weil sie in einem gerade noch akzeptablen Maß gegen diese Normen verstößt. Thomas Gottschalk drückt indirekt immer wieder aus, daß es eine seiner größten Leistungen ist, in diesem Spannungsfeld arbeiten zu können, ohne seine eigenen Ideen oder seine Person vollständig zurückzustellen und bemerkt dabei mit Seitenblick auf Kuhlenkampff:

„Das ist für mich einer, der bewiesen hat, daß man in diesem Beruf alt werden kann, ohne sich zum Hanswurst zu machen, ohne sich zum kläglichen Anbeter einer Hörerschicht zu machen.“ [11]

In einem bezeichnenden Ausspruch über den Beginn seiner Karriere faßt er den Gedankengang zusammen, der in ihm die Erkenntnis weckte, daß wer es allen recht machen will, es am Ende niemandem recht gemacht hat:

„Und ich habe gedacht: Als Freund der Jungs von der Süddeutschen und von den Taxichauffeuren und den Entenfahrern, da krieg' ich mein Haus am See nie.“ [12]

Um Mißverständnissen vorzubeugen: Diese Aussage dürfte nicht sehr materialistisch im Sinne der Kategorie 7, Merkmalsausprägung „Haben“ gemeint sein.

Thomas Gottschalk nutzt gerade dieses Spannungsfeld zwischen everybody's darling, der er sein muß, um erfolgreich zu sein, und „I am what I am“, um erfolgreich zu bleiben. Während z.B. bei Wolfgang Schäuble beide Merkmalsausprägungen dieser Kategorie unterrepräsentiert sind, ist es Thomas Gottschalks besondere Fähigkeit, sowohl Konflikte bei der Durchsetzung seiner Werte zu provozieren, als auch für den anschließenden Ausgleich der Interessen zu sorgen. Die beiden folgenden Zitate spiegeln diese Haltung und sprechen deshalb für sich:

„Was guter Geschmack ist, bestimme in dem Fall ich.“ [13]
„Also unsere Philosophie ist die des kleinsten gemeinsamen Vielfachen.“ [14]

Um in einer Zeit als Fernsehentertainer dauerhaft erfolgreich zu sein, in der eine Sendung sehr viel mehr nach der Einschaltquote, denn ihrer Qualität beurteilt wird, lohnt sich die Ausbildung eines eigenen, unverkennbaren Stiles allemal – dies sollten sich all diejenigen unserer Leser klarmachen, die im Erfolg Thomas Gottschalks die Bestätigung ihres Vorurteils sehen, Opportunisten und Kriecher kämen letztendlich doch weiter – ein Spiel, wie es mit den üblichen Verlusten regelmäßig dann zu beobachten ist, wenn in Firmen Entlassungen anstehen. Auch in weniger krisenhaften Zeiten läßt sich ein solches Spiel in Form alltäglicher Unterwürfigkeitsrituale beobachten. Aus der Masse der nicht erfolgreichen Menschen ragt auch in schwierigen Zeiten nur der heraus, der es sich noch zugesteht, Ecken und Kanten zu haben.

Daß ein solch fragiles Gleichgewicht durchaus an bestimmten Stellen Grenzbereiche des persönlich Erträglichen erreicht, weiß auch Thomas Gottschalk:

> *„Wenn ich mir während einer Sendung sage: ‚So, jetzt präsentiere ich etwas, wovon ich eigentlich hoffe, daß es mein Sohn nicht sieht. Jetzt sage ich etwas, von dem ich hoffe, daß es meine Mutter nicht hört, und jetzt tue ich etwas, was meine Frau mir hoffentlich verzeiht.' Wenn ich nur allzu oft hoffe, daß einer von denen, die mir wichtig sind, gerade auf dem Klo ist, dann stimmt irgend etwas nicht mehr. Und von solchen Sendungen gibt es zu viele."* [15]

Die drei nachfolgenden Zitate machen auf beispielhafte Art und Weise das Beziehungsgefüge zwischen fest verankerten inneren Werten und der Sensibilität nach außen, in die Umwelt hinein deutlich:

> *„Die Zeiten sind kälter geworden. Thoma sagt mir, Sie müssen 1,5 Milllionen Zuschauer haben, Qualität spielt da keine Rolle; das ist traurig."* [16]
> *„Wenn Quoten nur mit schlechtem Geschmack zu machen sind, kann ich nicht meinen eigenen guten Geschmack verleugnen. Dann muß ich abtreten. Es gibt Grenzbereiche. Schamhaarfriseure oder Penisvermesser kommen mir nicht in die Sendung."* [17]

Mit einem Seitenblick auf die Publicity-Sucht manch selbsternannter Stars und Sternchen macht er deutlich, daß er zwar von den Medien lebt, sich aber nicht als deren Eigentum betrachtet und sich auch hier die Freiheit, Ecke oder Kante herausnimmt, sich an seinen eigenen Werten zu orientieren:

„Ich sage Ihnen eines – wenn heute ein vernünftiger Schülerzeitungs-Redakteur kommt, nehme ich mir für den mehr Zeit als für den Vertreter eines millionenschweren Fuzzi-Blattes, von dem ich denke, daß ich es nicht haben muß." [18]

Für seinen Erfolg ist es wichtig, nicht ehrfürchtig vor dem in die Knie zu gehen, was ein Hans Joachim Kuhlenkampff oder Peter Frankenfeld geleistet haben (und damit eine ganze Generation von Fernsehzuschauern begeisterten), sondern eigene Vorstellungen und Werte zu entwickeln, die für ihn und den größten Teil seiner Zuschauer konkret und nachvollziehbar sind. Vor den vorbildhaften Leistungen anderer Menschen verbeugt er sich nur da, wo ein sehr konkreter Zusammenhang zu seiner Arbeit erkennbar ist:

„Ich kann nicht nachvollziehen, was der Einstein geleistet hat. Aber ich verneige mich gern vor den für mich erkennbaren Leistungen." [19]

Aufgrund dieser Haltung gesteht es sich Thomas Gottschalk auch zu, von einigen Menschen nicht gemocht zu werden – wenngleich ihm diese Tatsache paradoxerweise immer wieder den Anreiz bietet, es zu versuchen. Entscheidend für den Erfolg ist die innere Einstellung zu den Menschen, die mich begleiten und die meinen Erfolg erst möglich machen. Deshalb sollten unsere Leser konkret überlegen: Muß ich wirklich den Abteilungsleiter x oder den Vorgesetzten y auch noch für diese Idee begeistern? Und wenn ja, was hält mich in einer Firma, in der es derartig schwierig ist, selbst kleine Veränderungen durchzusetzen? Nur zur Erinnerung: Auch Thomas Gottschalk hat ein paarmal den Sender gewechselt – was übrigens ungleich schwieriger ist als ein Arbeitsplatzwechsel in Ihrer Situation, da es in Deutschland tausende von Autoreparaturwerkstätten, Fabriken, Büros oder Fleischereifachgeschäften, aber nur eine Handvoll Fernsehsender gibt. Ist es wirklich wichtig, daß jeder Ihr Freund, jeder von Ihnen begeistert ist? Der Erfolgsdruck ist unter Umständen sehr groß. Menschen wie Thomas Gottschalk beschränken sich auf die Personen, die eine Schlüsselfunktion in ihrem Leben haben – und sie wissen, daß sie nicht von jedem mit Jubel begrüßt werden müssen. Übrigens: Dies aushalten zu können, ist ein Teil ihres Erfolgsrezeptes:

„Die Leute, die mir folgen, nehme ich gern mit. Ich muß nicht im ‚Wiener' auch noch geliebt werden. Da sitzen bebrillte Jungredakteure, für die bin ich ein Fossil." [20]

Ein isoliertes Element ragt aus der Masse heraus – diesen Umstand haben wir Ihnen schon in einem früheren Kapitel deutlich gemacht. Dafür sind Werte verantwortlich, mit denen sich der erfolgreiche Mensch als ein solches isoliertes Element nicht am Strom der Masse, sondern an seinem eigenen Geschmack orientiert. Vielleicht ecken Sie damit an, vielleicht ernten Sie fragende Blicke – der erfolgreiche Mensch weiß, daß dies zu seinem nicht immer leichten Weg nach oben gehört (und noch zudem bei Frauen recht gefragt ist). Thomas Gottschalk dazu:

> *„Ich weiß, daß die meisten Frauen froh wären, wenn ihre Männer sich so anziehen würden wie ich. Wenn ich ein Flugzeug besteige, dann sehe ich 58 gleiche Regenmäntel, 58 gleiche Koffer und 58 gleiche Frisuren. Da bin ich mit meinem Kasper-Outfit noch glücklich dran."* [21]

In einem anderen Zusammenhang verweist er ebenfalls darauf, daß er es als einer der wenigen Erfolgsmenschen geschafft hat, einen für ihn persönlich wichtigen Wert auch in seinem Leben zu realisieren:

> *„Es gibt in Deutschland höchstens zehn erfolgreiche Leute meines Alters, die sich anziehen können wie sie wollen, und das genieße ich natürlich."* [22]

Aus diesem Satz spricht dennoch keine Mentalität des Durchsetzens um jeden Preis, sondern vielmehr die Fähigkeit, Provokateur und Schlichter in einer Person zu sein und manchmal genau die Hand zu beißen, die ihn füttert. Diese Haltung ist ebenso wie die Tatsache, daß erfolgreiche Menschen Ecken und Kanten haben, kein Selbstzweck, sondern ein sehr wichtiger Schritt auf dem Weg zu dauerhaftem Erfolg. Nachdem Thomas Gottschalk von RTL zu SAT 1 gewechselt ist, ein Schritt, der mehr als einmal für hämische Pressekommentare und journalistische Schlammschlachten sorgte, macht er sehr deutlich, wo die Grenzen seines Harmoniebedürfnisses liegen:

> *„Ich habe den Leuten bei SAT 1 noch sehr viel nachdrücklicher, als ich es dem Thoma damals gesagt habe, meine Philosophie erklärt: Ich bekenne mich nun, nach diesem Ausflug in die Nacht, wirklich zur Familienunterhaltung, so spießig das auch klingen mag. Und ich versuche da einen Deckel auf einen Topf zu setzen, von dem ich weiß, daß es ihn gibt. Mit welchen Zahlen mir das gelingt und mit welchen Reaktionen in den Medien, ist mir eigentlich inzwischen egal."* [23]

Anders als vergangenheitsorientierte Menschen, die jetzt auch einmal tun und lassen können möchten, was sie wollen, weil sie zwanzig Jahre lang in der Ehe zurückstecken mußten oder jetzt endlich mehr Geld haben wollen, weil sie meinen, ihr letzter Arbeitgeber habe sie fortwährend ausgenutzt, ergibt sich diese Haltung bei wirklich erfolgreichen Menschen immer aus der Gegenwart und immer in einem Ausmaß, die ihre persönliche Integrationsfähigkeit nicht überfordert – man sollte eben nie mehr Porzellan zerschlagen, als man notfalls selbst wieder zusammenfegen kann:

> *„Als Fernsehunterhalter der Nation muß man eine Art von Mehrheitsfähigkeit haben, die nur eine begrenzte Anzahl von Kanten zuläßt.“* [24]

Und so ist Thomas Gottschalk u.a. gerade deshalb so erfolgreich, weil er die Herausforderung, den Balanceakt zwischen dem, was er für persönlich richtig hält und dem, was von dritter Seite an ihn herangetragen wird, zu gehen, immer wieder als Motivation für seine Arbeit nutzt:

> *„Erst wenn ich eines Tages von allen gelobt werde, bin ich zufrieden. Weil ich aber nie von allen gelobt und geliebt werde, mache ich immer weiter.“* [25]

Daraus spricht die Haltung eines Menschen, der sich nicht irgendwann in satter Zufriedenheit mit dem Erreichten zurücklehnt und die Beine hochlegt. Sondern vielmehr die eines Menschen, der sich permanent an den Wünschen und Meinungen seiner Umwelt orientiert – obwohl er weiß, daß er den Zustand der Zufriedenheit sämtlicher, in diesem Sinne als „Kunden“ verstandener Menschen niemals erreichen wird. Unter dem Aspekt der Umsetzung dieser Gedankengänge auf serviceorientierte Geschäftsbereiche wie Banken, Versicherungen, Hotels, Gastronomiebetriebe etc. finden sich hier wichtige Ansatzpunkte einer klaren, für den Kunden nachvollziehbaren Philosophie, die ihn an ein Unternehmen bindet, und deren permanenter praktischer Umsetzung. Leider scheint die Fähigkeit, sich an seinen Kunden (Zuschauern) zu orientieren, derzeit jedoch nur in wenigen Unternehmen derart umfassend ausgebildet zu sein, wie bei dem „Unternehmen“ Thomas Gottschalk, der diese Haltung sogar als einen lebensnotwendigen Teil seiner Identität als Entertainer beschreibt:

> *„Die [Gefallsucht] ist bei mir lebensnotwendig. Sonst wäre ich untauglich für diesen Beruf.“* [26]

Damit wenden wir uns nun ganz der anderen Seite dieses Kontinuums zu. Das obige Zitat sagt nichts weniger, als daß es in manchen Situationen unerheblich ist, was Gottschalk persönlich für gut und richtig hält – leitet sich doch mindestens die Hälfte des Erfolges daraus ab, jemand anderem genau das zu geben, was er verlangt:

> *„Massenwirksamkeit ist im Fernsehen nun mal das Wichtigste. Nur daraus beziehst du deine Wertigkeit."* [27]

In einem anderen Gespräch äußerte er sich ähnlich:

> *„Wo immer die Gefahr besteht, daß mehr als drei Leute zuhören, darfst du kein Minoritätenprogramm bringen."* [28]

Thomas Gottschalks Fähigkeit, eigene Vorstellungen als Impulse zu benutzen und genau zu beobachten, wo er aus seinen Impulsen und den Vorstellungen anderer Menschen ein mehrheitsfähiges Angebot zusammenstellen kann, decken sich mit den Fähigkeiten vieler Spitzenverkäufer, die wir modelliert haben. Insofern empfiehlt er sich in dem nachfolgenden Zitat nicht nur als kluger Entertainer, sondern auch als exzellenter Verkäufer:

> *„Gottschalk ist mit seinem Verständnis, was die Leute um 23.15 Uhr gefälligst zu unterhalten hätte, leider nicht maßgeblich."* [29]

Nochmals: Der beschriebene Balanceakt zwischen Auseinandersetzung und Harmonisierungsbedürfnissen ist kein Selbstzweck, sondern notwendiges Mittel der Entwicklung. Ähnlich wie für Henry Maske ist auch für Thomas Gottschalk Harmonie gerade im privaten Bereich ein wichtiger Bestandteil seines Erfolges.

> *„Unversöhnt könnte ich nicht vor die Kamera treten."* [30]

Um diesen Zustand zu erhalten, orientiert er sich immer wieder an den Menschen in seinem Umfeld, ohne dabei zum Opportunisten zu werden:

> *„So federe ich aber auch privat viel Streß ab, weil ich harmonisiere und versuche, Schaden zu begrenzen."* [31]

Kategorie 2: <u>*Talente erkennen und nutzen*</u> (= *A-Ausprägung*) vs. *einordnen in die Strukturen der Zeit*

> *„Ich habe eine Gabe, Menschen nehmen zu können. [...] Oft entdecke ich sogar bei Miesepetern einen Hauch von Fröhlichkeit."* [32]

Was für den einen der Fleiß ist, kann für den anderen durchaus das Talent sein – wenngleich nur beide Faktoren in Kombination langfristig den Erfolg garantieren können. Wichtigster Garant des Erfolges scheint aber zu sein, sein Talent nicht nur zu kennen, sondern auch zu nutzen. Wo Sie Ihr Talent dann einsetzen, ist zunächst einmal sekundär. Entscheidend für Ihren Erfolg wird es sein, sich klarzumachen, daß viele Talente in Ihnen schlummern, die nur darauf warten, geweckt zu werden. Wie oft haben Sie schon darüber nachgedacht, etwas in Ihrem Leben ändern zu wollen? Wie oft haben Sie sich dabei selbst gedankliche Barrieren auferlegt, indem Sie sich gesagt haben: „Ich als Rechtsanwalt, Automechaniker, Chemiker oder Außendienstmitarbeiter kann das doch nicht umsetzen – vielleicht später einmal, wenn ich pensioniert bin."

Thomas Gottschalk ist das schillerndste Beispiel für das, was passieren kann, wenn Sie trotz abgeschlossener Ausbildung (auch er sollte ja „eigentlich" Lehrer werden und tauschte den sicheren Beamtenposten mit garantiertem Pensionsanspruch gegen eine zweifelhafte Karriere als Journalist und Entertainer) plötzlich ganz andere Wege beschreiten, weil Sie erkannt haben, wo Sie Ihre Stärken wirklich sinnvoll und erfolgbringend einsetzen können. Oft liegen diese beiden Wege auch gar nicht so weit auseinander. Thomas Gottschalk sieht das so:

> *„Ich wäre ein guter Lehrer geworden, weil ich die Fähigkeit habe, Leute zu unterhalten."* [33]

Eine Vielzahl seiner Bemerkungen deutet darauf hin, daß er sehr genau weiß, wo seine Talente liegen – und sie zu nutzen weiß. Wir entdecken auch in diesem Teil drei seiner zentralen Fähigkeiten, über die oben schon ausführlich gesprochen wurde:

- ❒ Freundlichkeit – *„Ich bin freundlich genug, um 40% Einschaltquote zu schaffen."* [34]
- ❒ Fähigkeit zu harmonischem Interessenausgleich – *„Ich habe wohl etwas, was harmonisch ist, integrierend wirkt"* [35], sowie einen dritten Faktor, von dem hier noch die Rede sein soll:

- Echtheit oder Kongruenz – *„Ich bilde mir ein, einen sehr direkten Bezug zu Menschen zu haben. Ob ich nun Schwachsinn erzähle oder brilliere – in jedem Fall ist es ehrlich gemeint und nicht aufgesetzt.“* [36]

Damit ist angedeutet, daß ein kongruenter und ehrlicher Kontakt zum Zuschauer oder Gesprächspartner die Basis eines langfristigen Erfolges ist. Wer im Kontakt nicht ehrlich ist (oder, wie Thomas Gottschalk weiter oben gesagt hat, sich für den Erfolg verbiegt), sich anbiedert oder anderen nach dem Mund redet, wird langfristig nicht erfolgreich sein. Gottschalk weiß auch, daß es in seinem Bereich keine Erfolgsrezepte gibt – gerade das, was andere Menschen vermeintlich erfolgreich machte, muß nicht genau das sein, was auch für ihn paßt. Sein außergewöhnliches Talent liegt in der gekonnten Produktion von Augenblickskomik und -hintergründigkeit – anders als viele andere seiner Kolllegen versucht er sich nie an der Entwicklung einer eigenen Show, sondern nutzt einfach das, was er am besten kann:

> *„Ich war immer ein ‚presenter', ich habe mehr Spaß daran, eine Idee aufzunehmen und vorzuführen.“* [37]

Wenn Sie andere Menschen begeistern und für sich gewinnen wollen, ist es nicht nötig, nach besonders gedrechselten Formulierungen zu suchen, deren einzige Aufgabe darin besteht, ihre Angst zu kaschieren, das zu sagen, was Sie wirklich wollen. Vielleicht entdeckt Ihr Gesprächspartner gerade in diesem Moment eine liebenswerte Kante an Ihnen – er lernt Sie als Menschen kennen, dem er vertrauen kann, weil das, was Sie sagen, kein Höflichkeitsritual ist, sondern aus ehrlicher Überzeugung kommt:

> *„Ich kann mit einem gewissen Stolz sagen, daß es noch keiner geschafft hat, trotz Kanten so beliebt zu werden wie ich.“* [38]

Wenn Sie Ihr Leben ab heute erfolgreicher gestalten wollen, müssen Sie nicht nur wissen, was Sie können. Entscheidend ist auch, daß Sie das TUN, was Sie können und wissen. Wie viele Menschen tun nicht, was sie wissen – obwohl sie wissen, was eigentlich gut und nützlich wäre, wenn – ja wenn – sie es nur täten. Wie viele Menschen zögern kurz vor der großen Chance, weil sie meinen, der Lohn ihrer Arbeit stünde ihnen doch nicht zu? Wie oft schon haben Sie Ihren Erfolg sabotiert, weil Sie sich in falsche Bescheidenheit flüchteten? Oder wollten Sie den Erfolg letztendlich vielleicht doch nicht? Manche Menschen haben aus gutem Grund im letzten Augenblick Angst vor der eigenen Courage. Sie fürchten die Begleiterscheinungen des Erfolgs. Vielleicht haben Sie weniger Zeit für die Kinder, vielleicht sitzen Sie auch am Wochenende im Büro – und den Kegelverein können Sie dann auch abschreiben.

Das folgende Zitat bildet eine Brücke zur Beschreibung der nächsten Kategorie. Es weist auf zwei Grundhaltungen hin, die exemplarisch für den Erfolg Gottschalks stehen, und die auch Sie umsetzen können: Sie sollten erstens Ihr Talent erkennen (in welchem Bereich sind Sie eine „gewachsene Größe") und Sie sollten dann nicht zögern, zuzupacken und die Früchte des Erfolges zu genießen. Überlassen Sie den Neid darauf Ihren Nachbarn, die sich damit begnügen, sich am Schaufenster des Erfolgs die Nase plattzudrücken!

> *„Ich hab' genau in der Goldgräberphase des Fernsehens als gewachsene Größe Gottschalk dagestanden. Da haben die viel Geld ausgepackt. Habe ich dankend zur Kenntnis genommen."* [39]

Kategorie 3: *Verzichten, Demut, Entbehrung vs. zupacken, mitnehmen, was ich bekommen kann* (= *B-Ausprägung)*

> *„Ich mache es mir relativ leicht."* [40]

Vielleicht gehören Sie auch zu den Menschen, die Erfolg mit Mühe und Plage gleichgesetzt haben. In manchen Bereichen ist das auch durchaus richtig. Umso interessanter ist es, mit Thomas Gottschalk ein Beispiel dafür zu haben, daß es auch andere Wege gibt, erfolgreich zu sein – vorausgesetzt, sie werden ebenso konsequent gegangen, wie Tennisas Becker oder Politiker Schäuble ihren Erfolgsweg gingen (davon wird später die Rede sein).

Voraussetzung dafür ist allerdings, daß Sie dann auch wirklich zufrieden mit dem sind, was Sie bekommen *können*. Die Merkmalsausprägung „zupacken, mitnehmen, was ich bekommen kann", beschreibt die Haltung eines Menschen, der alles will, und auch mit weniger zufrieden ist (aber wirklich zufrieden!).

> *„Wenn kein Gold da ist, dann kriege ich vielleicht was anderes."* [41]

Machen Sie sich klar, daß diese Haltung auf jeden Fall ein Wagnis darstellt und mit erheblichen Unsicherheitsfaktoren behaftet ist.

Sollte sich der Erfolg dann einstellen, greifen Sie unbedingt zu. Vielleicht haben Sie diese Chance nur ein einziges Mal – also zaudern Sie nicht, legen Sie taktische Überlegungen beiseite und laufen Sie dem Erfolg entgegen, statt ihm ewig hinterherzuhinken:

> *„Ich habe das Gefühl, daß ich in Mode bin und das auch ausnutzen muß. Es wäre dumm von mir zu sagen: Ätsch, jetzt mache ich mich rar. Wenn die Leute mich sehen wollen, sage ich: Okay, hier habt ihr mich!“* [42]

Dort fischen, wo die Fische sind (Sie erinnern sich?) ist eines der wichtigsten Geheimnisse erfolgreicher Menschen. Vielleicht sagen auch Sie dann eines Tages:

> *„Ich bekomme ein pralles Leben geboten und Leute zu sehen, die kaum ein anderer sieht.“* [43]

Dennoch gibt es einen wichtigen Unterschied zu den Erfolgsstrategien eines Boris Becker, Henry Maske, Franz Beckenbauer oder einer Franziska van Almsick: Während diese Personen ihre Leistungen im wesentlichen selbst definieren und an objektiven Kriterien (Zeit, Punkte) messen können, sind andere Leistungen eher abhängig von den Beurteilungen anderer Menschen (Zuschauer, Mitarbeiter, Wähler). Deshalb brauchen Erfolgsmenschen wie Thomas Gottschalk, Wolfgang Schäuble oder Jil Sander andere Maßstäbe für den Erfolg, als Maske, Schumacher und van Almsick: Die Fähigkeit, sich mit anderen Menschen auszutauschen, Trends und Veränderungen frühzeitig wahrzunehmen und die Fähigkeit, Erfolg als das zu definieren, was er-folgt. Sie haben die Fähigkeit, ihr Handeln an Werten und Maßstäben ihrer Umwelt zu orientieren und das, was sie selbst für gut und richtig halten, ständig mit den Anforderungen ihrer Umwelt (Publikum, Gesprächspartner, Wähler) abzugleichen. Sie machen so den anderen zum Maßstab ihres Wirkens und ordnen sogar eigene Karrierewünsche den Bedürfnissen der Menschen unter, die sie letztlich erfolgreich machen:

> *„Karriere-geil bin ich nicht. Der Maßstab meines Wirkens ist: Mögen mich die Leute noch, wollen Sie mich sehen?“* [44]

Er weist sehr deutlich darauf hin, daß die Abhängigkeit vom Publikumsgeschmack die Kehrseite seiner Haltung „Ich mache es mir relativ leicht“ (siehe oben) ist:

> *„Es wäre vertane Zeit, Zukunftsträume zu haben. Ich bin einer solchen Mode, einer solchen Akzeptanz unterworfen, daß ich mir kein Limit setzen kann.“* [45]

Die Kategorie „mitnehmen, was ich bekommen kann“ hat noch eine weitere Dimension. Wir haben im Kapitel zwei schon gesehen, daß es eines der Erfolgsgeheimnisse der hier vorgestellten Personen ist, sich genau auf den Bereich zu konzentrieren, in dem sie wirklich gut sind.

Thomas Gottschalk ist weder Drehbuchautor, noch Produzent – und er will es auch gar nicht sein. Wenn kein anderer die Art von Fernsehunterhaltung schreibt, die im nächsten Jahrtausend ankommt, wird er es auch nicht selbst tun. Er nimmt vielmehr das, was ihm angeboten wird und vertraut dabei auf Mitarbeiter und Kollegen:

> *„Ich bin ein Präsentator und hätte gerne die Show des Jahres 2000 moderiert, wenn sie mir jemand gebracht hätte.“* [46]

Von allen untersuchten Personen hat Thomas Gottschalk die stärkste Ausprägung des Merkmals „mitnehmen, was ich bekommen kann“. Dennoch wäre er nicht so erfolgreich, wenn er sich in dieser Haltung nicht genau auf das konzentrieren würde, was er wirklich kann; deshalb klingt auch fast etwas wie Demut an, wenn er gesteht:

> *„Ich bin kein kreativer Mensch in Sachen Fernsehen und mir wäre ‚Wetten, daß...?‘ nicht eingefallen und ‚Nase vorn‘ schon gar nicht.“* [47]

Weniger stark ausgeprägte Kategorien

Generell hat Thomas Gottschalk von allen hier vorgestellten Personen eines der ausgeglichensten Profile. Spitzenwerte gibt es nur in der Kategorie 5 (Orientierung an eigenen Werten vs. Orientierung an Werten der Umwelt). Ein ähnlich ausgeglichenes Profil haben wir nur noch bei Fürstin Gloria und, mit Abstrichen, beim Kölschrocker Niedecken gefunden.

Wer bis hierher den Eindruck hat, als handelte es sich bei Sunnyboy Gottschalk im wesentlichen um ein Glückskind, das trotz einer gewissen Großschnäuzigkeit sicher und unangreifbar auf dem Olymp der Fernsehunterhaltung sitzt, hat sich getäuscht: auch Thomas Gottschalk übt sich bisweilen in Bescheidenheit, wenngleich dieser Zug, das räumen wir ein, nicht zu seinen herausragenden Charaktereigenschaften und damit auch nicht zu seinen dominanten Kategorien zählt. Immerhin hat die Merkmalsausprägung der Kategorie 3 (Verzichten, Demut vs. mitnehmen, was ich bekommen kann) bei ihm die fünftstärkste Ausprägung und liegt damit deutlich vor den anderen, weniger stark ausgeprägten Kategorien. Bezüglich der Bewertung seiner eigenen Leistungen legt er dann auch eine fast untypische Bescheidenheit an den Tag:

> *„Vergänglichkeit ist wichtig für den eigenen Wertmaßstab. Ich werte Begriffe wie Künstler und Senkrechtstarter wahnsinnig ab, weil ich mir sage, der fällt auch wieder senkrecht runter."* [48]

Ähnlich wie Steffi Graf, Wolfgang Schäuble und Franz Beckenbauer hat auch Thomas Gottschalk nur eine mittlere Ausprägung in der Kategorie 7, Merkmal „emotional gesteuertes Handeln, Sein-Orientierung". Dieser Wert liegt bei ihm noch etwas über dem für das Merkmal „kopfgesteuertes Handeln, Haben-Orientierung". Insgesamt scheint diese Kategorie 7 für den Erfolg Thomas Gottschalks keine zentrale Rolle zu spielen, wenngleich sich einige Denkmuster mit Hinweischarakter finden:

> *„Je intelligenter und messerschärfer du analysierst, desto schneller kannst du einpacken."* [49]

Für jemanden, der eher intuitiv durch das Leben geht (so versäumt es Thomas Gottschalk in Interviews selten, darauf hinzuweisen, daß er seine Shows normalerweise nicht gezielt vorbereitet) [50], geht eine wichtige Voraussetzung seines Erfolges, nämlich Intuition und Gefühl für das, was im Augenblick richtig ist und beim Publikum ankommt, genau dann verloren, wenn er beginnt, logisch-rational zu analysieren, zu berechnen und jeden Lacher vorzubereiten.

Die Kategorie 7 beschreibt darüber hinaus ja auch den Umgang mit Geld und anderen materiell-irdischen Lebenshilfen. Daß Sie bei allen untersuchten Personen eher schwach ausgeprägt ist, spricht schon für sich. Bei Thomas Gottschalk finden sich darüber hinaus einige sehr deutliche Bemerkungen, die sich explizit mit diesem Thema beschäftigen und dazu beitragen können, ein wenig Licht in das Spannungsfeld zwischen Kommerz und Künstler, zwischen Einnahmen und Entertainment zu bringen:

„Wenn die Versuchung da ist, sich zu verbessern, nimmt man sie wahr, auch ohne die daraus entstehenden Gefahren sofort zu erkennen.“ [51]

„Ich kann nur jeden warnen, der mir mein Geld neidet, weil Geld eben mit Glück nichts zu tun hat. Ich kann nur sagen: Der Ärger mit dem Finanzamt ist genauso nervig wie der mit dem Sozialamt.“ [52]

Wenn auch die Zielstrebigkeit (Kategorie 4) nicht eine der herausragenden Eigenschaften von Thomas Gottschalk ist, so belegen doch einige seiner Äußerungen, daß für ihn zumindest die Kontinuität seines Tuns einen gewissen Stellenwert hat:

„Wie der Kaiser Franz im Fußball bin ich eine gewachsene Größe im Entertainment. Das kann mir niemand mehr nehmen. Deshalb sehe ich mit Interesse diese Kurzzeitknallfrösche, die neue Sendungen machen und nach ein paar Folgen weg sind.“ [53]

Der Vergleich mit Franz Beckenbauer, von dessen Erfolgsgeheimnis später die Rede sein soll, fällt zwar auch nicht gerade in die Kategorie demütiger Bescheidenheit, ergänzt aber sehr schön das Bild der Merkmalskombinationen, das wir bisher von Thomas Gottschalk kennengelernt haben. So kann gesagt werden, daß es keinesfalls ausreicht, ein Talent zu erkennen und zu nutzen – wenn sich nicht ein Moment der Kontinuität dazugesellt, wird auch dem Talentiertesten der Erfolg versagt bleiben. Einmalige Leistungen zu vollbringen, ist das Privileg von Selbstmördern und Eintagsfliegen.

Welche Faktoren Ihres zukünftigen Erfolges haben Sie bei Thomas Gottschalk kennengelernt?

1. Wenn Sie anfangen wollen, beginnen Sie da, wo Sie gut sind. Finden Sie *eine* besondere Fähigkeit oder Begabung heraus und spezialisieren Sie sich auf dieses *eine* Talent. Es wird Ihre Leistung unverwechselbar machen. Niemand muß heute alles können. Die Welt ist voll von Allround-Talenten, die höchstens 50% ihrer Arbeit wirklich erfolgreich tun – sich aber aus Furcht vor Machtverlust auch noch an den Rest klammern. Es gibt keinen schöneren Weg in die ewigen Arbeitsgründe der Mittelmäßigkeit, als alles selbst tun zu wollen. Betreiben Sie Outsourcing.

2. Tun Sie nur das, was Sie selbst wirklich wollen – vorausgesetzt, Sie finden eine genügend große Anzahl von Menschen, die das mögen, was Sie wollen. Es mag paradox klingen, aber die Fähigkeit, sehr genau zu wissen, was Sie wollen und Ihre Ziele permanent mit den Menschen abzugleichen, die Ihren Erfolg erst ermöglichen, ist eine exzellente Basis dafür, auch wirklich erfolgreich zu sein (siehe auch in diesem Buch Franz Beckenbauer und Claudia Schiffer).

3. Wenn Sie den Erfolg wollen, dann laufen Sie ihm entgegen und nicht hinterher. Packen Sie zu, nutzen Sie jede Gelegenheit, andere auf sich aufmerksam zu machen. Seien Sie auf der Hut – Erfolgschancen lauern überall. Deshalb: Nicht zimperlich sein, sondern frisch hineingegriffen ins pralle Leben, bevor es andere vor Ihnen tun. Erfolg macht keine Hausbesuche – also bewegen Sie sich!

Anmerkungen:

1. Playboy 4/85
2. Süddeutsche Zeitung Magazin, 30.4.1992
3. ebenda
4. ZEIT Magazin, 7.1.1994
5. vgl. Münchner Abendzeitung, 14.1.1994
6. ebenda
7. Süddeutsche Zeitung Magazin, 30.4.1992
8. PETRA, 1.3.1992
9. Playboy 4/85
10. ebenda
11. ebenda
12. Süddeutsche Zeitung Magazin, 30.4.1992
13. Playboy 4/85
14. ebenda
15. Spiegel special, TV TOTAL, 1.8.1995
16. Die Welt, 27.9.1993
17. ebenda
18. Playboy 4/85
19. ebenda
20. Münchner Abendzeitung, 14.1.1994
21. Süddeutsche Zeitung Magazin, 30.4.1992
22. PETRA, 1.3.1992
23. SPIEGEL special, TV TOTAL, 1.8.1995
24. Süddeutsche Zeitung Magazin, 30.4.1992
25. ebenda
26. ebenda
27. ebenda
28. PETRA, 1.3.1992
29. ZEIT Magazin, 14.1.1994
30. PETRA, 1.3.1992
31. ebenda
32. Playboy 4/85
33. Die Welt, 27.9.1993
34. PETRA, 1.3.1992
35. ebenda
36. Süddeutsche Zeitung Magazin, 30.4.1992
37. Spiegel special, TV TOTAL, 1.8.1995
38. Süddeutsche Zeitung Magazin, 30.4.1992
39. ZEIT Magazin, 7.1.1994
40. Playboy 4/85

41. ebenda
42. ebenda
43. ebenda
44. Münchner Abendzeitung, 14.1.1994
45. PETRA, 1.3.1992
46. Die Welt, 27.9.1993
47. Süddeutsche Zeitung Magazin, 30.4.1992
48. Playboy 4/85
49. ebenda
50. ebenda
51. Süddeutsche Zeitung Magazin, 30.4.1992
52. Die Welt, 27.9.1993
53. Münchner Abendzeitung, 14.1.1994

5 Jil Sander: „Klasse setzt auf jeden Fall hohes Niveau voraus."

Geboren und aufgewachsen in Hamburg, zusammen mit einem Bruder. Studierte in Deutschland fabrics und wollte anschließend nicht in einer „Fabrik hängenbleiben, die Massenware herstellt". Wechselt nach Amerika und kehrt durch den frühen Tod ihres Vaters nach Hamburg zurück, um ihre Familie zu unterstützen. Arbeitete anschließend vier Jahre in Hamburg für Frauenzeitschriften und anschließend fünf Jahre als freiberufliche Modedesignerin. Beginnt 1974 mit ihrer ersten eigenen Kollektion, die erst in Paris und später in Mailand vorgestellt wird. Ihr internationaler Durchbruch erfolgt erst 1977, als sie ihre ersten beiden Parfums („Man Pure" und „Woman Pure") auf den Markt bringt. 1989 steigt sie durch den Kauf einer Fabrik vor den Toren Hamburgs endgültig zur Industriellen auf und hat 1992 einen weltweiten Umsatz von etwa 200 Mio. $, der bis zum Ende des Jahres 1996 endgültig die 250 Mio. $-Marke erreicht haben soll. Über die Anstrengungen, die dieser Weg gekostet hat, spricht sie selten – wohl aber über eine neue Kategorie von Frau, über die sie (vielleicht mit einem Seitenblick in den Spiegel) sagt:

> *„Die starken Frauen haben alle Möglichkeiten, ihr Leben innen zu leben und gleichzeitig viel auf ihren Schultern zu tragen. Das führt zu einem harmonischen Bild."* [1]

(Eine Formulierung, die uns immer wieder begegnete und als eine ihrer Lebensmaximen gelten kann).

Was steckt hinter dem beneidenswerten Erfolg dieser Frau, die den Vergleich zwischen sich und Greta Garbo kitschig findet und über die vergleichsweise herangezogene Marlene Dietrich lächelnd gesagt hat:

> *„Ihre Faszination ist viel zu sehr ein Produkt männlicher Phantasien."* [2]

Im Wertediagramm von Jil Sander fallen die Kategorien 1 A, 7 B sowie 4 und 5, jeweils in der A-Ausprägung, besonders auf – wir haben es also mit einem Menschen zu tun, der besonders leistungsorientiert ist und Aufgaben mit einer gesunden Mischung aus Gefühl und Intuition (Kategorie 7, B-Ausprägung) angeht und gleichzeitig bereit ist, Konflikte, die sich daraus entwickeln, als Herausforderung auch über einen längeren Zeitraum hinweg (Kontinuität, Kategorie 4) anzunehmen.

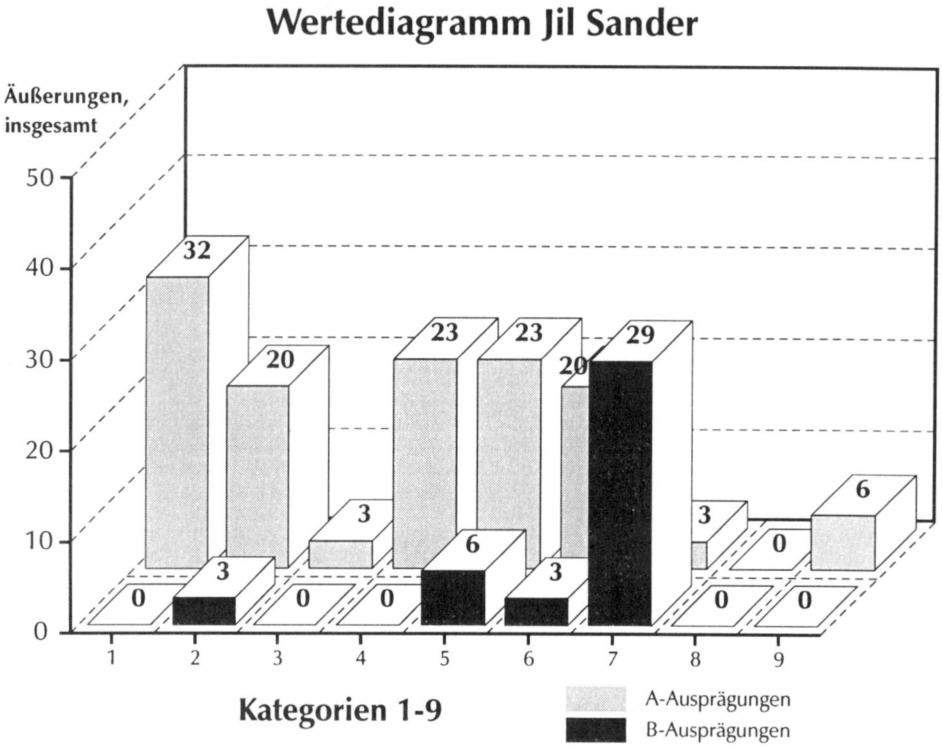

Dominante Kategorien

Kategorie 1: *Einsatz/Leistung* (= *A-Ausprägung*) *vs. Gott wird es geben*

> *„Das Konzept beinhaltet immer den Anspruch nach Avantgarde“* [3],

hat Jil Sander einmal über ihre Kollektionen gesagt. Wenn Avantgarde den Anspruch hat, dem Durchschnitt voraus zu sein und durch außergewöhnlichen Einsatz Besonderes zu leisten, ist genau dieses Wort das wohl treffendste für Jil Sander. Es ist eines ihrer zentralen Charakteristika und spiegelt sich als solches in vielen ihrer Äußerungen. Ein Modeimperium, wie sie es ihr Eigen nennt, entsteht nicht einfach so aus dem Nichts. Jil Sander ist durch Leistung und fast bedingungslosen Einsatz dahin gekommen, wo sie und ihr Unternehmen heute weltweit stehen. Wer in dieser sensiblen Branche, die auf kleinste Veränderungen reagiert, zu den ganz Großen gehören und diese Position auch halten möchte, schafft das nur durch einen ganz besonderen Einsatz. Jil Sander hat diesen Zusammenhang zwischen eigener Leistung, Kundenorientierung und Erfolg im Markt sehr deutlich herausgestellt:

> *„In Zeiten, in denen die Menschen nicht mehr alles kaufen können, fragen Sie nach Qualität und Wertigkeit einer Ware.“* [4]

Und, als wolle sie ihr Konzept von Leistung und Qualität für den Kunden, aber auch für sich selbst noch einmal unterstreichen, bemerkt sie an anderer Stelle:

> *„Mein Design ist so klar, daß man jeden Fehler sehen würde. Dazu kommen erstklassige Materialien und erstklassige Verarbeitung.“* [5]

Der Weg dorthin war nicht leicht. Deutschland hatte nach dem Krieg lediglich eine Massentextilproduktion aufgebaut, mit Stoffen, die so hart und unflexibel waren, daß sie von selbst standen, wenn man sie fallenließ. Die Prophetin im eigenen Land galt auch hier wieder nichts, und so ging Jil Sander direkt nach Paris, um von dort ihr Modeimperium aufzubauen, das am Anfang gar keines werden sollte. (Wir werden dieser Strategie später in der Kategorie 7 erneut begegnen.)

Der Weg nach oben ist auch in Paris hart und steinig, aber wohl auch genau das, was Jil Sander für sich sucht. Heute, mit knapp über fünfzig Jahren auf dem Höhepunkt ihres Erfolges, sagt sie (nicht nur rückblickend) über ihre Fähigkeit, sich besonders für etwas einzusetzen:

> *„Dafür [eine Frau, die sehr viel auf ihren Schultern tragen kann] habe ich immer gekämpft.“* [6]

Dieses Motiv bestimmt bis heute ihr Leben, ihr Frauenbild und ihre persönliche Art zu arbeiten:

> *„Von jeder Frau, auch von einer Regierungschefin oder Unternehmerin erwartet ‚man‘, sie würde aus privaten Gründen Arbeit und Auftrag jederzeit an den Nagel hängen. Irr-*

tum, denn längst zeigen Frauen gleichen Einsatz wie die Männer. Meist sogar doppelten, weil sie ja nach wie vor doppelt so gut sein müssen, um in bestimmten Bereichen an die Spitze zu gelangen. Daß in Deutschland nur fünf Prozent der Top-Positionen mit Frauen besetzt sind, ist dafür eine bedauerliche Bestätigung.“ [7]

Und als sie 1989 durch Kauf und Ausbau einer eigenen Fabrik direkt vor den Toren Hamburgs zur Industriellen geworden war, kommentierte sie dies folgerichtig mit den Worten:

„Ich bin sehr stolz darauf. Es war ein hartes Stück Arbeit.“ [8]

Diese innere Einstellung ist ein Teil ihres Erfolgsgeheimnisses und hebt sie aus der Masse heraus. Ein Denkmuster, das uns immer wieder begegnet und nicht nur ihr Verhältnis zur Mode bis in Details wie Verarbeitung und Wahl der Materialien prägt, sondern auch ihre Beziehung zu sich selbst, zur Umwelt, zu Mitarbeitern und anderen Menschen, die sie umgeben:

„Ich verlange enorm viel von mir und auch von meinen Mitarbeitern. Kreative Arbeit setzt das voraus. Sonst kommt man nicht an die Spitze.“ [9]

Die Fähigkeit, sich immer wieder an die eigenen Grenzen heranzutasten und manchmal über sich selbst hinauszuwachsen, zeichnet nicht nur hervorragende Boxer oder erfolgreiche Rennfahrer, sondern auch erstklassige Modedesigner aus. Denn Klasse, oder wie Jil Sander sagt, Avantgarde ist eben jenes Ausmaß an Leistung und Einsatzbereitschaft für ein Produkt, das nicht auf den ersten Blick zu erkennen ist – und dennoch der entscheidende Glanz, den das Produkt abstrahlt, der die Menschen begeistert und seiner Schöpferin zum Erfolg verhilft:

„Obwohl sehr, sehr viel professionelle Arbeit dahintersteckt, vermitteln die Kollektionen große Leichtigkeit und eben immer ein Überraschungsmoment.“ [10]

Jil Sander fordert sich permanent selbst heraus. Sie hat einen Standard an Leistungs- und Einsatzbereitschaft definiert und erreicht, der nur noch von ihr selbst zu überbieten ist. Das bedeutet: Sie versucht in einem niemals endenden Prozeß, die eigenen Standards zu verbessern. Wer irgendwann einmal im sportlichen Bereich mit Hanteln gearbeitet hat, um z.B. seinen Bizeps zu trainieren, kennt folgendes Phänomen: Die ersten sechs bis sieben Wiederholungen sind anstrengend – und bringen dennoch nur ca. 30% des Trainingserfolges. Welche Wiederholung glauben Sie, bringt den größten Effekt? Sie haben es erraten: Es ist die letzte, die, von der Sie geglaubt haben, Sie schafften Sie nicht mehr, die also, die Sie nur unter äußerster Anstrengung und Aufbietung aller Ihrer Kräfte noch schaffen konnten. Viele Menschen hören jedoch nicht nur beim Sport, sondern auch im Beruf, im Kundenkontakt, beim entscheidenden Abschluß im Verkauf vor dieser Grenze auf und ziehen sich in ihre Komfortzonen zurück.

Ein wichtiges Geheimnis des Erfolges lautet also: Erhöhen Sie Ihre Standards, seien Sie heute besser als gestern und fordern Sie sich immer wieder selbst heraus. Unsere Gewohnheiten sind der härteste Klebstoff der Welt – schon deshalb haben Sie keine Zeit zu verlieren, mit Ihrer persönlichen Erfolgsstory schnellstmöglich mindestens einen Schritt weiter zu gehen:

> *„I propose a fashion, where there's not only good quality and cut, but there's an expression of innovation. For example, gabardine. There are hundreds of garbadines in the world. We look at the best and we go one beyond that." („Mein Ziel ist eine Mode, die sich nicht nur durch eine gute Qualität und einen guten Schnitt auszeichnet, sondern gleichzeitig Ausdruck von Innovation ist. Gabardine zum Beispiel. Es gibt hunderte von Gabardine-Arten auf der Welt. Wir suchen die beste heraus und gehen sogar noch einen Schritt darüber hinaus.")* [11]

Kategorie 4: *<u>Zielfixierung/Disziplin</u>* (= *A-Ausprägung*) *vs. zufälliges Agieren*

Jil Sanders Weg als Unternehmerin war kein leichter, müheloser, aber vielleicht ein typischer. Weniger typisch für die Modebranche allein, als vielmehr für alle Erfolgsmenschen, die Sie hier kennenlernen. Wer von Ihnen jemals versucht hat, sein Leben zu ändern, wird vielleicht schon festgestellt haben, daß eine gute Idee, eine bahnbrechende Erfindung (sollte es denn wirklich eine sein) oder ein einmaliger Versuch, nach dessen Scheitern Sie wieder in Ihren Alltagstrott zurückfallen, nicht ausreichend sind. Vielleicht sind auch Sie ein sehr kreativer Mensch und haben sich schon manches Mal gefragt, warum Sie noch nie einen ähnlichen Erfolg verbuchen konnten wie Jil Sander. Nun, vielleicht ist das einfacher zu erklären, als Sie bisher gedacht haben. Viele Menschen geben entweder nach dem ersten Versuch auf, oder aber sie ändern unter dem Eindruck von Kritik und Mißerfolg einer Idee ihr gesamtes Konzept. Dies könnte sich als Fehler herausstellen. Die abendländische Geschichte ist voll von Beispielen der Menschen, die erst dadurch, daß sie unbeirrt an einer Idee festhielten, zum Erfolg gekommen sind. Von Kopernikus über Gallilei, von Gandhi bis Arafat, von Graham Bell bis zu den Gebrüdern Wright ließe sich eine lange Liste erstellen, die mit Jil Sander keinesfalls endet. Die Welt hat immer Platz für Menschen, die an ihre Idee oder an ein Konzept glauben und erst durch die besondere Hartnäckigkeit, mit der sie ein solches Ziel verfolgen, letzten Endes auch erfolgreich sind. Von der Idee, neue Anhänger für die im Mittelalter vorherrschende Meinung, die Erde sei eine Scheibe, finden zu wollen, raten wir allerdings ab – sie scheint uns ein bißchen sehr aus der Mode zu sein. Nicht nur beim Balzverhalten der Tiere in der Natur führt Hartnäckigkeit bisweilen zum Erfolg, sondern durchaus auch in geschäftlichen Belangen (in Einzelfällen soll dies sogar im privaten Bereich schon vorgekommen sein). Bevor Sie also an die Planung Ihres Erfolges gehen, sollten Sie sich einmal sehr ehrlich fragen: Bin ich wirklich bereit, dieses Vorhaben mit der nötigen Disziplin und Hartnäckigkeit (oft leider mit ihrem Bruder verwechselt, dem Starrsinn) anzugehen? Habe ich wirklich den langen Atem, bin ich so auf mein Ziel ausgerichtet, daß ich es über alle Hindernisse bis zum Erfolg bringen will? Jil Sander äußert sich zu diesem Punkt sehr deutlich:

> *„Ich habe meine Idee des Konzeptes niemals geändert.“* [12]

Vergessen sollten Sie dann das Stirnrunzeln Ihrer Familie und die fragenden Blicke im Freundeskreis. Wenn Sie langfristig den Erfolg wollen, werden Sie mehr brauchen als „Interesse“ an einer Sache – das haben Sie ja schließlich an der samstagnachmittäglichen Sportschau auch, ohne sich dabei wesentlich anstrengen zu müssen.

> *„Ich war immer so besessen von meinen Ideen, damals und heute, daß niemand mich davon abhalten konnte, in diese Richtung zu gehen.“* [13]

Das letzte Zitat beinhaltet neben dem recht ungewöhnlichen Geständnis, „besessen“ von etwas gewesen zu sein, auch ein starkes Aktivitätsmoment („in eine Richtung gehen“). Es unterstreicht sehr deutlich, daß Ihr gesamter Einsatz, Ihre ausschließliche Konzentration auf eine Idee oder einen bestimmten Ansatz gefordert sind, um wirklich erfolgreich zu sein. Doch damit ist das Erfolgsrezept von Jil Sander keinesfalls vollständig. Wie wir weiter oben schon erwähnt haben, setzt jeder dauerhafte Erfolg eine fast unendliche Anzahl von Feedbackschleifen innerhalb eines langen Lernprozesses voraus. Ein solcher Prozeß des Lernens kann sich über Jahre erstrecken. Natürlich wissen auch Sie, daß noch kein Meister von Himmel gefallen ist – und dennoch geben Sie nach dem dritten Versuch entnervt auf. Alle erfolgreichen Menschen haben immer wieder darauf hingewiesen (vgl. auch Michael Schumacher im nächsten Kapitel), wie wichtig es ist, aus dem, was sie tun, zu lernen. Wenn nicht das passiert, was sie beabsichtigt haben, nehmen sie dies als einmaliges Angebot, etwas wichtiges zu lernen, um beim nächsten Mal noch erfolgreicher zu sein. Sie gestehen sich und ihrer Umwelt offen ein, daß die bisherige Strategie nicht zum gewünschten Ergebnis geführt hat – ohne Schuldzuweisungen und ohne Wenn und Aber.

> *„Ich arbeitete dann für Frauenzeitschriften, was nach einiger Zeit über die freiberufliche Mitarbeit bei der Gestaltung von speziellen Promotionsveranstaltungen zu einer freiberuflichen Tätigkeit als Modedesignerin führte. Ich machte diesen Job fünf Jahre lang – ein langer Lernprozeß.“* [14]

Um diesen Prozeß ständig selbst zu durchlaufen und in Gang zu halten, brauchen Sie mehr, als nur „Interesse“ oder „Motivation“. Sie brauchen eine Form von Selbstdisziplin, die nichts mit Aufopferung, aber vielleicht sehr viel mit Hingabe an eine Sache zu tun hat. Doch mal ehrlich: Sitzen Sie nicht auch an sonnigen Nachmittagen nach getaner Arbeit viel lieber im Garten, vor dem Fernseher oder in der Eisdiele? Gönnen sich eine kleine Belohnung, weil die Kunden so nervig, die Klimaanlage kaputt oder Ihr Chef ein unbeugsamer Ignorant ist? Und beruhigen Ihr mahnendes Gewissen vielleicht mit dem Gedanken: „So streng nach Zeitplan kann ich meine kreativen Ideen ja nun auch nicht umsetzen!“? Wir wissen nicht, was Ihr zweites Gewissen dazu sagt, Jil Sander würde vielleicht so geantwortet haben:

> *„Strenge zählt nicht unbedingt zu meinen Eigenschaften. Disziplin ja.“* [15]

Und sie ergänzt ihr Erfolgsrezept noch durch den Satz:

> *„Ich bin eine durchaus gewissenhafte Person.“* [16]

Nun gibt es ja in jedem Bereich durchaus auch Menschen, die die Gabe besitzen, durch übertriebene Hektik geistige oder handlungsmäßige Windstille zu verdecken.

Wer hat nicht schon einmal den Zeitgenossen bei der Arbeit zusehen dürfen, die mit dem Hintern einreißen, was sie mit den Händen aufgebaut haben? Zielfixierung, Ausdauer und Disziplin haben nichts mit Hektik zu tun. Dafür aber sehr viel mit der inneren Sicherheit, die diejenigen Menschen ausstrahlen, die eine Sache, einen Plan oder eine Idee zu ihrem Eigentum gemacht haben und sich durch nichts von seiner Realisierung abhalten lassen. Sie gehen ihren Weg konsequent und in der Zeit, die sie persönlich für angemessen halten. (Sollten Sie allerdings kurz vor der Verrentung immer noch Ihren Plan verfolgen, Abteilungsleiter zu werden und dabei von dem Gefühl innerer Ruhe und Harmonie beseelt sein, so überdenken Sie das Tempo der Realisierung oder überlegen Sie sich, ob Sie den Posten tatsächlich noch wollen.) Lassen Sie sich nicht von den Vorgaben anderer Menschen aus dem Takt bringen – einige Menschen essen schnell, andere eben ein wenig langsamer. Jil Sander hat diesen Umstand sehr genau erkannt und richtig zu deuten gewußt:

> *„Ich bin so etwas wie ein Spätentwickler. Ich mußte langsam meinen eigenen Weg finden. ...*
> *Ich bin glücklich darüber, zu einem späteren Zeitpunkt meines Lebens in diesem Geschäft gestartet zu sein. Doch damit mache ich mich nicht verrückt."* [17]

Kategorie 5: ***Werteursprung innen, was ist für mich persönlich wichtig, Konfliktpotential wird erkannt und konstruktiv genutzt*** (= A-Ausprägung) vs. *Werteursprung außen, was ist für andere wichtig, Konfliktvermeidung*

Es klang sowohl bei Thomas Gottschalk, als auch bei Henry Maske an und taucht auch in der Erfolgsstory der Jil Sander wieder auf: die Fähigkeit erfolgreicher Menschen, sich über Konventionen und vorgegebene Werte von außen hinwegzusetzen und das daraus resultierende Konfliktpotential positiv zu nutzen. Eine Eigenschaft, die sich bei Jil Sander besonders in ihrer Auseinandersetzung mit traditionellen Frauenrollen und traditionellen Modevorstellungen spiegelt und wichtiger Bestandteil ihres Erfolges ist:

> *„Das traditionelle Hochzeitskleid ist wirklich kein Thema für mich. Es paßt nicht mehr in die Zeit."* [18]

Dieselbe Frau findet den Vergleich zwischen sich und Greta Garbo kitschig und sagt – wie schon vorn dargestellt – lächelnd über die zum Vergleich herangezogene Marlene Dietrich:

> *„Ihre Faszination ist viel zu sehr ein Produkt männlicher Phantasien.“* [19]

Die Suche nach den eigenen Werten zählt viel im Leben der Frau Jil Sander. Vorgegebene Klischees zu übernehmen lag ihr ebensowenig, wie das Kopieren der Erfolgsrezepte anderer Modeimperien. Sie spricht es nie aus und dennoch klingt es zwischen den Zeilen jeder ihrer Antworten an: Daß sie ihre Mode für Frauen entwirft, die ebenso wie sie selbst das Wagnis eingehen, nicht nur in der Mode männliche Rollenklischees hinter sich zu lassen und nach neuen Definitionen zu suchen. Dies wird vor allem an den Stellen deutlich, an denen sie die Rolle der Frau im Berufsleben mit allen Konflikten, die sich daraus in der Vergangenheit ergeben haben, definiert:

> *„Die für jede wirtschaftliche Rezession typische Botschaft, Frauen sollten sich doch der einzig glückbringenden Aufgabe in Ehe und Familie widmen, hat diesmal nicht funktioniert. Welche Frau mit einem Superjob würde denn zu Hause bleiben?“* [20]

Dabei verfällt sie nicht in den Irrtum, die äußere, käufliche Hülle als Charaktersubstitut zu verkaufen oder zum Gradmesser einer irgendwie gearteten Eigenständigkeit zu verklären. Ihre Aussagen zu diesem Thema sind immer eher grundsätzlicher Natur. Frauen, die sich mit ihrem Stil identifizieren (und damit haben wir auch eine Selbstcharakterisierung des Erfolgsmenschen Jil Sander), beschreibt sie als:

> *„Stark, intelligent, smart, emotional, selbstsicher, sensibel, klug, selbständig, sicher und sexy.“* [21]

An anderer Stelle hebt sie die Bedeutung eigener Werte nicht nur für sich selbst, sondern auch als besonderes Merkmal ihrer Kundinnen hervor:

> *„Ich würde sagen, gerade meine Mode tragen Frauen, um vor allem sich selbst zu gefallen.“* [22]

Dabei ist es ihr weniger wichtig, mit Traditionen zu brechen, weil es gerade modern oder, um ihr Wort zu benutzen, „chic“ ist. In ihrem Denksystem ist der Bruch mit Normen, die Suche nach dem Neuen ein sehr organischer Vorgang, der wenig mit pseudorevolutionären Trotzhaltungen zu tun hat, sondern seinen Ursprung in einer bewußten persönlichen Abgrenzung gegenüber bestimmten Normen und Werten findet, ohne diese gleich zerschlagen zu wollen. Überhaupt liegt die Stärke von Jil Sander nicht im Konstruieren von Dichotomien (unvereinbare Gegensätzlichkeitspaare):

> *„Aussteigen aus tradiertem Rollenverhalten bedeutet nicht Aufgeben der eigenen Identität und Werte."* [23]

Veränderung und Abgrenzung sind für sie natürliche Wachstumsprozesse, die in der ihnen eigenen Dynamik von Mensch zu Mensch unterschiedlich ablaufen. Wir finden in dieser Vorstellung einen wichtigen Punkt der letzten Kategorie wieder, deren zentrale Aussage ja die vom eigenen, persönlichen Tempo war, das nicht von außen vorgegeben, sondern Ergebnis eines Such- und Erfahrungsprozesses ist. Sie hält diesen Prozeß für so wichtig, für so allgemein gültig, daß sie ihn nicht nur für sich selbst, sondern für eine ganze Generation von Frauen formuliert:

> *„Ich glaube, die meisten Frauen identifizieren sich längst nicht mehr mit der ‚untergeordneten Rolle'."*

Sie erklärt im weiteren Verlauf dieser Aussage sehr deutlich, was sie vom traditionellen Bild der Frau hält und setzt ihre eigenen Werte und die einer ganzen Frauengeneration dagegen:

> *„Das Bild der sich aufopfernden Mutter gehört, zumindest für die junge Generation, der Vergangenheit an. Wie vielen Frauen gelingt es heute tatsächlich, Kinder und Karriere unter einen Hut zu kriegen. Daß die Männer nicht die Helden sind, die die jeweilige Gesellschaft seit Jahrhunderten aus ihnen machen will, wußten die Frauen immer – aus eigener Erfahrung. Frauen sind inzwischen in andere Rollen hineingewachsen. Ein interessanter Job ist für sie mindestens ebenso spannend wie für einen Mann."* [24]

Wir werden dieser Haltung, Risiken einzugehen und Wagnisse auf sich zu nehmen, auch bei einer näheren Betrachtung der Kategorie 6 weiter unten begegnen – auch wenn diese zu den weniger dominanten Kategorien Jil Sanders zählt.

Kategorie 7: *kopfgesteuertes, rationales Handeln* vs. *emotional gesteuertes intuitives Handeln* (= B-Ausprägung)

Unter allen untersuchten Siegerstrategien fanden wir nicht eine, die Erfolg als kalt berechnetes Kalkül verfolgt hat. Erfolg stellt sich immer dann ein, wenn Leidenschaft, Begeisterung, Besessenheit und echte Überzeugung sich zu Talent, Disziplin und Leistungsbereitschaft gesellen. Erfolg zu haben und den Erfolg zu genießen sind sehr emotionale Angelegenheiten – nicht nur für Boris Becker oder Claudia Schiffer, sondern auch für Jil Sander:

> *„Meine Mode ist Mode mit Intellekt: Körpergefühl, Emotion und Kopf!“* [25]

Selbst die Präsentation monatelanger Arbeit hat nicht nur mit dem Kopf allein zu tun:

> *„Eine Modenschau zu machen, ist eine sehr emotionale Sache.“* [26]

Erfolg scheint dabei für viele Siegertypen etwas eher Sekundäres zu sein. Er stellt sich automatisch, fast spielerisch ein, wenn jemand seine Sache wirklich gut, ausdauernd und mit der nötigen Disziplin macht. Wer zu früh auf den Erfolg schielt, riskiert dabei nicht nur, das zu verlieren, wonach er sich so sehnt, sondern vielleicht sogar noch viel mehr: Die persönliche Entwicklung stagniert, das Konzept wird nicht weiterentwickelt und bleibt in den Anfängen stecken:

> *„Schon zu Beginn suchte ich mir Kundschaft in der ganzen Welt und anstatt auf den Erfolg zu schielen, habe ich mich immer auf mein Konzept und mein Produkt konzentriert.“* [27]

Damit wird deutlich, daß Erfolg das ist, was er-folgt, wenn jemand sich selber folgt, seiner eigenen Intuition vertraut und in diesem Sinne „echt“ auf andere wirkt – gerade im Bereich von Kundenkontakt und Verkauf hat sich dies immer wieder als zentraler Bestandteil erfolgreicher Persönlichkeiten bestätigt:

> *„Wenn ich Mode mache, denke ich nicht: So oder so sieht die Frau aus, die meine Sachen tragen soll. Die Arbeit im Atelier ist kein intellektueller Prozeß, sondern vielmehr ein intuitiv-kreativer.“* [28]

Sie läßt sich nicht von der Textilmassenproduktion im Nachkriegsdeutschland beirren, nicht von den ihrer Ansicht nach altmodischen und fehlgeleiteten Vorstellungen davon, was schön, ästhetisch oder zeitgemäß zu sein hat, von ihrem Weg abbringen:

> „*Es ist eine europäische Vorstellung, chic und attraktiv sein zu wollen.*" (Hervorhebungen im Original)[29]

Über die boomende Textilbranche der Wirtschaftswunderzeit und die Kunden damaliger Massenproduzenten sagt sie rückblickend kritisch und ohne Groll:

> „*Plötzlich hatten die Menschen Geld, aber keinen Geschmack. Es war die Zeit des unkontrollierten Konsumierens.*"[30]

Ein anderer Ausdruck dafür könnte sein: Sie stellten das Haben über das Sein, haben den kurzen Blick auf eine Kulisse mit dem tieferen Verständnis der Umgebung verwechselt und ihre Wertmaßstäbe an jederzeit austauschbarer Massenware orientiert.

Jil Sander ging dieser Entwicklung durch ihr Übersiedeln nach Paris bewußt aus dem Weg. Wieder eine der Situationen im Leben eines erfolgreichen Menschen, die durch eine Entscheidung gekennzeichnet ist, die ihr nicht leichtgefallen sein dürfte und um die sich manch anderer vielleicht gedrückt hätte. Ein derartiger Umgang mit der selbstgewählten Aufgabe fordert immer den ganzen dahinterstehenden Menschen. Neben ihrer Bereitschaft, Zeit und Geld zu investieren und an Projekten festzuhalten, die ihre Umwelt nur belächelt, wurde Menschen wie Jil Sander jede Menge an innerer Energie abverlangt, die ein Mensch nur dann aufbringen kann, wenn er sich in einem Zustand innerer Balance und Harmonie befindet, der keinesfalls selbstverständlich ist, sondern das Ergebnis fortwährender Arbeit an sich selbst:

> „*Wovon ich immer geträumt habe, war eine Frau, die all die Möglichkeiten hat, eine Frau, die sowohl die innerliche, als auch die äußerliche Kraft hat, sehr viel auf sich zu nehmen. Es steckt eine ungeheure Harmonie in diesem Gedanken.*"[31]

Jil Sander spricht in dem gleichen Beitrag von Menschen, die diesen Weg wirklich gehen, nicht von solchen, die nur so tun, als ob:

> „*Ich meine nicht die Frauen, die glauben, eine Rolle spielen zu müssen, um in unserer Zeit einen Platz im Leben zu bekommen – sondern die, die stolz auf ihr Temperament und ihren Intellekt sind.*"

Menschen, die ihr Leben aus einer solchen inneren Balance heraus gestalten, brauchen weder Mode noch sonstige Statussymbole als Maskerade (Sie erinnern sich an die Porsche-Geschichte von Boris Becker??), als mühsam aufrechterhaltene Fassade für Geltungsansprüche ohne Gegenwert. Derartig materielle Dinge fallen in ihrer Umgebung nicht einmal mehr auf, weil sie ein Teil des Menschen und seiner Ausstrahlung geworden sind – und nicht umgekehrt:

> *„Indem sie sich mit erlesener Qualität umgeben, sehen sie außergewöhnlich aus, weil dann niemand mehr auf die Kleidung achten wird – sie wird zu einem Teil ihrer Persönlichkeit.“* [32]

Erfolgreiche Menschen stehen, zumindest wenn sie langfristig erfolgreich sind, mit beiden Beinen im Leben. Sie sind das, wofür andere Menschen sie halten. Sie stehen zu ihren Stärken ebenso wie zu ihren Schwächen. Und sie begreifen jede Schwäche entweder als persönliche Besonderheit, die es zu nutzen gilt, oder aber als Chance, etwas zu lernen:

> *„Ich glaube, eine Frau ist dann besonders stark, wenn sie zu sich, zu ihrer Weiblichkeit steht. Diese Weiblichkeit beinhaltet neben Selbstbewußtsein eine große Empfindsamkeit.“* [33]

Ein Teil ihres Erfolgsgeheimnisses liegt sicher darin, in ihrem Dasein als Frau Wünsche und Bedürfnisse anderer Frauen erkennen und in marktfähige Produkte umsetzen zu können, ohne dabei ihr eigenes Konzept zurückstellen zu müssen. Sie äußert sich dabei ebenso kritisch über Männer wie über Frauen. Wie ist es um ihr Verhältnis zum anderen Geschlecht bestellt? Viele Erfolgstypen weisen ja darauf hin, ihre Kräfte und Energien aus einer Beziehung oder Familie zu schöpfen und sich erst dadurch als ein Ganzes, eine Einheit zu erleben. Welchen Stellenwert haben Männer im Leben von Jil Sander?

> *„Ich glaube an die chinesische Philosophie von Yin und Yang, dem Zusammenwirken des weiblichen und des männlichen Prinzips. Die Stärke, beide Werte zu vereinen, führt zu Kreativität, Phantasie, zu Harmonie – und immer zu einer Verbesserung der Ergebnisse.“* [34]

Weniger stark ausgeprägte Kategorien

Kategorie 6: ***Mut und Risikobereitschaft*** (= *A-Ausprägung)* vs. *Sicherheit, Komfort und Tradition*

Weniger dominant, wenn auch nur ganz knapp hinter den Kategorien 4 und 5, ist bei Jil Sander die Kategorie 6 ausgeprägt.

Jil Sander weist in jedem Interview darauf hin, wie wichtig es für sie ist, sich gegen tradierte Vorstellungen von Schönheit oder Klasse abzugrenzen. Wohl prominentester Ausspruch dieser Denkart ist der folgende:

> *„Ich hasse klassische Dinge."* (Hervorhebung im Original) [35]

Daß modernes Design und Luxus in ihrem Denksystem keinen unüberwindbaren Widerspruch darstellen, zeichnet sie als innovativ aus und stellt vor dem Hintergrund traditioneller Ideale, von denen sie sich immer wieder abzugrenzen versucht, ein Wagnis dar:

> *„Es ist kein Widerspruch, Luxus zu lieben und gleichzeitig diesen altmodischen ‚Madame-Look' abzulehnen."* [36]

Das Unverständnis von Umwelt und Berufskollegen nimmt sie bewußt, wenn auch mit einem kleinen Augenzwinkern, inkauf:

> *„Ich bin glücklich, so zu arbeiten, aber für viele wird es noch ein bißchen Zeit kosten, das zu verstehen."* [37]

Die Ausprägung des Merkmals „Risikobereitschaft, Offenheit für Neues" ist Teil der Erfolgsstory dieser Frau, die gern heraushebt, daß die Kollektionen der Designer immer besonders beachtet wurden, die ein Risiko auf sich nahmen und in ihren Entwürfen ein klein wenig kühner als der Rest waren, ohne dabei ihr Grundkonzept, ihren ganz persönlichen Winner's Edge aus den Augen zu verlieren, der im Laufe der Zeit aus Kunden Stammkunden gemacht hat.

> *„Was ich mit meinem neuen Geschäft tue, ist eine innovative Herausforderung."* [38]

Kategorie 2: <u>*Talente erkennen und nutzen*</u> *(= A-Ausprägung) vs. einordnen in die Strukturen der Zeit*

Das Erkennen und Nutzen ihrer Talente steht bei Jil Sander nur knapp hinter ihren dominanten Kategorien und zahlenmäßig gleichwertig neben der Kategorie 6. Eine strenge Unterscheidung zu den anderen Kategorien soll an dieser Stelle nicht gemacht werden – zu vielfältig sind die Themen dominanter Kategorien, die hier wieder anklingen.

Über ihr Verhältnis zur Arbeit gibt es zwei herausragende Zitate, die sich in enger Verwandtschaft zur Kategorie 4 befinden. Im ersten beschreibt Jil Sander eine besondere Begabung ihrer Person, im zweiten ihr ganz persönliches Verhältnis zur Arbeit, das sehr an den schon zitierten Ausspruch der „Besessenheit“ erinnert:

> *„Arbeit ist eine Berufung für mich – deshalb geht sie mir leicht von der Hand.“* [39]
> *„Ich bin extrem leidenschaftlich. Und ich weiß, daß dies mein Weg ist, anderen Menschen etwas davon zu geben.“* [40]

In einem weiteren Zitat weist sie auf durchaus handfeste Vorteile ihres Berufes, der für sie eine Berufung ist, hin:

> *„Ich habe als Designerin den Vorteil, am eigenen Körper zu spüren, wann Schnitte und Proportionen stimmen, ob die Materialien fließen.“* [41]

Sie haben in Jil Sander einen Erfolgsmenschen, eine Frau kennengelernt, deren wesentliche Fähigkeiten in Leistungsorientierung, Zielfixierung und Disziplin, der Bereitschaft zum Bruch mit vorgegebenen Normen und Wertvorstellungen und in einer stark gefühlsmäßigen Herangehensweise an ihre Arbeit bestehen. Sie steht mit ihrer ganzen Persönlichkeit hinter dem, was sie tut und ist von ihrer Arbeit durch alle Irritationen hinweg durch und durch überzeugt – und der Erfolg gibt ihr Recht.

Wie hieß es abschließend so schön in einem Bericht über sie: „If you're a woman, Jil Sander can help you get what you want. If you're a man, fold your cards and try to be a good looser.“

Welche Faktoren Ihres zukünftigen Erfolges haben Sie bis jetzt kennengelernt?

1. Ohne Fleiß kein Preis – wenn Sie Ihr Ziel wirklich erreichen wollen, wird dies Anstrengungen und Entbehrungen kosten. Überlegen Sie sich sehr genau, ob Sie bereit sind, diesen Preis zu bezahlen. Der Erfolg kann möglicherweise Jahre auf sich warten lassen. Sie brauchen jede Menge Geduld und die feste Überzeugung, daß das, was Sie tun, für Sie persönlich richtig ist. Sie müssen dabei Auslandsaufenthalte ebenso in Ihre Rechnung aufnehmen, wie die Auseinandersetzung mit Ihrem Freundeskreis oder Ihrer Familie.

2. Lassen Sie sich bei dem, was Sie tun, nicht von Vorgaben anderer beeinflussen. Nutzen Sie die Erfahrung anderer Menschen, aber finden Sie Ihr eigenes und persönliches Tempo. Geschwindigkeit ist nicht jedermanns Sache und Jil Sander ist eines der populärsten Beispiele, daß es in den neunziger Jahren (wie Tom Peters einmal behauptete) eben nicht nur zwei Arten von Unternehmen geben wird: die schnellen und die toten. Ob Sie nun Unternehmer sind oder Taxichauffeur auf dem Weg in die Selbständigkeit: Gehen Sie den Weg, der vor Ihnen liegt, in Ihrem eigenen Takt. Verlassen Sie sich auf Ihr Gefühl – nur Sie selbst wissen, wie schnell Sie vorankommen können, ohne zu stolpern.

3. Stehen Sie mit dem vollen Einsatz Ihrer ganzen Person hinter dem, was Sie tun. Halbherzige Einsätze bleiben auch auf halber Strecke stecken. Gönnen Sie sich bei der Verfolgung Ihrer Ziele ein kleines bißchen Besessenheit – und der Erfolg wird Ihnen Recht geben.

Anmerkungen:

1. Elle, 2/94
2. ebenda
3. Donna, März 1994
4. Interview, September 1993
5. Donna, März 1994
6. Harpers's Bazar, Febr. 1994
7. Cosmopolitan 4/95
8. ebenda
9. Donna, März 1994
10. ebenda

11. Women's Wear Daily, 17.5.1995
12. Donna, März 1994
13. Interview, September 1993
14. ebenda
15. Donna, März 1994
16. Harper's Bazar, Febr. 1994
17. ebenda
18. Donna, März 1994
19. Elle, 2/94
20. Cosmopolitan, 4/95
21. Elle, 2/94
22. ebenda
23. Donna, März 1994
24. ebenda
25. ebenda
26. Harper's Bazar, Febr. 1994
27. Interview, September 1993
28. Cosmopolitan, 4/95
29. Harper's Bazar, Febr. 1994
30. Elle, 2/94
31. Harper's Bazar, Febr. 1994
32. Interview, September 1993
33. Elle, 2/94
34. ebenda
35. Harper's Bazar, Febr. 1994
36. Elle, 2/94
37. Interview, September 1993
38. ebenda
39. ebenda
40. ebenda
41. Elle, 2/94

Michael Schumacher: „Mich hat niemand in Schranken zu verweisen. Meine Grenzen setze ich mir selber." [1]

Geboren am 3. Januar 1969 in Hürth-Hermülheim, deutet zunächst vieles auf sein Talent, aber noch nichts auf später zu erwartende Glanzleistungen oder den Umgang mit den Reichen und Schönen dieser Welt hin: Michael Schumacher wächst in einem eher kleinbürgerlichen Milieu auf, sein Vater ist Platzwart auf der Kart-Bahn in Kerpen, seine Mutter betreibt dort eine Würstchenbude.

Wie viele andere Kinder auch, fährt der kleine Michael gerne Kett-Car. Erste Grenzerlebnisse hat er im Alter von vier Jahren, als eine Laterne seinen allzu ungestümen Vorwärtsdrang stoppt, den er inzwischen schon mit einem motorisierten Kett-Car zu befriedigen trachtet.

Im Elterhaus nimmt man seine Begeisterung für den Kart-Sport mit gemischten Gefühlen auf: Zwar bemerkt der Vater das große Talent seines Sohnes, doch bleibt das Geld stets knapp. So lernt Micheal Schumacher früh, mit wenig auszukommen und baut auch schon mal Reifen an sein Kart, die seine besser bestallten Kollegen in den Müll geworfen haben. Daß er trotz alledem anschließend auf dem Treppchen wieder ganz oben steht, spricht für sein überragendes Talent und eine nicht zu bremsende Begeisterung für die Sache.

Er geht zur Schule, macht den Realschulabschluß und anschließend eine Lehre als Kfz-Mechaniker, von der er annimmt, sie könne im Motorsport nur von Vorteil sein. Zwischendurch sammelt er Kart-Titel wie andere Menschen Briefmarken: Deutscher Junioren-Meister 1984 und 1985, im selben Jahr gleichzeitig Vizeweltmeister der Junioren. Ein Jahr später jeweils ein dritter Platz in der Deutschen Meisterschaft und in der Europameisterschaft, 1987 schließlich Deutscher Meister und Europameister.

Durch die Hilfe von Freunden und Sponsoren gelingt 1988 der Aufstieg in gleich zwei höhere Klassen: die Formel König, in der der inzwischen 19jährige am Ende des Jahres Deutscher Meister ist, und in die Ford Formel 1600, wo er die Saison mit einem sechsten Platz in der Deutschen Meisterschaft und einem zweiten Platz in der Europameisterschaft abschließt und sich damit für die Formel 3 empfiehlt.

Es folgen ein dritter Platz in der Deutschen Formel 3-Meisterschaft 1989 und dann, 1990, endlich der Gesamtsieg: Michael Schumacher ist nun auch Deutscher Meister in der Formel 3. Ebenfalls 1990 startet Schumacher auch zusammen mit dem Österreicher Karl Wendlinger in der Sportwagen-Weltmeisterschaft für Mercedes und beendet die Saison als fünfter. Die nächste Saison steht dann zunächst unter einem schlechten Stern – durch eine Änderung im Reglement sehen sich Schumacher und Wendlinger mit massiven Problemen der Mercedes-Aggregate, Ausfällen und einer übermächtigen Konkurrenz konfrontiert.

Schumacher wird in der Endauswertung nur auf dem neunten Platz notiert. Das allerdings spielt zu diesem Zeitpunkt kaum noch eine Rolle, denn Eddie Jordan, Chef des irischen Jordan-Teams, verliert mitten in der Saison einen Fahrer (nicht etwa durch Unfall, sondern weil dieser wegen tätlicher Auseinandersetzungen mit einem Taxifahrer 18 Monate Urlaub auf Staatskosten machen soll) und sucht nun dringend einen Ersatzpiloten. Michael Schumacher startet im belgischen Spa, fällt allerdings im Rennen aus, in das er aus der siebten Position (!) gestartet war. Die Formel 1 endet für ihn 1991 mit einem 13. Rang. Doch Teamchefs und Sponsoren hatten bis dahin ohnehin genug gesehen: Michael Schumacher gilt als das aussichtsreichste Formel 1-Talent der letzten Jahre, die internationale Presse singt einstimmig Lobeshymnen auf den Kerpener. Immer wieder bemerken Beobachter seine Präzision, seine Guduld und die Genauigkeit, mit der er seine Arbeit erledigt. Dies war natürlich nicht nur Eddie Jordan aufgefallen, sondern auch einem Herrn namens Flavio Briatore, seines Zeichens Chef des italienischen Benetton-Teams. Nachdem dieses Team sich zunächst nur einen Namen als bunte Zirkustruppe der Formel 1 gemacht hatte, an deren Boxen es jederzeit Musik, schöne Frauen, Pasta und gute Laune gab, konnte man sich im Laufe der Zeit auch bei Benetton nicht der Einsicht verschließen, daß schnelle Rundenzeiten und gute Laune keine unvereinbaren Gegensätze sind. So hielt man nach einem Fahrer Ausschau, der das bunte Plastikwägelchen auch mal dahin fahren konnte, wo Flavio Briatore es am liebsten sah: nach vorne. Mit Michael Schumacher war ein aussichtsreicher Kandidat für diese Tätigkeit gefunden und so warb man ihn kurzerhand, nicht ohne einen Rattenschwanz juristischer Auseinandersetzungen mit der irischen Jordan-Truppe, mitten in der Saison ab. Wie erwähnt, schloß Schumacher die Saison 1991 mit einem dreizehnten Platz. Doch schon im nächsten Jahr geht es steil bergauf: Durch seinen ersten Grand Prix-Sieg im belgischen Spa am 30.8. 1992 ist er mit 23 Jahren hinter Bruce McLaren und Jacky Ickx drittjüngster Grand Prix-Sieger aller Zeiten. Mit seinem Sieg in Spa stellt Michael Schumacher gleich noch einen weiteren Rekord auf: Vor ihm schafften es nur Clay Regazzoni und Emerson Fittipaldi, schon in ihrer ersten vollständig gefahrenen Formel 1-Saison einen Grand Prix zu gewinnen. Er beendet die Weltmeisterschaft 1992 als dritter, *vor* Ayrton Senna, der auf Platz vier liegt. 1993 muß er Senna den zweiten Platz hinter Weltmeister Alain Prost überlassen und wird selbst zu Saisonende auf dem vierten Platz notiert. In die Saison 1994 startete er als einer der aussichtsreichsten Kandidaten auf den Weltmeisterschaftstitel. Schon der erste Grand Prix in Brasilien bringt ihn diesem Ziel einen guten Schritt näher: Weltmeister, Favorit und Lokalmatador Senna patzt, leistet sich einen spektakulären Dreher und kommt zu Fuß an die Box zurück. Als die Autos am 17. April in Aida/Japan zum zweiten Mal starten, hat Senna erneut Pech: Der Finne Mikka Häkkinen schießt während der Startphase in Sennas Auto, der daraufhin ausfällt. Für Michael Schumacher gibt es damit keinen ernstzunehmenden Gegner mehr im Feld. So kann er seinen Punktevorsprung nach nur zwei Rennen auf beachtliche 20 Zähler ausbauen. Nach dieser grandiosen Vorstellung in Aida diktiert Schumacher denn auch ein wenig überrascht der Presse in die Blöcke:

> *„Wenn mir jemand am Anfang der Saison gesagt hätte, daß ich die ersten beiden Rennen gewinnen würde, dann hätte ich den für verrückt erklärt."* [2]

So macht sich Michael Schumacher mit einem glänzenden Punktevorsprung und hochmotiviert auf den Weg ins italienische Imola zum Großen Preis von San Marino. Auch jemand anderes macht sich auf den Weg nach Imola, allerdings weitaus weniger optimistisch: der Weltmeister Ayrton Senna. Nach den zwei verunglückten Auftaktrennen will er hier endlich die Punkte einfahren, die er so dringend braucht, um seinen Titel zu verteidigen. Doch schon das Freitagstraining scheint unter einem ungünstigen Stern zu stehen: Der Brasilianer Rubens Barrichello kommt mit seinem Jordan von der Strecke ab, rast in einen Fangzaun und überschlägt sich mehrmals. Nach wenigen Minuten kann er leichtverletzt dem Wrack entsteigen und besucht bereits am nächsten Tag die Strecke wieder als Zuschauer. Erst später werden Beobachter verstehen, daß dies das letzte Ereignis eines langen und dramatischen Wochenendes war, bei dem die

Fahrer der Formel 1 von jenem letzten Quentchen Glück zehren konnten, das in den vergangenen zehn Jahren immer wieder beansprucht worden war und dennoch Unfälle mit dramatischerem Ausgang verhindert hatte. Ein anderer Fahrer sitzt zu dieser Zeit bereits wieder im Cockpit seines Autos und kämpft um eine möglichst gute Startplazierung für das Rennen am Sonntag: Der Österreicher Roland Ratzenberger fährt das Training zu seinem zweiten Grand Prix. Es läuft gut für den 31jährigen Salzburger – bis dann in der Einfahrt zur Villeneuvekurve das Unfaßbare geschieht: Ein Teil seines Frontflügels bricht weg und sein Auto rast mit 320 km/h in eine Streckenbegrenzung. Ratzenberger erliegt noch an der Unfallstelle seinen schweren Kopf- und Nackenverletzungen. Lähmendes Entsetzen breitet sich unter Fahrern und Zuschauern aus. Dennoch ist Ayrton Senna der erste und einzige Fahrer, der sich direkt an der Strecke informiert und sich ein Bild von der Lage machen will. Für diese Reaktion, die gleichermaßen seine Betroffenheit wie auch seine Professionalität spiegelt, wird er später eine Abmahnung seitens der Sportkommissare bekommen. Am Samstagabend telefoniert er noch mit seiner Freundin und schildert ihr sein ungutes Gefühl hinsichtlich dieser Vorfälle. Beim Rennen am Sonntag deutet zunächst alles darauf hin, daß Senna mit seinen Vermutungen Recht behalten soll. Zu diesem Zeitpunkt ahnt jedoch noch niemand das Entsetzen, das Sportfunktionäre, Zuschauer und Fans auf der ganzen Welt innerhalb der nächsten Stunden erfassen soll: Ayrton Senna startet am Sonntag, dem 1. Mai 1994, zu seinem letzten Rennen. Wie so oft vorher aus der ersten Position, neben sich Michael Schumacher, hinter sich Gerhard Berger und Damon Hill. Viele Anzeichen deuten darauf hin, daß er geahnt hat, daß nach dem Tod von Roland Ratzenberger nichts mehr in der Formel 1 so bleiben würde, wie es war. Daß er mit seinen Vorahnungen richtig liegt, zeigt sich sehr bald – allerdings in einer Konsequenz und Dramatik, die wohl niemand für möglich gehalten hätte. Schon beim Start läuft nichts wie geplant: Pedro Lamy fährt auf den Benetton von Michael Schumachers Teamgefährten J.J. Letho auf, der von der fünften Startposition nicht wegkommt. Beide Autos sind zerstört, die Fahrer unverletzt. Dennoch verletzen herumfliegende Fahrzeugteile neun Zuschauer – die Unglücksserie scheint sich fortzusetzen. Als das Rennen anschließend erneut gestartet wird, sieht zunächst alles danach aus, als laufe es nun nach Plan. Doch in einer Sportart, in der sich die Fahrer immer wieder in Grenzbereiche hinauswagen, sind Ereignisse nur begrenzt planbar. Und so passiert um 14.47 Uhr jener entsetzliche Unfall, der in den nächsten Wochen die Titelseiten aller Zeitungen beherrschen soll und die Welt der Formel 1 für immer verändern wird: Aus zunächst ungeklärten Gründen bricht das Auto des in Führung liegenden Weltmeisters Senna in der Tamborello-Kurve aus und rast mit einer Geschwindigkeit von 280 km/h gegen eine ungeschützte Betonmauer. Ärzte und Sanitäter ziehen den schwerverletzten Senna vor laufenden Fernsehkameras aus seinem Wrack und versuchen noch am Unfallort, das Leben des Weltmeisters zu retten. Daß es schlecht um ihn steht, weiß zu diesem Zeitpunkt jeder. Eine abgerissene Aufhängung seines Fahrzeuges hat Ayrton Senna am Kopf getroffen und schwerste Verletzungen verursacht. Dennoch klammern sich Zuschauer, Funktionäre und Fahrer gleichermaßen an die Hoffnung, Senna sei im Krankenhaus noch zu retten. Einer, der in dieser Situation den Ernst der Lage nicht nur erkennt und schönredet, sondern auch Konsequenzen zieht, ist der Österreicher Gerhard Berger. Mit der Begründung, sein Auto habe sich „irgendwie komisch angefühlt", er hätte „kein Vertrauen mehr gehabt" [3], stellt er sein Auto in der Box ab, fährt direkt zu Senna in die Klinik und zieht damit seine persönliche Konsequenz aus dem tragischsten Formel 1-Wochenende der letzten zehn Jahre. Auf der Strecke tobt der Kampf nach der erneuten Freigabe des Startes, die später von vielen Seiten heftig kritisiert wird, unvermindert weiter. Michael Schumacher hat eine kurze Auseinandersetzung mit dem Briten Damon Hill, gewinnt diesen Zweikampf und gibt den Zuschauern damit einen Vorgeschmack auf das, was für den Rest der Saison das bestimmende Thema in der Formel 1 sein wird: der Kampf um den Titel zwischen dem Williams von Hill und dem Benetton von Schumacher. Doch der Tod von Roland Ratzenberger, die verletzten Zuschauer nach dem mißglückten Start und der spätere Tod von Ayrton Senna reichen für die tragische Chronik dieses Wochenendes noch nicht aus: Bei seiner Fahrt durch die Boxengasse löst sich ein Rad am Fahrzeug von Michele Alboretto und verletzt vier Mechaniker. Zu diesem Zeitpunkt plädieren immer mehr Menschen dafür, das Unglücksrennen nun endgültig abzubrechen. Weshalb niemand der Funktionäre ein Einsehen hatte, bleibt für Außenstehende unverständlich. In der Zwischenzeit kämpfen die Ärzte in der Klinik um das Leben von Ayrton Senna. Ob sie zu diesem Zeitpunkt noch an eine ernsthafte Überlebenschance des Brasilianers glauben, scheint eher zweifelhaft – zu schwer dürften die Kopfverletzungen gewesen sein. Die offizielle Todeszeit von 18.40 Uhr hat daher wohl eher statistischen Wert. Der Sieger des Großen Preises von San Marino lautet dann Michael Schumacher, der am nächsten Tag verlauten läßt, er könne sich „über diesen Sieg nicht im geringsten freuen". [4]

Um 20 Uhr erfahren dann Rennsportfans aus aller Welt die schrecklich endgültige Nachricht: Ayrton Senna, das Idol hunderttausender Rennsportfans, dreimaliger Weltmeister, der in seiner zehnjährigen Laufbahn 161 Grand Prix fuhr, 65 Mal aus der Pole-Position startete und 41 Mal als erster die schwarz-weiß karierte Flagge sah, ist tot.

Damit, so scheint es, können nur noch wenige Fahrer die Titelchancen Michael Schumachers schmälern, der am 15. Mai 1994 in Monaco auch den nächsten Grand Prix gewinnt und damit den vierten Sieg in Folge erzielt. Dadurch scheint das Rennsportjahr 1994 trotz der tragischen Ereignisse von Imola keine großen Überraschungen mehr bereitzuhalten. Michael Schumacher führt zu diesem Zeitpunkt mit 40 Punkten – und dennoch sollte der weitere Verlauf der Saison zeigen, daß alles noch anders kommt. Im spanischen Jerez deutet sich dann erstmals eine Wende an: Am 29. Mai 1994 siegt Damon Hill vor Michael Schumacher, der mit massiven Getriebeproblemen zu kämpfen hat. Dennoch ist Hill zu dieser Zeit noch weitab ernstzunehmender Titelchancen. Dies ändert sich auch in den nächsten beiden Grand Prix nicht wesentlich. Sowohl am 12. Juni in Kanada, als auch am 3. Juli in Frankreich sehen die Zuschauer einen souverän siegenden Michael Schumacher. Plötzlich werden jedoch auch andere Stimmen laut. Nachdem Michael Schumacher zum wiederholten Male aus der zweiten Reihe an den aus der ersten Reihe startenden Williams vorbeischießt, fragen sich nicht nur technisch versierte Zuschauer, ob das Benetton-Team möglicherweise „zufällig" oder „unbeabsichtigt" vergessen hat, die Traktionskontrolle der Fahrzeuge zu demontieren – oder ob es tatsächlich das überragende fahrerische Talent Michael Schumachers ist, das immer wieder solche Glanzstarts ermöglicht. Im englischen Grand Prix von Silverstone zeigt sich dann die von anderen Teams so lang herbeigesehnte Wende: Schumacher überholt in der Aufwärmrunde verbotenerweise Damon Hill und wird mit einer Zeitstrafe belegt. Da er die Strafe zunächst ignoriert, bekommt er dann mehrere Runden die schwarze Flagge gezeigt, die er auf ein Signal von Teamchef Flavio Briatore ebenfalls „übersieht". Der hat sich inzwischen auf den Weg zum allgewaltigen FOCA-Boss Bernie Ecclestone gemacht und gegen ein Salär von 25.000 Dollar die Rücknahme des schwarzen Unglückstuches erwirkt. Kleiner Schönheitsfehler des Handels: Schumacher muß seine zehn-Sekunden-Strafe nun doch abstehen und damit den Sieg von Silverstone Damon Hill überlassen, der anschließend bei der Siegerehrung ausgelassen mit dem Champagner plantscht – begleitet von einer verkniffen lächelnden Lady Diana, die in der ganzen Kulisse irgendwie deplaziert wirkte.

Die schwarze Flagge von Silverstone ist nur der Beginn einer nun folgenden Serie von Querelen, Pannen und Skandalen um das Benetton-Team. Zunächst erfährt die überraschte Öffentlichkeit, daß Michael Schumachers „Fahnenflucht" keinesfalls durch Briatores Griff in die Portokasse abgegolten ist. Die Angelegenheit wird vor das oberste Motorsportgericht gebracht, das Schumacher für zwei Rennen sperrt. Die sofort eingelegte Berufung bringt wenigstens einen kurzen Aufschub und so kann Michael Schumacher in Hockenheim erneut starten und setzt vor einer großartigen Kulisse von 150.000 Fans wieder alles auf Sieg. Nachdem Damon Hill bereits in der Anfangsphase ausgefallen ist, steht einem erneuten Sieg des Kerpeners nur noch der Ferrari des Österreichers Gerhard Berger im Weg. Dem heftet er sich sofort an die Fersen, was sich in der zwanzigsten Runde als verhängnisvoll erweisen soll: Schumacher hat den ersten Ausfall dieser Saison durch einen überhitzten Motor. Da aber auch Hill ausgefallen ist, besteht für seine Titelchancen vorerst noch keine Gefahr. So geht es auch im nächsten Rennen am 14. August in Ungarn weiter. Souveräner Sieg für Schumacher, lange Gesichter beim Williams-Team um Damon Hill. Im Belgischen Spa deutet sich dann zwei Wochen später die Wende an, die beinahe weltmeisterschaftsentscheidend geworden wäre: Michael Schumacher gewinnt zwar trotz eines spektakulären Drehers in der Schlußphase das Rennen, wird aber anschließend disqualifiziert. Die Holzplatte unter seinem Auto, eine seit Hockenheim für alle Fahrzeuge vorgeschriebene Sicherheitseinrichtung, sei um 1,4 Millimeter zu dünn, behaupten die technischen Kommissare, disqualifizieren Schumacher und machen damit Damon Hill zum Sieger. Auch der sofort eingelegte Protest des Teams hilft nicht mehr – zumal das Team zusätzlich durch den Tankunfall von Schumachers Teamkollegen Jost Verstappen, bei dessen Untersuchung Veränderungen an einem Sicherheitsfilter des Tanksystems nachgewiesen werden konnten, nicht nur in Rennsportkreisen erheblich an Glaubwürdigkeit verloren hatte. Somit schrumpfte Schumachers Vorsprung von 35 auf 21 WM-Zähler zusammen. Das Urteil des Gerichts wird zudem bestätigt und Schumacher ist damit für die beiden nächsten Rennen in Italien und Portugal gesperrt. Erwartungsgemäß gewinnt Damon Hill beide Rennen souverän und kommt damit bis auf einen (!) WM-Punkt an Michael Schumacher heran. Der Ausgang der Weltmeisterschaft zwischen diesen beiden, von der Presse und durch manche eigene Unachtsamkeit inzwischen zu „Erzrivalen“ hochstilisierten Fahrern, würde also erst in den letzten drei Grand Prix der Saison entschieden. Experten waren sich einig: Während der kurvenreiche Kurs im spanischen Jerez eher der Leistungscharakteristik von Micheal Schumachers Benetton entgegenkommt, würde der Hochgeschwindigkeitskurs im japanischen Suzuka eher dem Williams von Damon Hill Vorteile verschaffen. Es könne ja sein, so spekulierten einige damals schon, daß die definitive Entscheidung erst beim Final-Grand Prix im australischen Adelaide fallen würde. Sie ahnten vielleicht schon, daß sie recht behalten würden – aber noch nicht, welche dramatische Verkettung von Umständen nach scheinbar endlosen Minuten des Wartens schließlich auf der anderen Seite der Erde aus Michael Schumacher den ersten deutschen Formel 1-Weltmeister in der Geschichte machen sollte.

Nach der Sperre von zwei Rennen geht Schumacher im spanischen Jerez aus der Pole-Position an den Start, verliert aber zunächst durch einen schlechten Start die Führung an Damon Hill. Obwohl er, anders als der Brite, eine Drei-Stop-Strategie fährt, sieht er nach einem packenden Rennen als erster die Zielflagge. Entscheidenden Anteil daran hat sein hochmotiviertes Boxenteam, das immer 1-2 Sekunden schneller als das Team von Damon Hill arbeitet. Dennoch spiegelt gerade dieser Unterschied das überragende fahrerische Können von Michael Schumacher wider. Mit einem zusätzliche Boxenstop, der mit Ein- und Ausfahrtszeit immerhin etwa 22 Sekunden dauert, die Führung zu halten, weist ihn einmal mehr als ein Ausnahmetalent in der Formel 1 aus. Das zunächst als Regenschlacht beginnende Rennen im japanischen Suzuka gewinnt dann Damon Hill und reduziert so den Abstand erneut auf nur einen Punkt. Damit steht im australischen Adelaide wieder alles offen. Die Entscheidung über den Weltmeister wird also tatsächlich im letzten Rennen fallen. Das Samstagstraining beginnt mit einem bösen Unfall, als Schumacher von der Strecke rutscht und sein Wagen fast vollständig zerstört wird. Fans in aller Welt halten den Atem an und glauben einen Augenblick, die Chance auf einen Weltmeister aus Deutschland schon endgültig schwinden zu sehen. Doch Schumacher entsteigt dem Wrack unverletzt und geht am Sonntag aus der zweiten Reihe zwischen den beiden Williams Renault von Nigel Mansell und Damon Hill an den Start. Er erwischt einen guten Start und fährt lange Zeit vor Damon Hill um den Kurs, bis in der 36. Runde das geschieht, was allle Träume auf die Weltmeisterschaft zu beenden scheint: durch einen Fahrfehler kommt Schumacher nach rechts von der Strecke ab und touchiert eine Betonmauer. Geistesgegenwärtig reißt er das Steuer nach links herum, und schießt, trotz dieses Ausfluges immer noch in Führung liegend, auf die Strecke zurück. Der hinter ihm fahrende Damon Hill sieht nun seine Chance gekommen, die Titelentscheidung endgültig herbeizuführen und greift – sein entscheidender Fehler – ohne weiteren Verzug sofort an. In Sekundenbruchteilen ist er an das Auto von Michael Schumacher herangeschossen und versucht nun, sich in einer Rechtskurve noch neben dem Auto des Kerpeners durchzuschieben. Der hat die Lage inzwischen wieder vollkommen im Griff, sieht die Attacke von Hill kommen und macht ihm, ganz unenglisch auf Kampflinie fahrend, die Tür zu. Mit einer derartig geistesgegenwärtigen Reaktion rechnet der Brite nicht und kollidiert daraufhin mit Schumacher, den schon zu diesem Zeitpunkt erhebliche Probleme seines Fahrzeugs plagen. Später wird viel spekuliert werden: Der Schaden an Schumachers Auto war durch den Ausflug an die Betonmauer vermutlich so groß, daß er das Tempo, das er bisher vorgelegt hatte, ohnehin nicht mehr hätte halten können. Für Hill wäre dies die Chance gewesen, in der nächsten oder übernächsten Runde in aller Ruhe zu überholen. Doch dazu soll es nicht mehr kommen: Das Auto des Briten bohrt sich in den Benetton von Michael Schumacher, wirbelt ihn hoch und einen Augenblick halten die Fans den Atem an: Es sieht alles nach einem Überschlag des Benetton aus. Buchstäblich in letzter Sekunde fängt sich das Fahrzeug, wird in einen Reifenstapel geschleudert und kommt zerstört zum Stillstand. Die nun folgenden Minuten dürften wohl die längsten im Leben des Weltmeisters aus Kerpen sein: Zwar beobachtet er, daß auch der an ihm vorbeiziehende Hill seine Fahrt nur mit verringertem Tempo fortsetzen kann, doch Schumacher vermutet zunächst nur einen Reifenschaden am Fahrzeug von Hill. Selbst ein fünfter Platz wäre bei diesem Stand der Dinge für Hill ausreichend, um Weltmeister zu werden. Millionen Menschen an den Fernsehschirmen sehen einen Michael Schumacher aus seinem Fahrzeug steigen, der so niedergeschlagen ist, daß er nicht einmal seinen Helm absetzen will. Kopfschüttelnd steht er an der Rennstrecke, setzt sich dann auf eine Mauer an der Unglücksstelle und wartet auf die nächste Durchfahrt des Mannes, den er zu diesem Zeitpunkt bereits für den Weltmeister hält. Streckenposten versuchen ihn anzusprechen, doch er reagiert kaum. Für einen Außenstehenden werden diese intensiven Momente von Einsamkeit und Resignation in Anwesenheit hunderter Fans wohl kaum nachvollziehbar sein. Als Damon Hill bei der nächsten Durchfahrt des Feldes fehlt, hat diese Beobachtung noch keinen besonderen Wert für Michael Schumacher – und dennoch soll es genau dieses Detail sein, das später die WM zu seinen Gunsten entscheidet. Für Damon Hill hat bereits ein Wettlauf mit der Zeit begonnen. Obwohl er bereits geahnt haben muß, daß er größere Schäden am Fahrzeug hat, rollt er am Ende dieser wohl dramatischsten Runde des gesamten WM-Jahres in die Boxengasse ein. Sein Fahrzeug ist augenblicklich von Mechanikern umringt. Was der Engländer bereits geahnt hat, wird nun zur erdrückenden Gewißheit: Während Michael Schumacher und die Mechaniker von Hill noch einen schleichenden Plattfuß vermuten, weiß der Brite jetzt, wo ihm Zeit zum Hinsehen bleibt, längst besser Bescheid: Die linke Radaufhängung an seinem Williams ist irreparabel gebrochen. Wer die Fernsehbilder des kopfschüttelnden Hill gesehen hat, der trotz der gutgemeinten Bemühungen seiner Mechaniker, die immer wieder verzweifelt in einem Kampf gegen den Sekundenzeiger versuchen, die angebrochene Strebe von Hand zu richten, der spürt vielleicht, wie schwer es auch ihm gefallen sein muß, sich von seinen Titelhoffnungen zu verabschieden. Von diesen dramatischen Entwicklungen ahnt Michael Schumacher noch nichts, als er endlich den Helm abnimmt und sich zu Fuß auf den Weg zurück an seine Box macht. Zuerst durch einen Streckenposten, den er ungläubig anschaut, später durch Zuschauer und Lautsprecherdurchsagen erfährt Schumacher dann als letzter, was sein Team und hunderttausende von Schumacher-Fans bereits wissen und feiern: Nach langem Bangen ist es endlich geschafft, nach Zeiten, in denen ihn viele schon abgeschrieben hatten und er selbst schon öffentlich über einen Ausstieg bei Benetton nachgedacht hatte – der neue Weltmeister in der Formel 1 heißt Michael Schumacher. Da erst fällt sowohl die Spannung als auch die Bewegungslosigkeit von ihm ab – im Laufschritt stürmt er in seine Box, wo er bereits von einem jubelnden Team in Empfang genommen wird. Noch Stunden später kann er vor laufenden Fernsehkameras nicht das in Worte fassen, was ihn in diesem Augenblick am intensivsten bewegt: Nach einer ebenso dramatischen wie spannenden Saison gleich mehrere Superlative auf sich zu vereinen: in nur zwei Dritteln der möglichen Rennen (acht von zwölf) erster deutscher Formel 1-Weltmeister geworden zu sein. Eine außergewöhniche Leistung in einer außergewöhnlichen Saison, bei der nicht zuletzt immer wieder die bewundernswerte Nervenstärke des Kerpeners auffiel. Die sollte er auch in der nächsten Saison noch einmal unter Beweis stellen müssen – wenn auch auf ganz andere Art und Weise.

Die begann in Brasilien fast so, wie einige der letzten Rennen geendet hatten: Das Benetton-Team meldet sich am 26. März mit der dritten Disqualifikation Michael

Schumachers innerhalb von acht Monaten und dem ersten Skandal des Jahres in die noch junge Rennsaison zurück – bei der Dopingprobe fällt der Benetton-Renner durch unerlaubte Treibstoffzusätze unangenehm auf. Erzrivale Damon Hill hatte noch vor Beginn der Saison verlauten lassen, er brenne auf neue Duelle mit Michael Schumacher. Davon jedoch war hier noch nichts zu spüren: Im Rennen tat Damon genau das, was der aus zweiter Position gestartete Schumacher im Freitagstraining getan hatte – er drehte sich in der 30. Runde von der Strecke und verschwand. Ein kleiner Wink des Schicksals mag dabeigewesen sein, als Schumacher ausgerechnet im brasilianischen Interlagos mit gebrochener Lenksäule (!) und Tempo 250 Bekanntschaft mit den Reifenstapeln macht. Nach dem Rennen, zu dem sowohl Schumacher als auch Coulthard nur vorläufig zugelassen worden waren, kam dann mit der Disqualifikation, was viele geahnt hatten: Der vorher Drittplatzierte Gerhard Berger erhält den Sieg abseits der Rennstrecke am grünen Tisch zugesprochen. Damit stellt sich, unabhängig von Gerhard Berger, einmal mehr die Frage, wer den größeren Einfluß auf Sieg oder Niederlage in der Formel 1 hat: gute Mechaniker oder gute Anwälte.

Der nächste Grand Prix am 9. April in Buenos Aires durfte also mit Spannung erwartet werden. Schumacher hat zu diesem Zeitpunkt bereits erkannt, daß der Williams in diesem Jahr deutlich besser als sein Benetton ist und vor dem Rennen in Argentinien intensiv im spanischen Jerez trainiert. Dennoch ist er auch weiterhin unzufrieden. Im Training qualifiziert er sich für den dritten Startplatz, kommt aber beim Start nicht besonders gut weg – was kein Nachteil bleiben sollte. Noch in der Startrunde kollidieren Irvine und Alesi, Salo, Barichello und Panis. Das Rennen wird abgebrochen und neu gestartet, wodurch Schumacher es diesmal schafft, sich an Hill vorbei auf die zweite Position direkt hinter dem führenden David Coulthard zu manövrieren. Der hat aber leider ab der sechsten Runde Schwierigkeiten mit seiner Elektronik, muß Schumacher und Hill vorbeilassen und fällt schließlich in der 16. Runde ganz aus. In der Zwischenzeit hat Michael Schumacher besorgniserregende Schwierigkeiten mit seinen Reifen, verliert bis zu zwei Sekunden pro Runde, wird von Hill und später auch von Jean Alesi überholt und muß sich schließlich mit einem dritten Platz zufriedengeben. In der WM-Wertung liegt er nun erst an fünfter Stelle – hinter Berger, Hill, Alesi und dem Finnen Mika Häkkinen. Damit sieht es zum ersten Mal in dieser Saison so aus, als könne Michael Schumacher in ernsthafte Schwierigkeiten geraten.

Nachdem Michael Schumacher am 9. April vor dem Start des Rennens in Buenos Aires öffentlich darüber nachgedacht hatte, ob es sich denn überhaupt noch lohne, weiterzufahren, nimmt der erste Fall von Benzin-Doping dann am 13. April doch noch ein gutes Ende: Die bösen Benettons haben dem Michael ohne seine Zustimmung den Tankinhalt verpanscht und müssen zur Buße dafür etwas sehr Wertvolles hergeben – nämlich 200.000 DM aus ihrer schmalen Spesenkasse. Und weil Michael Schumacher unschuldig ist, bekommt er als Trost für die gemeinen Verdächtigungen etwas noch viel Wertvolleres zurück: seine WM-Punkte aus Brasilien. Nun muß er aber tüchtig fahren: Die 200.000 DM wollen schließlich wieder hereingeholt sein, damit es zum nächsten Sieg wieder Champagner statt Schaumwein gibt. Doch daraus wird zunächst nichts:

Beim Grand Prix im italienischen Imola am 30. April verwandelt Schumacher sein Fahrzeug in der elften Runde bei Tempo 180 in einen Bausatz und scheint damit die Aussage Damon Hills bestätigen zu wollen, derzufolge er „viele Probleme“ hat. Dabei schien Imola zunächst die Wende für den in diesem Jahr nicht gerade vom Glück verwöhnten Schumacher zu bringen. Bereits im Freitagstraining kann er sich mit acht Tausendstel Sekunden vor Gerhard Berger die Pole sichern. Herausforderer Hill muß sich mit einem Start von Platz vier aus zufriedengeben. Nach einem geglückten Start hat Schumacher, durch das Urteil von Paris inzwischen wieder Führender in der Weltmeisterschaftswertung, auch im Rennen die Führung übernommen. Da der Regen, der den Start des Rennens begleitet, bald nachläßt und die Strecke allmählich abtrocknet, entschließt sich Schumacher in der zehnten Runde, auf Slicks zu wechseln. Eine Entscheidung mit Folgen: Durch den Wechsel verliert er die Führung an Gerhard Berger und rutscht bei der anschließenden Aufholjagd von der Strecke – sei es, weil die Strecke doch noch nicht vollständig abgetrocknet ist, sei es, weil er im Zweikampf gegen Berger einfach über dem Limit gefahren ist. Hinter Damon Hill fahren Gerhard Berger und Jean Alesi auf die Plätze zwei und drei und lösen dadurch eine wahre Zuschauerinvasion auf der Strecke aus. Durch seinen Sieg führt mit sechs Punkten Vorsprung in der WM-Wertung nun wieder Erzrivale Damon Hill, der seiner Königin dafür von der obersten Stufe des Siegertreppchens mit einer Fahne zuwinken darf.

Zunächst scheint es weiterhin nicht optimal zu laufen, als Schumacher im Freitagstraining zum Großen Preis von Barcelona am 14. Mai nur den vierten Platz belegen kann. Im Samstagstraining wendet sich das Blatt dann jedoch, Schumacher kann sich die Pole sichern und hat außerdem auf den Plätzen zwei und drei Alesi und Berger hinter sich. Ärgerlich für Damon Hill: Sein Teamkollege Coulthard ist schon wieder einmal schneller als er – so daß für den Briten nur der fünfte Startplatz bleibt. Ganz im Aufwind seines Sieges von Imola hatte Hill verlauten lassen, Schumacher stehe im Augenblick sehr unter Druck, mache viele Fehler und fahre über seine Verhältnisse – all dies zeige seine Unreife. Möglicherweise war hier eher der Wunsch der Vater des Gedankens – denn Schumacher, beim Start perfekt weggekommen, gewann das Rennen souverän. Er machte, anders als sonst, nur zwei Boxenstops und konnte dadurch seine Verfolger, allen voran Damon Hill, jederzeit in sicherem Abstand halten. Doppelt ärgerlich für Hill: durch eine defekte Hydraulikpumpe fällt er in der letzten Runde von Platz zwei noch auf den vierten Rang zurück und gibt dadurch auch die Führung in der Weltmeisterschaftswertung mit einem Punkt Rückstand wieder an Michael Schumacher ab. Zweiter mit fünfzig (!) Sekunden Rückstand wird Johnny Herbert, der Ferrari von Gerhard Berger wird an dritter Position abgewunken.

Ähnlich gut läuft es dann für Michael Schumacher am 28. Mai in Monte Carlo. Obwohl die monegassischen Steuerbehörden im Vorfeld des Rennens an seiner Ortskenntnis zweifeln, weil sie vermuten, daß Schumacher weniger als die behördlich verordneten 183 Tage im Jahr im sonnigen Steuerparadies weilt, zeigt er allen Zweiflern, daß er sich zumindest in der Altstadt von Monte Carlo bestens auskennt und entscheidet diese Auseinandersetzung damit für sich. Schon nach dem Freitagstraining, in dem ihm noch vier Zehntel auf die Bestzeit von Alesi fehlten, hatte er angekündigt, noch sei ja „nicht aller Tage Abend“. Dennoch mußte er sich dann im Abschlußtraining Damon Hill geschlagen geben und startet aus der zweiten Reihe – eingeklemmt zwischen Hill und dem Auto von Coulthard, der aus der dritten Position startet. Diesmal ist es beim Start nicht Hill, der für Aufregung sorgt, sondern Alesi, der innen an David Coulthard vorbei will. Weil aber dort, wo Alesi eine Lücke zu sehen glaubt, nur ein Nadelöhr ist, gibt es eine Karambolage mit insgesamt neun Fahrern und einen anschließenden Neustart des Rennens. Wieder kann Schumacher sich deutlich von Hill und Coulthard absetzen und hat auch diesmal mit einer ein-Stop-Strategie wieder die richtige Wahl getroffen. Williams-Pilot Damon Hill landet auf Platz zwei und fällt in der WM-Gesamtwertung um fünf Punkte hinter Schumacher zurück. Noch ist dies kein dramatischer Rückstand – die Weltmeisterschaft ist immer noch offen – und dennoch scheint sich das Blatt langsam zu Schumachers Gunsten zu wenden.

Der Trend setzt sich am 11. Juni in Montreal/Kanada zunächst fort. Schumacher erkämpft die 100. Pole-Position für Renault und steht damit bei der Startaufstellung vor Damon Hill, David Coulthard, Gerhard Berger und dem etwas glücklosen Jean Alesi, der an seinem Geburtstag nur vom fünften Platz aus starten kann. An dieser Aufstellung soll sich auch so schnell nichts ändern. Der Start verläuft diesmal reibungslos und schon in der zweiten Runde katapultiert sich David Coulthard, der Mann, der Michael Schumacher in diesem Augenblick noch angreifen könnte, auf geradezu spektakuläre Weise von der Piste. Alesi zieht anschließend an Hill vorbei und setzt zur Verfolgung des davonrasenden Schumacher an – der allerdings im Laufe des Rennens seinen Vorsprung immer weiter vergrößern kann und es nach 50 Runden auf die respektable Distanz von über 30 Sekunden gebracht hat. Schumachers Mechaniker lassen wieder einmal die Schlagschrauber kreisen, als sei ihnen der Teufel persönlich auf den Fersen und tragen maßgeblich dazu bei, daß Schumacher nicht nur auf der Strecke, sondern auch in der Boxengasse Zeit gewinnt: Beim einzigen Stopp des Rennens in der 38. Runde darf er seinem Zeitkonto satte drei Sekunden Sicherheitsabstand auf Berger, Alesi oder Hill gutschreiben, deren Mechaniker an der Zapfsäule deutlich langsamer agieren. So sieht lange Zeit alles nach einem sicheren Sieg Schumachers aus, doch das Schicksal hatte sich für diesen Tag etwas Besonderes ausgedacht: Zunächst scheidet Damon Hill in der 52. Runde mit einem Getriebeschaden aus und gibt damit scheinbar all denen recht, die ihn in dieser Saison schon auf dem absteigenden Ast sehen wollen. Doch Michael Schumacher trifft es kaum besser: Mit Beginn der 58. Runde bekommt der bis dahin eindrucksvoll das Rennen dominierende Schumacher, der im letzten Jahr auf dieser Strecke einen Sieg einfahren konnte, technische Probleme. Die Angaben zur Fehlerursache variieren etwas und reichen von einem Kupplungsschaden bis hin zu einem Schaden am hydraulischen Gaszug. Fest steht lediglich, daß Jean Alesi dadurch an Schumacher vorbeiziehen kann und sich selbst diesen Grand Prix-Sieg zum Geburtstag schenkt. Immerhin schafft Schumacher es noch, als fünfter ins Ziel zu kommen und baut dadurch seinen Vorsprung in der WM-Wertung gegenüber Hill um zwei Punkte auf eine Differenz von sieben Zählern aus.

Am 2. Juli gastiert der Formel 1-Zirkus dann im französischen Magny Cours. Schumacher kann sich im Training Startplatz Nummer zwei sichern und wird als Führender in der Fahrerwertung vom Gejagten zum Jäger. 21 Runden lang kurvt er hinter Damon Hill her, der dann an die Box geht und dort wesentlich langsamer bedient wird, als ihm lieb sein kann. Michael Schumacher nutzt die Gunst der Sekunden, zieht an Hill vorbei und ist anschließend trotz seiner eigenen Boxenstops auch nicht mehr einzuholen. Er rettet dadurch einen satten Vorsprung von über dreißig Sekunden ins Ziel und darf sich über einen weiteren Grand Prix-Sieg freuen, durch den er seinen Punktevorsprung auf elf Zähler vergrößert. Über seinen Kontrahenten sagt er nach dem Rennen, daß der sich ins Knie geschossen habe und übt gleichzeitig Kritik an dessen unkontrollierten Bremsmanövern.

Zum Heim-Grand Prix des Herausforderers am 16. Juli im englischen Silverstone intoniert Damon Hill dann im Vorfeld zur Laute die Leitidee der Veranstaltung: „Wild thing". Daß es sich hierbei nicht nur um verbal-musikalische Kraftmeiereien handelt, beweist Hill im Rennen, in dem er, kaum hat er das Steuer seines Wagens in der Hand, den Worten Taten folgen läßt. Nach harten Positionskämpfen beweist er fünfzehn Runden vor Schluß die Wahrhaftigkeit und Gültigkeit fundamentaler abendländischer Aphorismen vom Schlage eines: „Grau, teurer Freund, ist alle Theorie..." oder, hier noch treffender im wahrsten Sinne des Wortes: „An ihren Taten werdet ihr sie erkennen..." und schiebt Michael Schumacher von der Strecke. Das an völlig unmöglicher Stelle angelegte Überholmanöver Hills mag als Dokumentation kompromißlosen Kampfgeistes schon fragwürdig erscheinen – unter fahrtechnischen und fahrtaktischen Aspekten drängt sich eher der Vergleich mit einem Jüngling vor dem ersten Beischlaf auf; hier wie dort führt allzu ungestümes Vorgehen in den meisten Fällen ins Seitenaus. So hatte dann weder der eine, noch der andere etwas von diesem Praecox an der engsten Stelle – getrennt machte man sich zu Fuß auf den Weg ins (Motor-)home.

Der Heim-Grand Prix des Weltmeisters am 30. Juli auf dem Hockenheimring wird deshalb nicht nur mit besonderer Spannung erwartet, weil die über 100.000 angereisten Fans die Revanche für Silverstone sehen wollten, sondern auch, weil mit Michael Schumacher die Chance besteht, daß erstmals ein Deutscher dieses Rennen gewinnt. Zunächst hat der Rivale wieder die Nase vorn und startet als erster, kommt bestens weg und fährt dem Wunschsieger eine volle Runde lang vor der Nase herum. Der wiederum könnte bereits strategisch-taktische Überlegungen angestellt haben, wie diesem unschönen Treiben möglichst bald ein fahrtechnisch sauberes Ende bereitet werden kann. Derartige Gedanken, sollten sie Michael Schumacher zu diesem Zeitpunkt denn bewegt haben, erweisen sich jedoch schon bald darauf als überflüssig, da es einmal mehr Hill selbst ist, der das Gesetz des Handelns an sich zieht und in der zweiten Runde seiner aussichtsreichen Siegposition in Do-it-yourself-Manier ein jähes Ende setzt: In der Nordkurve verliert er die Kontrollle über sein Fahrzeug und verabschiedet sich von der Strecke. Über eine derartige „Wiedergutmachung“ des Silverstone-Debakels geraten die Fans in ekstatische Verzückung und feiern nach Kräften den Mann, der den ersten deutschen Grand Prix-Sieg auf dieser Strecke einfahren kann und seinen WM-Vorsprung damit auf 21 Punkte ausbaut. Hier zeigt sich dann auch, daß ein solcher Sieg selbst einen Michael Schumacher nicht kaltläßt: Auf der Ehrenrunde will der Überglückliche kurz anhalten, um in der Kurve den Fans zuzuwinken, würgt dabei den Motor seines Boliden ab und muß per Abschleppwagen an den tobenden Fans vorbeigezogen werden.

Inzwischen war am 16. August offiziell geworden, was die Gerüchteküche seit einigen Wochen vermutet hatte: Schumacher wechselt in der nächsten Saison zu Ferrari, bekommt dort zunächst einen Zweijahresvertrag und ist mit ca. 35 Mio. DM Jahresgage derzeit bestbezahlter Formel 1- Pilot aller Zeiten.

Diese für Außenstehende vielleicht ungewöhnliche Etaterhöhung war nicht zuletzt deshalb notwendig geworden, weil Gattin Corinna, die er kurz vorher, am 5. August geehelicht hat, der überraschten Presse gestanden hatte, sie wünsche sich vier bis fünf Kinder. Da wir jetzt wissen, wofür Schumi die viele Kohle braucht und wir keine erbsenzählenden Krümelkacker sind, sehen wir großzügig über das Sümmchen hinweg und wollen hoffen, daß bei den heutigen Preisen für Babywindeln mit Ultra-Turbo-Day-and-Night-langzeitwirksamem-Komplettschutz, noch ein bißchen von dem Zaster für eine hübsche weiße Yacht übrigbleibt, damit unser Schumi bei seinem nächsten Besuch in Monaco nicht in einem altersschwachen Tretboot am königlichen Strand herumdümpeln muß.

Knapp zwei Wochen später, am 13. August in Ungarn, werden wir dann auf dem Hungaroring Zeugen eines ungewöhnlichen Zwischenfalles: Vier Runden vor Schluß stellt Schumacher, der bis dahin etwas glücklos dem führenden Damon Hill nachstellt, seinen Benetton-Renault mit Motorschaden an die Leitplanke. Während Hill schon vorher im Dunst der Gerüchteküche orakelt hatte, Schumacher werde seinen Wechsel zu Ferrari sehr bereuen, steigt nun auch die Regenbogenpresse ein und vermutet eine Motoren-Manipulation von Renault. Schumacher selbst ist es, der alle Vermutungen in diese Richtung stoppt und der Firma Renault, die natürlich einen WM-Titel von Damon Hill weitaus besser vermarkten kann, als einen Titel von Michael

Schumacher, der mit diesem Titel anschließend zu Ferrari geht, sein volles Vertrauen ausspricht. Hill fährt nach eigenen Angaben „das beste Rennen, das ich je gefahren habe“. Auch sonst hat Schumacher kein sehr glückliches Wochenende erwischt: Das Tankventil klemmt beim Boxenstop, wodurch er weitaus weniger Sprit mit auf die Strecke nimmt als nötig wäre – gerade so viel, wie in einen größeren Reservekanister paßt. Das reicht natürlich nicht und so muß der Weltmeister nach kurzer Zeit erneut an die Zapfsäule. Dadurch gerät seine Planung hinsichtlich des Reifenverschleißes im wahrsten Sinne des Wortes ins Schleudern – der Weltmeister muß nun zwei seiner Reifensätze weitaus länger benutzen als geplant, kommt dadurch aus dem Takt und findet den Rhythmus auch während der folgenden Runden nicht wieder. Die Fans in aller Welt warten nun gespannt auf den „Heim-Grand Prix“ Schumachers im belgischen Spa und hoffen sehr, daß in diesem Jahr nicht wieder die Bodenplatte einen Millimeter zu dünn ausfällt, unzulässiger Treibstoff getankt wurde oder vielleicht diesmal einer der Außenspiegel zu hoch oder zu niedrig montiert ist.

Am 27. August läuft dann im belgischen Spa zunächst nichts so, wie es soll: Im Training hat Schumacher einem Unfall, den er glücklicherweise unverletzt übersteht. Das Ersatzauto läuft allerdings miserabel und beschert ihm daher im Abschlußtraining lediglich einen Start aus der 16. und damit schlechtesten Position seiner gesamten Karriere. Was danach allerdings im Rennen am Sonntag passiert, hat weltmeisterschaftliches Niveau und zeigt einen Michael Schumacher, der in der Tat immer dann zu Höchstform aufzulaufen scheint, wenn ihn besonders widrige äußere Umstände piesacken. Sein Rivale und Verfolger Damon Hill hatte es kaum besser erwischt: Nach einem Abflug ins Kiesbett im Samstagstraining startete er am Sonntag aus der achten Position – für ihn immerhin die schlechteste Start-Positionierung der gesamten Saison. Das ändert sich jedoch nach dem Start sehr schnell. Der sympathische Schotte David Coulthard erwischt den besten Start und führt das Rennen bis zur 14. Runde an. Andere Piloten haben da deutlich weniger Glück: Schon in der zweiten Runde befördert Mika Häkkinen seinen Wagen per Dreher ins Seitenaus, Alesi folgt ihm in der fünften Runde mit einem Aufhängungsschaden. David Coulthard ruiniert sein Getriebe in Runde 14 und übergibt damit auch ohne Stallorder die Führung seinem Teamkollegen Damon Hill, und Gerhard Berger muß in der 23. Runde die Fahrzeugelektronik abschreiben und den weiteren Verlauf des Rennens von der Box aus beobachten. In der Zwischenzeit vollbringt Schumacher beinahe Unglaubliches: Vor den Augen der Fernsehkameras rollt er das Feld von hinten auf und Millionen von Zuschauern verfolgen fasziniert, wie er einen Konkurrenten nach dem anderen regelrecht vorführt: Schon nach der ersten Runde notiert die Zeitnahme ihn auf dem 13. Rang, nach Ablauf einer weiteren Runde auf Platz zehn, von wo aus er sich ohne Verzögerung in Richtung des fünften Ranges aufmacht, den er nur zwei (!) Runden später erreicht hat. Sein weiterer Weg führt ihn an Eddie Irvine vorbei, der vor ihm auf Position vier liegt und nach diesem Duell und dem anschließenden Verlust seines vierten Platzes wenigstens für sich in Anspruch nehmen darf, sich mit glänzenden Fahrmanövern fünf Runden lang gewehrt zu haben. Der inzwischen führende Damon Hill weiß, daß auch Michael Schumacher irgendwann tanken muß und macht sich in der 16. Runde sorglos auf den Weg in seine Box, gefolgt von Gerhard Berger, dessen roter Sportwagen ebenfalls Durst hat und neu besohlt wird. In der 18. Runde ist es dann Michael Schumacher, der kurz bei seinen bösen Boxenbuben nach dem Rechten schaut, dort Qualität (oder was auch immer) tankt und die Aufholjagd fortsetzt. Mit einem bequemen Vorsprung von mehr als 14 Sekunden fährt Damon Hill in dieser 18. Runde vor Michael Schumacher her, als das Unerwartete passiert: Es beginnt zu regnen. Hill reagiert umgehend, erscheint in der Boxengasse und läßt Regenreifen montieren – wohl in der Hoffnung, der Regen möge stärker werden und seinen Konkurrenten zu einer ähnlichen Maßnahme animieren. Seines komfortablen Vorsprungs nunmehr beraubt, muß Hill hinter Michael Schumacher herfahren. In den folgenden Runden bahnt sich ein nervenaufreibendes Duell an: Schumacher, der zu diesem Zeitpunkt noch auf Slicks (Reifen für trockene Strecke) unterwegs ist, kann seinen wild schlingernden Wagen kaum noch kontrollieren – dennoch fährt er rundenlang auf der Kampflinie und kann dadurch jeden Überholversuch des deutlich schnelleren Hill verhindern, dessen Wagennase mittlerweile in striking distance gekommen ist: Wenige Meter vom Getriebe des Benetton-Renault entfernt, lauert Damon Hill auf seine Chance. Weil Hill mit den Regenreifen deutlich schneller ist als Schumacher, scheint es nur noch eine Frage der Zeit zu sein, bis ein solches Manöver gelingt: Auch ein Weltmeister kann einen deutlich schnelleren Fahrer nicht ein ganzes Rennen lang auf Distanz halten. Als es Hill schließlich gelingt, Schumachers schwer kontrollierbaren Wagen zu überholen, kommt es zu einer überraschenden und rennentscheidenden Wende: Der Regen hört plötzlich wieder auf, die Strecke beginnt abzutrocknen und Schumachers Rundenzeiten werden deutlich schneller. Damon Hill muß feststellen, daß seine Regenreifen sich durch die Fahrt auf den inzwischen abgetrockneten Stellen der Piste langsam in ihre Einzelteile aufzulösen beginnen und so läuft der inzwischen wohl Ratlose abermals überstürzt zum Boxenstop ein und läßt seine verduzten Mechaniker erneut die Slicks montieren. Eine folgenschwere Fehlentscheidung des glücklosen Jägers: Als er auf die Strecke zurückkehrt, hat der Gejagte bereits einen Vorsprung von 30 Sekunden und ist immer noch auf Slicks unterwegs. Was nun passiert, erschien nicht zuletzt den Beteiligten selbst derartig unglaubwürdig, daß es eigentlich nur in schlechten Filmen vorkommt – oder eben im richtigen Leben: Nach nur einer Runde setzt der Regen erneut ein, diesmal als heftiges Gewitter. Die Strecke steht komplett unter Wasser und die Rennleitung entschließt sich aus unerfindlichen Gründen, das Pace-Car auf die Strecke zu schicken, um das Rennen zu neutralisieren und das Feld zusammenzuführen. Diese Maßnahme dient nach offizieller Aussage natürlich nicht dazu, das Rennen wieder spannend zu machen und den um 30 Sekunden abgeschlagenen Hill wieder an Schumacher heranzuführen, sondern folgt einzig und allein sicherheitsrelevanten Überlegungen. Sowohl Schumacher als auch Hill entscheiden sich zum Reifenwechsel und sind in der 31. Runde auf Regenreifen unterwegs, als das Feld wieder freigegeben wird. Als hätte das Schicksal Damon Hill bisher noch nicht genug bestraft, verkünden die gerade scheinbar noch Hill-freundlichen Kommissare wegen Überschreitung der Höchstgeschwindigkeit in der Boxengasse eine 10 Sekunden-Zeitstrafe für den ohnehin schon genug Gestraften. Das Urteil bedeutet für Hill das an diesem Tag fünfte (!) Rendezvous in der Boxengasse und sichert Michael Schumacher einen überlegenen Sieg. Sein ungewöhnlicher Fahrstil auf der Ideallinie sollte jedoch noch ein Nachspiel haben: Obwohl es dem führenden Fahrer erlaubt ist, seine Linie selbst festzulegen, existieren in diesem Bereich gewisse unausgesprochene Gesetze des guten Geschmacks – über den sich bekanntlich nicht streiten läßt. Als Damon Hill Michael Schumacher Vorhaltungen wegen seines Fahrstils macht und dieser mit dem Hinweis antwortet, im Kart-Sport seien Berührungen der Reifen in den Kurven durchaus normal, macht der Brite ihn gereizt darauf aufmerksam, daß Formel 1-Autos keine Karts sind. Schumacher empfiehlt dem wütenden Hill daraufhin, er möge doch ruhig öfter einmal im Kart üben. Das geht sowohl Hill als auch Williams dann doch zu weit: Das Team legt Protest ein, möglicherweise weniger wegen Schumachers unkonventionellem Fahrstil als vielmehr wegen seiner offenkundig fehlenden Neigung zur Diplomatie. Schumacher wird daraufhin zu drei Rennen Sperre auf Bewährung verurteilt, legt Protest gegen dieses

Urteil ein und besinnt sich dann später eines besseren: Der Ire Eddie Irvine hatte 1994 gegen eine Sperre von einem Rennen ohne Bewährung protestiert und wurde daraufhin mit einer Sperre für drei Rennen (ebenfalls ohne Bewährung) belegt.

Am 10. September kommt es zu einem Wiedersehen der beiden in Monza. Das Training läuft gut und sichert Michael Schumacher einen Start von der zweiten Position aus, direkt hinter dem Schotten David Coulthard, der die Sache nach Überwindung seiner gesundheitlichen Probleme mit den Mandeln deutlich selbstbewußter angeht und dafür aus der Pole-Position starten kann. Direkt hinter Michael Schumacher startet an diesem 10. September ein enttäuschter Damon Hill von Position vier aus ins Rennen. Fast wäre es mit dem Pole-Start von Coulthard noch schiefgegangen, denn in der vorletzten Kurve der Aufwärmrunde verläßt er die Ideallinie, landet im Kiesbett und kann sich gerade noch in die Box retten. Hier will er den Schaden umgehend beseitigen lassen – doch daraus wird vorerst nichts: Seine Mechaniker können ihm nach einem kurzen Blick auf das Fahrzeug zwar bestätigen, daß sein Wagen noch fährt, machen ihm aber gleichzeitig klar, daß ein Start in diesem Rennen nicht mehr infrage kommt. So scheint dieses Rennen für den Schotten verloren, bevor es begonnen hat – und dann kommt doch alles anders. Nach einem geglückten Start, angeführt von Schumacher, Berger und Hill kommt es am Ende des Feldes zu einem Unfall. Sechs der Boliden liegen weit verstreut auf und neben der Strecke. Das Rennen wird sofort abgebrochen. Just in diesem Moment, als die Kommissare diese Entscheidung bekanntgeben, schlägt die große Stunde für Coulthard. Sofort beginnt man in seiner Box, das Ersatzauto startklar zu machen, das eigentlich für Damon Hill vorgesehen ist. Das Team von Coulthard gibt alles und wird rechtzeitig zum zweiten Start fertig – und weil das Ergebnis des Rennens bei einem Abbruch innerhalb der ersten Runde annuliert wird, startet Coulthard beim zweiten Start zum ersten Mal in Monza aus der Pole-Position. Er übernimmt sofort die Führung und kann sich bis zur 13. Runde gegen den hinter ihn anstürmenden Berger zur Wehr setzen, als ihn ein defektes Radlager zur Aufgabe zwingt. Unter dem Jubel der italienischen Fans übernimmt Gerhard Berger, den Damon Hill während seines Zweikampfes mit Michael Schumacher in der Startphase glatt übersieht und auf Platz zwei durchschlüpfen läßt, mit seinem Ferrari die Führung. Auf den Plätzen zwei und drei geht es wenige Runden später nicht minder spannend zu: Beim Versuch, Taki Inoue zu überrunden, verliert der hinter Schumacher liegende Hill die Übersicht, zackt erst nach links und anschließend nach rechts, verpaßt in dem Augenblick, als er den Japaner endlich passieren kann, seinen Bremspunkt und schiebt Schumachers Benetton von der Piste. Weil derartige Zweikämpfe auch abseits der Piste weitergehen, läßt Hill sich nicht abschütteln und rutscht selbst gleich hinterher – und wird für diesen kompromißlosen Einsatz nach dem Rennen von Schumacher mit den üblichen „deutlichen Worten", von den Kommissaren mit einem Rennen Sperre auf Bewährung bestraft. Hill behauptet nach wie vor, Schumacher habe den Fuß in der Kurve absichtlich vom Gas genommen und möglicherweise zu früh gebremst. Die anschließend angeordnete hochoffizielle Untersuchung bringt dann die üblichen Ergebnisse einer solchen Untersuchung: das nämlich beide Versionen möglich seien, mithin auch nicht zu klären, wer den Unfall ursächlich herbeigeführt habe. Williams hatte ohnehin sofort nach Verhängung der Strafe Akzeptanz signalisert und den meisten Zuschauern war es eh egal, was die Kommissare und Träger der gespitzen Stifte ausgerechnet hatten. Nein, uns Zuschauer interessiert das ganze Spektakel nur deshalb, weil es den angenehmen Nebeneffekt hat, daß wir endlich einmal wieder die Gesichter auf dem Treppchen sehen, die wir dort insgeheim schon lange einmal sehen wollten: Johnny Herbert ganz oben, rechts daneben einen spitzbübisch lächelnden Mika Häkkinen und endlich auch, weil wir es ihm schon so lange gewünscht haben und weil er es als ein großartiger Fahrer ganz einfach verdient hat, einen strahlenden Heinz-Harald Frentzen.

Das nächste Datum im Grand Prix-Kalender ist der 24. September, auf dem Programm steht die Strecke im portugiesischen Estoril. Williams präsentiert ein modifiziertes Auto, das nach Angaben Damon Hills ein berechenbareres Fahrverhalten aufweisen soll – eine Aussage, die der Williams-Pilot durch den zweiten Startplatz eindrucksvoll bestätigen kann, wäre da, ja wäre da nicht sein Stallgefährte David Coulthard, der alles noch ein bißchen besser kann und deshalb ganz vorne stehen darf. Michael Schumacher hat Probleme mit der Abstimmung seines Wagens, landet aber noch vor Gerhard Berger auf dem dritten Startplatz, direkt gefolgt, und das ist die eigentliche kleine Sensation dieses Trainings, von Heinz-Harald Frentzen, der dadurch den eindrucksvollen Beweis antritt, daß sich die Welt scheinbar doch verändert, wenn man einmal auf einem 35 cm hohen Holzkasten gestanden und gewunken hat. Direkt nach dem Start attackiert Schumacher in gewohnter Manier Damon Hill, kann aber das Duell in der ersten Kurve noch nicht für sich entscheiden. Das Schicksal hielt auch diesmal eine wild-card für ihn bereit: Beim Start kommt es im hinteren Teil des Feldes zu einem Unfall, der zunächst dramatischer aussieht als er tatsächlich ist: Beim Start rammt Ukyo Katayama den Minardi von Luca Badoer. Der Tyrrell von Katayama steigt seitlich auf und für einen Wimpernschlag fühlen sich viele Zuschauer an Schumachers Unfall von 1994 in Adelaide erinnert. Leider fällt der Tyrrell aber nicht auf die Strecke zurück, sondern überschlägt sich mehrfach, schleudert wild auf der Geraden hin und her und bleibt schließlich vollkommen demoliert überkopf auf der Strecke liegen. Das Rennen wird abgebrochen, begleitet von bangen Sekunden des Wartens. Als Katayama nach mehreren Minuten immer noch nicht aus dem Wrack geborgen ist, macht sich Angst breit: Zu tief sitzt noch der Schock vom schwarzen Wochenende in Imola – die Bilder eines Ayrton Senna oder Roland Ratzenberger, die mit schweren Schädelverletzungen oder gebrochenem Genick aus ihrem Fahrzeug geborgen werden, sind in der Erinnerung jedes Rennsportbegeisterten allgegenwärtig. Beim zweiten Start schafft es Michael Schumacher dann gleich in der ersten Kurve, sich vor Damon Hill zu setzen und hat dadurch nur noch David Coulthard vor sich, der auch diesmal die Führung vom Start weg behauptet hat. Zum ersten Boxenstop verlassen Hill und Schumacher die Strecke gemeinsam – ohne allerdings dort auch wieder gemeinsam aufzutauchen. Wie schon im letzten Jahr ist es die drei-Stop-Taktik von Schumachers Box, die sich als die überlegene erweisen soll. Dadurch ist er nicht nur zehn Sekunden früher wieder auf der Strecke als Konkurrent Hill, der deutlich länger tankt und sich dann selber aufhält, weil er den Gang an seinem Fahrzeug nicht einlegen kann, sondern übernimmt auch kurzzeitig die Führung in diesem Grand Prix. Doch zunächst scheint sich das Blatt wieder zugunsten Hills zu wenden: Als Michael Schumacher kurz vor Erreichen der halben Renndistanz zum zweiten Mal in die Boxengasse rollt, übernimmt Damon Hill erneut die Führung des Rennens. Eine Position, die nicht immer unkritisch ist – gerade in der zweiten Hälfte des Rennens gilt es, jede Menge langsamere Fahrer zu überrunden. Wer dabei Pech hat, übersehen wird oder nicht jene Schumacher'sche „psychologische Überwindung besitzt, die er jemandem aufdrückt" (Niki Lauda), geht ein bisweilen hohes Risiko ein und verliert im günstigsten Fall sehr viel Zeit. Letzteres passiert Damon Hill nun, der beim Überholen eher zögerlich zu Werke geht. Zwar liegt er nach seinem zweiten Stop immer noch auf Rang zwei hinter seinem Teamkollegen Coulthard, der wie Michael Schumacher zu diesem Zeitpunkt bereits seinen dritten Stop absolviert hat und sich die Gelegenheit, Damon Hill zu überholen, nicht entgehen läßt. Die Frage einer möglichen Stallorder bei Williams mag in diesem Augenblick manchen bewegt haben – rennentscheidend wurde sie zum Glück nicht. Schumacher löste das Problem des vor ihm fahrenden Hill auf seine Art und Weise: Mehrere Runde verfolgt er den mit fünf Sekunden vor ihm liegenden Hill, um eine Schwäche herauszufinden. Gibt es irgendeine Kurve, die sein Konkurrent aufgrund der stärker beanspruchten und dadurch nicht mehr so griffigen Reifen langsamer passieren muß? Gibt es eine bestimmte Stelle der Strecke, an der sein Auto nicht optimal liegt? Spätestens zu Beginn der 62. Runde, wahrscheinlich aber schon früher muß Schumacher dann eine Entscheidung getroffen haben. In jener Runde nämlich „stellt" Schumacher, wie sein Freund Henry Maske möglicherweise sagen würde, sich seinen Gegner Hill so zurecht, daß er an der Innenseite einer Schikane vorbeiziehen kann. Sieger des Rennens ist damit der mit sieben Sekunden Vorsprung uneinholbare David Coulthard, der endlich seinen lang ersehnten ersten Grand Prix-Sieg feiert, Michael Schumacher wird zweiter, Damon Hill dritter und Heinz-Harald Frentzen bestätigt mit einem sechsten Platz eindrucksvoll die Vermutung, daß ein kleiner Schritt aufs Treppchen zu großen Schritten draußen auf der Strecke führen kann. Damon Hill wirkt nach dem Rennen müde und niedergeschlagen und vermutet in Richtung der anrückenden Reporterschar, nun könne ihm wohl nur noch ein Wunder helfen – eine Aussage, die angesichts eines Unterschiedes von nunmehr 22 WM-Punkten auf Michael Schumacher sowohl mathematisch als auch psychologisch als zutreffend bezeichnet werden kann. Seinen britischen Humor verliert der Herausforderer dennoch nicht ganz: Am 27. September kommt es auf der A 4 zu einer ganz privaten Begegnung des derzeit besten Formel 1-Piloten mit einem LKW-Fahrer, die sich ungeplant und spontan ergibt: Beim Herumspielen an den Knöpfen seines Autoradios rammt Schumacher das Heck eines vorausfahrenden LKW, was erhebliche aerodynamische Veränderungen an seiner Fahrzeugvorderfront zur Folge hat. Die Boxencrew in weiter Ferne, fällt Schumacher aus und kann erst einige Zeit später im Ersatzauto die Fahrt fortsetzen. Weltmeisterschaftspunkte gibt es dafür natürlich nicht und so bleibt als Trost wohl nur der oben erwähnte, sehr britische Humor Damon Hills, der laut darüber nachdenkt, ob der LKW-Fahrer möglicherweise zu früh gebremst haben könnte.

Viel ist also nicht mehr offen, als sich die Formel 1-Elite am 1. Oktober zum Grand Prix Europa auf dem Nürburgring in der Eifel trifft. Bei einem Punktevorsprung von 22 Zählern müßte Hill drei der noch ausstehenden vier Rennen gewinnen... Die Möglichkeiten statistischer Modelle sind bei vier noch offenen Rennen vielfältig, wenn auch nicht unendlich – schon ein Ausfall Schumachers in einem der vier Rennen würde ausreichen, die Karten noch einmal neu zu mischen, und in diesem Fall wird ein weiterer Sieg des Weltmeisters zur zwingenden Notwendigkeit. Es fehlte also nicht an Spannung, als Michael Schumacher auf dem traditionsreichen Eifelkurs zu seinem zweiten Heimspiel antritt. Im Training sind die Williams deutlich überlegen und so findet Michael Schumacher sich am Sonntag zwischen den Autos von Damon Hill und Gerhard Berger wieder, gefolgt vom ehemaligen Mercedes-Kollegen Heinz-Harald Frentzen. Die Pole war auch an diesem Wochenende an jenen Mann gegangen, der nach dem Abklingen seiner gesundheitlichen Beschwerden zu Saisonbeginn eine der kontinuierlichsten Leistungssteigerungen gezeigt hat und dafür trotz unbeständiger Wetterbedingungen mit einem weiteren Platz auf dem Treppchen belohnt werden sollte: an David Coulthard. Der rutscht allerdings schon in der Aufwärmrunde in die Wiese und startet erneut mit dem Ersatzauto. Womit zu diesem Zeitpunkt noch niemand rechnet, ist die Tatsache, daß Coulthard in diesem Auto rund eine Sekunde langsamer sein wird als mit seinem ursprünglich im Training gemessenen Fahrzeug. Und genau dieser Umstand soll sich später als WM-entscheidend erweisen. Diesmal klappt der Start reibungslos und schon nach kurzer Zeit setzt sich der auf Slicks gestartete Alesi mit seinem Ferrari bei leichtem Regen deutlich vom Rest der Spitzengruppe ab, die aus Coulthard, Schumacher und Hill besteht, die ihrerseits einen deutlichen Abstand zum Rest des Feldes gewinnen können. Die Vorentscheidung fällt im ersten Drittel des Rennens, und wie häufig zuvor ist es Michael Schumacher, der von der anstehenden Überrundung des finnischen McLaren-Piloten Mika Häkkinen profitiert: Während der auf Platz zwei liegende Coulthard noch zögert, schießt Schumacher in einer präzisen Attacke innen an Coulthard vorbei und hat jetzt nur noch Alesi vor sich – den allerdings im schier uneinholbar erscheinenden Abstand von zweistelligen Sekundendifferenzen. Im Rücken Schumachers spielt sich dann jenes Drama ab, das Hill immer deutlicher in den Rang einer tragischen Figur in der Formel 1 erhebt: Obwohl Hill teilweise deutlich schneller als Schumacher unterwegs ist, verliert er in mancher Runde bis zu drei (!) Sekunden auf den Zweitplazierten, weil sein deutlich langsamerer Teamkollege Coulthard sich weigert, den Herausforderer nach vorne vorbeizulassen. Hill hatte sich spaßeshalber vor dem Rennen bei seinem Kollegen erkundigt, ob der ihn denn vorbeilassen würde, auch wenn Hill langsamer sei. Dies hatte der Schotte eindeutig verneint. Dieser Fall hier liegt jedoch anders – Hill ist eindeutig schneller als

Coulthard, der ihn ungeachtet der noch offenen Weltmeisterschaft weiterhin blockiert. Als Hill ihn endlich passieren kann, wird Coulthard bald darauf auch an Gerhard Berger vorbei nach hinten durchgereicht. Damit ist das Rennen allerdings noch nicht entschieden. Als Schumacher zur Halbzeit des Rennens auf Platz zwei liegend, zu seinem zweiten Boxenstop ansetzt, nutzt Damon Hill die Gunst der Stunde und schließt zu dem immer noch führenden Alesi auf. Kurz darauf, Schumacher ist an dritter Position wieder im Rennen, und arbeitet sich an Hill heran, ist es dann Alesi, der in diesem Rennen eine Vorentscheidung der Weltmeisterschaft herbeiführt: Bei einer Attacke Damon Hills auf den Führenden drängt Alesi Hill unnachsichtig in eines der seitlich der Rennstrecke angelegten Minimalbiotope (Wiese) ab. Hill verliert Teile seines Frontflügels und muß ähnlich wie im belgischen Spa einmal mehr als geplant in die Box. Trauriger Höhepunkt dieses Wochenendes soll dann für den Herausforderer sein aufholbedingter Abflug in die Wiese wenige Runden vor Schluß des Grand Prix von Europa sein, der nun auch den letzten Rest an Hoffnung auf den Titel auf einen trotzig-resignierten Zweckoptimismus reduzieren muß. Was jetzt noch bleibt, ist das schon nicht mehr für möglich gehaltene Duell Michael Schumacher gegen Jean Alesi – der zukünftige Ferrari-Pilot gegen den zukünftigen Benetton-Lenker. Und erneut ist es Mika Häkkinen, der das Zünglein an der Waage sein soll: Lange Zeit hält er Alesi bei der Überrundung auf – lange genug für Michael Schumacher, um in striking distance zu dem französischen Ferrari-Piloten aufzuschließen. Nun trifft Michael Schumacher angesichts all seiner Fans an der Rennstrecke eine letzte Entscheidung in diesem Rennen, die niemand besser beschreiben kann als er selbst:

> *„Ich wußte nicht genau, ob ich auf Nummer sicher gehe, auf die WM fahren und Zweiter bleiben, oder ob ich angreifen sollte, und versuchen, auf jeden Fall zu gewinnen [...] Aber dann habe ich an die vielen Fans hier gedacht, die mich das ganze Wochenende so phantastisch unterstützt haben – und wollte ihnen auf jeden Fall diesen Sieg schenken. Deshalb habe ich es probiert – und es ist gutgegangen.“* [5]

Der resignierte Damon Hill stellt fest, daß die Weltmeisterschaft für ihn wohl jetzt gelaufen ist, und gratuliert dem strahlenden Michael Schumacher, der vor den Augen der begeisterten Fans auf dem Siegertreppchen einen Luftsprung vollführt – Schumacher hat jetzt die Chance, beim nächsten Rennen im japanischen Aida die Weltmeisterschaft vorzeitig für sich zu entscheiden.

Und genau das tut er dann auch – am 22. Oktober beim Pazifik-Grand Prix von Aida. Hier geht es nur noch theoretisch um den Titel in der Fahrerweltmeisterschaft – schon jetzt rückt der erstmalig mögliche Titel der Konstrukteursweltmeisterschaft für Benetton in den Mittelpunkt der Aufmerksamkeit.

Mit dem Gewinn auch dieses Titels würde Michael Schumacher zu den großen Persönlichkeiten aus der Geschichte des Rennsportes aufschließen – hier sei nur an Niki Lauda, Nigel Mansell oder Alain Prost erinnert. Ob es ihm gelingen wird, eine Lichtgestalt des Rennsports zu werden, wie Ayrton Senna eine gewesen ist, werden dann wohl erst seine nächsten Jahre bei Ferrari und seine weitere Entwicklung zeigen. Es gab mithin noch einiges zu gewinnen, als Michael Schumacher sich auf den Weg ins japanische Suzuka macht, wo am 29.10. der Große Preis von Japan stattfindet. Das Regenrisiko beträgt hier 50%; 1988, 1993 und 1994 sind die Fahrer hier im Regen unterwegs gewesen. Auch ansonsten wird schon im Vorfeld jede Menge Statistik betrieben: Mit der erfolgreichen Titelverteidigung ist Schumacher der jüngste Doppelweltmeister in Folge der Formel 1-Geschichte, insgesamt ist er erst der sechste Fahrer, dem überhaupt eine Titelverteidigung gelingt – in einer Reihe mit großen Namen wie Niki Lauda (insgesamt drei Titel), Alain Prost (vier Titel) und Ayrton Senna (drei Titel). Und noch einen Rekord kann er hier schlagen: 1992 gelingt es Nigel Mansell, einen Rekord von neun Siegen aufzustellen, die ihm zusammen mit anderen Plazierungen einen Kontostand von 108 Punkten einbringen. Michael Schumacher startet hier mit acht Siegen und einem Punktestand von 92 Zählern, bei zwei noch ausstehenden Rennen. Theoretisch könnte er also sowohl den Siegrekord als auch den Punkterekord Mansells noch überbieten – wobei fairerweise für das Siegkonto darauf hinzuweisen ist, daß Mansell in der '92er Saison insgesamt weniger Rennen gefahren hat. Das Training läuft hervorragend und endet mit der zehnten Pole-Position der Saison für Michael Schumacher. Platz zwei und drei gehen an Jean Alesi und den Finnen Mika Häkkinen, Damon Hill startet aus der vierten Position, Platz fünf und sechs werden von Eddie Irvine und David Coulthard eingenommen. Als das Rennen am Sonntag vor 160.000 Zuschauern gestartet wird, hat es gerade einmal wieder aufgehört zu regnen. Da die Strecke noch naß ist, starten alle Fahrer zunächst auf Regenreifen. Der Start verläuft problemlos und prompt – wenn nicht ausgerechnet Alesi und Berger wenige Sekunden vor dem Start hätten beweisen wollen, was wirklich an Leistungspotential und Beschleunigungsvermögen in ihren roten Rennern steckt. Dieses allzu ungestüme Vorwärtspreschen bleibt den technischen Kommissaren naturgemäß nicht verborgen – und so führt dieses Werbeversprechen der beiden Ferrari-Piloten an ihren Nachfolger Schumacher bei Ferrari-Kritikern zu einem wohlwollenden Nicken, bei den grauen Kommissaren jedoch zur Verhängung einer 10-Sekunden Zeitstrafe. Alesi hat sich recht früh zum Wechsel auf Slicks entschlossen und ist dadurch pro Runde bis zu sechs Sekunden schneller als Schumacher – dadurch notiert ihn die Zeitnahme schon in der neunten Runde wieder auf Platz 10. Als Michael Schumacher in der nächsten Runde seinen ersten Boxenstop absolviert und ebenfalls die griffigeren Slicks montieren läßt, hat sich Alesi schon auf den sechsten Platz vorgekämpft. Schumacher hat trotz einer ausgezeichneten Zeit Häkkinen und Irvine passieren lassen müssen und liegt nun auf dem dritten Platz. Weil in der nächsten Runde aber auch Irvine und Häkkinen an die Box gehen und Alesi in der Schikane Damon Hill überholt, führt Schumacher erneut das Rennen vor Alesi und Hill. Der Abstand zwischen Schumacher und Alesi wird von Runde zu Runde kleiner, ein packender Zweikampf beginnt: Alesi legt mit jeder Runde neue Zeit-Bestmarken fest, in Runde 13, 16, 17 und 18 fährt er jeweils die schnellste Runde und ist in Runde 18 nur noch 0,973 Sekunden vom Weltmeister entfernt. Dieser Zweikampf versinnbildlicht das enorme technische Potential der Ferraris und zeigt einmal mehr, was für die nächste Saison zu erwarten ist. Bis zur 22. Runde gelingt es Schumacher lediglich, den Abstand zu Alesi wieder auf 2.064 Sekunden zu vergrößern – dennoch fährt Alesi wieder eine „schnellste Runde". Das gelingt Schumacher nach etlichen Attacken Alesis erst wieder in den darauffolgenden Runden 23 und 24, in denen er Alesi deutlich unterbieten kann. Als der Abstand zwischen Schumacher und Alesi dann fast wieder drei Sekunden beträgt, ahnen Beobachter schon, daß Alesi in Schwierigkeiten ist. Die Frage, ob nachlassende Konzentration oder ein technischer Mangel dafür verantwortlich sind, beantwortet sich noch in der gleichen Runde: aus dem Heck seines Wagens dringt dichter Qualm und Alesi signalisiert per Handzeichen das Ende des Rennens. Da Schumachers Abstand auf Hill nun komfortable 20,9 Sekunden beträgt, kann eigentlich nur noch ein mißglückter Boxenstop den Traum vom Konstrukteurstitel verhindern. Hill jedenfalls nutzt die Gelegenheit, um an Schumacher vorbeizuziehen und sich einen 10,5 Sekunden Vorsprung zu sichern. Doch Schumacher weiß natürlich, daß auch Hill noch zum Tanken muß und beschränkt sich vorerst darauf, eine „schnellste Runde" nach der anderen zu fahren. Eine Runde später rollt dann auch Hill, der mit einer zwei-Stop-Strategie unterwegs ist, in die Boxengasse ein, nimmt erwartungsgemäß etwas mehr Treibstoff an Bord und sieht dadurch wieder die Getriebebox von Schumachers Auto vor sich – aus einem Abstand von genau 13,603 Sekunden. Das muß eintönig und frustrierend für den Briten sein und so gönnt er sich ein wenig Abwechslung und besichtigt das Kiesbett neben der Strecke – was direkt im Anschluß an die Spritzfahrt zu einer weiteren Abwechslung seiner öden Raserei führt: Hill darf 30 Sekunden an der Box mit seinen Mechanikern plaudern, während die bemüht sind, seinen arg demolierten Frontflügel zu ersetzen. Teamchef Williams hat für derartige Motivationsstrategien nicht das geringste Verständnis und hält sein „we-are-not-amused-Gesicht" in die Fernsehkamera. Zu dieser Zeit bekommt Schumacher über seinen Verkehrsfunk gemeldet, daß David Coulthard sich 28,205 Sekunden hinter ihm darauf vorbereitet, das Erbe von Hill anzutreten, der immerhin noch auf Platz vier notiert wird. Es soll jedoch auch in diesem Fall beim Versuch bleiben. Offensichtlich animiert von den Spazierfahrten seines Teamkollegen Hill sucht auch Coulthard die für den Anschluß unbedingt notwendigen Sekunden in den unendlichen Weiten des Kiesbettes und geht dabei weitaus gründlicher vor als sein Kollege: Er driftet zunächst durchaus elegant ein, rutscht wieder auf die Strecke zurück und dreht sich dort dann auf dem vom Unterboden mitgezogenen Kies so gründlich in das nächste Kiesbett, daß Frank Williams endgültig der Sonntag verdorben ist. Zu allem Überfluß wird nun auch noch eine 10-Sekunden Strafe für Hill bekanntgegeben, der die durch die Reparatur verlorengegangene Zeit ausgerechnet in der Boxengasse aufholen will – und weil die Williams-Mechaniker vermutlich zu diesem Zeitpunkt ohnehin die Werkzeugkisten schließen und mit dem Verladen beginnen, dreht Hill sich in der nächsten Runde auf Platz vier liegend dann gleich endgültig von der Strecke. Keine Überstunden also an diesem Sonntag für das Williams-Team, aber leider auch kein Titel mehr. So macht sich in Schumachers Box schon vor dem offiziellen Ende des Rennens Jubelstimmung über den gewonnenen Konstrukteurstitel breit – den sichtlichen Ausdruck von Freude im Gesicht von Flavio Briatore wollen wir dann auch so verstehen, daß er glücklich und erleichtert ist, daß beiden Fahrern bei derartig halsbrecherischen Aktionen nichts zugestoßen ist. In der letzten Runde stürmen dann die Mechaniker in der Boxengasse nach vorn, um ihren Helden zu feiern, der mit einem uneinholbaren Vorsprung von 24 Sekunden vor Mika Häkkinen die Ziellinie passiert, den Konstrukteurstitel für Benetton gewinnt und das ganze „es-ist-zu-schön-um-wahr-zu-sein" findet; was ihn nicht daran hindert, seinem Teamchef

Briatore – Märchen hin, Wunder her – das im Rahmen der Siegerehrung üblicherweise gereichte Prickelwässerchen auf Haare, Gesicht und Jacke zu schütten. Immer wieder läßt er sich von seinem jubelnden Team in die Luft werfen und schließlich auch auf dem Rücken seines Teamchefs durch die Boxengasse tragen. Er habe ein Versprechen vom Anfang des Jahres eingehalten, so ist von Schumacher zu hören, und ist jetzt einfach stolz darauf. Und weil er sich nicht lumpen läßt, lädt er sich anschließend, sozusagen stellvertretend, Renningenieur Pat Symonds auf den Rücken und trägt ihn an der jubelnden Boxencrew vorbei. Nachdem der offizielle Teil somit schnell erledigt war, gibt Michael Schumacher eine kurzfristige Änderung seiner Reisepläne bekannt. Statt sofort ins Flugzeug und nach Australien, gibts via TV erstmal ein Küßchen für seine Frau Corinna und anschließend an der Hotelbar diverse gekühlte Getränke für seine Mechaniker und ihn. Daß er am nächsten Tag dann Presseberichten zufolge einen schweren Kopf hat, holt den Gefeierten in den Kreis des Alltagslebens zurück und läßt ihn sehr menschlich und sympathisch erscheinen – und insgeheim freut es uns auch ein bißchen –, denn warum sollte es ausgerechnet ihm besser gehen als uns nach dem letzten Betriebsausflug?

Wer Michael Schumacher schon einmal um sein Team beneidet hat, das fraglos den Gewinn des Doppeltitels erst möglich gemacht hat, und vielleicht sogar schon einmal überlegt hat, wie er aus seinem eigenen Team ein außergewöhnliches Team wie dieses machen kann, für den lohnt es sich, einen Blick auf die Denkstrukturen von Michael Schumacher zu werfen und einige erstaunliche Dinge zu entdecken.

Im ausgewogenen Kategorienprofil haben sein analytischer Verstand, sein lösungsorientiertes Denken und seine Einsatzfreude eine besondere Bedeutung...

Dominante Kategorien

Vergleicht man das Erfolgsprofil von Michael Schumacher mit den anderen Profilen, so fällt zunächst die Ausgewogenheit der Verteilung speziell auf der linken Seite auf. Deutlich dominant sind nur die Kategorien eins, sieben und neun. Im Überblick stellt Michael Schumacher sich also als außergewöhnlich leistungsorientiert und rational kalkulierend heraus – gepaart mit der Fähigkeit, positiv, d.h. auf emotional ausgeglichene Art zukunfts- und lösungsorientiert zu denken. Wir werden nachfolgend

Wertediagramm Michael Schumacher

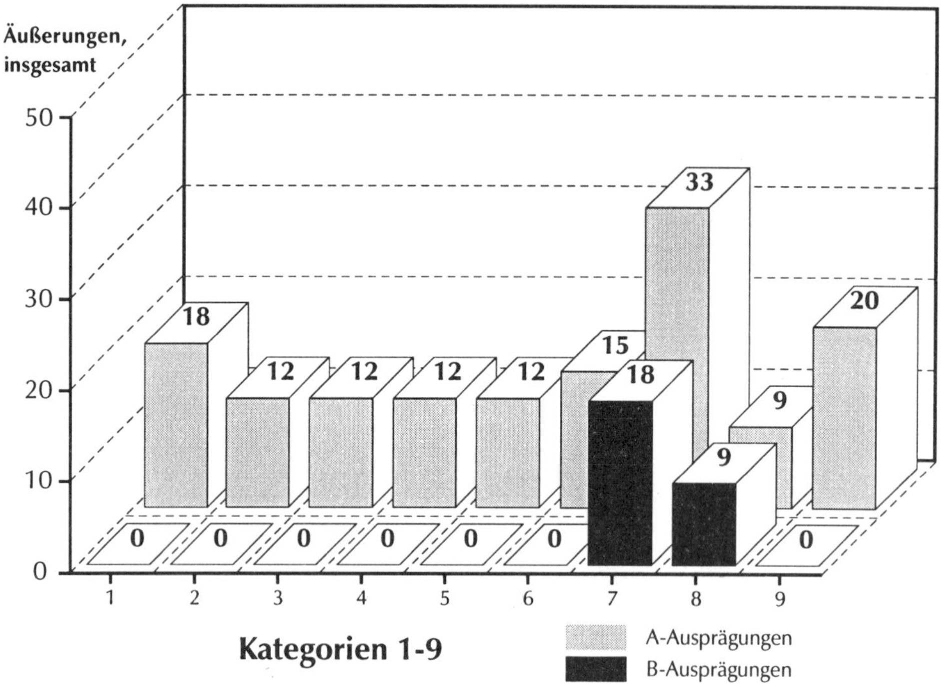

klären, welchen Sinn eine derartige Verteilung vor dem Hintergrund des Schumacher'schen Erfolges hat.

Kategorie 7: *kopfgesteuertes, rationales Handeln* (= *A-Ausprägung*) *vs. emotional gesteuertes intuitives Handeln*

Wenn Sie sich das Erfolgsprofil von Michael Schumacher anschauen, fällt Ihnen sofort der Spitzenwert in der Kategorie 7, A-Ausprägung (d.h. kopfgesteuertes, rationales Handeln) auf. Michael Schumacher hat in dieser Kategorie einen der höchsten Einzelwerte aller untersuchten Personen erzielt. Schumacher hat selbst immer wieder darauf hingewiesen: Ganz egal, ob es um Geld, seinen Umgang mit Presse und Fans oder einen optimalen Startplatz fürs nächste Rennen geht: Er versteht es stets, einen kühlen Kopf zu behalten, wo andere nervös werden, klug zu taktieren, wo andere den Überblick verlieren und dabei selbst innerlich ruhig und gelassen zu bleiben:

„Wenn ich auf meine Startposition rolle, versuche ich, Atmung und Puls unter Kontrolle zu bringen. Schon bei meinem ersten Formel 1-Rennen habe ich mich gewundert, wie gut mir das gelingt.“[6]

Speziell zu Beginn seiner Formel 1-Karriere wurde Michael Schumacher von vielen Fans, Beobachtern und Rennexperten für seinen Wagemut und seine Risokobereitschaft gelobt. Man nahm lächelnd zur Kenntnis, daß hier endlich mal ein Neuling kam, der schon im ersten Rennen zeigte, daß er genau wußte, auf welcher Seite des Brotes die Butter liegt. Unbekümmert startete Schumacher waghalsige Attacken auf alte Hasen wie Ayrton Senna, und benahm sich auch sonst nicht unbedingt respektvoll (was Senna seiner Ansicht nach auch nicht tat). Diese Aktionen brachten ihm neben sehr viel Anerkennung auch manche Kritik – nicht nur aus den Reihen der Fahrer, von denen er manchen unsanft ins Kiesbett drängte, auch bei den Motorsportkommissaren mußte Schumacher bisweilen vorsprechen. Inzwischen hat sich dieses Bild gewandelt:

„Wer zu hart fährt, ruiniert das Auto“[7],

hat er erkannt und tritt sowohl auf, als auch neben der Rennstrecke als souveräner und kühler Kopf auf. Wie wichtig die Fähigkeit sein kann, ruhig zu bleiben und überlegt zu handeln, zeigt folgende kleine Anekdote um Schumachers ersten Grand Prix-Sieg im belgischen Spa:

„Ich war in einem ziemlich harten Fight mit meinem Teamkollegen Martin Brundle, der hinter mir ziemlich am Drängeln war. Ich hatte alle Hände voll zu tun, ihn hinter mir zu halten. Gleichzeitig beschlug ständig mein Visier. Das ging prompt schief, ich verpaßte eine Kurve, Martin konnte innen durchschlüpfen – und ich hatte noch dazu Riesenglück, daß ich überhaupt wieder auf die Strecke zurückkam, ohne irgendwo anzuschlagen.“[8]

Andere Fahrer wären in dieser Situation möglicherweise nervös, zumindest aber ärgerlich geworden – Michael Schumacher jedoch macht am Auto seines nunmehr vor ihm fahrenden Teamkollegen eine höchst interessante Entdeckung, die von entscheidender Bedeutung für den weiteren Rennverlauf und damit auch für seinen späteren Sieg sein wird:

„Seine Hinterreifen begannen schon Blasen zu ziehen. Da wir ungefähr im gleichen Tempo unterwegs waren, konnte ich mir denken, daß meine Reifen wohl auch nicht mehr lange halten würden." [9]

Schumacher behält einen kühlen Kopf und trifft die in dieser Situation einzig richtige Entscheidung: Er steuert sofort die Boxengasse an, läßt die Reifen wechseln und fährt ab da seinem Sieg entgegen.

Situationen wie diese scheinen eine der Spezialitäten des Kerpeners zu sein. Ob Reifenprobleme, unvorhergesehene Rutscher und Dreher oder gar Unfälle: Stets behält er einen kühlen Kopf, analysiert den Fehler und macht dann weiter.

Über seinen Unfall im japanischen Suzuka 1992 berichtet er von anfänglicher Atemnot und davon, ihm hätten alle Knochen wehgetan, dennoch war er sicher, es zu schaffen:

„Und da ich meinen Fehler sofort analysiert hatte, war auch der Kopf bereit, weiterzufahren." [10]

Anders als z.B. Jil Sander, für die Arbeit immer ein klein wenig etwas mit Besessenheit (s.o.) zu tun hat, stellt Michael Schumacher kühl fest:

„Da [in der Formel 1] gibts keinen Rausch bei mir." [11]

Er fährt, weil es Spaß macht, weil er es gut kann, weil es eine Herausforderung für ihn ist – und damit hat es sich auch mit den Emotionen im Kopfe Schumacher. Nach Besessenheit jedoch wird man bei ihm vergebens suchen. Anders als etwa Niki Lauda, der für seinen Start in der Formel 1 sogar einen Kredit aufnahm, um die immensen Kosten bezahlen zu können, wäre Michael Schumacher nicht einmal im Traum darauf gekommen, einen solchen Plan zu realisieren. In seiner fast vollständig rationalen Welt (wir werden die „Ausgleichsgewichte" weiter unten kennenlernen) steht immer noch die Überzeugung an erster Stelle, nicht mehr Geld ausgeben zu können, als eben da ist:

„Viel Geld bedeutet für mich nicht viel Luxus, sondern in erster und wichtigster Linie Unabhängigkeit und Sicherheit. Ich war von der Cart-Zeit bis zur Formel 1 nie bereit, der Karriere zuliebe finanzielle Balanceakte einzugehen. ... Schulden sind mir ein Greuel." [12]

Diese Haltung ist umso erstaunlicher, als die Chance, über verschiedene andere Klassen einen der begehrten Sitze in einem Formel 1-Auto zu bekommen, auch für talentierte Fahrer etwa so groß ist, wie der sprichwörtliche „Sechser" im Lotto. Daß Michael Schumacher sich trotzdem nicht zu möglicherweise riskanten finanziellen Manövern verleiten ließ, spricht für die zentrale Bedeutung dieser Überzeugung in seinem Leben.

Im hochdotierten Formel 1-Zirkus bekommt Geld eine andere Qualität und ist zumindest für Michael Schumacher nicht mehr die zentrale Handlungsmotivation. Aus anfänglicher Bewunderung der Finanzpotenz so manches Kollegen wurde sehr schnell ein abgeklärtes Verhältnis zum Geld, bei dem andere Prioritäten in den Vordergrund rückten – eine Haltung, dies sei an dieser Stelle nochmals erwähnt, die wir bei allen untersuchten Erfolgsmenschen gefunden haben. Michael Schumacher über sich und seine Erfahrungen mit den Formel-Finanzen:

> *„Wenn ich früher gelesen habe, da hat einer ein Boot für 10 Mio. Dollar oder ein Flugzeug für 20 Mio. gekauft, dann habe ich gedacht: ‚Wow!' Wenn man aber weiß, wie das läuft, dann zahlst du statt der 10 Mio. auf einmal drei und dann verkaufst du das Boot in zwei Jahren für fünf."* [13]

Auch ansonsten macht ihn das viele Geld eher vorsichtig: Anders als viele andere Sportler läßt er sich nicht von gewieften „Beratern" übers Ohr hauen, sondern verwaltet sein Vermögen selbst. Nicht etwa, weil er es möglichst schnell vermehren möchte, sondern weil es in seiner rationalen, an durchschaubaren Zusammenhängen orientierten Welt einfach keinen Platz für Undurchsichtiges oder Unklares gibt:

> *„Ich habe keinen Igel im Portemonnaie, aber ich lasse mich nicht auf undurchschaubare Projekte ein. Ich allein verwalte mein Geld, lasse mich nur in Vertragsfragen beraten. Mit Erfolg, wie man kürzlich gesehen hat."* [14]

Immer wieder begegnet uns, allen gängigen Vorurteilen zum Trotz, der klar und distanziert analysierende Kopf des Rennfahrers Schumacher als erfolgsentscheidender Faktor.

> *„Der Hintern allein reicht längst nicht mehr"* [15],

hat er einmal in einem Interview gesagt und damit auf eine Antwort Niki Laudas angespielt, die er seinerzeit auf die Frage gab, wo er vor allem sein Talent spüre. Der ganze Körper sei gefordert und – wieder begegnet uns der Kopf:

> *„Ich halte mir den Kopf frei. Abends früh schlafengehen nach einem vernünftigen Essen."* [16]

Selbst für Zuschauer und Fans nachvollziehbare Rituale zur Kampfesvorbereitung, die in anderen Sportarten gang und gebe sind, wie etwa Haßgefühle auf den Gegner oder besonders aggressive Musik, entlocken dem rationalen Analytiker Michael Schumacher ein gewisses Erstaunen:

> *„Ich weiß nicht, wie es bei den anderen ist, aber ich habe es bis jetzt noch nicht nötig gehabt. Weder das eine, noch das andere. Ich versuche, mich vor dem Rennen ein bißchen hinzulegen, zu schlafen, auszuspannen, zu relaxen, einen klaren Kopf zu bekommen."* [17]

Genau diese Haltung macht einen großen Teil seiner Professionalität aus, die Experten immer wieder an ihm hervorheben. Doch er kann sich auch mal richtig aufregen – etwa dann, wenn ihn jemand nicht vorbeiläßt oder zu seiner Ansicht nach unfairen Manövern provozieren will. Doch selbst hier beläßt er es bei der wütend herausgestreckten Faust und gibt sich schon im nächsten Satz wieder als der kühlkalkulierende Profi, der die Sache sehr rational angeht:

> *„Brüllen bringt nicht viel, hören tut er mich nicht."* [18]

Ein Erfolgsmensch, der selbst kleinste Unwägbarkeiten berücksichtigt und das Risiko, mit dem er fährt, für ein kalkulierbares hält. Seine Genauigkeit ist sprichwörtlich und macht selbst vor seiner eigenen Person nicht halt. Nüchtern stellt Michael Schumacher zu Fragen der geeigneten Rennfahreruntertrikotagen fest:

> *„Ich hab sie [feuerfeste Unterwäsche] immer an. Ich ziehe mittlerweile auch meinen Schmuck aus, den ich früher beim Rennen anhatte, weil ich eben da auch keine Dummheiten machen möchte."* [19]

Selbst nach dem tragischen Unfalltod von Ayrton Senna in Monza, nach dem Michael Schumacher einige Zeit überlegt, ob er überhaupt noch fahren soll, geht er die Sache erst einmal sehr rational an: Über seinen Umgang mit der negativen Presseberichterstattung in den darauffolgenden Wochen sagt er:

> *„Ich habe bewußt vieles nicht gelesen, weil ich wußte, was da stehen würde und ich mich dann darüber aufgeregt hätte.“* [20]

Die schnellen oder impulsiven Reaktionen, das gefühlsmäßige aus-der-Haut-Fahren sind ihm auch in dieser Situation großer Betroffenheit fremd und vielleicht auch ein bißchen unheimlich. Solche übereilten Reaktionen liegen ihm nicht. Über die hektischen Aktivitäten von Fahrern, Presse und FISA nach dem Unfalltod von Senna stellt er dann auch rückblickend fest:

> *„Im Nachhinein haben viele selbsternannte Experten Reifenstapel vor den Mauern gefordert, aber die hätten Sennas Auto leicht auseinanderreißen können.“* [21]

Das Resumee der bereits durchgeführten und noch geplanten Reglementänderungen schließlich ist in gewisser Weise schumacher-typisch und kann deshalb an dieser Stelle auch nicht mehr überraschen: Zielorientierung, Klarheit und rationale Vorgehensweise stehen im Vordergrund und werden auch hier noch einmal als tragende Bestandteile seines Erfolgskonzeptes deutlich:

> *„Es müßte alles sehr schnell, aber auch vernünftig und gemeinsam gemacht und besprochen werden. Denn nur so kann man etwas erreichen.“* [22]

Die Rennsaison 1995 beginnt durch den Tod Ayrton Sennas mit einer Erschütterung und endet auch mit einer solchen – wenngleich die auch von ganz anderer Art ist: Michael Schumacher wird mit seinem 35 Mio. DM-Vertrag bei Ferrari zum derzeit bestbezahlten Rennfahrer seit Bestehen der Formel 1. Auch dieses Rekordgehalt weiß er nüchtern und analytisch zu erklären:

> *„Ich bin kein Typ, der Geld einfach so rausschmeißt. Mir würde allerdings niemand so viel zahlen, wenn ich es nicht wert wäre. Und ich sehe nicht ein, nur deshalb weniger Geld zu verdienen, weil ich das Geld nicht brauche.“* [23]

Und als wäre damit noch ein letzter Rest von Unklarheit übriggeblieben, bringt er den Sachverhalt noch einmal auf den Punkt:

„Schauen Sie sich die Unterschiede zwischen meinem Teamkollegen Johnny Herbert und mir an. Wenn ich zwischen ein und zwei Sekunden schneller fahre, sind die Kosten, die ein Team aufbringen müßte, um diese Zeiteinsparung durch Weiterentwicklung des Autos zu erreichen, wesentlich höher als mein Fahrergehalt.“[24]

Kategorie 7: *Kopfgesteuertes, rationales Handeln* vs. *emotionales, gefühlsmäßiges Handeln* (B-Ausprägung)

Ähnlich wie Thomas Gottschalk zeichnet sich auch Michael Schumacher dadurch aus, daß einer starken Ausprägung seines Profils zu einer Seite einer Kategorie eine zwar nicht gleichstarke, aber mindestens ausgleichende Ausprägung der gleichen Kategorie zur anderen Merkmalsseite gegenübersteht. Die B-Ausprägung der Kategorie 7 beschreibt ja einen emotionalen, gefühlsmäßigen, teilweise auch auf Intuitionen bauenden Zugang zu sich und der Welt. Thomas Gottschalk und Michael Schumacher sind die beiden einzigen Persönlichkeiten, bei denen wir ein solches ausgleichendes Moment finden konnten.

Bei Michael Schumacher handelt es sich dabei oft nur um kurze Momente des Glückes, aber auch des Ärgers, die das Bild des kühl berechnenden, möglicherweise sogar herzlosen Rennfahrers in einem veränderten Licht erscheinen lassen. Dies beginnt bei so grundsätzlichen Dingen wie seiner Motivation, Rennen zu fahren und setzt sich bis in Bereiche wie Verhältnis zu anderen Fahrern oder seinem Auto, Verhältnis zu seinem Team und Ansichten über sein äußeres Erscheinungsbild fort. Beobachter heben ebenso wie Experten immer wieder nicht nur die Konzentration, sondern auch den Spaß, mit dem Schumacher bei der Sache ist, als wesentliches Element seines Erfolges hervor. Natürlich kommt auch Talent dazu, wobei wir einschränkend feststellen wollen, daß nicht jeder talentierte Rennfahrer die Karriere eines Michael Schumacher gemacht hat. Es muß also mehr als „nur“ Talent sein, was den Kerpener von Sieg zu Sieg fahren läßt. Er selbst sieht seine Motivation, Rennen zu fahren, so:

„Weil es mir Spaß macht. Ganz einfach. Weil es das ist, was ich am liebsten mache, wo ich meine Erfüllung drin sehe, vor allem, wo ich merke, daß ich es kann. Das ist für mich das eigentliche Gefühl.“[25]

In diesem Zitat spricht er selbst ganz deutlich sein Gefühl als wichtiges Kriterium seiner Entscheidungen an. Gleiches passierte, als er kurz nach dem Tod von Senna dessen Beerdigung fernblieb (was zu einigen gehässigen Pressekommentaren führte und mit der alten Feindschaft zwischen ihm und Senna in Verbindung gebracht wurde, die jedoch nach eigenem Bekunden nie eine war) und statt dessen gleich wieder zu Testfahrten nach Silverstone fuhr. Hier entschied dann letztendlich sein Gefühl über den weiteren Fortgang seiner Karriere:

> *„Ich fühlte mich leer, als ich nach Silverstone kam. Ich fuhr deshalb zunächst mit einem normalen Auto die Strecke ab. Da habe ich mir gesagt: ‚Mensch, da sind ja eigentlich Passagen drin, wo es zu einem schlimmen Chrash kommen kann.' Die Frage war, würde ich auch so denken, wenn ich im Rennauto sitze? [...] Als ich dann ins Rennauto stieg, fühlte ich mich merkwürdigerweise wohl, hatte keine Probleme und fuhr befreit und locker meine Zeiten."* [26]

Auch das Verhältnis zu anderen Fahrern ist nicht immer frei von positiven oder negativen Gefühlen, wie die anfänglichen lautstarken Auseinandersetzungen zwischen Michael Schumacher und Ayrton Senna belegen. Das Erfolgsgeheimnis liegt wohl darin, solche Gefühle nicht über einen bestimmten Punkt hinaus steigen zu lassen. Wenn der eigene Erfolg gefährdet ist, wird auch Michael Schumacher wieder zum nüchternen Analytiker und gleicht in diesem Punkt sehr dem Boxer Henry Maske. Ansonsten aber ist sogar während des Rennens durchaus Zeit für die eine oder andere Geste freundschaftlicher Art, die Schumacher auch vor den Fernsehkameras so beliebt machen. Ein lockerer Schlag auf das Käppi von Damon Hill nach dem Grand Prix 1994 in Silverstone, eine Champagnerdusche in den Kragen des neben ihm auf dem Treppchen stehenden Fahrers oder eine locker zum Dank erhobene Hand während des Rennens zeigen die andere Seite der am härtesten umkämpften Formel der Welt und auch die andere Seite von Michael Schumacher:

> *„Wenn einer mich vorbeiläßt, mir Platz macht zum Überrunden,dann bedanke ich mich, dann habe ich noch die Möglichkeit, eine Hand vom Steuer zu nehmen und ich winke ihm zu. Genauso habe ich die Möglichkeit, auch zu schimpfen während des Rennens, wenn mich einer nicht vorbeiläßt."* [27]

Dieser Zug macht ihn auch bei all denjenigen beliebt, die hinter ihm stehen und wichtige Stützpfeiler seines Erfolges sind. Über sein Verständnis von Team sagt er kurz und prägnant:

> *„Wir sind ein Team und müssen ein Rennen gemeinsam bis zum Ende durchstehen."* [28]

Auch ansonsten kennt er durchaus die leisen und persönlichen Töne. In seinem Auto sieht er weitaus mehr, als ein mit modernster Technik bis zum Bersten vollgestopftes High Tech-Gerät:

> *„Die [Seele des Autos] muß gepflegt werden. Sicher hat ein Auto eine andere Seele als ein Mensch. Aber wenn ich mein Auto überbeanspruche oder ausnutze oder kaputtmache, dann habe ich im Endeffekt auch nichts davon."* [29]

Für seinen Erfolg mitverantwortlich scheint dieser besondere Bezug allemal zu sein. Dabei erwischt Michael Schumacher auch hier wieder haarscharf den Übergang zwischen einem rational abgeklärten, „vernünftigen" Verhältnis und einer emotionsbesetzten Verklärung seines Vehikels, die für manch anderen Autofahrer durchaus typisch ist. Für ihn geht es auch im gefühlsmäßigen Bereich stets um das, was hinter einer Sache steht, um den eigentlichen Zweck. Insofern ist auch ein Auto, ob nun mit oder ohne Seele, für ihn letztendlich Mittel zum Zweck. Angesprochen auf die Anschaffung eines Bugatti, der für manch anderen normalsterblichen Menschen vielleicht schon die Erfüllung seines Lebenstraumes sein könnte, wiegelt er dann auch ab:

> *„Das sind einfach Dinge, Spielzeuge, die ich mir schon immer erträumt habe."* [30]

Dinge wie diese sind Spielzeuge und wie Spielzeuge haben sie die Eigenschaft, manchmal lang gehegte (Weihnachts-?) Wünsche in Erfüllung gehen zu lassen und schöne Gefühle zu erzeugen – und doch bleiben sie in seiner Welt „Dinge".

Eine letzte Überraschung (oder vielleicht doch keine?) erleben wir, wenn Michael Schumacher über sich selbst, sein Verhältnis zu seinem eigenen Äußeren spricht. Wie wir schon in den Eingangskapiteln festgestellt haben, wird auf lange Sicht nur derjenige erfolgreich sein, der von sich überzeugt ist, der sich selbst leiden mag und der – in diesem Sinne – nicht vor seinem eigenen Spiegelbild zurückschreckt. Wie wollten Sie sonst andere Menschen überzeugen, wenn Sie nicht einmal sich selbst leiden mögen?

Daß dies wenig mit Selbstverliebtheit zu tun hat, weiß auch Michael Schumacher, und so ist es nicht weiter überraschend, wenn er offen bekennt:

> *„Ich bin sehr eitel, schon immer gewesen."* [31]

Kategorie 9: __*Handeln/Agieren zukunfts- und lösungsorientiert*__ *(= A-Ausprägung) vs. Handeln/Reagieren vergangenheits- und problemorientiert*

Diese Kategorie stellt in ihrer A-Ausprägung die zweitstärkste Erfolgssäule Michael Schumachers dar. Ähnlich wie bei den meisten anderen untersuchten Personen (lediglich Steffi Graf und Wolfgang Niedecken bilden hier eine Ausnahme) steht einem hohen Wert der A-Ausprägung, der für ein zielorientiertes, an Lösungen ausgerichtetes Verhalten steht, ein Null-Wert in der B-Ausprägung gegenüber. Ein deutlicher Hinweis auf die bereits in den Einleitungskapiteln festgestellte Tatsache, daß Sie ein Ziel vor allem dann erreichen, wenn Sie genau wissen, wohin Sie wollen. Zu wissen, wovon ich weg will, scheint für keine der hier untersuchten Personen ein Erfolgsrezept zu sein. Zu wissen, was ich nicht will, produziert negative Zielvorstellungen, Horrorszenarien und damit automatisch Angst – der Kreislauf der sich selbst erfüllenden negativen Prophezeiung schließt sich dann in der Tat sehr rasch, wenn ich genügend Zeit und Energie darauf verwendet habe, mir eine mögliche Katastrophe in allen Einzelheiten, möglichst noch als besonders farbiges Bild, vorzustellen.

> *„Ich bin keiner, der vor dem Rennen zittert und nicht mehr denken kann oder nicht ansprechbar ist und dann jemanden braucht, der einen ablenkt oder aufmuntert."* [32]

Auf die Frage, ob nicht wenigstens seine Frau Corinna Angst um ihn habe, antwortet er:

> *„Ich glaube nicht, daß sie Angst hat, weil sie einfach merkt, wie ich bin, wie ich die Sache angehe und wie ich sie beende."* [33]
> *„Im Rennwagen kenne ich jedenfalls keine Angst, höchstens die, mein Auto zu zerstören."* [34]

Von der Machbarbeit einer Sache überzeugt zu sein, ist der erste und manchmal wesentliche Schritt zum Erfolg. Auch Michael Schumacher ist ein Vertreter der Denkweise *„If you can dream it, you can do it!"*. Selbst dem immensen Erwartungsdruck bei Ferrari, die zum letzten Mal 1979 einen Weltmeister in ihren Reihen hatten, begegnet er mit der für ihn typischen Mischung aus nüchternem Kalkül und herausragendem Leistungswillen:

> *„Auf diese Situation habe ich mich eingestellt. Das erste Jahr wird schwierig werden. Aber mit Druck habe ich auch bisher umgehen können."* [35]

Kategorie 1: *Einsatz, Leistung, Anstrengung* (= *A-Ausprägung*) vs. *Gott wird's geben, es wird schon wieder werden*

Zu den beiden dominierenden Kategorien des rationalen und des emotionalen Handelns gesellt sich neben der Lösungsorientierung eine weitere recht deutliche Ausprägung, die nicht nur von ihm selbst, sondern auch in den inzwischen zahlreichen Presseberichten über Michael Schumacher immer wieder als zentraler Erfolgsbaustein hervorgehoben wird: sein ausgeprägter Leistungsanspruch, gepaart mit seinem unbedingten Willen, möglichst nah am Limit zu fahren und wirklich alles zu geben. Über seinen eigenen Anspruch an Leistung und Einsatz stellt er bündig fest:

> *„Einen so außergewöhnlichen Gegner wie Senna zu schlagen, bedeutete mir schon etwas ganz besonderes."*[36]

Einen Formel 1-Wagen eine einzige Sekunde pro Runde schneller zu machen, kostet nicht nur die unvorstellbare Summe von 60 Mio. Mark, sondern beansprucht auch den besonderen Ehrgeiz, den Leistungswillen und die Einsatzbereitschaft aller Teammitglieder. Michael Schumacher hat sich von diesen nervenaufreibenden Arbeiten, die mit dem „eigentlichen" Fahren ja nichts zu tun haben, in Wahrheit aber die auf der Strecke herausgefahrenen Zeiten erst ermöglichen und über einen Startplatz in der ersten oder dritten Reihe entscheiden, niemals abschrecken lassen. Eher scheint die akribische Auswertung solcher Tests seiner analytischen Ader entgegenzukommen:

> *„Konkurrenten wie Ferrari und McLaren haben große technische Probleme, während in unserem Team nach massiven Veränderungen so konzentriert gearbeitet wird wie noch nie. Technische Besprechungen nach den Trainingsfahrten dauern statt dreißig Minuten jetzt drei Stunden, auch über kleine Details führen wir genau Buch."* [37]

Jede Veränderung nimmt er als eine Herausforderung wahr und könnte mit dieser Haltung zum positiven Modell manch einer Führungskraft in deutschen Unternehmen werden. Unter veränderten Bedingungen immer wieder alles zu geben, die, wie Henry Maske an dieser Stelle feststellen würde, letzten 10 Prozent Reserven aus sich herauszukitzeln, genau das ist es, was ihm Spaß bereitet:

> *„In Barcelona starten wir ja erst mal mit leichten aerodynamischen Veränderungen, wodurch die Autos weniger an die Straße gepreßt werden. Also muß man in kürzester Zeit neu Grenzbereiche ertasten. Das wird ein schwieriger Balanceakt.“*[38]

Eine solche Haltung erfordert ein hohes Maß an Flexibilität und Einsatzbereitschaft. Sollte gleichzeitig auch noch Mut erforderlich sein, so schaut bereits wieder die A-Ausprägung der Kategorie 7 um die Ecke: Ein Risiko sei das Ganze zwar, so resümiert Schumacher, aber natürlich ein (rational!) kalkuliertes:

> *„Ich habe keine Probleme, mich schnell an alle Situationen anzupassen. Ich setze mich ins Auto und kann sofort ans Limit gehen.“*[39]
> *„Ich gehe nur kalkuliertes Risiko ein. Ich fahre am Limit des Autos, nicht darüber.“*[40]

Als extrem leistungsorientierter Mensch kennt Michael Schumacher natürlich auch die Schattenseiten seiner Einsatzbereitschaft – die dunklen Momente, die jeder schon einmal erlebt hat, der ein wirklich großes Ziel erreichen wollte, unterwegs erhebliche Irritationen erlebt und es am Ende doch geschafft hat:

> *„Das macht man durch, wenn man am Boden ist. Wie ich im letzten Jahr, als so vieles schieflief. Da sagt man sich schon: Ich rackere mich ab – aber wofür? Daß mir nachher meine Punkte wegen Peanuts aberkannt werden?“*[41]

Im Gegensatz zu manch anderem steht Schumacher jedoch immer wieder auf, probiert es immer wieder neu und kann deshalb gegen Ende der Rennsaison 1995 zurecht sagen:

> *„Aber trotzdem ist es angenehm zu wissen, der bestbezahlte Formel 1-Fahrer aller Zeiten zu sein. Ein schönes Gefühl, wenn man für seine Leistungen entsprechend honoriert wird.“*[42]

Kategorie 5: Werteursprung innen, Dinge, die für mich wichtig sind (= A-Ausprägung) vs. Übernahme der Wertvorstellungen anderer

Diese Kategorie zählt bei Michael Schumacher nicht mehr zu den deutlich dominierenden, ist aber auch nicht so schwach ausgeprägt, daß wir sie für vernachlässigbar halten. Zwei Zitate sollen deshalb exemplarisch verdeutlichen, wie wichtig es für einen aufsteigenden Erfolgsmenschen sein kann, sich die Ratschläge anderer, vielleicht erfahrenerer Menschen anzuhören, letzten Endes aber auch die eigenen Werte und Überzeugungen als Handlungsrichtschnur nicht aus den Augen zu verlieren:

> *„Ich lasse mich auch von einem Weltmeister nicht treten."* (Michael Schumacher zu Beginn seiner Karriere über sein damals angespanntes Verhältnis zu Ayrton Senna.)[43]

Und 1992 über die mögliche Kritik an seinem Wohnsitzwechsel nach Monaco befragt, gesteht er nüchtern:

> *„Ich habe gelernt, daß ich es unmöglich allen Leuten recht machen kann. Ich bin auch nicht mehr so aalglatt, wie ich es vielleicht im vorigen Jahr war, ich leiste mir wieder Ecken und Kanten. Mein Selbstbewußtsein ist gewachsen."* [44]

Weniger stark ausgeprägte Kategorien

Das Profil Michael Schumachers ist eines der ausgeglichensten der gesamten Untersuchung. Deshalb sind auch die weniger dominanten Kategorien für ein Verständnis seines Erfolges keinesfalls unbedeutend.

Von den Menschen aus seinem unmittelbaren Umfeld wird immer wieder seine Bereitschaft, für seine Fehler die Verantwortung zu übernehmen und daraus zu lernen, betont. Ein Zug, der ihn durchaus auch demütig und bescheiden erscheinen läßt und sein Image vom natürlich gebliebenen Jungen aus Kerpen durchaus mitgeprägt hat, das ihn gleichermaßen attraktiv für Sponsoren wie Fans macht. Manchmal wirkt er in seinen Äußerungen regelrecht zurückhaltend:

> *„In Wirklichkeit war Ayrton als Rennfahrer ein Vorbild für mich. Das ist allerdings etwas, worüber ich in der Öffentlichkeit nicht geredet habe."* [45]

Und als er nach dem Tod von Ayrton Senna von der Presse zur neuen Leitfigur der Formel 1 erklärt wird, wehrt er bescheiden ab:

> *„Nein, nein. Dazu bin ich viel zu jung. Das soll Gerhard Berger übernehmen."* [46]

Auch zum Thema „gerichtetes Handeln, Zielfixierung" gibt es ein aufschlußreiches Zitat von ihm. Michael Schumacher hat immer wieder betont, daß seine Möglichkeiten, den Formel 1-Zirkus zur Gänze zu durchschauen, durchaus begrenzt sind – zu verschlungen sind teilweise die Wege politischer Entscheidungen in oder zwischen Teams und Fahrern. In solchen Situationen verfuhr er bis jetzt stets erfolgreich nach der Devise, zu akzeptieren, was er nicht ändern kann und sich lieber gut auszuschlafen, um für den nächsten Tag fit zu sein, als die halbe Nacht mit Grübeleien zu verbringen, deren Inhalte schon am nächsten Morgen gegenstandslos sein können. Trotzdem betont auch er die Wichtigkeit von Diplomatie für das Erreichen langfristiger Ziele:

> *„Eine regelrechte diplomatische Schulung habe ich bei Mercedes bekommen. Dort wurde mir in einer speziellen Ausbildung das Rüstzeug mitgegeben. Richtig ist, daß es im Geschäft Formel 1 nicht ohne Diplomatie geht."* [47]

Ein letzter Erfolgsfaktor, der auch mit dem eben genannten zusammenhängt, ist seine Fähigkeit, Zielsetzungen nicht nur sehr rational, sondern auch sehr konkret anzugehen. Zu anstehenden Aufgaben finden sich selten abstrakte oder grundsätzliche Aussagen von ihm, sondern eher kleinschrittig-detaillierte Aussagen wie die folgenden:

> *„So kann ich auf die kleinsten Veränderungen des Autos reagieren. Läßt etwa die Griffigkeit des Vorderreifens nach, muß ich in eine Kurve eben früher einlenken."* [48]

Diese Art des Denkens hat niemand schöner zusammengefaßt und in ihrer knappsten Form auf den Punkt gebracht, als Michael Schumacher selbst:

> *„Ich hatte schon immer sehr konkrete Vorstellungen."*

Welche Faktoren Ihres zukünftigen Erfolges haben Sie bei Michael Schumacher kennengelernt?

1. Behalten Sie bei allem, was Sie tun, einen kühlen Kopf und sorgen Sie für eine klare Übersicht. Auf Ihrem Weg zum Erfolg werden Sie mehr als einmal Situationen erleben, die Ihnen Streß und Ärger bereiten können. Doch nicht jeder Ärger muß ein Anlaß sein, sich als Entwicklungshelfer nach Bolivien zu bewerben oder sich mit dem Kommentar: „Schicken Sie mir die Post nach Alaska nach" von seinen Kollegen zu verabschieden. Halten Sie viel lieber einen Augenblick inne und machen Sie sich klar, daß Sie gerade dabei sind, einen Teil Ihrer wertvollen Zeit in einen zumeist nutzlosen Ärger zu investieren. Am ärgerauslösenden Sachverhalt ändert das meist nichts – Sie können sich allerdings entschließen, sich zusätzlich zum kaputten Auto, verpaßten Termin oder entgangenen Gewinn auch noch den Luxus zu leisten, sich zu ärgern. Meist sind die Folgen der streßauslösenden Situation weitaus geringer, als im ersten Augenblick des Schrecks angenommen. Behalten Sie deshalb den Überblick und halten Sie Ihr natürliches Bedürfnis, den Ärger zu dramatisieren, in engen Grenzen – viele Dinge erledigen sich mit der Zeit von selbst.

2. Wer nicht weiß, wo er hinwill, ist überall richtig – und braucht sich nicht wundern, nicht da zu sein, wo er vielleicht lieber wäre. Machen Sie sich bildhaft deutlich, wie Ihre Zukunft aussehen soll, die heute schon begonnen hat. Was Sie nicht träumen, werden Sie auch nicht tun. Nutzen Sie die Anziehungskraft positiver Vorstellungsbilder, die Ihnen zeigen, was Sie alles optimieren können. Wenn Sie Schwierigkeiten haben, positive Zielbilder zu generieren, die Ihnen realistisch und erreichbar erscheinen, dann sprechen Sie mit jemandem, der Erfahrung mit derartigen Techniken hat. Es gibt eine ganze Menge an bereichernden Entdeckungen, die auf Sie warten.

3. Setzen Sie sich mit Ihrer ganzen Energie für das Ziel ein und richten Sie Ihr Wollen darauf aus, dieses Ziel tatsächlich zu erreichen. Es gibt eine Reihe von Methoden, mit denen Sie überprüfen können, ob Ihnen das Ziel wichtig genug ist, um Energie darauf zu verwenden. Manche Menschen verfolgen ja immer noch Ziele, die ihnen eigentlich gar nicht so wichtig sind und zerstreuen dabei ihre Energien. Ein kleiner Test: Ihr Arzt eröffnet Ihnen heute, daß Sie leider nur noch ein halbes Jahr zu leben haben. Setzen Sie

sich weiterhin mit Ihrem ganzen Willen für das Ziel ein? Ja? Weiter so, Sie sind auf dem richtigen Weg. Nein? Was würden Sie tun, wenn unser Gedankenspiel Realität wäre? Und wieso tun Sie etwas so ungeheuer wichtiges erst dann, wenn Ihnen der Tod ins Auge schaut? Was hält Sie davon ab, es jetzt zu tun? Ihnen stehen alle Möglichkeiten zur Verfügung, Ihre Ziele zu überdenken und zu optimieren.

Anmerkungen:

1. Der Spiegel, Nr.19, 4.5.1992, nachfolgend zitiert als: Spiegel, Mai 1992
2. Formel 1. Das Rennsportmagazin, 6/1994
3. ebenda
4. BILD, 2.5.1994
5. Formel 1. Das Rennsportmagazin, 11/95
6. Spiegel, Mai 1992
7. ebenda
8. Sturm, K.: Michael Schumacher
9. ebenda
10. Spiegel, Mai 1992
11. Bunte, 11.5.1994
12. Auto-Bild, 18.6.1992
13. Bunte, 11.5.1994
14. Sport-Bild, 12/93
15. Spiegel, Mai 1992
16. Bunte, 11.5.1994
17. ebenda
18. ebenda
19. ebenda
20. WamS, 29.5.1994
21. Sport-Bild, 29.5.1994
22. WamS, 29.5.1994
23. Stern, 24.8.1995
24. ebenda
25. Bunte, 11.5.1994
26. WamS, 29.5.1994
27. Bunte, 11.5.1994
28. ebenda
29. ebenda
30. ebenda
31. ebenda
32. ebenda
33. ebenda
34. Sport-Bild, 15.9.1993
35. Stern, 24.8.1995
36. Sport-Bild, 25.5.1994
37. Spiegel, Mai 1992
38. Sport-Bild, 25.5.1994
39. Sturm, K.: Michael Schumacher
40. ebenda
41. Stern, 24.8.1995
42. ebenda
43. Spiegel, Mai 1992
44. ebenda
45. WamS, 29.5.1994
46. Sport-Bild, 25.5.1994
47. Focus, 21.6.1993
48. Spiegel, Mai 1992

7

Steffi Graf: „Ich merke, daß ich extrem an die Grenzen gehe.“

Geboren am 14. Juni 1969 in Mannheim, ist Steffi Graf heute, mit sechsundzwanzig Jahren, schon zu Lebzeiten eine Legende. Sie hat im Damentennis so ziemlich alles gewonnen, so ziemlich jeden Rekord aufgestellt oder unterboten, den es gab. Auch in der Beliebtheit bei Medien und Fans steht sie, trotz zeitweilig heftiger Attacken der Regenbogenpresse gegen sie und ihren Vater, ganz weit oben: Vier Mal in Folge wird sie zur „Sportlerin des Jahres“ gewählt (1986-1989), wird gleichzeitig Weltsportlerin des Jahres (1989) und erhält, gleichsam als Zugabe und letzten noch fehlenden Beweis von Massenwirksamkeit und Sympathie, im gleichen Jahr die „Goldene Kamera“. Es würde Seiten füllen, alle Turniere aufzuzählen, die sie gewann, jeden Grand Slam-Sieg zu erwähnen und alle Preisgelder zu addieren. Im August 1990 entthront sie nicht nur Martina Navratilova, die bis dahin mit 157 Wochen die längste Zeit an der Spitze der Damen-Weltrangliste gestanden hat, sondern, gleichsam um deutlich zu machen, daß sie bei allem, was sie tut, wirklich an die Grenze geht, verleibt sie sich auch noch den Herrenrekord ein, bis dahin gehalten von Jimmy Connors mit 160 Wochen unangefochtener Bestleistung als Nr. 1 der Herrenweltrangliste. Nach vorsichtigen Schätzungen verdient sie allein 1992 etwa 12 Mio. DM und verweist damit Sportler wie Rudi Völler, der mit geschätzten 2,6 Mio vergleichsweise ein Handgeld verdient, auf die Plätze. Was ist das Außergewöhnliche im Leben, in der Entwicklung einer solchen Frau? An welcher Stelle läßt sich die Weichenstellung für ihren späteren Erfolg ausmachen? Hat nicht ein so übermächtiger Erfolg letztendlich nichts mit den zugrundeliegenden Denkmustern, sondern vielmehr mit glücklichen Zufällen und einer ungeheuren Begabung zu tun? Der Reihe nach.

Nach einer bis dahin vergleichsweise unauffälligen Kindheit beginnt Steffi Graf im Alter von vier Jahren im elterlichen Hobbykeller auf Spaß am Spiel und eine gewisse Begabung aufmerksam zu machen, indem sie stundenlang Tennisbälle gegen die Wand spielt. Das ist noch nichts Besonderes und wäre wohl genauso vorbeigegangen, wie andere kindliche Spielpräferenzen auch, hätte sie sich nicht damals schon durch eine gewisse Hartnäckigkeit, einen Anflug von Besessenheit (Sie erinnern sich an Jil Sander?) von anderen Kindern unterschieden. Mit gerade sechs Jahren gewinnt sie ihr erstes Endspiel beim „Zwergl-Turnier" in München. Zwei Jahre später siegt sie als Achtjährige in ihrem ersten Turnier, und ihr Vater Peter, bis dahin Regionalliga-Spieler, mietet eine Tennishalle, in der sie fortan täglich mehrere Stunden trainiert. Der Erfolg des harten Trainings und der intensiven Betreuung läßt nicht lange auf sich warten: 1981 wird Steffi Graf Europameisterin in der Klasse bis 14 Jahre, Deutsche Meisterin in der gleichen Klasse, spielt ihr erstes Turnier in Monte Carlo und nimmt mit der deutschen Mannschaft am Europacup teil. Zusätzlich siegt sie noch beim „Orange Bowl" und darf sich damit als Krönung dieses Jahres auch Weltmeisterin nennen. Mit zunehmendem Erfolg der Tochter stellt sich für Vater Peter Graf irgendwann die Frage, ob das Nebeneinander von Tennistraining und Hausaufgaben noch sinnvoll ist – 1982 fällt die Entscheidung für eine Karriere als Profi.

Von da an geht es steil bergauf mit der Dreizehnjährigen. Im gleichen Jahr schafft sie es, als jüngster Tennisprofi aller Zeiten auf Platz 214 der Weltrangliste notiert zu werden. Zusätzlich wird sie internationale Deutsche Jugendmeisterin, nimmt am Alberto Cup in Oslo teil, ist Europameisterin ihrer Altersklasse, belegt bei den Deutschen Jugendmeisterschaften in der Altersklasse bis 18 Jahre einen zweiten Platz und schließt mit der gleichen Plazierung das Masters-Turnier des deutschen Damen-Grand Prix ab.

Bereits ein Jahr später wird sie in der Weltrangliste auf dem 98. Rang notiert, eine Position, die sie schon im nächsten Jahr auf Rang 24 verbessert – außerdem zieht sie als jüngste Spielerin, die jemals registriert wurde, ins Achtelfinale von Wimbledon ein. Fast überflüssig, an dieser Stelle noch zu notieren, daß sie 1984 auch Deutsche Hallenmeisterin und Deutsche Mannschaftmeisterin wird. 1985 schiebt sie sich auf Platz sechs der Weltrangliste vor, ein Jahr später steht sie bereits auf Position drei. 1987 dann ist es endlich so weit: Nach Siegen über Claudia Kohde-Kilsch, Pam Shriver, Helena Sukova, Martina Navratilova, Chris Evert und Gabriela Sabatini (um nur einmal die wichtigsten Gegnerinnen zu nennen), ist Steffi Graf die unangefochtene Nr. 1 im Damentennis. Sie wird von jetzt an vier Jahre lang am Ende jeder Saison wieder als Nr. 1 der Weltrangliste bestätigt werden, bis sie 1991 diesen Platz für Monica Seles räumen muß.

Welche Strategie ermöglicht einen derartig außergewöhnlichen Erfolg?

Das Kategorienprofil von Steffi Graf zeigt einige einmalige Besonderheiten: Von allen untersuchten Personen haben nur sie, Franziska van Almsick und Franz Beckenbauer eine derartig starke Ausprägung der Kategorie 1 (Einsatz, Leistung, Anstrengung). Ähnlich hohe Werte erzielten in dieser Kategorie nur noch Henry Maske und Jil Sander (!). Gleichzeitig fällt ein ähnlich hoher Wert für die Kategorien 4 und 9 auf. Der Abstand zu den Werten aller anderen Kategorien ist dabei so deutlich, daß die weniger dominanten Ausprägungen in diesem Fall fast zur Bedeutungslosigkeit verblassen.

Steffi Graf hat, anders als etwa Boris Becker oder Franziska van Almsick, deren herausragende Leistungsbereitschaft und extreme Zielfixierung Gegengewichte in anderen Kategorien finden, keine derartigen Gegengewichte. Ihr Profil begegnet uns als ein „reines“ Leistungsprofil mit den typischen Höchstwerten in den Kategorien 1, 4 und 9.

Wertediagramm Steffi Graf

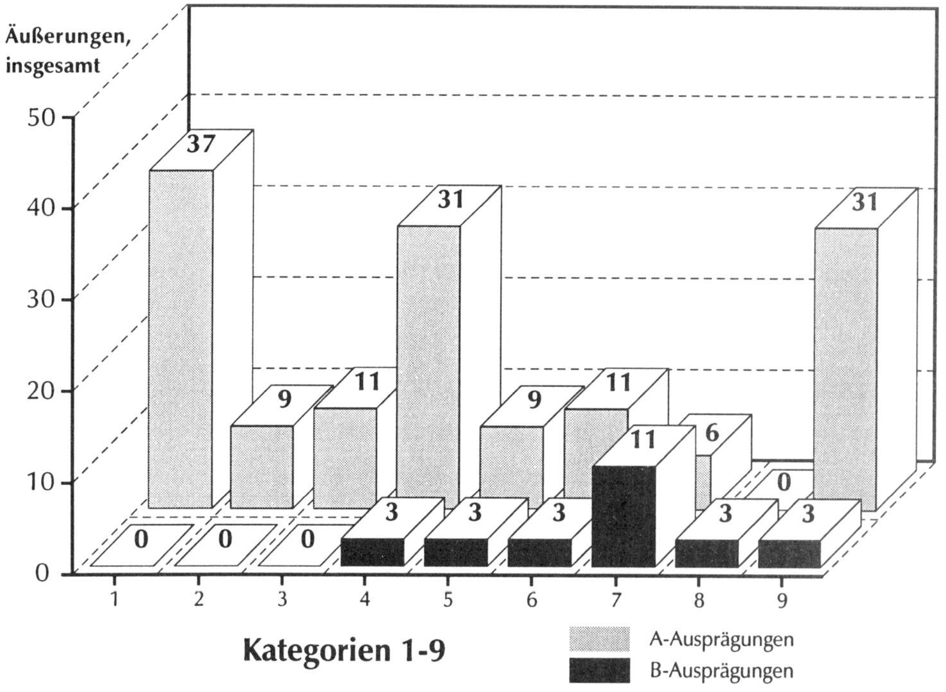

Dominante Kategorien

Kategorie 1: ***<u>Einsatz/Leistung</u>(= A-Ausprägung) vs. Gott wird es geben***

„Dann kann ich sagen, ich habe alles gegeben." [1]

Leistung bringen und von sich selbst immer wieder das Letzte verlangen – ein zentrales Anliegen von Steffi Graf. Sie will nicht ein bißchen etwas leisten – der Grundstein ihres Erfolges liegt auch nicht in ihrer Rückhand oder an der Art ihres Aufschlagspiels: Einem Phänomen wie Steffi Graf ist nicht mit technischen Finessen oder reiner Analyse ihrer Spielbrillanz beizukommen. Der Schlüssel ihres Erfolges scheint vielmehr in ihrer Fähigkeit zu liegen, sich bis an die Grenze zu motivieren und auch da noch Steigerungen erzielen zu wollen, wo andere längst aufgegeben hätten. Selbstkritisch stellt sie dazu fest:

> *„Das [gemeint sind ihre Ansprüche] ist wirklich ein Problem. Ich will immer zu viel. Gut spielen, besser werden – das ist es, was mich treibt, da bin ich fast ein bißchen besessen. Ich habe auch schon gesiegt und nicht so gut gespielt. Aber das ist es einfach nicht."* [2]

Sie nimmt die Grenzen wahr und stellt sie im gleichen Augenblick infrage, will dahinterschauen, weitergehen.

„Ich will immer alles, das stimmt. Alles." [3]

Die in einschlägigen Presseberichten über sie immer wieder zitierte Verletzungspause 1981 weist auf die Schlüsselstellung einer leistungsorientierten Denkausrichtung für den weiteren Verlauf ihrer Karriere hin: Damals hatte sie wegen einer Kapselverletzung am Fuß eine Zwangspause einlegen müssen. Kurzerhand beauftragte die damals Zwölfjährige ihren Bruder Michael damit, ihr, die auf dem Sofa lag, die Tennisbälle zuzuwerfen, damit sie sie durch das elterliche Wohnzimmer schlagen konnte. Selbstkritisch bemerkt sie zu den Schattenseiten ihrer extremen Leistungsmotivation:

> *„Die extrem hohen Ansprüche, die ich an mich stelle, das ist wirklich ein Problem, das ich schon lange habe. Ich will immer zuviel."* [4]

Sie gibt sich niemals mit dem zufrieden, was sie erreicht hat, strebt nach immer neuen Erfolgen und ist ehrgeizig, wie wohl keine andere Spielerin internationalen Formats. Ein Sieg bedeutet ihr nicht etwas um des Sieges Willen, sondern dient immer wieder dem Ausloten eigener Fähigkeiten und Grenzen.

> *„Aber vielleicht versuche ich zu oft, meine Grenzen zu erfahren.“* [5]

Zwischendurch ist irgendwann der Zeitpunkt überschritten, zu dem es noch irgendeine andere Vergleichsgröße für Leistung und Erfolg gäbe, außer der, die sie selbst gesetzt hat. Sie kann sich nur noch selbst übertreffen. Vergeblich suchen Beobachter Anzeichen für eine notwendige Motivation von außen – Steffi Grafs zeitweilige Äußerungen, sich durch die Spielstärke mancher Gegnerin motiviert zu haben, verdeckt eher den Blick auf ihre tatsächliche Motivationsstrategie als ihn freizugeben:

> *„Sie [Monica Seles] hat sicherlich dazu beigetragen, mich mehr zu motivieren, mich zu verbessern. Sie ist jemand, an dem ich mich messen kann.“* [6]

Andere Spielerinnen mögen einen Beitrag leisten – letztendlich entspringt die Leistungsbereitschaft jedoch ihrem unbedingten Willen, etwas leisten zu wollen und sich dafür mit sämtlichen ihr zur Verfügung stehenden Möglichkeiten einzusetzen.

> *„Wenn ich Probleme [mit der Motivation] hätte, würde ich nicht so hart arbeiten, wie ich es im Moment tue.“* [7]

Inzwischen haben jedoch auch andere, teilweise jüngere Spielerinnen auf ihr Niveau aufgeschlossen. Die Leistung ist noch immer konstant, und das wichtigste, der Ehrgeiz ist auch noch da, wenn auch die Anstrengungen größer werden:

> *„Man merkt, daß es einem mehr und mehr schwerfällt, sich in diesem Kreis zu bewegen.“* [8]

Ihre permanente Bereitschaft, Leistung zu bringen, sich einzusetzen und sich ganz einer Sache zu verschreiben, gründet in einer sehr einfachen Erkenntnis:

> *„Demotivierend ist, wenn ich nicht gut spiele.“* [9]

Was Steffi Graf in diesen Worten so schnörkellos ausdrückt, ist die persönliche Überzeugung, der unbedingte Wille, immer wieder über die eigenen Grenzen hinauszuwachsen. Leistung zählt, sonst nichts. Ohne Wenn und Aber, ohne Einschränkung, ohne Hintertürchen, unter Verzicht auf Netz und doppelten Boden:

> *„Ich will gut spielen. Ich brauche nur auf dem Platz zu stehen, und der Ehrgeiz ist einfach da."* [10]

Die Leistungsorientierung ist bei ihr allgegenwärtig. Der Ruhm vergangener Siege zählt in dem Moment nicht mehr, in dem sie eine neue Herausforderung wahrnimmt. Uninteressant, was in der letzten Woche war, wie häufig sie gewann, wie gut sie war: Die neue Herausforderung begegnet ihr jetzt, in diesem Augenblick – und sie konzentriert sich mit aller Energie darauf.

> *„Vor den Australian Open im Januar habe ich so hart trainiert wie nie zuvor in meiner Karriere."* [11]

Ihre Fähigkeit, jedes Ziel immer wieder ganz neu und mit vollem Einsatz anzugehen, grad so, als wäre es das erste Mal, daß sie dieses Ziel erreichen will, ist eines der Bestimmungsstücke ihres langanhaltenden Erfolgs.

> *„Solange ich Tennis spielen werde, solange ich lebe, werde ich immer mit Ehrgeiz ins Match gehen. Ich kann noch 100 Turniere gewinnen und werde beim 101. wieder ebenso ehrgeizig sein."* [12]

Die persönliche Anstrengung, die auf der Rückseite jeder herausragenden Leistung steht, spricht Steffi Graf eher in Nebensätzen an. Doch gerade diese Sätze machen deutlich, wie wichtig die Kategorie Leistung und Anstrengung ist, um erfolgreich zu sein:

> *„Abends wird noch schnell gegessen, anschließend eine Massage und dann bin ich mausetot."* [13]

Womit nicht gesagt sein soll, auch Sie, lieber Leser, sollten bis zum Umfallen arbeiten, sich anschließend massieren lassen und dann zur Ruhe begeben. Die Aussage gleicht eher einer Metapher für die Bedeutung des vollen Einsatzes für eine Sache. Leistungen zu erbringen, ist nicht immer schön und auch nicht zwangsläufig permanent von angenehmen Gefühlen begleitet: Wenn mir allerdings eine Sache wirklich wichtig ist und ich als ganze Person dahinterstehe, kann ich eine Menge Unannehmlichkeiten in Kauf nehmen, wenn sie dazu beitragen, das Ziel zu erreichen:

> *„Tennis bedeutet mir trotz allem noch extrem viel, sonst würde ich den ganzen Zirkus nicht mitmachen.“* [14]

Kategorie 4: Zielfixierung/Disziplin (= *A-Ausprägung*) vs. *zufälliges Agieren*

> *„Seit ich Tennis spiele, gibt es nur ein Ziel: so gut zu werden, wie ich werden kann.“* [15]

Wer den sportlichen Werdegang der Steffi Graf nachvollzieht, dem wird schnell klar, daß 70-80 Einzelspiele pro Jahr nur mit einer enormen Geduld, Zielfixierung und Disziplin auf diesem hohen Niveau spielbar sind. Das obenstehende Zitat drückt dies aus und nimmt ein Thema wieder auf, das uns schon in der letzten Kategorie begegnet ist: Sich selbst als Maßstab zu nehmen und mit aller Zähigkeit und aller Energie daran zu arbeiten, sich selbst zu übertreffen. An solchen Stellen mag der eine oder andere Leser den Eindruck bekommen, Steffi Graf habe schon sehr früh das verinnerlicht, was viel später einmal in der Wirtschaft als „KVP“-Gedanke eine ganze Bewegung von Neuerungen veranlassen wird: die Vorstellung, Verbesserung sei ein kontinuierlicher Prozeß, mithin jede weitere Verbesserung nur ein Schritt zur nächsten Veränderung in einem sich selbst ständig optimierenden System, der lernenden Organisation.

Steffi Graf faßt diese Gedanken in ihrer gewohnt klaren und prägnanten Art und Weise zusammen:

> *„An den Gründen für meine Motivation hat sich eigentlich seit Jahren nichts geändert: Ich möchte besser und besser werden.“* [16]

Hier steht nicht ein als Endzustand definiertes Ziel im Vordergrund, sondern lediglich das Bestreben, sich zu steigern um der Steigerung willen, sich zu verändern um der Veränderung willen, sich zu fordern um der Forderung willen. Das Ziel wird als Prozeß definiert und damit ist der erste und wichtigste Schritt auf dem Weg zu seiner Umsetzung schon getan. Das bedeutet auch, die damit verbundenen Konsequenzen in Kauf zu nehmen:

„Ich habe mich entschlossen, für den Erfolg zu leben, also muß ich auch mit allen Konsequenzen dieses Lebens fertigwerden." [17]

Zielfixierung und Disziplin als Erfolgsfaktoren bedeuten aber vor allem noch eines: Augenmaß auf dem Weg dorthin. Wir haben eine sehr ähnliche Haltung weiter oben schon bei Henry Maske als typische Denkstruktur eines erfolgreichen Menschen kennengelernt. Steffi Graf formuliert die Geduld, die es kosten kann, ganz nach oben zu kommen, noch einmal explizit:

„Das wichtigste ist, sich einfach Zeit zu lassen, nicht ein Turnier nach dem anderen, ein Schaukampf nach dem anderen zu spielen. Es ist falsch, von den Mädchen so viel zu erwarten." [18]

Wenn eine Strategie nicht funktioniert, dann überdenke die Strategie und wähle eine andere. Manche Menschen sind ja schon nach dem ersten gescheiterten Versuch von der Unmöglichkeit des Vorhabens überzeugt – andere gönnen sich einen zweiten Versuch. Gerade für den Umgang mit unangenehmen Erfahrungen, seien sie direkt in Form physischer Schmerzen erlebbar, oder indirekt als psychische „Schmerzen", sind Geduld und Zielfixierung die Wegbegleiter zum Erfolg. Als Steffi Graf 1993 immer wieder von kleineren Verletzungen behindert wird, probiert sie viele unterschiedliche Dinge aus, bis sie endlich ein geeignetes Muskeltraining findet:

„Ich habe auf sehr verschiedene Art versucht, die Schmerzen wegzubekommen." [19]

Ein Beispiel, das verdeutlicht, wie wichtig ständiges Ausprobieren auf dem Weg zum Erfolg ist. Ganz zum Schluß dann ist es wichtig, zu wissen, wo der Prozeß der ständigen Verbesserung für mich persönlich endet. Es gibt gerade im Bereich des Sports, aber auch in den gehobenen Management-Etagen (wir denken da z.B. an Henry Ford) immer wieder erfolgreiche Menschen, die tragisch endeten, weil sie irgendwann die Erfordernisse ihrer Zeit nicht mehr erkannten und das damit verbundene, erfolgskritische Tempo von Veränderungen und Verbesserungen nicht mehr gehen konnten. Steffi Graf hat auch in diesem Punkt eine sehr klare Position:

„Aber ich habe mir schon ein Limit gesetzt, wie lange ich spielen kann. Doch das möchte ich noch nicht verraten." [20]

Kategorie 9: *Zukunft, Lösung, hin zu* (= A-Ausprägung) vs. *Vergangenheit, Problem, weg von*

„Ich habe nicht das Gefühl, daß ich muß, ich will." [21]

Kaum ein anderer Satz bringt die positive Grundausrichtung im Denken von Steffi Graf so deutlich zum Ausdruck wie dieser. In der Tat meinen wir ja auch im Alltag, bei vielen Dinge zu „müssen", die wir eigentlich wollen. Das glauben Sie nicht? Machen Sie einen kleinen Test: Sie müssen z.B. bügeln? Nein, Sie wollen ein frisches und knitterfreies Hemd tragen, oder? Sie müssen unbedingt noch diesen Vorgang bearbeiten, ehe Sie nach Hause gehen? Nein, Sie wollen ihn gern bearbeiten, um ein bestimmtes Ziel zu erreichen (z.B. Ärger mit dem Vorgesetzten vermeiden).

Machen Sie sich nichts vor: Allein Ihre Haltung zu den Dingen macht den Unterschied. Wieviel Energie steht Ihnen zur Verfügung, wenn Sie an eine x-beliebige Tätigkeit mit dem Druck einer „Ich muß"-Formulierung herangehen? Wahrscheinlich nicht sehr viel, im Gegenteil: Sollten Sie noch Energien für diese Tätigkeit gehabt haben, so sind sie spätestens jetzt weg. „Ich muß" heißt im psychologischen Sinn: „Ich zwinge mich, ich muß weg von!" Sehr viel sinnvoller ist es, sich auf ein Ziel hin zu orientieren, etwa: „Ich will endlich meine Steuererklärung bearbeiten." Dadurch wird sich nichts an der Steuererklärung ändern, dafür aber sehr viel an Ihrer inneren Haltung und der Energie, die Ihnen innerhalb der nächsten Stunde zur Verfügung steht. Richten Sie alles, was Sie tun, auf ein Ziel aus und fragen Sie sich immer wieder, wie Sie den Zielzustand erreichen können, statt einen weniger erstrebenswerten Zustand zu vermeiden. Das nachfolgende Zitat Steffi Grafs steht stellvertretend für viele andere. Achten Sie darauf, daß sie sich nicht etwa fragt, wie sie ein „Formtief überwinden muß" (negative Zielformulierung, Erzeugung von Zwang durch die „muß"-Form), sondern statt dessen einen positiven Zielzustand beschreibt:

„Ich bin fast hundertprozentig fit. [...] Morgen beginne ich mit leichtem Training. Ich bin lebensfroh und zuversichtlich. Meine Gedanken sind: Wie werde ich schnell wieder fit?" [22]

Bei den schon oben erwähnten Rückenproblemen findet sich nicht etwa eine Aufzählung all der Strategien, die nicht funktioniert haben, sondern ein einfacher, positiv formulierter Satz über die Strategie, die zum Erfolg führte:

„Das einzige, was geholfen hat, war das spezielle Muskeltraining mit leichten Gewichten, aber hoher Frequenz.“ [23]

Diese innere gedankliche Haltung des „hin zu“ durchzieht eine Reihe der Äußerungen Steffi Grafs, und findet sich auch in dem nächsten Zitat:

„Da ich zuletzt viele Turniere gespielt habe, hatte ich dann irgendwann wieder extreme Schwierigkeiten, die ich durch intensives Muskeltraining wieder beheben konnte.“ [24]

Um keine Verwechslungen aufkommen zu lassen: Die Formulierung positiver Ziele hat nichts mit irgendeiner Haltung des sorglosen in-den-Tag-Hineinlebens zu tun, deren fatalistische Gründlichkeit nicht einmal vor Themen wie Arbeitslosigkeit oder Tod haltmacht: „Du bist arbeitslos, naja, dann hast du ja besonders viel Zeit, dich um Freunde und Hobbies zu kümmern.“ Weiterhin nicht gemeint ist eine ähnlich geartete Modevariante mancher pseudopsychologischer Schönschwätzer, die behaupten, man könne in jeder Situation das halbvolle oder das halbleere Glas sehen (wie wahr, stimmt tatsächlich immer).

Was die Kategorie 9 bezeichnet, ist nichts mehr und auch nichts weniger, als die hohe Kunst, mir aus einer beliebigen Situation, die ich persönlich als ineffizient erlebe, durch eine wohlgeformte Zieldefinition ein schier unerschöpfliches Reservoir an inneren Kräften und Möglichkeiten zu erschließen. Steffi Graf bringt es auf den Punkt, indem sie einfach sagt:

„Ich will meine Fähigkeiten noch stärker ausspielen.“ [25]

Mit Schönfärberei hat das Ganze herzlich wenig zu tun. Auf mögliche Konsequenzen solcher Innenschau angesprochen antwortet Steffi Graf wahrheitsgemäß:

„Wenn man in sich reinschaut, findet man auch vieles, das einem nicht gefällt.“ [26]

Was übrigens kein Grund sein sollte, ganz darauf zu verzichten. Sondern wieder eine Chance darstellt, sich aktiv auf etwas zuzubewegen und sich im Prozeß der Bewegung ständig zu verbessern.

„Früher war ich extrem introvertiert und habe kaum gesprochen. Inzwischen bin ich schon um einiges offener geworden, auch bei meinen Freunden.“ [27]

Wir haben schon im Einleitungskapitel darauf hingewiesen, daß Erfolg und Glück mitunter nur mäßig miteinander korrellieren. Glück scheint viel eher im gespannten und erwartungsfrohen Ausblick auf den nächsten glücklichen Augenblick zu bestehen, als im dauerhaften, substanziellen Erfolg selbst. Auch in dieser Haltung begegnet uns wieder ein nach vorn gerichteter Prozeß, der Lösungen und Gestaltungsmöglichkeiten in der Zukunft sucht, statt sich ängstlich umzuschauen und doch auf die Vergangenheit fixiert zu bleiben.

> *„Es fehlt immer etwas [zum Glück]. Aber ich schaue erwartungsvoll nach vorne.“* [28]

Ein letzter Punkt soll an dieser Stelle herausgegriffen werden, exemplarisch für eine positive Haltung des „hin zu“, der Frage nach Lösungen und nach Möglichkeiten.

Wie oft haben Sie selbst schon Situationen erlebt, in denen Dinge nicht so gelaufen sind, wie Sie es sich vorstellten? Die Frage nach den Schuldigen ist ebenso schnell gestellt, wie sie ineffizient ist, das Problem zu lösen. Sie halten die Unterscheidung zwischen einer Problemursache und der Suche nach einem Schuldigen für das Problem für marginal, nebensächlich oder unerheblich? Diese Überzeugung entpuppt sich sehr schnell dann als Trugschluß, wenn die Frage nach den Konsequenzen dieser Unterscheidung gestellt wird: Während die Frage nach dem Schuldigen speziell im zwischenmenschlichen Bereich häufig einen erheblichen Rechtfertigungsdruck beim Gesprächspartner erzeugt („Ich kann doch auch nichts dafür, Kollege X ist noch viel schlimmer, schauen Sie sich erst einmal den an“), führt die Frage nach den Ursachen eines Problems zu einer wesentlich neutraleren Herangehensweise aller Beteiligten und bietet eine weitaus größere Wahrscheinlichkeit konstruktiver Lösungen. Doch was erzählen wir Ihnen – lesen Sie das nächste Zitat und überzeugen Sie sich in der praktischen Anwendung von der Wirksamkeit dieser Strategie!

> *„Nach Hamburg war ich ziemlich down, ich habe Ursachen gesucht für die Niederlage und Schwächen.“* [29]

Weniger stark ausgeprägte Kategorien

Die Ausprägung dominanter Kategorien ist bei Steffi Graf sehr eindeutig: Leistung, Disziplin zum Erreichen des Zieles und zukunftsorientiertes „hin zu“-Denken prägen das Bild. Inwiefern dies tatsächlich die gesamte Person der Steffi Graf abbilden kann, muß eher fraglich bleiben. Zu oft hat sie selbst immer wieder darauf verwiesen, daß allzu intime Dinge über ihre Person die Öffentlichkeit nichts angingen und deshalb wohl auch in Zukunft ihrem engsten Freundeskreis vorbehalten bleiben werden. Nichts desto trotz finden sich in weniger dominanten Kategorien Aussagen einer Leistungssportlerin, die dazu beitragen können, das oben entworfene Bild abzurunden oder an manchen Punkten zu relativieren.

Der deutlich dominanten Leistungsorientierung steht eine öffentlich vielleicht weniger stark betonte, möglicherweise aber gerade deshalb zentrale Frage nach der emotionalen Basis des Menschen in der Welt gegenüber, die sich in der B-Ausprägung der Kategorie 7 wiederfindet:

> *„Ich dachte darüber nach, daß ich irgendwo meinen Platz habe, daß ich sagen kann, mein Name wird vielleicht etwas länger in Erinnerung bleiben. Und das ist, glaube ich, ein schönes Gefühl."* [30]

Darauf angesprochen, woher plötzlich solche Gedanken kämen, erklärte sie:

> *„Ich kam nur so drauf, weil ich aus irgendeinem Grund über den Sinn des Lebens und den Tod nachgedacht habe."* [31]

Auch das nächste Zitat gibt einen versteckten Hinweis darauf, wie wichtig es sein kann, neben all den Erfolgen Klarheit darüber zu haben, daß es nur ein einziges Leben gibt: das, was sich im Hier und Jetzt, in diesem Augenblick abspielt.

> *„Manche aus dem Tennis-Circuit sagen, sie hätten später, nach all dem Streß, noch genügend Zeit, um alles Leben nachzuholen. Da ist sicher was dran. Nur, mit zwanzig oder dreißig Jahren Paris oder Rom oder New York zu erleben, das ist etwas anderes als mit vierzig oder fünfzig."* [32]

Inwieweit spielt der Umgang mit Risiken eine Rolle im Leben der Steffi Graf? Wie geht sie persönlich mit neuen Erfahrungen um, wie erlebt sie neue Herausforderungen, wenn sie nicht in das Schema der vom Sport geforderten Leistungsorientierung passen? Gibt es überhaupt Raum für Experimente mit Neuem, das abseits vom Alltäglichen liegt (Kategorie 6, A-Ausprägung)?

> *„Ich habe einfach den Drang, viel zu erleben, etwas Neues zu sehen, soviel als möglich in einen Tag reinzupacken.“* [33]

Wie steht es mit Verzicht, mit Demut im Angesicht des Erfolges? Wie denkt sie über Erfolgsdruck einerseits und die Möglichkeiten, die sich durch den Erfolg eröffnen, andererseits? Auch zu diesem Punkt gibt sie eine sehr einfache und klare Antwort:

> *„Ich habe mich entschlossen, für den Erfolg zu leben, also muß ich mit allen Konsequenzen dieses Lebens fertigwerden.“* [34]

Was nichts anderes heißt als: Ich habe diesen Weg begonnen und die wunderbaren Aussichten des Bergpanoramas genossen. Ich werde nicht zwischendrin beginnen, mich über die Mühsal des Aufstiegs zu beschweren.

Welche Faktoren Ihres zukünftigen Erfolges haben Sie bei Steffi Graf kennengelernt?

1. Gehen Sie jedes beliebige Ziel mit einer detaillierten und klaren „hin zu“-Haltung an. Machen Sie sich unbedingt deutlich, was die Ziele sind, die Sie erreichen wollen. Sollten Sie lieber dabei bleiben wollen, sich all die Dinge vorzustellen, die Sie nicht erreichen wollen, so wird auch diese Strategie für Sie einen Sinn haben – vielleicht wollen Sie das Ziel ja in Wirklichkeit gar nicht erreichen.

2. Jeder dauerhafte Erfolg setzt eine gute Vorbereitung und ein langfristiges Hinarbeiten auf den Erfolg voraus. Vergessen Sie Menschen, die Ihnen weismachen wollen, so etwas sei innerhalb eines Jahres zu schaffen. Was übrigens wesentlich schneller geht: Auch Sie können Ihr Leben von einer Sekunde auf die andere ändern, sofern Sie jetzt die Entscheidung treffen, das zu tun. Dieser erste Schritt wird die Hälfte des Weges sein, der noch vor Ihnen liegt.

3. Tun Sie das, was alle wirklich erfolgreichen und charismatischen Persönlichkeiten getan haben: Egal, ob Sie an John F. Kennedy, Michael Gorbatschow, Albert Einstein, Franz Beckenbauer oder Konrad Adenauer denken – all diese Personen hatten schlicht und ergreifend ihre Ziele und Standards ein wenig höher gehängt als die Menschen um

sie herum. Weshalb sollten Sie sich mit weniger zufriedengeben? Weshalb sollte ein niedriger angesetztes Ziel die Wahrscheinlichkeit erhöhen, das Ziel zu erreichen? Setzen Sie Ihre Ziele höher und Sie werden erstaunt sein, wieviel Sie davon in kurzer Zeit erreichen können.

Anmerkungen:

1. Stern, 23/1994
2. Kicker, 16.1.1995
3. Sport, 27.6.1995
4. Bild, Dezember 1992
5. Stern, 23/1994
6. ebenda
7. WamS, 24.4.1994
8. Stern, 23/1994
9. Süddeutsche Zeitung, 14./15. Mai 1994
10. Sport Zürich, Oktober 1991
11. WamS, 24.4.1994
12. Berliner Zeitung, März 1992
13. WamS, 24.4.1994
14. Stern, 23/1994
15. ebenda
16. WamS, 24.4.1994
17. Kicker, 16.1.1995
18. Stern, 23/1994
19. WamS, 24.4.1994
20. ebenda
21. Stern, 23/1994
22. Die Presse, Januar 1992
23. WamS, 24.4.1994
24. ebenda
25. Sport, 27.6.1995
26. Stern, 23/1994
27. ebenda
28. ebenda
29. Süddeutsche Zeitung, 14./15. Mai 1994
30. WamS, 24.4.1994
31. ebenda
32. Berliner Morgenpost, Dezember 1991
33. Stern, 23/1994
34. dpa, Dezember 1991

Wolfgang Niedecken: „Ich brauche keinen zu fragen, keine Kompromisse einzugehen."

Geboren am 30. März 1951, wächst er als Nachkriegskind in der Kölner Südstadt zwischen väterlichem Lebensmittelgeschäft und noch nicht wiederbebauter Trümmerlandschaft auf. Nennenswerte Hinweise auf musikalisches oder künstlerisches Talent gibt es aus der Kindheit nicht zu berichten. Das wundert nicht weiter: Deutschland ist im Wiederaufbau und die Versorgung der Nachbarschaft mit Lebensmitteln sichert der Familie Niedecken ein Auskommen – da ist Musik ohnehin eher zweitrangig. Doch die trügerische Ruhe der Kindheit, die Geborgenheit der Großfamilie zeigen bald auch ein anderes Gesicht: Begleitet vom Ehrgeiz vieler Eltern dieser Generation, soll aus dem jungen Wolfgang etwas Besseres werden. Anders als in der heutigen Zeit jedoch, in der Sportstätten jeder Art, vom Tenniscenter bis zum Ballettstudio, ehrgeizelnde Eltern zur Projektion eigener, unerfüllter Wünsche auf die Kinder einladen (und dabei kräftig abkassieren), hat das aufstrebende Kleinbürgertum der damaligen Zeit andere Ideale: Etwas „Anständiges", d.h. Höherqualifiziertes soll aus den Sprößlingen werden, und so darf Wolfgang Niedecken sich nach einem aussichtsreichen Start auf der Grundschule später am Gymnasium versuchen. Der Versuch schlägt zunächst fehl und die besorgten Eltern beschließen, den Sprößling einem renommierten Internat anzuvertrauen. Unter der sachkundigen pädagogischen Führung der Patres, so glaubt die Familie Niedecken, kann ihr Sprößling dort nicht nur im christlichen Glauben, sondern auch in durchaus weltlichen Fähigkeiten wie Geometrie, Physik und Chemie Fortschritte erzielen. Wer jemals das Vergnügen hatte, eine derartige Stätte abendländischer Geisteskultur von innen zu erleben, der weiß jedoch auch, daß die dortige tagtägliche, unmittelbare Präsenz des Herrn oft das Gegenteil von dem herbeiführt, was die frommen Patres in ihr Abendgebet einschließen. Die von oben verlangte Frömmigkeit einer solchen Institution ruft förmlich nach einem Ausgleich in Gestalt seiner über die Stränge schlagenden Schüler, und Wolfgang Niedecken nimmt dieses Angebot gerne an. Die Haare sind inzwischen länger geworden, die politischen

Diskussionen mit den Eltern auch. Der mittlerweile zum Jugendlichen herangewachsene Niedecken interessiert sich dann auch als Fünfzehnjähriger sehr viel mehr für Musik, als für Geometrie und Algebra. Nach anfänglichen Auftritten im Internat mit der Band „The Convikts", schafft es seine Band „The Troop" schon, sich in Dorfkneipen und auf Schützenfesten eine gewisse lokale Prominenz zu erspielen. Nach dem Wechsel Wolfgang Niedeckens zur Band „Goin' Sad" setzt sich diese musikalische Entwicklungslinie zunächst fort, findet dann aber mit dem ergebnislosen zweiten Versuch, die zwölfte Klasse zu schaffen, ein vorläufiges Ende. Nicht nur sein Vater, sondern auch Wolfgang Niedecken selbst war inzwischen zu dem Schluß gelangt, daß eine Neuorientierung nicht schaden könne und so verläßt er die Stätte der frommen Einkehr und schaut sich in der Welt nach einem Studienplatz um. Es ist die Zeit des allgemeinen Suchens – die junge Generation sucht nach neuen Leitbildern und findet sie in Mao und Ho Chi Minh, die Generation der kriegsüberlebenden Eltern versucht, bisweilen ein wenig mühsam, die Generation zu verstehen, die sie aufgezogen hat und flüchtet sich, da dies allzu oft scheitert, dann und wann resigniert in irgendeine „lange Haare, Rübe ab"-Theorie. Niedeckens Vater, der die Auswüchse des bohemenhaften Lebens seines Sohnes mit ebensoviel Besorgnis wie Unverständnis beobachtet, macht da keine Ausnahme.

Davon unbeeindruckt, beschließt Wolfgang Niedecken, es sich und der Welt zu beweisen. Mit achtzehn entflieht er dem Mief der elterlichen Restaurationsidylle und bereitet sich auf das kommende Künstlerleben vor – zunächst durch das Anmieten einer Dachgeschoßwohnung, die er mit den damals üblichen Matratzen und psychedelischen Leuchtpostern standesgemäß einrichtet. Anders als der Generation seiner Eltern, ist ihm durchaus klar, daß das deutsche Wirtschaftswunder nicht dadurch gestoppt werden kann, daß einzelne Wunderkinder weniger früh aufstehen als andere – und so schläft er sich in der Folgezeit allmorgendlich tüchtig aus, bevor er am frühen Nachmittag sein Tagwerk beginnt. Ganz frei von Zielen und Ehrgeiz ist Wolfgang Niedecken jedoch nicht. Unter dem Druck, irgendwann auch finanziell von Zuhause unabhängig sein zu wollen, beschließt er, ein Kunststudium aufzunehmen und schafft es, innerhalb eines Sommers eine Bewerbungsmappe für die renommierte Fachhochschule für bildende Künste in Köln zusammenzustellen. Nur 25% der Bewerber werden hier angenommen und Wolfgang Niedecken ist schließlich dabei. An der Hochschule lernt er auch „Schmal" Manfred Boecker kennen, den späteren Drummer von

BAP. Sein Studium bringt ihn nicht nur mit allen Szenekneipen des damaligen Köln, sondern immer mal wieder auch mit der Musik in Kontakt. Ein konkretes Ziel verfolgt er dabei nicht – Musik ist für Niedecken ebenso ein Lebensgefühl wie für die mit ihm jammenden Thekenbrüder. So entsteht neben vielen Einzelarbeiten und Projekten im Bereich der bildenden Kunst im Lauf der Zeit eine lose Musikerformation mit noch wechselnder Besetzung, die im Juli 1977 auf einer von Kleingärtnern veranstalteten Aktion gegen die Stadtautobahn unter dem Namen BAP auftritt. Von da an geht es mehr oder weniger steil bergauf: Erste BAP-LP 1979 („Wolfgang Niedeckens BAP rockt andere Kölsche Leeder"), Auftritte im Fernsehen („Bananas", WDR-RockPop-Nacht), Vorgruppe der Rolling Stones in Köln. Gehen von der ersten LP „nur" 5000 Stück weg, so sind es bei der zweiten, die 1980 erscheint („Affjetaut"), schon über 20.000. Von der dritten LP „Für usszeschnigge" verkauft die Band mehr als 100.000 Exemplare. Inzwischen gibt es kaum noch eine BAP-LP, der nicht Gold- oder Platinehren zuteil geworden wären. Tourneen durch Deutschland, China, Mosambik und die ehemalige UdSSR schließen sich an und begründen den Weltruhm einer Band, die nicht nur mit jeder neuen Platte eine immer noch wachsende Fan-Gemeinde bei der Stange hält, sondern auch den Ruf eines exzellenten live-acts genießt, die in Punkto Erfahrung und Professionalität, aber auch bei der Spielfreude längst in einem Atemzug mit den Urgesteinen der Szene, wie z.B. den Rolling Stones oder Status Quo genannt wird.

Wolfgang Niedeckens Profil (siehe nächste Seite) zeigt besonders hohe Werte in den Kategorien Risikobereitschaft (Neues, Mut, Risiko = Kategorie 6, A-Ausprägung), Konfliktbereitschaft (Kategorie 5, A-Ausprägung; Werteursprung innen) und Emotionalität (Kategorie 7, B-Ausprägung).

Dominante Kategorien

Kategorie 6: ***Mut und Risikobereitschaft*** *(= A-Ausprägung) vs. Sicherheit, Komfort und Tradition*

„BAP hat immer am besten funktioniert, wenn wir tief drinsteckten im Chaos."

Bei keinem anderen sind die Übergänge zwischen zwei Kategorien fließender, nirgendwo verwischt sich die Grenze so deutlich, werden zwei Grundhaltungen zu einer

Wertediagramm Wolfgang Niedecken

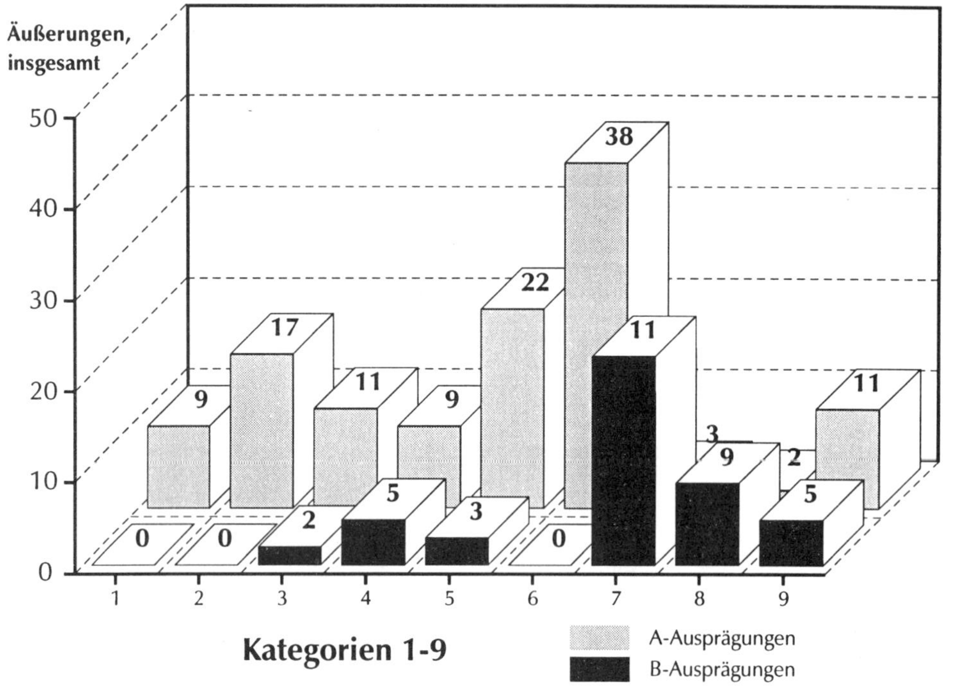

Einheit, wie bei Wolfgang Niedecken. Gemeint sind die Kategorien 5 und 6, die sich bei Wolfgang Niedecken zu einer Einheit verbinden, die als gedankliche Haltung einen wesentlichen Anteil an seinem Erfolg hat. Es ist seine besondere Begabung, eine fruchtbare Verbindung zwischen Mut, Risikobereitschaft, der Orientierung an den eigenen Werten und der produktiven Nutzung des daraus resultierenden Konfliktpotentials herzustellen. Risikobereitschaft ist nicht notwendigerweise eine Voraussetzung zum Erfolg – andere ebenso erfolgreiche Sänger üben sich durchaus schon einmal in vornehmer Zurückhaltung, wenn es um persönliche Stellungnahmen geht:

> *„Der Herbert Grönemeyer paßt mit seiner übervorsichtigen Art eigentlich hier auch gar nicht her.“* [1]

Niedecken schwimmt von Anfang an gegen den Strom, als Maler wie als Musiker. Trends sind ihm suspekt – viel eher reizt ihn da das Neue, Ungewohnte, all das, was abseits ausgetretener Pfade liegt. Und so wundert es kaum, wenn er, das Engagement von BAP bei den Anti-Ausländerfeindlichkeits-Kampagnen vor Augen, mit etwas abfälligem Seitenblick auf die Aktivitäten einiger Düsseldorfer Kollegen bemerkt:

> *„Wenn ich da an die Trend-Trüffelschweine in Düsseldorf denke: Die kriegen weder den Arsch hoch, noch die Zähne auseinander."* [2]

Es ist nicht nur das öffentliche Engagement für andere, was ihn an diesen Aktivitäten reizt – stets bezieht er auch wichtige Entwicklungsimpulse für sich selbst aus dieser Arbeit. Impulse, die bedeuten, sich auf neue Denkweisen einzustellen und eingefahrene Gleise zu verlassen:

> *„Ich stehe zu meinem politischen Engagement, keine Frage. Ich bin sogar dankbar für die inhaltlichen Anregungen, die ich anfangs durch diese Auftritte bekommen habe. So kam ich aus meinem Künstler-Elfenbeinturm heraus."* [3]

Niedecken ist von Anfang an ein Mensch, der sich engagiert, der das Neue sucht, der Mut zum Risiko hat. Für seine Einsatzbereitschaft im politischen Bereich gilt das bis auf den heutigen Tag – er ist einer der wenigen gewesen, die sich nicht musikalisch vor irgendeinen politischen Karren haben spannen lassen. Auch nach mehr als zwanzig Jahren im Geschäft behält er sich eine kritische Distanz zu aktuellen politischen und gesellschaftlichen Entwicklungen:

> *„Ich habe diesen Begriff Würde nie besser verstanden als vor, ja mittlerweile acht Jahren, als ich mit den Complizen in Nicaragua war und sah dann ein großes Transparent irgendwo an einer Wegkreuzung stehen, da stand drauf: ‚Friede mit Würde'. In dem Land, wo das alles gelaufen ist, wo die Leute den Arsch selbst hochgekriegt haben, ein korruptes Regime zu stürzen und dann mit leeren Regalen dazu gepreßt worden sind, ihre eigene Revolution wieder abzuwählen. Da bedeutet so ein Satz ‚Friede mit Würde' einen ganzen Haufen mehr, als man ihn hier, in einer sloganverseuchten Gesellschaft wie der unseren, überhaupt kapieren kann."* [4]

Als „typisches" Kind der 68er-Generation probiert er lieber Neues aus und riskiert, dabei auf die Nase zu fallen, als sich irgendwann im ewig gleichförmigen Trott in der Bedeutungslosigkeit zu verlieren. Über die Zeit der Band nach der „Ahl Männer, aalglatt"-Produktion hat er einmal gesagt:

„Der Kick war weg, wie in einer zwanzigjährigen Ehe." [5]

Dann lieber Aufregung, Risiko, Wagnis, als lähmende Beschaulichkeit und Sofakissenidyll, die neue Entwicklungen im Keim ersticken. Die Fähigkeit, Risiken einzugehen, etwas zu wagen, vom Weg abzukommen, um die Gegend kennenzulernen, von vorgezeichneten Linien abzuweichen, um Spuren zu hinterlassen, bringt den Freiraum für wirkliche Entwicklung, für persönliches Wachstum:

„Wir sind mit vielen Fragezeichen in das Studio nach Tutzing gegangen, nicht mal ein halbes Dutzend fertiger Stücke im Gepäck. Das brachte Spielraum." [6]

Was anderen Menschen Angst macht, spornt ihn an: Die Unsicherheit, nicht zu wissen, wie es weitergeht, die Neugierde, was der nächste Schritt sein könnte, die Fähigkeit, sich auf ein Chaos einzulassen in der sicheren Überzeugung, auch daraus etwas lernen zu können:

„BAP hat immer am besten funktioniert, wenn wir tief drinsteckten im Chaos." [7]

Flexibilität ist ihm ein persönliches Anliegen und eines seiner Erfolgsgeheimnisse. Er hat erkannt, daß derjenige, der aufhört, Fragen zu stellen, daß derjenige, der vermeintlich glaubt, alles zu wissen und auf jede Frage eine Antwort zu haben, daß der, der aufgehört hat, zu lernen, auch aufgehört hat, wirklich gut zu sein:

„Ich denke, daß es ziemlich schlimm wäre, wenn ich nicht innerhalb von sechs Jahren etwas ändern könnte, wenn ich nicht innerhalb von sechs Jahren flexibler geworden wäre." [8]

Genau durch diese Einstellung kann er in seinem Denken Möglichkeiten kombinieren, die für andere Menschen gar nicht wahrnehmbar sind. Er bringt Extreme zusammen, die andere Menschen lieber trennen würden und stellt Gegensätze nebeneinander, die unvereinbar scheinen. Daraus leitet er die schöpferische Energie ab, die einen erfolgreichen Menschen auszeichnet:

„Und genau diese Extreme: Aufmerksamkeit und die Bereitschaft, abzufeiern, das ist es, was ich in den Konzerten auch selber suche und so mag." [9]

Entwicklung und Veränderung sind ein fester Bestandteil seines Lebens und eine wichtige Voraussetzung seines Erfolges. Und obwohl er sie nicht als Selbstzweck oder rein künstlerische Spielerei betreibt, besitzt er die Fähigkeit, sich nicht mit weniger zufrieden zu geben als er erreichen will und seine gesamte Energie auf dieses Ziel zu konzentrieren; der Veränderungsprozeß hört erst dann auf, die Arbeit ist erst dann beendet, wenn er sich mit seiner ganzen Person darin wiederfindet:

> *„Und wenn ich merke, das bin ich nicht, dann muß es wieder anders werden.“* [10]

Kategorie 5: ***Werteursprung innen, was ist für mich persönlich wichtig, Konfliktpotential wird erkannt und konstruktiv genutzt*** (= A-Ausprägung) vs. ***Werteursprung außen, was ist für andere wichtig, Konfliktvermeidung***

Das Aufbegehren gegen Traditionen und konservativen Dünkel hat bei Wolfgang Niedecken ohnehin eine lange Geschichte und ist, wie oben erwähnt, kaum von seiner Risikobereitschaft und dem Mut zum Neuen zu trennen: Noch heute erinnert er sich an die Zeit, als er als Jugendlicher seinen Vater beim sonntäglichen Frühstück zu immer neuen Auseinandersetzungen über tagespolitische Ereignisse herausforderte – frech, provozierend und stets besser vorbereitet als sein Widerpart, dem häufig nichts anderes übbriggeblieben sein dürfte, als sich mit jenem resignierten: „So lange du deine Beine unter meinen Tisch stellst...“ zu verabschieden, mit dem eine ganze Generation von Eltern solche und ähnliche Diskussionen zu beenden pflegte. Zu seinem Vater hat er ein fast überkritisches Verhältnis, nachdem ihm in der Pubertät klar wird:

> *„Der Mann hat ja überhaupt nie mal irgendwo Zivilcourage gezeigt. Der hat immer nur mitgemacht. Ging den Weg des geringsten Widerstands.“* [11]

Die kritische Haltung gegenüber Autoritäten und dem Diktat des augenblicklich herrschenden Kunstgeschmacks setzt sich im Studium fort und macht auch vor Berufsaussichten oder möglichen „Karriere“-Chancen keinen Halt. Die eigenen Überzeugungen waren da allemal wichtiger, als das Nachbeten irgendwelcher Lehrmeinungen. Auf die Frage, warum er an der Kölner Akademie der bildenden Künste nicht als Meisterschüler abgeschlossen hat, bekennt Niedecken freimütig:

„Ich bin kein Meisterschüler geworden, weil ich mit dem Fotorealismus eine Kunstrichtung machte, die nicht erlaubt war. Ich war stolz, daß ich mit meiner Kreuzigungsgruppe einen Skandal angezettelt hatte, aber die Meisterschülerprüfung war danach nicht drin.“ [12]

Diese Entwicklung setzt sich fort, wird zu einer der leitenden Themen seine Handelns. Sich nach den Ansichten anderer zu richten, erzeugt ihm Abscheu, Kompromisse sind ihm verhaßt:

„Ich brauche keinen zu fragen, keine Kompromisse einzugehen. Kompromisse sind in der Kunst, egal in welcher Sparte, immer schlecht.“ [13]

Eine Strategie, die später, als Wolfgang Niedecken mit BAP nicht nur künstlerischen, sondern auch kommerziellen Erfolg verbucht, durchaus ihre Tücken zeigt: Die Plattenfirma bittet die BAPs nach dem großen Erfolg und wochenlanger Chartplazierung der „Für usszeschnigge“ mit der Veröffentlichung der bereits fertiggestellten Nachfolgescheibe „Affjetaut“ noch wenigstens so lange zu warten, bis der Abverkauf des Vorgängers ein wenig nachläßt:

„Die Plattenfirma hat uns angefleht, mit der Veröffentlichung zu warten, aber wir haben die Jungs gar nicht verstanden – die Stücke waren doch okay!“ [14]

Schließlich beginnt man sogar zu fürchten, von der Plattenfirma verladen zu werden und beschließt gegen deren Rat, die neue Langrille ohne weitere Verzögerung dem Publikum zuzuführen. Das Ergebnis ist bekannt: BAP hatte nun zwei Platten unter den ersten zehn, die sich gegenseitig in den Hitparaden Konkurrenz machten, sich teilweise sogar gegenseitig „abschossen“.

Vielleicht hat Wolfgang Niedecken auch diese Erfahrung im Kopf, wenn er sagt:

„Ich habe allerdings auch keinen, der mir sagt, hör mal, du murkst an der Stelle, das ist nichts.“ [15]

Dennoch hat die Orientierung an den eigenen Werten einen höheren Stellenwert als die Orientierung an äußeren Vorgaben – dies wird auch im nachfolgenden Zitat sehr deutlich:

„Ich kann in keinem anderen Lebensbereich so autonom entscheiden wie in der bildenden Kunst. Ich brauche keinen Sachzwängen zu folgen und kann lange und intensiv nach meinem Geschmack arbeiten. Das ist eine Wohltat.“ [16]

Eine Möglichkeit, die sich allerdings nicht nur einem Künstler eröffnet, sondern jedem anderen Menschen in seinem Lebensbereich auch zur Verfügung steht – wenn er sie wahrnimmt und die Bereitschaft mitbringt, in eine Chance zu investieren. Das Risiko eines beschaulichen Lebens im Fernsehsessel, darauf sei an dieser Stelle hingewiesen, ist natürlich allemal geringer – leider aber auch die Möglichkeiten, von diesem Zuschauerplatz aus zu denjenigen zu gehören, die Spuren hinterlassen, weil sie wirklich etwas bewegen und verändern. Veränderung birgt neben dem Risiko des Scheiterns auch die Chance, wirklich neue Erfahrungen zu machen, die bereichernd und beglückend sein können. Diese Erfahrungen zu machen, ist an die Notwendigkeit gebunden, Ungewöhnlichem eine Chance zu geben – denn so bleiben, wie es ist, kann es ja immer noch.

Im Bereich der persönlichen Entwicklung ist nichts einfacher, als den bestehenden Status quo zu erhalten – simples Nichtstun reicht meistens aus:

„Ich weiß, wenn wir jetzt mal was komplett Ausgefallenes probieren wollen, wird das auch probiert. Und nicht von vornherein abgeblockt.“ [17]

Die Fähigkeit, Risiken auf sich zu nehmen, wird auch in anderen Bereichen zu einer der wichtigsten Voraussetzungen schöpferischer Tätigkeit: Als Niedecken einen vorläufigen biographischen Bericht seines Lebens verfaßt, nimmt darin auch die Trennung von seiner Exfrau Carmen einen breiten Raum ein. Danach befragt, ob er ihr diese Passagen zum Lesen gegeben habe oder eine vorherige Abstimmung stattgefunden hat, reagiert er verschnupft:

„Wenn ich es ihr gegeben hätte, wäre wahrscheinlich ein Buch draus geworden, wo überhaupt nichts mehr aus meinem Privatleben drinstünde. Und der nächste Schritt wäre dann gewesen, daß ich eigentlich jeden, der im Buch vorkommt, hätte fragen müssen: Ist das okay für dich, kannst du damit leben?“ [18]

Die Haltung des kritischen Kommentators tages- und weltpolitischer Ereignisse, der lieber aneckt, als sich dem Risiko der Konformität auszusetzen, setzt sich bis zu den jüngsten Produktionen fort. „Mir sinn widder wer", BAP's zynisch-sarkastischer Beitrag zur Wiedervereinigung Deutschlands, muß Kritiker auf den Plan rufen, die wie immer befürchten, ein allzu naives oder besonders gerissenes Publikum könne das Stück falsch, d.h. im Sinne der wiederaufkeimenden Deutschtümelei verstehen:

> *„Also, das reizt mich eigentlich an dem Stück, daß es mißverstanden werden kann. Es ist wirklich eine Gratwanderung."* [19]

Solche Gedankengänge haben manchmal auch Entlarvendes: Niedecken wird gerade da zum potenzierten Bürger, wo er bürgerliche Ideale wie etwa das des Meinungskonformismus vorderhand ablehnt und sich betont unkonventionell und antibürgerlich gibt. Seine Hoffnung,

> *„Die müssen schon selber merken, daß da ein Stolperstein ist, und ich bin gespannt darauf, was mit dem Ding passiert"* [20]

kann ihn durchaus als einen Anhänger eben jener idealistischen und in ihrem Kern urtypisch bürgerlichen Denkweise ausweisen, die da glaubt, Bildung und der Glaube an die jedem Menschen innewohnende Vernunft allein seien ausreichende Voraussetzungen, der immer weiter um sich greifenden Verrohung Einhalt zu gebieten. Neben der Fähigkeit, solche eher grundsätzlichen Betrachtungen anzustellen, ist Wolfgang Niedecken gleichzeitig ein Pragmatiker von nicht zu übertreffender Deutlichkeit:

> *„Den typischen Rechtsradikalen gibt es nicht. Da haben wir zum Beispiel den Sesselpupser von gegenüber, der vor der Glotze sitzt und applaudiert, wenn Häuser brennen. Dem würde ich sagen: Hör zu, du bist alt genug, um es besser zu wissen – leck mich am Arsch."* [21]

Kategorie 7: *Kopfgesteuertes, rationales Handeln* vs. *emotionales, gefühlsmäßiges Handeln* (= B-Ausprägung)

Wolfgang Niedecken arbeitet aus der unmittelbaren Erfahrung der Dinge, die ihn berühren. Das schließt rationales Reflektieren und ein distanziert-kritisches Herangehen an die Sache nicht aus. Dennoch dominieren Gefühle. Er reagiert auf Dinge, arbeitet mit ihnen, formt ein Bild oder einen Text aus ihnen, wenn sie ihm unter die Haut gehen. Auch sein neuestes Solo-Projekt, 17 Coverversionen alter Dylan-Songs, nach eigener Aussage ein „Jugendtraum", macht da keine Ausnahme – vor allem nicht, was seinen gefühlsmäßigen Umgang mit der Musik Bob Dylans generell angeht:

> *„Mein Lieblingsalbum ist ‚Blonde on Blonde'. Wenn du das mit jemandem zusammen hörst, der nur analytisch Musik aufnimmt und das nicht an sich randringen läßt, kannst du die Platte nicht genießen. Aber wenn du dich einfach reinfallen läßt, merkst du, wieviel Freude und wieviel Sentiment in der Platte steckt."* [22]

Er orientiert sich nicht an Moden, Trends oder „Sachzwängen", sondern an seinem Gefühl – und gerade das macht ihn erfolgreich. In bezug auf seine Musik kann er deshalb auch feststellen:

> *„Ein sehr lustbetontes Arbeiten."* [23]

Es wäre übrigens ein Trugschluß, anzunehmen, dieses „lustbetonte Arbeiten" sei jederzeit angenehm, einfach und wohltuend. Emotionen können durchaus auch negativ und unangenehm sein – und gerade deshalb zu einem Teil des Erfolges werden. Wolfgang Niedecken stellt sich auch unangenehmen Gefühlen, er will wissen, was dahinter liegt, schaut nach, überprüft. Nur weil er diese Gefühle kennt, macht er die Erfahrung, wie er mit ihnen umgehen kann. Allgemeiner ausgedrückt: Je weiter die Bandbreite meiner Gefühle, desto größer mein Erfahrungsschatz, aus dem ich schöpfen kann. Je mehr Anknüpfungspunkte ich habe, desto mehr neue Erfahrungen kann ich machen. Gefühle nicht wahrzunehmen, macht nur dort einen Sinn, wo ich mich im immer gleichen Kreis von Dingen bewegen möchte, die ich schon einmal erlebt habe. Voraussetzung für Erfolg ist jedoch die Bereitschaft, neue Erfahrungen zu machen. Neue Erfahrungen können lustvoll sein, aber auch Leid bedeuten:

> *„Es kommt furchtbar selten vor, daß ich spazierengehe und dann die Gedanken am Schreibtisch nur noch aufschreiben muß. In der Regel brüte ich nach den ersten beiden Zeilen, die die Götter schenken, vor mich hin und denke: Oje, die sind so gut, jetzt geht's garantiert nicht weiter! Ich leide, leide, leide. An solchen Tagen bin ich unausstehlich."* [24]

Wenn Sie tatsächlich das Wagnis beginnen wollen, Ihre Gefühle als wichtige Information für erfolgreiches Handeln zu nutzen, dann werden Sie, ähnlich wie Wolfgang Niedecken, sehr schnell festgestellt haben, daß Sie sich viele andere „Reizverstärker", wie z.B. Alkohol, Tabletten oder Kaffee sparen können:

> *„Seit ich in einer stabilen Beziehung lebe, geht es mir so gut, daß ich keinen Bedarf mehr habe."* [25]

Sie vergrößern Ihren Erfolg und steigern Ihre Zufriedenheit, indem Sie die Dinge tun, die Sie wirklich berühren, Sie emotional ansprechen:

> *„Ich wühle eigentlich bei Texten genauso in mir rum wie beim Malen. Was raus will bringe ich dann auf Zettel oder die Leinwand."* [26]

Ganz egal, ob Sie nun gerade bei einem Kunden sitzen, eine Präsentation vorbereiten, eine Aussprache mit Ihrem Intensivsozialpartner oder Ihrer Lebensabschnittsgefährtin führen oder sich um einen neuen Job bewerben – sprechen Sie über das, was wirklich wichtig ist. Sagen Sie Ihrem Partner das, was Sie wirklich bewegt – und Sie werden an-sprechend sein und Ihren Erfolg genießen. Ihr (Gesprächs-)Partner merkt, welche Dinge Ihnen wirklich wichtig sind. Und er merkt auch, wenn Sie eine Platte floskelhafter Attitüden abspielen:

> *„Es muß mir unter die Haut gehen. Alles andere ist viel Theater um eine eigentlich sehr simple Nummer."* [27]

Kategorie 2: ***Talente erkennen und nutzen*** *(= A-Ausprägung) vs. einordnen in die Strukturen der Zeit*

Ähnlich wie Wolfgang Niedecken, kann auch Ihnen Ihr Gefühl helfen, Talente zu erkennen und zu nutzen. Die meisten Menschen wissen ohnehin schon, wo ihre Talente liegen – sie glaubten allerdings nicht, damit auch erfolgreich zu sein und Geld verdienen zu können, bis sie es einmal ausprobierten. Talente kommen aus dem Gefühl und Sie können sie auch gefühlsmäßig nutzen – spontan, intuitiv und deshalb in höchster Vollendung. Sie sind durch die Dinge in der Vergangenheit erfolgreich geworden, die Sie angewendet haben, ohne weiter darüber nachzudenken:

> *„Ich kann auf die Bühne gehen und mich darauf verlassen, daß mir die Spontaneität die Arbeit abnimmt. Das war immer schon ein großer Teil meines Kapitals als Front-*

mann. Man braucht als Band jemand, der das kann. Und das scheine ich drauf zu haben.“ [28]

Zusätzlich zum Gefühl können Sie ausprobieren. Auch Wolfgang Niedecken tut das immer wieder. Die Kölsch-Texte von BAP sind auch im Ausland erfolgreich – weil Niedecken einer der ersten war, die so etwas probiert haben. Neue Dinge sind oft deshalb erfolgreich, weil noch nie jemand vor Ihnen auf diese Art und Weise über etwas nachgedacht hat.

„Aber dann wollte ich diese Apartheid-Thematik auch im Konzert haben und habe das Stück dann im Proberaum auf hochdeutsch gesungen – alle sind zusammengebrochen vor Lachen, und das bei einem so ernsten Text. Erst als ich ihn auf Kölsch umgebaut hatte, klang er wieder ernst.“ [29]

Eines der wichtigsten Talente Wolfgang Niedeckens besteht sicher darin, daß er sich erst dann mit etwas zufriedengibt, wenn es wirklich seinen Vorstellungen entspricht. Diese Denkausrichtung wurde weiter oben schon angesprochen. Überprüfen Sie diese Strategie einmal für Ihr Leben: Wie oft haben Sie schon im Restaurant auf die Frage der Bedienung, ob es geschmeckt hat, mit „Ja“ geantwortet, obwohl Sie das Essen abscheulich fanden? Wie oft schon auf die Frage des Partners/der Partnerin: „War's schön, Liebling?“ mit einem viel zu schnellen: „Natürlich, Schatz“ (wahlweise auch: Hasi, Mausi, Darling oder Honey) geantwortet? Wie oft haben Sie in Ihrem Leben Dinge akzeptiert, die Sie nicht akzeptieren wollten, weil Sie geglaubt haben, sie damals nicht verändern zu können? Und jetzt? Stellen Sie sich vor, Sie können von Tag zu Tag gut sein, so lange, bis Sie besser sind und genau das Ergebnis erreichen, das Sie sich wünschen – und Sie haben das Geheimnis jenes Erfolges entdeckt, das Sie schon immer kannten, obwohl andere Menschen vor Ihnen damit begonnen haben, nach diesen Grundsätzen zu leben:

„In ihrer Gegend sind die [Rodgau Monotones] sehr angesagt. [...] Vielleicht ginge BAP auf Schwäbisch auch, nur die anderen Combos gehen nicht auf schwäbisch. [...] Ohne den Kollegen weh tun zu wollen – vielleicht sind wir einfach besser. Wir müssen einfach ganz eitel wagen, das zu sagen.“ [30]

Wolfgang Niedecken hat irgendwann begonnen, einen inneren Reichtum und schöpferische Fähigkeiten in sich zu entdecken, die so groß sind, daß er davon etwas an andere Menschen abgeben kann.

> *„Ich aber bin Maler, schöpfe allein aus mir selbst. Es ist jedoch nicht so, daß ich unbedingt ein Ventil brauche. Sieh es so: Ich habe viele Ventile, und da muß ja etwas durch."* [31]

Es ist keine große Kunst, die persönlichen Talente zu erkennen. Eine viel größere Kunst ist es, daß Sie das Wagnis eingehen, diese Talente auch zu nutzen. Wir haben weiter oben schon darüber gesprochen: Vielleicht schleppen auch Sie sich jeden Morgen um acht ins Büro, obwohl Sie wissen, daß Sie eigentlich etwas anderes wollen. Dies hat Konsequenzen für Ihre Arbeit, Ihren Erfolg, Ihre Partnerschaft, Ihren Freundeskreis und Ihre Kinder. Wolfgang Niedecken über den Musikgeschmack seines Sohnes:

> *„Wenn ich der Typ Papa wäre, der morgens um acht aus dem Haus schleicht, um im Kaufhof Bügeleisen zu verkaufen, würde Severin sicher andere Sachen mögen."* [32]

Weniger stark ausgeprägte Kategorien

Kategorie 3: <u>*Verzicht, Demut und Entbehrung*</u> *(= A-Ausprägung) vs. mitnehmen, was ich bekommen kann*

Wer den außergewöhnlichen Erfolg Wolfgang Niedeckens sieht, könnte manchmal zu der Annahme kommen, ein Sänger, Sportler, Maler, Politiker oder sonstwie prominenter Mensch lehnt sich irgendwann in den bequemen Lehnstuhl der Selbstgefälligkeit, des grenzenlosen Genießens oder gar der Selbstbeweihräucherung zurück. Wirklich erfolgreiche Menschen unterscheiden sich von Eintagsfliegen dadurch, daß sie ständig neue Erfahrungen machen, die unbedingt notwendig sind, um nicht nur erfolgreich zu sein, sondern auch erfolgreich zu bleiben. Einfacher ausgedrückt: Sie sind in einem Zustand ständiger Lernbereitschaft, sind offen für Neues und gestalten Veränderungen in ihrem beruflichen oder privaten Umfeld aktiv mit. Sie wissen, daß derjenige, der aufgehört hat zu lernen auch aufhört, gut zu sein:

> *„Es gibt noch sehr viele Gebiete, auf denen ich lernen muß."* [33]

Kategorie 9: <u>*Handeln/Agieren zukunfts- und lösungsorientiert*</u> (= *A-Ausprägung*) vs. *Handeln/Reagieren vergangenheits- und problemorientiert*

Er, der sich heute seinen Problemen stellt und nach vorne denkt, bemerkt selbstkritisch, daß dies nicht immer so war:

> *„Früher, da war ich so eine Art Verdrängungsweltmeister. Ich sah mich immer an der Weggabelung: links lauerte der Konflikt, rechts stand die Weinflasche."* [34]

Diese Strategie hat sich deutlich gewandelt – was nicht nur den Erfolgen des „Da Capo" (mit Platin ausgezeichnet) anzumerken ist, sondern auch sprachlich in Niedeckens Denkausrichtung deutlich wird:

> *„Die Flasche als Lockmittel ist verschwunden – was hindert mich also daran, mich meinen Problemen zu stellen?"* [35]

Welche Faktoren Ihres zukünftigen Erfolges haben Sie bei Wolfgang Niedecken kennengelernt?

1. Tun Sie Dinge, die noch niemand vor Ihnen auf diese Art und Weise getan hat – und Sie erfüllen eine wichtige Vorraussetzung dafür, erfolgreich zu sein. Alle Dinge, die existieren, sind nichts weiter als neue Kombinationen von schon vorhandenen. Nehmen Sie die Herausforderung an, kombinieren Sie, probieren Sie, riskieren Sie, erfolgreich zu werden.

2. Beginnen Sie, Ihr Gefühl als Ratgeber und inneren Coach zu benutzen. Sie wissen gefühlsmäßig sehr genau, wann etwas nicht mehr stimmt und entwickeln häufig in diesem Moment schon eine Vorstellung, wie Sie besser werden können. Sie wollen alles erreichen, was Sie erreichen können und können erreichen, was Sie wollen – mit weniger geben Sie sich ab heute nicht mehr zufrieden.

3. Sie tun Dinge, die Ihnen persönlich wichtig sind. Sie leben Ihren Erfolg und Ihr Leben – nicht das Ihres Vorgesetzten, Ihrer Nachbarn oder Ihrer Eltern. Sie sind ein Mensch, der Ziele hat und diese Ziele verfolgt – kein Flipper, dessen Kugel von anderen Menschen bewegt wird. Sollten Sie Ihr Leben wie einen Flipperautomaten organisiert haben („Hmm, sehr interessant, dabei zuzuschauen, wie die Kugel bewegt wird, hier ein paar Punkte, dort ein paar, oh, jetzt ist die Kugel im Aus"), so freuen Sie sich wenigstens daran, ab und zu ein paar Punkte zu bekommen. Mit ein wenig Glück bekommen Sie sogar manchmal ein Freispiel (sog. „Chancen", „glückliche Zufälle" oder Lottogewinne, auf die manche Menschen ein Leben lang warten).

4. Sie kennen all Ihre Talente – und Sie wissen ab heute, wie Sie sie nutzen können. Der wichtigste Schritt dabei ist nicht, darüber zu entscheiden, ob Sie die Talente und Begabungen nun nutzen oder lieber nicht. Der wichtigste Schritt besteht darin, die Entscheidung getroffen zu haben, wie Sie anfangen werden.

Anmerkungen:

1. Playboy, Januar 1994
2. ebenda
3. MAX, 1.9.1993
4. Musik Express, Nr. 3, März 1995
5. Playboy, Januar 1994
6. ebenda
7. ebenda
8. Die Welt, 6.2.1989
9. ebenda
10. Prinz, 4/92
11. Musik Express, 1.11.1990
12. Prinz, 4/92
13. ebenda
14. Playboy, Januar 1994
15. Prinz 4/92
16. ebenda
17. Musik Express, 1.11.1990
18. ebenda
19. ebenda
20. ebenda
21. Playboy, Januar 1994
22. Musik Express, Nr. 3, März 1995
23. Prinz, 4/92
24. Playboy, Januar 1994
25. ebenda
26. Prinz, 4/92
27. MAX, 1.9.1993
28. Die Welt, 6.2.1989
29. ebenda
30. ebenda
31. MAX, 1.9.1993
32. Playboy, Januar 1994
33. Die Welt, 6.2.1989
34. Playboy, Januar 1994
35. ebenda

Claudia Schiffer: „Ich habe in meinem Leben nie etwas gemacht, was ich nicht auch wirklich wollte."

Geboren am 25. August 1970 in Rheinberg. Ihr Vater ist Rechtsanwalt. Familiengeschichte und Jugend der Claudia Schiffer gehören zu ihren sorgsam gehüteten Geheimnissen und liegen noch heute im Dunkeln. Ob Schutz der Privatsphäre oder publizistischer Kunstgriff, ist nicht ganz klar – das öffentliche Leben der Claudia Schiffer beginnt erst (oder soll erst beginnen??) mit 17: Ein Agent der Pariser Fotoagentur „Metropolitan" entdeckt die 17jährige in einer Diskothek und legt damit den Grundstein zu einer modernen Fortschreibung antiquierter Aschenputtel-Phantasien pickeliger Teenager – derzufolge wer reinen Herzens ist und lange genug gewartet und gelitten hat, letztendlich doch noch belohnt wird. Zwar nicht mehr durch Prinzen auf weißen Schimmeln, aber doch zumindest ähnlich romantisch durch Zauberer in schwarzen Limousinen. Der Weg dorthin ist alles andere als märchenhaft: Die ersten Probefotos werden von allen erfolgreichen Modezeitschriften abgelehnt (was manchen Redakteur noch heute Kopfschmerzen bereiten dürfte) – lediglich eine Mitarbeiterin der französischen Zeitschrift „Elle" glaubt an das Talent der blonden Germanin. Die hatte das ganze Intermezzo in der Disco ohnehin zunächst für einen Scherz, dann für einen plumpen Anmachversuch gehalten, und den insistierenden Galan märchenhaft an ihre Eltern verwiesen. Die waren ganz angetan von den Offerten des Entdeckers und so ist Claudia Schiffer in den nächsten zwei Jahren bereits auf den Titelseiten von mehr als 100 Frauen- und Modezeitschriften zu bestaunen. Der endgültige Durchbruch zum märchenhaften Erfolg war dies aber noch nicht. Das ist aber für Claudia Schiffer kein Problem – sie nutzt die Zeit, macht ihr Abitur mit einem Notendurchschnitt, den sie nicht verraten will (gibt jedoch zu verstehen, er sei besser als 3,0) und wird zwei Jahre später mit einem etwas geänderten Outfit, von dem Beobachter meinen, es gleiche wie zufällig ein wenig dem der Brigitte Bardot, im Zuge einer Kampagne mit dem Jeanshersteller GUESS international bekannt. Das ruft natürlich Karlchen Lagerfeld auf den Plan, der gerade die Zusammenarbeit mit Top-Model Inés de la Fressange beendet hat (weil sie nicht mehr konnte oder wollte, etwas anderes vorhatte, oder er ihre ewige Rumzickerei leid geworden ist, oder alles zusammen oder keines von alledem) und nun wehenden Zopfes eine Nachfolgerin sucht. Da bleibt sein sonnenbrillenverhangener, professioneller Dunkelblick natürlich an der blonden Deutschen hängen, deren Unkompliziertheit und Professionalität in der Modewelt eine Ausnahme darstellen und damals wie heute gerühmt werden.

Der Rest ist Geschichte: Der Kosmetikgigant Revlon sichert sich die abiturveredelte Vorzeigeblondine und ewig frische Sauberfrau als Trägerin glaubhafter Werbebotschaften für die Produktpalette des Hauses und Claudia Schiffer schreibt ihren märchenhaften Aufstieg fort.

Seitdem wird Claudia Schiffer wahlweise als Exportschlager, Mega-Star oder „kleine Idiotin“ (Karl Lagerfeld nach einer inzwischen längst beendeten Auseinandersetzung über Claudia Schiffer) gefeiert, geliebt oder gehaßt. Was ist dran an dieser außergewöhnlichen Erfolgsgeschichte?

Wertediagramm Claudia Schiffer

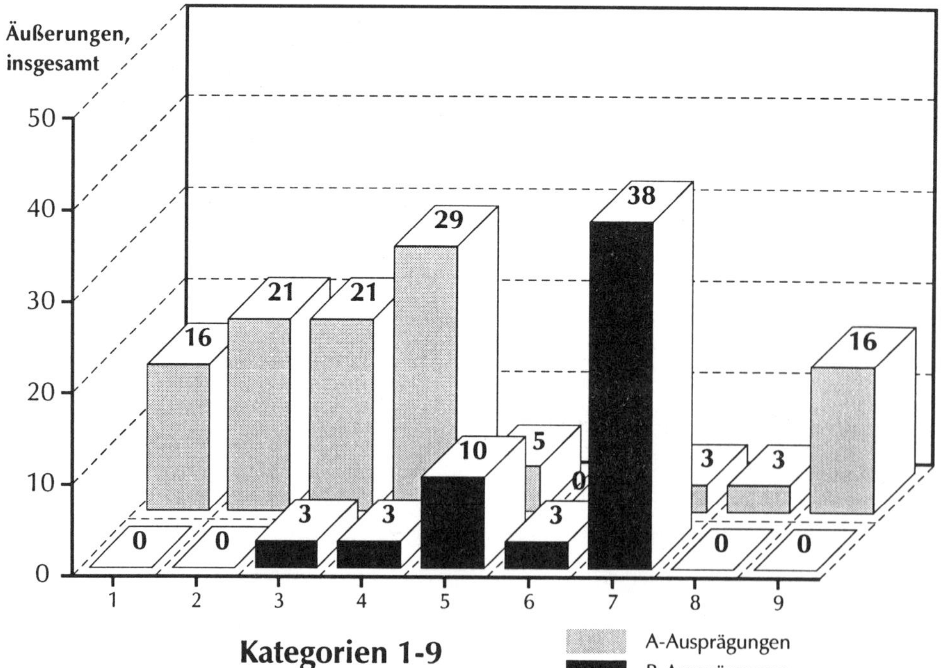

Beim ersten Hinschauen fällt eine fast verblüffende Ähnlichkeit des Merkmalsprofils von Claudia Schiffer zu dem von Franziska van Almsick auf. Vielleicht eine der Erklärungen dafür, daß Franziska van Almsick in der Regenbogenpresse schon mal als optische Nachfolgerin von Claudia Schiffer angepriesen wird, wenngleich sie selbst solche Vergleiche stets von der Hand gewiesen hat. Beide haben eine deutliche Dominanz in der B-Ausprägung der Kategorie 7, was bedeutet, daß sie aus dem Herzen sprechen, von dort ihre Entscheidungen treffen und daß ihnen Freunde, Familie und echte Beziehungen zu anderen Menschen allenthalben lieber sind als schnell vergänglicher Ruhm. Beide gehören zu denjenigen Prominenten, die auch ohne Wasser oder Laufsteg im Leben ihren Weg gegangen wären. Sie wären dabei vermutlich nicht weniger erfolgreich geworden, als sie es jetzt sind – wenn auch der Weg ein anderer gewesen wäre.

Dominante Kategorien

Kategorie 7: *Kopfgesteuertes, rationales Handeln* vs. *emotionales, gefühlsmäßiges Handeln* (= *B-Ausprägung*)

> *„Meine Lebensdevise lautet, immer nur das zu machen, was ich wirklich fühle. Ich habe in meinem Leben nie etwas gemacht, was ich nicht auch wirklich wollte."* [1]

Damit hat Claudia Schiffer einen Teil ihres Erfolgsgeheimnisses schon auf den Punkt gebracht. Auch in weniger angenehmen Bereichen schöpft sie sehr viel von der Kraft, die sie braucht, um in ihrem anstrengenden Beruf immer wieder erfolgreich zu sein, aus Intuition und Emotionen. Ob es um Freundschaft, Liebe oder Erfolg geht – jedes ihrer Zitate zu diesen Themen zeigt die gleiche, emotionale Grundfärbung: Sie arbeitet mit ihrem Gefühl und nicht dagegen. Rationales Kalkül ist nicht unbedingt ihre stärkste Seite (was fälschlicherweise ja gerade in diesem Beruf häufig als Naivität ausgelegt wird) – und dennoch eine ihrer vielen Facetten. So bezeichnet sie zwar in ihrem nächsten Zitat ihre Strategie, Tiefs zu überwinden, als „Spinnerei" – und dennoch: Genau diese Spinnerein sind es, die ihr die Kraft geben, am nächsten Tag wieder voller Konzentration zu arbeiten und die Eigenschaft zu besitzen, die viele ihrer Partner am meisten an ihr schätzen: Professionalität.

„Ich male sehr viel. Ich habe immer Filzstifte dabei. Hauptsächlich male ich dann Tiere, Phantasiefiguren und so. Das beruhigt."

Das Zitat geht weiter und zeigt, wie eng rational-logisches Kalkül, das dringend notwendig ist, um in dieser Branche zu überleben, und emotionale Bewältigungsstrategien zusammenliegen:

„Am nächsten Morgen denke ich mir dann: ‚Mein Gott, du hast gestern ja wieder total rumgesponnen'." [2]

Claudia Schiffer ist sich der Tatsache sehr bewußt, daß der schöne äußere Schein leicht trügen kann, gerade wenn es um Menschen geht, und wie wichtig es genau deshalb ist, sich auf sein Gefühl zu verlassen. Aus allen ihren Äußerungen diesbezüglich spricht daher auch die Maxime, wirklich wichtige Entscheidungen nicht nur rational zu überprüfen und zu begründen, sondern vor allem gefühlsmäßig abzuwägen.

„Falsche Freunde und Neider sind im Preis inbegriffen, man muß sehr vorsichtig sein. Ich rede nie mit anderen Menschen über Geld." [3]

An anderer Stelle auf ein ähnliches Thema angesprochen, zeigt sich einmal mehr, wie bedeutsam die gefühlsmäßigen Entscheidungen für sie sind und welchen Stellenwert das Gefühl in ihrem Leben einnimmt:

„Ja, man muß schon aufpassen. Aber ich vertraue meiner Menschenkenntnis." [4]

Auch in ihren Kontakten zu Kolleginnen sind Gefühle zueinander ein bestimmender Teil:

„Es gibt auch Eifersucht und Konkurrenzdenken unter den Models. Wir sind ja alle noch Mädchen und da kommen solche Gefühle ganz normal vor." [5]

Der Stellenwert dieses Denkmusters zieht sich bis in den Teil ihres Lebens durch, der noch nicht von Fotografen und Kameras vereinnahmt ist – den sehr privaten von Freundschaft, Liebe und Partnerschaft:

„Ich bin in meinem Beruf immer von sehr schönen Männern und Frauen umgeben. Man wird so oft von sehr gutaussehenden Leuten enttäuscht. Als ich jünger war, so mit 16, habe ich natürlich auch nach Männern geguckt, die gut aussahen. Heute passiert

mir das nicht mehr. Viele Männer, die ich kennengelernt habe, sahen nicht sehr gut aus. Aber durch ihren Charme oder ihren Humor werden sie interessant und sehen plötzlich doch gut aus. Dann sage ich mir: Warum habe ich diesen Typ nicht schon früher bemerkt?" [6]

Ihre privaten Zukunftspläne sind dann auch eher romantisch-gefühlsmäßige Vorstellungen, denn von Berechnung oder rationaler Analyse gekennzeichnet. Claudia Schiffer über ihren zukünftigen Partner und eventuelle Hochzeitsgedanken (die sich hier nicht auf David Copperfield beziehen):

„Also entweder verliebe ich mich in jemanden Hals über Kopf und entscheide dann, ihn zu heiraten – oder eben nicht." [7]

Gefühl ist für sie in der Partnerschaft ebenso wichtig, so wie beim Sex oder im Beruf. Hier wie dort orientiert sie sich an den Dingen, die ihr persönlich wichtig sind:

„AIDS hat mein Liebesleben nicht beeinflußt. Ich gehe nicht mit jedem ins Bett. Bei mir dauert es sehr lange, bis ich ja sage." [8]

Sehr lange heißt hier, so lange, bis sie sich gefühlsmäßig für eine Sache entschieden hat, wenn alle Bedingungen erfüllt sind und sie die Sicherheit hat, die ihr signalisiert, daß sie wirklich all ihre Energie in eine Sache setzen kann. Dann fokussiert sie sich ausschließlich auf diese eine Sache.

Dies spielt auch noch in einem anderen Bereich eine wichtige Rolle: im Umgang mit Fotografen und bei der Präsentation der Kollektion auf dem Laufsteg. Und genau hier zahlt sich ihre Fähigkeit, nicht nur aus dem Gefühl zu arbeiten, sondern auch Gefühle für ihre Umwelt sichtbar auf den Punkt zu bringen, wirklich aus. Sie schafft es, jedes Stück einer Kollektion mit der gleichen Begeisterung und Überzeugungskraft zu präsentieren, einen Teil ihrer Ausstrahlung auf dieses Kleidungsstück zu übertragen und dabei ins Publikum zu lächeln, als habe sie für jeden Zuschauer eine ganz persönliche Botschaft, die in diesem Moment nur er allein verstehen kann.

Die große Stärke dieser Strategie liegt in der Bündelung von Energien, die soviel Emotionen auf einen Punkt lenkt, daß es wirklich keine ablenkenden Alternativen mehr gibt, bis dieses Ziel erreicht ist. Das folgende Zitat macht deutlich, daß Claudia

Schiffer, wenn sie sich denn einmal für etwas entschieden hat, wirklich mit ganzem Herzen bei der Sache ist:

> *„Ich bin sehr, sehr treu. Alle Menschen, die verliebt sind, sollten treu sein."* [9]

Selbst bei der Wahl ihres Wohnortes entscheidet Claudia Schiffer nach dem Kriterium des subjektiven Wohlbefindens und nicht etwa nach rationalen Begründungsmustern:

> *„Ich hab' mir gerade eine Wohnung in Paris gekauft, vielleicht kaufe ich mir auch noch eine in New York. Ich bin verrückt nach dieser Stadt. Das Leben dort ist so einfach."* [10]

Ein weiteres Ereignis, an dem sich ihre Fähigkeit, durch emotionale Entscheidungen erfolgreich zu sein und zu bleiben, gut beobachten läßt, sind ihre Reaktionen auf die von einer italienischen Zeitung publizierten Nacktfotos. Alle nachfolgenden Zitate beinhalten eine Fülle gefühlsgefärbter Wörter. Selbst die Aussage, es ginge ihr um das Prinzip, kann ja in ihrer scheinbaren Rationalität nicht verbergen, daß hinter ihr eine gefühlsmäßig getroffene Grundsatzeinstellung steht, die mit aller Konsequenz befolgt wird.

> *„Es [die Nacktfotos] hat mich verletzt. Mein Management hat jedenfalls bereits die Anwälte eingeschaltet."* [11]
> *„Es geht hier ums Prinzip. Ich möchte Karriere machen, ohne daß ich mich dafür ausziehen muß. Nicht Geld regiert die Welt, sondern Sex und Schönheit."* [12]

Bei aller Wut, die sie im Augenblick empfindet, hat sie dennoch auch in diesem Moment einen Blick auf die zweite Dimension der Fotos. Er wird abermals geleitet von einem Gefühl – dem der Ästhetik:

> *„Als ich die Fotos gesehen habe, war ich wirklich wütend. Aber, sie waren ja wenigstens schön."* [13]
> *„Am liebsten sind mir erotische Fotos: Man ahnt alles, sieht aber nichts."* [14]

Die Konsequenz, die aus diesen Aussagen spricht, ist ein weiterer Baustein des Schiffer'schen Erfolgsgeheimnisses – wie der nächste Abschnitt zeigen wird.

Kategorie 4: *Zielfixierung/Disziplin* (= *A-Ausprägung*) *vs. zufälliges Agieren*

Wie schafft Claudia Schiffer all die langen Reisen, die vielen Termine, die stetig neue Motivation? Sehr einfach – indem sie äußerst diszipliniert lebt und arbeitet und sich ganz auf die Ziele konzentriert, die sie erreichen will. Einen Teil dieser Strategie kennen Sie schon von Jil Sander – auch Claudia Schiffer ist in diesem positiven Sinn von ihrer Arbeit „besessen". Sie nimmt Mühen und Hindernisse als Herausforderung an, die es auf dem Weg zum Ziel zu überwinden gilt. Ob Modenschau, Werbekampagne oder – ihr neuestes Projekt – ein Fitnessvideo: Claudia Schiffer legt immer wieder jene Zähigkeit und Zielstrebigkeit an den Tag, die wahre Professionaliät ausmacht und langfristig den Erfolg garantiert:

> *„Ein Jahr lang habe ich täglich sehr hart für die Video-Aufnahmen geübt. Und gefilmt haben wir zwei Wochen lang von morgens bis spät abends. Ich habe dabei 10 bis 14 Stunden Gymnastik gemacht – pro Tag. Manche Übungen mußte ich hunderte Male wiederholen. Das war sehr anstrengend."* [15]

Auch Sie werden keines Ihrer Ziele jemals erreichen, wenn Sie nicht wirklich bereit sind, sich anzustrengen, alte Gewohnheiten durch neue Verhaltensalternativen zu ergänzen und konsequent auf ein Ziel hinzuarbeiten.

> *„Am Anfang war es sehr schwer, weil sich jeden Tag so viele fremde Leute mit mir beschäftigten. Die Angst vor diesen Menschen habe ich aber überwunden."* [16]

Ihr Bekenntnis zu Disziplin und ihrer ganz eigenen Form von Professionalität, die sie neben ihrem Gesicht zu einem ihrer Markenzeichen entwickelt hat, wird auch im folgenden Ausspruch deutlich:

> *„Man muß diszipliniert sein, muß wissen, wie man mit den Leuten in der Branche umgeht, muß hart und professionell arbeiten."* [17]

Dies bedeutet, wie wir weiter unten noch sehen werden, auch ein erhebliches Ausmaß an Verzicht. Das Ziel, immer top zu sein, verbraucht ein großes Ausmaß an Energie. Diese Energie werden Sie nicht von anderen Menschen bekommen, sondern nur aus sich selbst schöpfen können.

> *„Ich bin nie tanzen gegangen, wenn ich am nächsten Tag ein Fotoshooting hatte. Ich kann es mir nicht leisten, keine Energie zu haben. Man muß immer top sein."* [18]

Vielleicht glaubten auch Sie vor kurzer Zeit noch, der Weg nach oben sei durch Kompromisse zu erschleichen und haben diesen Irrtum glücklicherweise noch rechtzeitig entdeckt. Ob Sie nun Model werden wollen oder Abteilungsleiter oder Aufsichtsratsmitglied: Sie sollten sich weniger an den Fehlern anderer orientieren und kindisch darüber lamentieren, daß der letzte Mitarbeiter auf diesem Posten schließlich auch Alkoholiker gewesen und nicht so viel gearbeitet habe, sondern sich lieber an Claudia Schiffer orientieren, die da ihre eigenen Maßstäbe hat und dementsprechend erfolgreich ist:

> *„Viele Mädchen erlauben sich, zu rauchen und Alkohol zu trinken. Ich nie. Man darf natürlich nie zunehmen. Ich muß mich total gesund ernähren."* [19]

Claudia Schiffers Stärken und damit ihr Schlüssel zum Erfolg zeigt sich noch an zwei weiteren Punkten dieser Kategorie: Sie hat sehr klare Zielvorstellungen und sie bereitet diese Ziele langfristig vor. Deshalb wird sie, ähnlich wie Franziska van Almsick, auch dann noch erfolgreich sein, wenn sie in der Modewelt längst nicht mehr die Nummer eins ist und, was noch wichtiger ist, sie wäre, wie Franziska van Almsick ohne das Wasser, mit dieser Strategie auch abseits des Laufsteges in jedem anderen Beruf ähnlich erfolgreich geworden:

> *„Es gibt verschiedene Projekte, die mit Fotosessions und Modenschauen nichts zu tun haben. Projekte, auf die ich mich ganz genau vorbereiten muß."* [20]

Ihre Zieldefinition dazu setzt nicht weniger hoch an, als die eines Boris Becker, Michael Schumacher oder einer Steffi Graf:

> *„Am Anfang möchte man unbedingt Nr. 1 sein, und wenn das erreicht ist, dann hat man einen Namen, mit dem man sehr viel machen kann."* [21]

Für sie steht nicht nur eine bestimmte Position, sondern auch ein bestimmtes Einkommen als Zielvorstellung ganz genau fest. Damit bestätigt sie eine alte Erfahrung aus vielen unserer Seminare, in denen wir diese Strategie mit Teilnehmern erarbeitet und implementiert haben: Je genauer und konkreter die Zielvorstellung ist, die ich habe, desto größer ist die Wahrscheinlichkeit, das Ziel auch zu erreichen. Es soll allerdings auch noch Menschen geben, die einfach versuchen, „irgendwie" erfolgreicher zu werden.

> *„Das [eine bestimmte Summe Geld] ist so eine Wunschvorstellung, die habe ich mir von Anfang an als Limit gesetzt."* [22]

Auf dem Weg nach oben werden sich auch Ihnen Hindernisse entgegenstellen – sei es nun in Form von Aufgaben, die Sie lösen können, oder einfach nur in Form übler Nachrede durch neidische Kollegen und lästerhafte Nachbarn. Vielleicht kommt auch bei Ihnen der Erfolg so schnell, daß Sie eine Zeit brauchen werden, sich auf die veränderte Lebenssituation einzustellen. Dies geht umso leichter und schneller, je deutlicher Sie dabei Ihr Ziel vor Augen behalten und je stärker Sie bereit sind, zu lernen und neue Erfahrungen zu machen. Claudia Schiffers Erfolg erklärt sich unter anderem daraus, daß sie sich immer wieder selbst Ziele setzt, daß sie Neuland betritt und Ungewißheiten überwindet – und daß sie Lust und Spaß daran hat, sich neuen Herausforderungen zu stellen:

> *„Ich habe Lust, selber Projekte zu kreieren. Das habe ich mir als Ziel gesetzt."* [23]

Dies wird ein fortwährender Prozeß sein, den Sie mit Disziplin und Geduld zu Ihrem Vorteil gestalten können.

> *„Daß schöne Mädchen doof sind, behaupten nur Leute, die keine Models kennen. Das kommt davon, daß man am Anfang noch naiv ist, aber man lernt schnell, wenn man im Geschäft ist. Ich war auch mal doof. Früher war ich irre schüchtern und hatte Komplexe, weil ich so groß bin (1,81 Meter). Vor zwei Jahren kannte ich den Bus nach Düsseldorf, heute habe ich schon Flugpläne im Kopf. Was in den drei Jahren passiert ist, scheint mir ganz normal. Kindheit, Schule. Die einen studieren, ich bin eben nach Paris gegangen. Man weiß nie, was noch passieren kann."* [24]

Ein letzter Punkt zum Thema Disziplin und Geduld: Ähnlich wie Henry Maske ist auch Claudia Schiffer eher eine Person, die den langsamen und organischen Veränderungen den Vorzug gibt. Nichts überstürzen und in aller Ruhe das prüfen, was an Möglichkeiten zur Verfügung steht – eine Strategie, die langanhaltenden Erfolg den kurzfristigen Leistungsspitzen vorzieht:

„Filmangebote habe ich genug, aber das richtige Buch ist noch nicht dabei. Ich habe in diese Richtung noch viel Zeit.“ [25]

Kategorie 3: Verzicht, Demut und Entbehrung (= *A-Ausprägung*) vs. *mitnehmen, was ich bekommen kann*

Sie haben bisher geglaubt, Menschen wie Claudia Schiffer falle alles in den Schoß, weil sie genetische Privilegien haben, über die Sie nicht verfügen? Sie können hier lesen, daß für einen dauerhaften Erfolg in der Branche viel mehr Voraussetzungen zu erfüllen sind, als „most-wanted-face“ zu sein. Ein Platz an der Spitze erfordert ein hohes Maß an Verzicht auf andere Dinge, die für Sie möglicherweise zu liebgewonnenen Gewohnheiten geworden sind. Und wenn Sie zu denjenigen gehören, sie sich schon öfters gefragt haben, ob die hohen Summen, die Spitzenstars gleich welcher Branche verdienen, gerechtfertigt sind, dann wird Sie dieser Abschnitt besonders interessieren...

„Ich finde die Summen schon gerechtfertigt, wenn man sieht, worauf die Mädchen verzichten. Keine Universität, keine private Zeit, kaum Freunde, kaum Familienkontakt. Und vielleicht einen Freund, den man nur selten sieht.“ [26]

Genau wie bei Franziska van Almsick, Steffi Graf oder Boris Becker ist der Preis des Erfolges sehr hoch. Claudia Schiffer ist auch deshalb so erfolgreich, weil sie, im Gegensatz zu vielen anderen Menschen, die weniger erfolgreich sind als sie, bereit ist, diesen Preis zu bezahlen. Welchen Preis hat Ihr Erfolg? Sind Sie bereit, diesen Preis zu bezahlen? Können auch Sie auf Kontakt zu Freunden und Familie, ein Picknik am Wochenende und andere Gewohnheiten (Vereine, Hobbies etc.) verzichten?

„Es gibt auch eine weinende Claudia Schiffer. Manchmal, wenn ich viele Tage hintereinander hart arbeite und ich mich fühle, als ob ich am Ende der Welt wäre. Wenn sich im Hotelzimmer die Faxe stapeln, meine Agentin mich ständig anruft und ich meine Eltern und meinen Freund nicht erreichen kann. Dann bricht alles zusammen. Dann sitze ich da und denke: ‚Ich bin ganz verlassen, keiner ist hier, keiner liebt mich‘.“ [27]

Liebe ist ein wichtiges Thema in der Erfolgsstory der Claudia Schiffer. Wir haben weiter oben schon festgestellt, wie wichtig emotionales und intuitives Handeln für den Erfolg von Claudia Schiffer ist. Es verwundert daher auch nicht, daß sich diese erfolgsrelevante Eigenschaft auch in ihren Gedanken über eine Beziehung wiederfindet. Der Verzicht auf allen schönen Schein, mit dem sie so erfolgreich ist, wird zur Voraussetzung von innerer Zufriedenheit, die ihrerseits einen dauerhaften Erfolg erst ermöglicht.

> *„Sobald man mit jemandem zusammen ist, lernt man auch seine Schwächen kennen. Zu wissen, daß ein Mann einen liebt, so wie man wirklich ist, ist das beste Kompliment."* [28]

Wenn jemand erst einmal erfolgreich und prominent ist, glaubt er oft, nicht nur ein Experte auf seinem Gebiet, sondern dadurch gleichzeitig auch auf allen anderen Gebieten zu sein. Mit den mehr oder weniger peinlichen Zitaten von Politikern über Sportler, Literaten oder die Medienlandschaft ließen sich ebenso Bücher füllen, wie mit den nicht minder danebenliegenden Aussagen von Sportlern über Politik. Claudia Schiffer dagegen zeigt sich in diesem Punkt sympathisch bescheiden – sie macht Aussagen über die Dinge, die sie kann (was ihrer Fokussierung auf positive, erreichbare Dinge entspricht; vgl. Kategorie 9, A-Ausprägung weiter unten), und gibt sich zurückhaltend bei Dingen, über die sie wenig Informationen besitzt. Diskussionen auf Wirtshausniveau sind nun mal einfach nicht ihre Stärke:

> *„In dieser Hinsicht [Stellungnahme zu politischen Themen] wird zuviel von mir erwartet. Viele vergessen, daß ich erst 23 Jahre alt bin. In jedem Land werden mir politische Fragen gestellt: ‚Was halten Sie vom Präsidenten?', ‚Was halten Sie von Amerika?', ‚Was halten Sie von unserem Versicherungssystem?' Da sind die Anforderungen an mich einfach zu hoch."* [29]

Kategorie 2: *Talente erkennen und nutzen* (= *A-Ausprägung*) *vs. einordnen in die Strukturen der Zeit*

Hier entdecken Sie eine der interessantesten Facetten in der Denkweise Claudia Schiffers – gerade weil sie im Widerspruch zu anderen Äußerungen zu stehen scheint. Bei den weniger dominanten Kategorien (s.u.) hat sich ja speziell in der B-Ausprägung der Kategorie 5 gezeigt, wie wichtig es für den dauerhaften Erfolg eines Models ist, genau einem bestimmten Bild zu entsprechen, das gerade trendy ist und daher vom Publikum oder Zeitschriftenleser als Model oder Titelbild gefragt wird. Claudia Schiffer hat ihr Talent erkannt, das simplerweise darin bestand, genau diesem Typ zu entsprechen und sich ihm in den Punkten anzugleichen, wo eine Übereinstimmung noch nicht gegeben war. Dies ist jedoch nur die eine Seite ihrer Strategie, die persönlichen Talente zu erkennen und zu nutzen. Der andere Teil besteht darin, einen Typus von Frau zu kreieren, der unverwechselbar ist. Damit hat Claudia Schiffer geschafft, was nur wenigen gelingt: Sie ist zu einem Original geworden, sie ist ihr eigenes Markenzeichen. Claudia Schiffer besitzt dieses Talent und weiß auch, es zu nutzen:

> *„Wenn jetzt die Models ganz dünn werden und kein Busen mehr gefragt ist, dann kann ich trotzdem genauso bleiben. Es können sich auch alle die Haare abschneiden – meine bleiben dran. Ich habe meinen Namen, und den kann mir keiner mehr wegnehmen."* [30]

Obwohl die A-Ausprägung der Kategorie 2 zahlenmäßig nicht am stärksten ausgeprägt ist, entdecken Sie hier den vielleicht wichtigsten Bestandteil von Claudia Schiffers Erfolgsgeheimnis: die Kombination von den Talenten, die sie bei sich erkannt hat (u.a. Natürlichkeit), mit der sicheren Überzeugung, gefühlsmäßig das Richtige zu tun. Aus dieser Kombination entsteht jene innere Sicherheit und Harmonie, die Voraussetzung ihres Erfolges ist und einen wesentlichen Teil ihrer Glaubwürdigkeit beim Publikum ausmacht.

> *„Einer meiner Vorzüge ist, glaube ich, meine Natürlichkeit. Ich bin immer so, wie ich bin. Wenn ich einmal zweifle, denke ich mir: Mach's einfach so, wie du dich gerade fühlst."* [31]

Das letzte Zitat dieser Kategorie spricht für sich. Wieviel mehr Erfolg können Sie in Ihrem Beruf haben, wenn Sie das, was Sie tun, aus innerer Überzeugung, aus purer Begeisterung für eine Sache tun, die Sie herausfordert und erfüllt – und nicht etwa deshalb, weil Sie damit eigentlich etwas anderes erreichen möchten (gutes Einkommen, Urlaub, Ferienhaus etc.).

> *„Ich bin immer ich selbst. Natürlich, selbstbewußt, humorvoll. Ich lächle, weil ich lächeln möchte."* [32]

Weniger stark ausgeprägte Kategorien

Kategorie 9: *Handeln/Agieren zukunfts- und lösungsorientiert (= A-Ausprägung) vs. Handeln/Reagieren vergangenheits- und problemorientiert*

Claudia Schiffer hat einige recht interessante Äußerungen gemacht, die sehr deutlich belegen, daß ihr Handeln nach vorn gerichtet ist und sich an Zukünftigem ebensosehr orientiert, wie es das Mögliche und Machbare in den Vordergrund stellt.

> *„Ich bin ein sehr positiver, glücklicher Mensch.“* [33]

Lamentiererei und Philosophieren sind ihr fremd. Anders ausgedrückt: Sie hat deshalb so viel Erfolg, weil sie Aufgaben angeht, sich der Herausforderung stellt und immer wieder gedanklich nach dem fragt, was möglich ist.

> *„Es gibt soviel Armut in der Welt. Und wenn man dagegen etwas tun will, dann nimmt man sein Geld und gründet eine Stiftung oder sowas. So einfach ist das.“* [34]

Auch Sie können mit dieser gedanklichen Grundhaltung den Weg zum Ziel kürzer machen – stellen Sie einfach einmal Fragen, die Ihre Gesprächspartner auf das Ziel hin fokussieren:

- ❒ Wie können wir denn aus diesem Kritikpunkt eine Idee machen?
- ❒ Wie kann denn x (Plan, Projekt, Vorhaben) funktionieren?
- ❒ Was muß denn unbedingt sichergestellt sein, um das Ziel zu erreichen?

Und wenn Claudia Schiffer sich etwas in den Kopf gesetzt hat, setzt sie (s.o., Kategorie 7, B-Ausprägung) alles daran, dieses Ziel auch zu erreichen. Zielformulierungen wie die untenstehende sind energetisierend, weil sie all ihre Gedanken auf das zu erreichende Ziel hin fokussieren und keine Energie dafür vergeuden, über Dinge nachzudenken, die sie sowieso nicht erreichen will.

> *„Und wenn ich zum Beispiel zur ‚Oscar'-Verleihung gehen will, muß ich meiner Agentin sagen: ‚Ich will an diesem Tag in Los Angeles sein, egal was ist.‘“* [35]

Selbst alltägliche Kleinigkeiten, die vergleichbaren anderen Stars längst lästig geworden sind, hat sie für sich so umgedeutet (im NLP sprechen wir an dieser Stelle von einem Reframing), daß sie ihnen etwas Positives abgewinnen kann.

„Ich genieße das alles sehr. Wenn ich auf der Straße angesprochen werde, sehe ich das immer als ein Kompliment an." [36]

Kategorie 1: ***Einsatz/Leistung*** *(= A-Ausprägung)* vs. *Gott wird es geben*

Es ist nicht weiter verwunderlich, daß Claudia Schiffers Profil auch in dieser Kategorie eine Ausprägung zeigt, wenn auch keine dominante. Die Bereitschaft zu Einsatz und Leistung ist eine Grundvoraussetzung des Erfolges und war bei ihr, rückblickend betrachtet, schon in der Schule zu beobachten.

„Ich habe immer zu den Guten gehört. Meine Eltern waren stolz auf meine Noten." [37]

Diese Leistungsbereitschaft behält sie auch nach der Schule bei und baut sie zu einer der wichtigsten Grundlagen ihres professionellen Arbeitsstiles aus. Schauen Sie sich um in der Welt – und Sie werden Menschen entdecken, die genau deshalb erfolgreich sind, weil sie einen außergewöhnlich hohen Einsatz dafür geben. Je stärker Sie selbst dazu bereit sind, desto früher werden Sie durch die Energien, die von Ihnen ausgehen, Menschen kennenlernen, die sich ähnlich leidenschaftlich für eine Sache einsetzen.

„‚Ich kann nicht mehr, ich will jetzt nach Hause' gibt es in meinem Beruf nicht." [38]

Ruhm, so lehrt uns ja schon der Volksmund, habe einen hohen, manchmal gar einen zu hohen Preis. Diejenigen, die wirklich berühmt sind, halten diesen Ausspruch dagegen überwiegend für eine „die-süßen-Trauben-hängen-hoch-und-schmecken-bestimmt-nicht-Politik" derjenigen Menschen, die kurz vor dem Ziel aufgegeben haben, oder, was der zahlenmäßig häufigere Fall sein dürfte, gar nicht erst angefangen haben, wirklich aus der Masse hervorzutreten. Natürlich haben Erfolg und Ruhm einen Preis – und zusätzlich einen Gewinn, der oft weitaus höher als der Einsatz ist. Claudia Schiffer weiß das – und macht dementsprechend ihre Einsätze.

„Der Preis des Ruhmes ist nicht zu hoch. Der Beruf ist so toll, dafür muß man irgendeinen Preis zahlen." [39]

Selbst Freizeit bekommt in diesem Zusammenhang eine völlig neue Wertigkeit. Wo andere sich in der allgegenwärtigen „Freizeitgesellschaft" in Spielhallen, Gastwirtschaften oder in ähnlich zweifelhafte Vergnügungen flüchten und dort die Zeit verbringen (warum eigentlich nicht gleich: [r]umbringen?) und der animierte Urlaub im perfekt durchorganisierten Ferienghetto das Ende von Entdeckungsfahrten in andere Länder markiert, sind ein oder zwei Wochen Freizeit für einen Erfolgsmenschen wie Claudia Schiffer ein Geschenk, das sie genießen kann, wenngleich ihre Leistungsorientierung ihr manchmal selbst das erschwert.

> *„Aber wenn ich zwischendurch ein oder zwei Wochen freinehme, kriege ich sofort ein schlechtes Gewissen. Dann denke ich: ‚O Gott, die ganzen Jobs, die ich jetzt absage, nur um Ferien zu machen.'"* [40]

Kategorie 5: *Werteursprung innen, was ist für mich persönlich wichtig, Konfliktpotential wird erkannt und konstruktiv genutzt* vs. *Werteursprung außen, was ist für andere wichtig, Konfliktvermeidung (= B-Ausprägung)*

Claudia Schiffer weiß sehr genau, daß ihr Erfolg davon abhängt, sich an genau definierbaren Außenkriterien zu orientieren – und sie tut dies sehr konsequent:

> *„In meinem Beruf ist es am wichtigsten, in den Modezeitschriften fotografiert zu sein und eventuell auch das Cover zu haben. Nur das zählt."* [41]

Da es in der Modebranche anders als z.B. bei der Musik oder in der Politik nicht darum geht, als Model neue Trends zu initiieren, sondern möglichst perfekt einem von außen definierten Anforderungsschema zu entsprechen, ist es folgerichtig für den enormen Erfolg von Claudia Schiffer, diesen Zusammenhang zu erkennen und als Gegebenheit ihrer Branche für sich arbeiten zu lassen. So macht Claudia Schiffer gerade das erfolgreich, was möglicherweise in anderen Branchen den Untergang bedeuten könnte: Sich selbst zu einer „Ware" zu machen, die nach Kriterien des „Marktwertes" (sie selbst wählt diese Formulierung) beurteilt und gekauft wird:

> *„Der Marktwert eines Mädchens richtet sich danach, wie viele Titelblätter man in der Modewelt hat. Und ob man schon mit großen Designern gearbeitet hat."* [42]

Wie wichtig es ist, das berufliche Umfeld dabei immer wieder im Blick zu behalten, zeigt auch das nächste Zitat:

„Ich persönlich mache ja nicht die Preise, sondern die Modewelt bestimmt die Preise. Wenn ich gebucht werde, dann bieten die mir einen Preis.“ [43]

Welche Faktoren Ihres zukünftigen Erfolges haben Sie bei Claudia Schiffer kennengelernt?

1. Sie haben alle Möglichkeiten, bei Entscheidungen und der Planung wichtiger Karriereschritte auf Ihr Gefühl zu achten. Tun Sie die Dinge, die Sie wirklich mögen. Sie werden, ähnlich wie Claudia Schiffer, auf dem Weg zu Ihrem Ziel viele Kompromisse eingehen können – also können Sie wenigstens Ihr Ziel kompromißlos danach auswählen, was Sie wirklich wollen; um etwas zu erreichen, das für Sie persönlich wirklich wichtig ist.

2. Erkennen Sie Ihre Talente und nutzen Sie sie. Jeder hat ein ganz spezielles Talent, ist als Mensch einmalig und verfügt über mindestens eine besondere Gabe, die kein anderer Mensch hat. Die Kunst besteht nicht darin, das zu wissen – sondern dieses Wissen zu nutzen. Daß Sie 30, 40 oder sogar 50 Jahre alt geworden sind, ohne sich dieser Tatsache bewußt zu werden, widerlegt das Vorhandensein Ihrer Talente nicht. Es weist eher darauf hin, daß Sie keine Zeit mehr zu verlieren haben, Ihre Talente endlich mit Leben zu erfüllen und sie zu nutzen.

3. Verzicht und Demut sind wichtige Erfolgsfaktoren. Bleiben Sie bescheiden. Claudia Schiffer ist gerade deshalb so erfolgreich, weil sie zuverlässig und frei von jedweden Allüren ist (was einige Fotografen, unter ihnen kein geringerer als Starfotograf Helmut Newton, gelegentlich mit dem Wort „professionelles Arbeiten“ umschreiben).

4. Ihnen wird nichts in den Schoß fallen. Gerade Menschen, die einen Teil des Weges zum Erfolg schon zurückgelegt haben, verwechseln manchmal den Weg mit dem Ziel. Das Beispiel Claudia Schiffer zeigt eines sehr deutlich: Wer den Erfolg eines Models hat, gibt einen Einsatz dafür her. Anders ausgedrückt: Verdienen wie ein Vorstandsmitglied mit den Arbeitszeiten und Vergünstigungen eines Angestellten sind zwei Dinge, die sich nicht vertragen. Als Außendienstler 10.000 DM zu verdienen und

jeden Tag um 16.30 Uhr mit den Kindern im Garten zu spielen ist eine ebenso unrealistische Traumvorstellung wie jenes hartnäckig-haltbare Wende-Märchen, man könne in Deutschland nach den Prinzipien des Sozialismus arbeiten und dabei gleichzeitig alle Errungenschaften der kapitalistischen Wohlstandsgesellschaft genießen.

Anmerkungen:

1. BRAVO, 26/1994
2. Stern, 24/1994
3. ebenda
4. Mädchen, 2/93
5. ebenda
6. Bunte, 5.8.1993
7. ebenda
8. BRAVO, 26/1994
9. ebenda
10. Bunte, 27.6.1991
11. BRAVO, 26/1994
12. Stern, 24/1994
13. ebenda
14. ebenda
15. Stern, 38/1995
16. Stern, 24/1994
17. ebenda
18. ebenda
19. ebenda
20. ebenda
21. ebenda
22. ebenda
23. Stern, 38/1995
24. Bunte, 27.6.1991
25. BRAVO, 26/1994
26. Stern, 24/1994
27. ebenda
28. Bunte, 5.8.1993
29. Stern, 24/1994
30. ebenda
31. Bunte, 5.8.1993
32. Mädchen, 2/93
33. ebenda
34. Stern, 24/1994
35. ebenda
36. Mädchen, 2/93
37. BRAVO, 26/1994
38. Stern, 24/1994
39. ebenda
40. ebenda
41. ebenda
42. ebenda
43. ebenda

10

Fürstin Gloria von Thurn und Taxis: „Die Angstgeneration ist tot. Boris Becker lebt. Jeder kann etwas erreichen."

Ihren vollen Namen ohne Pausen oder Stolperer auszusprechen, dürfte selbst adelskundigen Abonnenten entsprechender Wochenblättchen internationaler Hofberichterstattung schwerfallen, in denen lange Zeit ihre neuesten Eskapaden in aller Ausführlichkeit geschildert und, zum besseren Verständnis, reichlich bebildert wiedergegeben wurden:

Maria Gloria Ferdinanda Joachima Josephine Wilhelmine Huberta von Thurn und Taxis, ihres Zeichens geborene Gräfin von Schönburg-Glauchau – und zwar am 23. Februar 1960.

Während ihres Studiums lernt sie im Münchner „Cafe Reitschule" ihren späteren Mann Fürst Johannes von Thurn und Taxis kennen. Wie in Adelskreisen üblich, kennt man sich untereinander (was bei dem unaufhaltsamen Schrumpfungsprozeß europäischer Adelsfamilien infolge biologischer Ausfälle nicht weiter verwunderlich ist) und so ist Fürst Johannes kein gänzlich unbekannter Mensch für sie – vielmehr jemand, den sie schon aus Kindertagen kennt und seitdem folgerichtig ganz bürgerlich „Onkel Johannes" nennt. Der wiederum sucht eine junge Frau möglichst adeliger Abstammung und begibt sich deshalb in eben jenes Cafe, wohl auch, weil ihm bekannt geworden war, daß es überwiegend von jüngeren Personen beiderlei Geschlechts zur Freizeitgestaltung genutzt wird. So bleibt dem Zufall wenig Chance, ein Treffen zwischen beiden zu arrangieren. Sie lernen sich also genauer kennen und leiben und heiraten schließlich am 31. Mai 1980.

Für Gloria beginnt eine Zeit unbeschwerter Fröhlichkeit und exzessiver Selbstdarstellung in der Öffentlichkeit. Nicht alles davon kommt gleich gut an: Ihr überdimensionaler Kopfschmuck (von einigen Reportern schmeichelnd als „Hut" identifiziert) auf der Beerdigung des Peter von Siemens erregte ebenso die Gemüter, wie ihr enthemmter Auftritt in „Wetten, daß...?" die Idylle deutscher Wohnstubengemütlichkeit empfindlich störte. Auch ihr Besuch bei Hamburgs Vorzeigeprostituierter Domenica versorgte deutsche Stammtische für viele Wochen mit Gesprächsstoff und ließ die Sorge um den akuten Verfall von Sitte und Moral an höchstadeliger Stelle aufkeimen.

Wenngleich es nach dem Tod von Fürst Johannes inzwischen ein wenig ruhiger um die ehemalige Glamour-Fürstin geworden ist (ein Ausdruck, den sie selbst wohl entrüstet zurückweisen würde), so gehört sie noch immer nicht nur zu den schillerndsten, sondern auch zu den erfolgreichsten Personen Deutschlands und vielleicht sogar Europas. Sie meinen, diese Frau habe nie in ihrem Leben etwas selbst geleistet, sondern lediglich das Vermögen von Johannes für eine Unzahl von Hüten, Kleidern und Schuhen verplempert??

Ein sehr vorschneller Trugschluß. Mithilfe eines Beraterstabes hat sie die fürstlichen Hinterlassenschaften geordnet und die Mehrzahl der vorhandenen Betriebe auf eine solide wirtschaftliche Basis gestellt. Dies war insbesondere für das fürstliche Holzgeschäft eine Herausforderung. Ansonsten fand die Fürstin vor allem durch die Ankündigung zahlreicher Verkäufe aus dem Familienbesitz zu alten Volksschreck-

Wertediagramm Fürstin Gloria von Thurn und Taxis

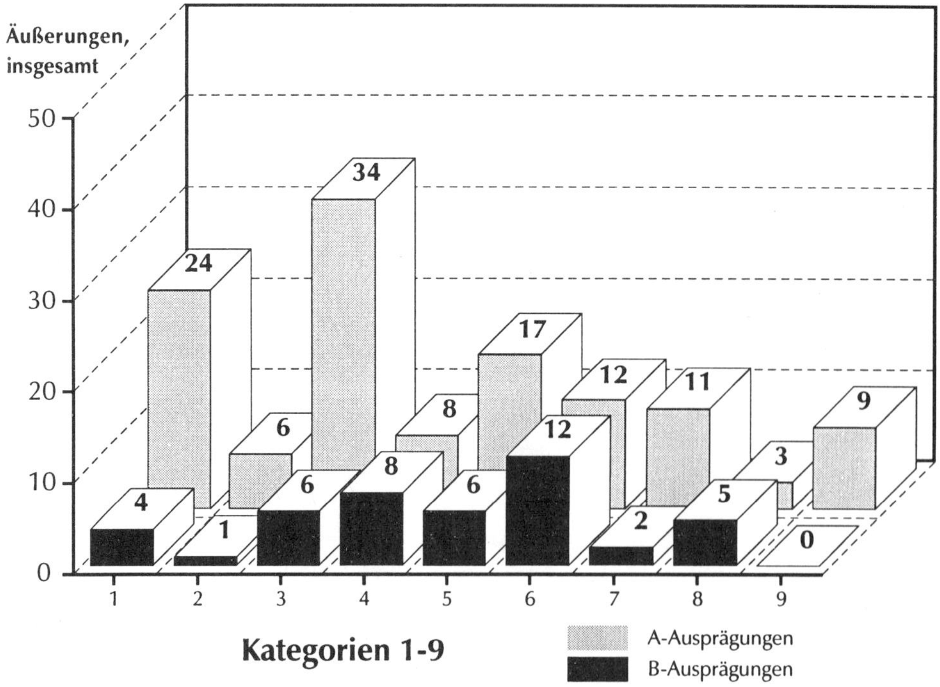

Qualitäten zurück. Was ist dran an dieser Frau, die sich gleichzeitig für Konventionen und schützenswerte Originale paradiesvogeliger Mentalität ausspricht? Doch lesen Sie selbst, was und wie Durchlaucht zu denken pflegt – über Entbehrung, Demut und Verzicht, Taschengeld und Kreditkarten, Kinder und Familie, Paläste und Hütten...

Im Überblick hat Gloria eines der ausgeglichensten Profile der gesamten Untersuchung. Das scheint zunächst im Widerspruch zu der Person zu stehen, die bei ihren öffentlichen Auftritten als schrill, vorlaut und machmal skuril beschrieben wird. Bei näherer Betrachtung wird allerdings deutlich, daß genau diese Ausgewogenheit aller Kategorien den Schlüssel zum Erfolg der Fürstin Gloria darstellen – einer Frau, die demjenigen sehr viel mehr zu sagen hat, der hinhört...

Dominante Kategorien

Kategorie 3: Verzicht, Demut und Entbehrung (= *A-Ausprägung*) vs. *mitnehmen, was ich bekommen kann*

Fürstin Gloria überrascht immer wieder. Nicht nur mit spektakulären Auftritten in den Medien, sondern, wer hätte das gedacht, auch mit dem zweithöchsten Wert für Rationalität (hinter Michael Schumacher) und dem höchsten Wert aller untersuchten Prominenten in der Kategorie Demut, Verzicht und Bescheidenheit. Ihre tiefchristliche Grundhaltung ist eine der wichtigsten Stützen ihres Erfolges und zieht sich wie ein roter Faden durch eine ganze Reihe ihrer Äußerungen.

> *„So was gab's bei uns nie, daß man sich irgendwie besser fühlte. So nach dem Motto: Mit denen spielt man nicht, weil die nichts sind und so. Das gibt's bei mir auch nicht und bei meinem Mann fahre ich damit genau richtig. Weil der natürlich tiefchristlich erzogen ist, und das sind bei uns christliche Grundsätze."* [1]

Damit rückt auch jener Teil ihres Erfolges etwas mehr in den Mittelpunkt der Aufmerksamkeit, der bisher von der Öffentlichkeit weitgehend unbeachtet blieb – ihre Hilfsbereitschaft und ihre Nächstenliebe.

> *„Für mich als Christin ist der Mensch das Wichtigste. Und wenn ein Mensch mal auf Abwege gerät, und meiner Ansicht nach was Falsches tut, dann heißt das für mich noch*

lange nicht, daß man dem nicht helfen muß. Wir sind dazu erzogen worden, jedem Menschen unsere Brüderlichkeit zu schenken.“ [2]

Für Menschen, die zwar von Hilfsbereitschaft reden, es aber bei schönen Absichtserklärungen belassen (an wen sie dabei wohl gedacht haben mag??), hat sie wenig übrig. Obwohl, oder vielleicht gerade weil sie eine ansonsten sehr rational geprägte Persönlichkeit darstellt (s.u., besonders die A-Ausprägung der Kategorie 7), steht bei ihr das TUN und der persönliche Einsatz als Verpflichtung im Vordergrund.

„Es wäre billig, wenn wir nur das machen würden [die täglich 320 fürstlichen Armen-Mahlzeiten im Schloß]. Da muß schon mehr kommen. Sehr viel mehr. Nicht nur Geld für's Abspeisen geben, sondern auch persönlicher Einsatz. Mit den Armen und denen in Schwierigkeiten sprechen, sie besuchen.“ [3]

Fürstin Gloria hat bemerkenswerterweise einen besonderen Punkt mit Henry Maske gemeinsam: Beide betonen, wie wichtig es für den Erfolg ist, zu lernen, auch aus Fehlern zu lernen und das Wissen zu nutzen, was ihnen die engsten Vertrauten, seien dies nun der Trainer oder der Ehemann, weitergeben. Machen Sie ein kleines Experiment: Halten Sie sich die Ohren zu, jetzt, und jetzt drücken Sie die Ohrmuscheln mit den Zeigefingern beider Hände etwas nach vorne, zu Ihrem Gesprächspartner hin – und Sie haben in jenem Moment gerade präzise den Unterschied zwischen zu-hören und hin-hören erkannt.

„Ein Beginner muß demütig sein und zuhören können. Das kann ich. Ich hatte das Glück, mit einem älteren Mann verheiratet zu sein.“ [4]

Fürstin Glorias Bereitschaft zu lernen, ihre Offenheit für neue Dinge und ihre Achtung vor anderen Menschen zeigen sich gerade da, wo es für eine Frau wie sie simpel wäre, darauf zu verzichten – im privaten Bereich. Im Umgang mit ihrem Personal außerhalb der Reichweite von Reportern und Kameras lebt sie das vor, was Vorbildfunktion für manch eine Führungskraft hat: Zeige (nicht sage!) mir, wie du mit den dir anvertrauten Menschen umgehst, und ich sage dir, wie erfolgreich du in deinem Leben sein wirst.

„Bei meinem Einzug in Regensburg bin ich rumgegangen, habe zum Beispiel am Südflügel zwei Damen gesehen, habe artig ‚Guten Tag' gesagt und gefragt, wie sie heißen und was sie so machen.“ [5]

Wie Sie noch feststellen werden, ist Fürstin Gloria eine durchaus vorausschauende, abwägende Geschäftsfrau, die sich ganz ähnlich wie Rennfahrer Michael Schumacher den rationalen Elementen des Denkens verpflichtet fühlt. Dennoch trifft sie ihre Entscheidungen stets so, daß die Konsequenzen für diejenigen, die davon betroffen sind, wohlüberlegt sind.

> *„Im Augenblick trifft mein Mann die Entscheidungen. Aber glauben Sie mir, ich werde keine selbstherrlichen Beschlüsse fassen."* [6]

Rationales Kalkül im Sinne eines ausschließlich profit-orientierten Denkens ist ihr ebenso suspekt wie Selbstherrlichkeit bei unternehmerischen Entscheidungen oder Überheblichkeit im Umgang mit den Mitarbeitern.

> *„An den USA gefällt mir viel. Aber vieles auch nicht. Vor allem das reine Profitdenken nicht."* [7]

Damit unterscheidet sie sich deutlich von der Selbstbedienungsmentalität, die in manchen großen, vormals erfolgreichen deutschen Unternehmen anzutreffen ist. Fürstin Gloria räumt schon vor dem Tod ihres Mannes hinsichtlich ihrer zukünftigen Führungsposition bescheiden ein:

> *„Von meinem Mann weiß ich, daß niemand sich selbst kontrollieren kann und sollte."* [8]

Diese Art von Demut bedeutet nicht, sich klein zu machen oder in Unterwürfigkeitsstrategien zu verfallen. Demut versteht sich als Charakterzug einer reifen Persönlichkeit, die einen großen Teil ihres Erfolges der simplen Strategie verdankt, mit offenen Ohren durch die Welt zu gehen. Nach dem Tod ihres Mannes und der anschließenden Versteigerung wertvoller Antiquitäten aus dem Familienbesitz, die immerhin 53 Millionen Mark einbrachte, wurde Gloria einmal gefragt, ob diese Versteigerungen „schmerzvoll" waren. Sie reagierte darauf mit jener überraschten Bescheidenheit und Demut, die sie als eine wirklich große Persönlichkeit ausweisen:

> *„Nein, [die Versteigerungen waren] notwendig. Das Haus mußte neu geordnet werden. Überall stand zuviel herum. Das Schloß ist jetzt nicht leer, sondern schön."* [9]

Sie alle werden Menschen kennen (vielleicht gehörten Sie bis vor kurzem sogar selbst zu dieser Kategorie), die alles schon wissen. Sie wissen, wie die Welt funktioniert, sie wissen, weshalb dieses so und jenes nicht so sein muß, sie haben ihr kleines abgeschlossenes Weltbild fertiggestellt, das ihnen das größte Abenteuer erspart, auf das ein Mensch sich einlassen kann – neue Erfahrungen zu machen. Vielleicht hat auch Sie schon einmal in einem Gespräch das Gefühl beschlichen, einen 30jährigen Greis vor sich zu haben, einen Menschen, der im doppelten Sinne „fertig" war.

„Ich bin sozusagen in der Lernphase. Das kann mir in meinem Alter niemand zum Vorwurf machen." [10]

Wenn ich aufhöre zu lernen, beginne ich, mich selbst aufzugeben. Der Umkehrschluß, durch Lernen sei alles erreichbar, ist nicht folgerichtig. Auf Dinge, die ich noch nicht erreichen kann, verzichten zu können, kennzeichnet eine Persönlichkeit, die gerade deshalb erfolgreich ist, weil sie nicht jeden Erfolg braucht.

„Glauben bedeutet für mich, daß ich gelernt habe, gewisse Dinge zu akzeptieren. Früher habe ich mich geärgert, wenn etwas nicht geklappt hat. Heute weiß ich – es hat halt nicht sein sollen..." [11]

Was übrigens, wie fälschlicherweise angenommen werden könnte, nicht bedeutet, die Hände in den Schoß zu legen und alles Gottes Fügung zu überlassen – sondern bedeutet, daß ich erkennen kann, weshalb ich ein bestimmtes Ziel zu diesem Zeitpunkt noch nicht erreicht habe. Was hat mir gefehlt, um Hauptabteilungsleiter zu werden, genau diesen für mich wichtigen Kunden zu gewinnen oder in einem ganz bestimmten Projekt erfolgreich zu sein? Das waren keine „äußeren" Umstände, sondern Hinweise auf Lernmöglichkeiten, die ich bisher noch nicht bemerkt oder nicht genutzt habe. Diese Art von Demut bedeutet für Gloria keine Plage oder Mühe, sondern ist eine besondere Errungenschaft, die ihr dabei hilft, ein glückliches und erfülltes Leben zu führen.

„Religiös zu sein ist keine Pflicht, sondern eine Gnade. Wenn man den Luxus dieses Geheimnisses Glauben erkannt hat, schuldet man es dem lieben Gott, auch mal ein Opfer zu bringen. Und den Kirchgang am Sonntag, wenn man eigentlich keine Lust hat." [12]

Diese Haltung wird auch im nächsten Zitat deutlich, das auch wegen seiner Nähe zur Kategorie 4, A-Ausprägung, interessant ist.

„Es [der Gang zur Kirche] ist ein Opfergang manchmal für mich. Da ist die Predigt zu langweilig, da bin ich müde, habe keine Lust. Aber ich zwinge mich." [13]

Wirklich erfolgreich zu sein und zu bleiben, dies belegen alle in diesem Buch zitierten Beispiele, ist nicht etwa jenes lustvolle Leben, das uns Medien und andere Geschichtenerzähler als Erfolg anbieten. Wer allzu ungestüm und ohne Rücksicht auf seine Umwelt zum Erfolg drängt, erntet oft genau das Gegenteil dessen, wofür er ursprünglich ausgezogen ist. Er-folg im ursprünglichen Sinne dagegen bedeutet, das zu bekommen, was er-folgt, wenn Sie sich selbst und Ihren Überzeugungen folgen.

„Vor der Ehe habe ich nicht von dem Baum der Erkenntnis und seinen Äpfeln genascht. Meine Mutter hat mir beigebracht, daß ich warten muß, bis ich einen Mann finde, den ich wirklich liebe." [14]

Möglicherweise erscheint Ihnen diese Überzeugung deshalb antiquiert, weil es in der Zwischenzeit ein wenig aus der Mode gekommen ist, Ziele und Überzeugungen zu haben. Die Mode dessen, was „man" so glauben und für richtig halten muß, wechselt bisweilen derartig schnell, daß es manch einem schwerfallen dürfte, den Überblick zu behalten.

Fürstin Gloria verzichtet auf das, was sie im Moment nicht bekommen kann – und ist sogar bereit, außergewöhnliche Belastungen auf sich zu nehmen, wenn es darum geht, neue Dinge zu erfahren, von denen sie weiß, daß sie davon profitiert, weil sie etwas für sie persönlich Wichtiges lernen kann.

„Und wenn ich wüßte, ich bekäme ein mongoloides Kind – ich würde es nicht abtreiben." [15]

In einer Zeit, in der wir allemal mit Durchhalteparolen und staatlichen Aufforderungen zum tapferen Weiterwursteln oder mutigen Neuanfang in jedwede politische Richtung versorgt werden, kann es wohltuend und für den persönlichen Erfolg sehr förderlich sein, Sachverhalte des Verzichts auf so einfache Art und Weise darzustellen, wie die Fürstin es tut.

„Nun haben wir eine Durststrecke. Aber das muß man überwinden. Das ist wie in einem mittelständischen Betrieb, wenn der nicht läuft, dann kann man eben nicht im-

mer neue Klamotten haben oder ein neues Sofa. Dann kann es kein BMW sein, sondern eben ein VW.“ [16]

Was sich bis hierher noch wie eine wohlmeinende Absichtserklärung einer Frau angehört haben könnte, die ohnehin aus dem Vollen schöpft, weil sie weder BMW noch VW, sondern vorzugsweise Porsche, Ferrari und Bugatti fährt, wird sehr schnell konkret und nachvollziehbar, wenn Fürstin Gloria ihre eigenen Lebensumstände beschreibt. Wie immer ihre Lebensumstände im einzelnen sein mögen – sie gehört jedenfalls nicht in die Kategorie jener vorzugsweise gelangweilten Ehefrauen beruflich erfolgreicher Männer, deren gewohnheitsmäßig am Abend zur Schau getragene ostentativ-unbeteiligte Miene sich in Sekundenschnelle in eben jenen begeisterten „Born-to-shop“-Ausdruck verwandelt, den wir überall auf der Welt bei Frauen dieser Wesensart zu beobachten gewohnt sind, je näher die morgendliche Stunde heranrückt, zu der die Tempel irdischer Kreditkartenglückseligkeit ihre Pforten für einen weiteren Tag öffnen.

„Meistens habe ich gar kein Geld in der Tasche. Wenn ich in einem Geschäft bin und die glauben mir nicht, daß ich das bezahlen kann, dann gehe ich wieder raus und freue mich, wieviel ich gespart habe.“ [17]

Ihr konsequenter Verzicht und der logische Schluß, eine Organisation oder einen Mitarbeiter vor allem dann verändern zu können, wenn diese Veränderung von der Spitze der Organisation vorgelebt wird, sind zwei weitere Elemente aus Fürstin Glorias persönlicher Erfolgsstrategie.

„Und ich habe selbstverständlich, um ein Zeichen zu setzen, meinen persönlichen Lebensstil heruntergeschraubt. Das Zeichen zum Umdenken muß immer von der Spitze kommen.“ [18]

Fürstin Gloria gibt keine Absichtserklärungen, sie wird konkret. Sie streicht überflüssige Stellen und Ämter und senkt ihre persönlichen Ausgaben auf ein Ausmaß herunter, das manchem Politiker und mancher Führungskraft den Angstschweiß auf die Stirn treiben dürfte.

„Ich habe die privaten Lebenshaltungskosten um 70 Prozent gesenkt. Auch das Hofmarschallamt gibt es nicht mehr.“ [19]

Daß es dabei keineswegs einzig und allein um die Tilgung schnöder Fiskalforderungen geht, wird in den nächsten Sätzen deutlich:

> *„Das [eine Erbschaftssteuerforderung in zweistelliger Millonenhöhe] ist aber nur ein Grund, warum ich mich entschlossen habe, mich von einigen Werten zu trennen."* [20]

Eine Einstellung, die ihre Widerspiegelung bis ins Familienleben hinein findet. Statt Promi-Parties und Drogenexzesse kennzeichnet eine nur auf den ersten Blick schon fast biedere Häuslichkeit das fürstliche Familienleben und die Erziehungsgrundsätze der Fürstin:

> *„Meine Kinder wachsen völlig normal auf. Irgendwann werden sie ihr Taschengeld damit aufbessern müssen, Touristen durchs Haus zu führen. Ich versuche, meinen Sohn so zu erziehen, daß er sein Zuhause liebt, damit er es später führen kann. Ich hoffe, daß ich ihm die richtige Richtung weise: Daß er bescheiden bleibt und nicht sein ganzes Geld mit oberflächlichen Parties verpulvert."* [21]

Kategorie 1: ***Einsatz/Leistung*** *(= A-Ausprägung) vs. Gott wird es geben*

Auch wenn es bisweilen nach außen einen anderen Anschein hat, ist das Leistungsprinzip eines der wichtigsten im Leben der Fürstin. Leistung erbringt sie selbst und Leistung erwartet sie auch von den anderen. Sie steigt, zunächst unbelastet von jeglichem Vorwissen, in Teilbereiche der fürstlichen Unternehmensführung ein und legt statt hutgeschmückten Hüftschwüngen auf Parties am fürstlichen Schreibtisch eine Lernkurve vor, die Experten erstaunt und manchem Unternehmen zur Ehre gereichen würde. Aus Gloria dem Partyschreck wird durch ihren persönlichen Einsatz, durch Zähigkeit und Geduld die Frau von Thurn und Taxis, die nach dem Tod des Fürsten eine würdige Nachfolge an der Spitze der Familie darstellt – sowohl persönlich, als auch was die unternehmerischen Entscheidungen angeht.

> *„Ich nehme intensiven Unterricht bei Experten aus dem Bereich Wirtschaftsprüfung, Steuerrecht und Betriebswirtschaft, es geht da um Bilanzanalyse, Steuern, Unternehmensformen und einiges mehr, so bekomme ich das technische Rüstzeug."* [22]

Trittbrettfahrer, die gern von den Leistungen und der Einsatzbereitschaft anderer profitieren, mag sie im unternehmerischen Bereich ebensowenig wie im politischen.

> *„Es ist in der EG aber wie in der Schule. Da schreiben doch alle beim guten Schüler ab. Der sitzt zu Hause und lernt und lernt. Die anderen gehen auf den Fußballplatz."* [23]

Was sie von sich selbst an Einsatz erwartet, erwartet sie auch von anderen. Das Prinzip Leistung steht besonders nach dem Tod des Fürsten weitaus höher als irgendeine adelige Familienetikette. Dinge, die nichts bringen, die keinen Return of Investment versprechen, werden verändert oder verkauft.

> *„Es hat ihn [den Fürsten] schon immer geärgert, wenn er angeblich um den Namen in der Öffentlichkeit zu schützen, zur Kasse gebeten wurde, wenn er gedrängt wurde, großzügig Verluste zu übernehmen und Fehlbeträge auszugleichen."* [24]

Und getreu ihrem Motto:

> *„Wünschen ist gut – etwas dafür tun, ist besser"* [25],

erarbeitet sie sich mit Fleiß und Ehrgeiz die Voraussetzungen, die sie in ihrer zukünftigen Position benötigt. Ihre Aussagen zu diesem Teil ihrer Leistungsbereitschaft zeigen eine große Nähe zu einigen Aussagen aus der Kategorie 2, A-Ausprägung. Sie sagt von Anfang an gerade heraus, was sie kann und was sie nicht kann und ist bereit zu lernen. Sie macht für ihr Nicht-Wissen nicht irgend jemand anderen verantwortlich, sondern nimmt es selbst in die Hand, ihr Wissen auszubauen.

> *„Ich habe mich mit Betriebswirtschaft beschäftigt, dreimal in der Woche Unterricht genommen. Ich konnte ja nicht einmal Bilanzen lesen. Abends habe ich dann eben nicht mehr stundenlang ferngesehen, sondern habe im Bett meine Lehrbücher gelesen."* [26]

Wenn sie eine Aufgabe einmal übernommen hat, verschreibt sie sich mit ihrer ganzen Energie und aller Einsatzbereitschaft diesem Ziel. Das heißt für Sie: Sie werden nicht nebenbei erfolgreich, sondern nur, wenn Sie mittendrin sind.

> *„Unternehmen zu führen und Mitarbeiter zu leiten darf keine Nebenbeschäftigung sein."* [27]

Dies ist aber nicht die einzige Aufgabe, an die sie mit Einsatz, Anstrengung und Leistungsbereitschaft herangeht. Eines ihrer großen Talente besteht darin, daß sie augenblicklich ungünstige Umstände nicht als Katastrophen ansieht. Sie nimmt sie als Herausforderungen an und verwandelt auch ungünstige Situationen durch Kreativität, Ideenreichtum und Einsatzbereitschaft in Erfolge.

> *„Die Holzwirtschaft ist in einer Krise. Aber gerade hier ist gutes Management und Kreativität gefordert."* [28]

Wir haben weiter oben schon gesehen, wie wichtig die Richtung unserer Gedanken für Erfolg oder Mißerfolg ist. Unsere Gedanken steuern unser Handeln. Eine Handlung, ganz egal ob positiv oder negativ, die wir oft genug ausgeführt haben, wird zu einer unserer Gewohnheiten werden. Um Leistungsbereitschaft zu einer Ihrer Gewohnheiten zu machen, brauchen Sie die Fähigkeit, das zu erkennen, was machbar ist. Viele Menschen konzentrieren sich jedoch gerade unter schwierigen äußeren Umständen auf die Dinge, die sie verlieren und nicht wiederbekommen werden, auf Dinge, die in der Vergangenheit besser funktionierten und vergeuden damit einen großen Teil ihrer Energie. Fürstin Gloria ist deshalb so sicher, durch Einsatz, Leistung und Anstrengung etwas erreichen zu können, weil sie ihre Gedanken gewohnheitsmäßig auf das konzentriert, was unter den gegebenen Umständen möglich ist (vgl. auch weiter oben, Kategorie 3, A-Ausprägung).

> *„Die Angstgeneration ist tot. Boris Becker lebt. Jeder kann etwas erreichen."* [29]

Das Leistungsprinzip bezieht Fürstin Gloria auch auf sich selbst. Selbstkritisch stellt sie bezüglich ihrer eigenen Ausgaben fest:

> *„Ich möchte mal soviel Geld verdienen, wie ich ausgebe."* [30]

Kategorie 5: ***Werteursprung innen, was ist für mich persönlich wichtig, Konfliktpotential wird erkannt und konstruktiv genutzt*** (= A-Ausprägung) vs. ***Werteursprung außen, was ist für andere wichtig, Konfliktvermeidung***

Von einer Person adeliger Herkunft sollten wir erwarten, daß sie die in diesen Kreisen üblichen Gepflogenheiten bezüglich Lebenswandel, Auftreten und Partnerwahl akzeptiert. Dies würde zumindest den allgemeinen Vorurteilen entsprechen. Umso überraschender ist es, bei Fürstin Gloria festzustellen, daß ein Teil ihres Erfolges wohl gerade daher rührt, daß sie genau das Gegenteil von dem tut, was von ihr erwartet wird.

> *„Bestimmte Feste, wo das ‚matchmaking' zu Hause ist, haben wir beide [sie und ihre Schwester] gehaßt. Wir haben uns sehr früh freigemacht von der Vorstellung, eine Muß-Geschichte einzugehen. Gerade deshalb sind wir so frei und ohne Erwartungen ins Leben gegangen – und belohnt worden."* [31]

In der Kategorie 5, A-Ausprägung, erreicht Fürstin Gloria einen ähnlich hohen Wert wie Jil Sander, Wolfgang Niedecken, Thomas Gottschalk, Boris Becker und Franziska van Almsick und stellt sich damit mit all denjenigen in eine Reihe, die als Künstler oder Sportler wohl deshalb erfolgreich sind, weil sie von vorgegebenen Normen abweichen. Gloria selbst sieht sich als ein künstlerisches Original und bezieht einen Teil ihres Erfolges aus der Tatsache, daß sie sich nicht durch Anforderungen von außen in eine bestimmte Richtung verbiegen läßt. Sie weiß, was sie will und was ihr wichtig ist – und gerade diese Ecken und Kanten, die wir gewohnt sind als Charakter zu bezeichnen, machen sie als Person attraktiv für andere.

> *„Doch die Aufmerksamkeit, die ich errege, ist im Grunde genommen nicht meine Schuld, sondern die der Masse. Ich war immer so was wie ein Original, ich habe mich nicht verändert. Etwas, das mir meine Freunde hoch anrechnen."* [32]

Sie bezieht einen großen Teil ihrer Überzeugungskraft aus der Tatsache, daß sie von sich selbst und dem, was sie tut, überzeugt ist.

Wieviel überzeugender wären Sie, wenn Sie erst wirklich selbst von einer Sache überzeugt sind, und dann versuchen, Vorgesetzte, Kollegen, Mitarbeiter und Kunden davon zu überzeugen?

> *„... – wo steht geschrieben, wie groß ein Hut zu sein hat? Das ist doch der Witz. Wer sagt, was <u>man</u> [Hervorhebung im Original] ist? Jeder soll doch anziehen, was er will. Es kommt doch auf den Menschen an und nicht darauf, was er anhat."* [33]

Die Kleidung hat es der Fürstin angetan, besonders wenn es um die Auswüchse urdeutscher Spießbürgermentalität geht, die dunkle Anzüge und weiße Hemden zur einzig legitimen Arbeitskleidung im tristgrauen Unternehmensalltag erhebt und Farbtupfer auf der Krawatte fürchtet, wie der Teufel das Weihwasser.

> *„Ich sehe nicht ein, daß man für einen bestimmten Beruf ein bestimmtes Outfit haben muß."* [34]

Wir haben schon in den ersten Kapiteln festgestellt, daß stets diejenigen Menschen erfolgreich sind, die sich von der breiten Masse des Durchschnitts abheben. Dies taten sie übrigens schon, BEVOR sie erfolgreich wurden und nicht erst dann. Erst erfolgreich zu sein und dann in grellen Anzügen herumzulaufen ist eine Kunst, die jeder beherrscht. Sich als Individualist von der Masse abzuheben und mit seinen Ideen, Produkten oder Leistungen andere zu begeistern und zu überzeugen – das ist das Geheimnis, das eine persönliche Vorliebe in einen Erfolg verwandelt. Die Erfolgsgeschichten von Jil Sander, Wolfgang Niedecken und Fürstin Gloria sprechen in dieser Hinsicht eine sehr deutliche Sprache – das nächste Zitat auch.

> *„Ich gehöre zu denjenigen, die Individualisten mögen. Zu denen, die sagen: Ich gehöre zu niemandem und zu allen."* [35]

An diesem Zitat wird ein weiterer Erfolgsbaustein deutlich: Sich nicht vom Erfolg und den öffentlichen Erwartungen vereinnahmen zu lassen, ist für die persönliche Entwicklung eines erfolgreichen Menschen ebenso wichtig wie herausragende Leistungen. Dies trifft auf alle hier vorgestellten Personen zu. Sobald Sie aus der Masse heraustreten, wird es Versuche geben, Sie entweder zu „everybody's darling" (siehe Thomas Gottschalk, Franziska van Almsick [„Unsere süße Franzi"] und, mit einigen Abstrichen, auch Boris Becker) oder aber zum Buhmann der Nation zu machen (siehe Boris Becker, der durch alle ups and downs seiner Karriere ein Lied aus Schlagzeilen wie: „Bye bye Boris" singen kann, die das journalistische Feingefühl und die subtile Intelligenz des Schreiberlings punktgenau wiedergeben).

Wenn auch Ihre Popularität teilweise ein Produkt der Medienaktivitäten ist, so sind Sie doch nicht Eigentum irgendeiner Sendeanstalt oder einer Horde von Zeitungsleuten.

Ähnlich wie Henry Maske, hat auch Fürstin Gloria erfahren, wie wichtig es werden kann, nicht nur im Umgang mit Medien, sondern auch bei anderen gesellschaftlichen Verpflichtungen sehr genau auszuwählen.

> *„Ich lasse lieber die Leute warten als meine Kinder."* [36]

Eine Tatsache begegnete uns bei der Analyse der Erfolgsgeschichten bis hierher immer wieder: Fast alle erfolgreichen Menschen, und dies gilt sogar für einen Politiker wie Wolfgang Schäuble, orientieren sich in ihren Wertvorstellungen sehr viel stärker an sich selbst, als an Vorgaben von außen. Für Sie heißt das: Bevor Sie nicht wissen, was für Sie selbst, für Sie ganz persönlich wichtig ist, werden Sie weder Glück noch Erfolg im Leben finden. Und wenn Sie nicht wissen, wie Sie jetzt, im Augenblick glücklich sein können, werden Sie auch dann nicht glücklicher sein, wenn Sie das erreicht haben, was Sie sich jetzt so sehnlich herbeiwünschen.

> *„Ich habe gelernt, daß man erst mal mit sich selbst alleine glücklich sein muß, ehe man wirkliche Freunde erkennen und auch wertschätzen kann."* [37]

Weniger stark ausgeprägte Kategorien

Kategorie 6: *Mut und Risikobereitschaft* (= A-Ausprägung) vs. *Sicherheit, Komfort und Tradition* (= B-Ausprägung)

Sie paßt in kein Schema und will sich nicht so recht in Kategorien einordnen lassen. Heute findet sie Konventionen gut, morgen verstößt sie gegen eben das, was sie heute unterstützt, sie findet Konventionen ebensogut wie schrille Originale und widerspricht sich in dieser Gegensätzlichkeit ständig selbst – oder doch nicht?

> *„Genau. Ich finde Konvention gut. Nur dürfen wir darüber nicht vergessen, die Individualisten und Originale wie Kunstobjekte zu sammeln."* [38]

Der scheinbare Widerspruch löst sich sehr einfach auf und zeigt einen ihrer Schlüssel zum Erfolg: Sie greift da auf Konventionen zurück, wo es nützlich und sinnvoll ist, um ihre Ziele zu erreichen, und verzichtet an den Stellen darauf, wo Konventionen zu einem überalterten H(o)öf-lichkeitsritual degeneriert sind.

Sosehr die Fürstin im Bereich ihrer öffentlichen Auftritte gegen angestammte Traditionen und konservativen Adelsdünkel opponiert, so traditionsbewußt zeigt sie sich an anderer Stelle, z.B. bei der Verwaltung des fürstlichen Vermögens.

> *„Dieses Geld hier ist ja Generation für Generation zusammengetragen, es ist gewachsen. Banker sagen, es sei konservativ angelegt.“* [39]

Die Fürstin zeichnet sich nicht nur durch ihre schon erwähnte Leistungsbereitschaft aus, die ihr ein Vermögen einbringt, sondern besitzt auch die vielleicht viel wichtigere Fähigkeit, dieses Vermögen zu erhalten. Wer jemals den Werdegang eines Sportlers verfolgt hat, der diese Fähigkeit nicht besaß, der kann sich schnell davon überzeugen, wie wichtig sie ist.

> *„Es ist in dieser Familie, wie schon bei den Fugger, genügend Tradition, Selbstdisziplin und Verpflichtung vorhanden, um den Bestand eines solchen Vermögens zu sichern und fortzuühren.“* [40]

Eben dieses Bekenntnis zur Tradition sichert einen dauerhaften materiellen Erfolg. Sie beschützt sich dadurch selbst vor riskanten Eskapaden, die sie in ihrem Umfeld immer wieder beobachten kann. Die im Jet-Set übliche „Lebe-jetzt-bezahle-später-Mentalität“ erscheint ihr risikoreich und suspekt.

> *„Ich habe früher auch gedacht: Wen man reich ist, geht alles von allein. Aber in den letzten Jahren habe ich bemerkt, wenn ich mich so im Jet-Set bewegt habe, daß viele Leute Gefahr laufen, das schnell verdiente Geld wieder zu verlieren.“* [41]

Sämtliche Aussagen der Fürstin zur finanziellen Seite der Unternehmensführung und des unternehmerischen Erfolges deuten auf Umsichtigkeit, Tradition und Langfristigkeit.

> *„Entscheidungen werden nicht schlechter, wenn einem jemand über die Schulter schaut. Vielleicht dauert manches länger, aber Schnellschüsse aus der Hüfte sind nicht immer die besten Treffer. Ich wünschte, unsere Verwaltung hätte manch früheren Entschluß mit der gleichen Behutsamkeit und Zurückhaltung getroffen, die jetzt walten muß.“* [42]

Risiken und Wagnisse sind nicht vorgesehen, und dennoch leistet auch dieser Teil ihrer Strategie einen wichtigen Beitrag zum Erfolg der Fürstin.

> *„Wir haben in den vergangenen beiden Jahren die risikoreichen Unternehmen verkauft. Schwerpunkte sind heute die angestammten Bereiche: Land-, Holz- und Forstwirtschaft, Immobilien und Finanzen.“* [43]

Sie ist flexibel genug, beides zu können: Neues wagen, wenn es um öffentliche Auftritte geht und dabei die Herausforderung anzunehmen, den persönlichen Geschmack zu verteidigen – dabei ist sie gleichzeitig im geschäftlichen Bereich traditionsbewußt genug, auf Bewährtes und Beständiges zu bauen.

> *„Meine Philosophie lautet konservative Beständigkeit, die Sicherung des Vermögens für meinen Sohn und die Familie.“* [44]

Kategorie 7: Kopfgesteuertes, rationales Handeln (= A-Ausprägung) vs. *emotionales, gefühlsmäßiges Handeln*

Die Äußerungen der Fürstin, die in diese Kategorie fallen, zeigen eine auffällige Verwandtschaft zu denen, die wir weiter oben kennengelernt haben. Auch hier schaut an vielen Stellen ihre Bescheidenheit um die Ecke. Angesprochen auf die Tatsache, daß sie selbst wahrscheinlich gar kein Geld in der Tasche hat, antwortet sie erleichtert:

> *„Sie sind die ersten, die das so sehen. Denn es ist ein himmelweiter Unterschied, ob man reich ist, oder nur einen reichen Mann geheiratet hat.“* [45]

Dennoch ist der materielle Besitzstand und dessen Wahrung kein Selbstzweck für sie. Sie gehört nicht zu den Personen, die materiellen Besitzstand horten – gerade weil sie ihre Entscheidungen mit sehr rationalem Kalkül trifft. Und vielleicht liegt gerade darin jener kleine Unterschied, der sie aus der Masse traditionsgefesselter adeliger Bankrotteure heraushebt: Sie hängt ihr Herz nicht an Dinge, die kaufmännisch unsinnig sind, nur weil sie meint, bestimmte Dinge besitzen zu müssen.

> *„Es ist eine vernünftige kaufmännische Entscheidung, wenn wir die Sammlungen ordnen. Das war lange überfällig.“* [46]

Ob es um angeschlagene Unternehmensbereiche oder die umfangreichen fürstlichen Wäldereien geht: Stets dominiert die rationale Betrachtungsweise; kurz, knapp und präzise formuliert, weil auch die bedeutenden ökonomischen Erkenntnisse einfach sind.

> *„Um den Wald zu schützen und zu erhalten, muß altes Holz geschlagen werden, um neues pflanzen zu können. Das ist Ökologie.“* [47]

Ihr ansonsten sehr rationaler Umgang mit dem Vermögen bekommt einen verspielten Zug, wenn sie darüber nachdenkt, was sie alles gern hätte. Dennoch kann sie auf vieles verzichten – gerade weil es im Augenblick aus rationalen Überlegungen heraus nicht sinnvoll ist.

> *„Bei materiellen Dingen könnte ich noch und nöcher sagen, was ich gern hätte. Zum Beispiel einen neuen Porsche, weil der alte kaputt ist. Den hat unser Fahrer kaputtgefahren."* [48]

Gleich darauf ist sie wieder die rationale Geschäftsfrau. Allein schon die Wortwahl der nächsten Sätze macht den Stellenwert von Rationalität für ihre geschäftlichen Entscheidungen und damit auch für ihren unternehmerischen Erfolg deutlich.

> *„Ich höre, was meine Geschäftsführer sagen, aber ich muß selbst entscheiden. Bei sehr wichtigen Fragen konsultiere ich zunächst meinen Beirat. Ansonsten muß ich kontrollieren, daß die Vorgaben eingehalten weden."* [49]

In NLP-Kategorien gesprochen: Dieses Zitat zeigt eine Fülle von auditiv-digitalen Wörtern (entscheiden, konsultieren, kontrollieren, einhalten), die auf eine sehr rationale Entscheidungsstrategie im geschäftlichen Bereich hinweisen, die für Fürstin Gloria eine wichtige Voraussetzung ihres wirtschaftlichen, aber auch ihres privaten Erfolges ist. Wie stellt sie abschließend so schön (rational) fest:

> *„Natürlich möchte jeder mehr Geld verdienen."* [50]

Kategorie 9: <u>*Handeln/Agieren zukunfts- und lösungsorientiert*</u> *(= A-Ausprägung)* vs. Handeln/Reagieren vergangenheits- und problemorientiert

Bei all den vielfältigen Interessen und Verpflichtungen interessiert die Fürstin sich vor allem für eines: das Machbare. Sie selbst konzentriert sich darauf und sie empfiehlt anderen, das gleiche zu tun. Sie unterscheidet sehr genau zwischen Kritik als Lernmöglichkeit, die sie nach vorn bringt, und einer Form von Miesmacherei, die zwar den Finge auf die Wunde legt, wegen der Komplexität der Wunde aber leider kein Verbandmaterial anbieten kann.

„Aber was mich sehr stört: Wir sind zu selbstkritisch. Andauernd klagen wir uns selbst an wegen der Arbeitslosigkeit, der Ausländerfeindlichkeit, der Kindererziehung. Wer macht das sonst? Schauen Sie sich mal die Franzosen an, die Italiener, die Amis oder die Spanier. Das stinkt ja zum Himmel mit dem Eigenlob. Aber ist das nicht toll, was man bei uns für Mordschancen hat? Und schauen Sie sich die Grünen an, wo gibt's denn sowas im Ausland?“ [51]

Sie nimmt Probleme als Aufgaben wahr und konzentriert ihre Aufmerksamkeit im gleichen Augenblick auf Chancen und Lösungen.

„Ich nehme die Aufgaben einer Frau wahr, wie sie jede gute Frau wahrnehmen sollte, indem ich meinem Mann zur Seite stehe und bei anfallenden Problemen mit ihm über Lösungsmöglichkeiten diskutiere.“ [52]

Was vielleicht noch wichtiger ist: Wie die meisten erfolgreichen Menschen hat die Fürstin erkannt, daß Erfolg keine Eintagsfliege sein kann. Es kostet bisweilen Geduld und Verzicht in der Gegenwart, um in Zukunft erfolgreich zu sein. Was für sportlichen Erfolg gilt, gilt ebenso im geschäftlichen Bereich. Langfristig erfolgreich ist vor allem derjenige, der seinen Erfolg vorausschauend plant, gut vorbereitet und die Lernmöglichkeiten auf dem Weg zum Erfolg wahrnimmt.

„Ich werde also nicht auf den Sekunden-, sondern auf den Stundenzeiger achten, damit ich in zehn Jahren die Dinge an meinen Sohn in hoffentlich besserem Zustand übergeben kann.“ [53]

Welche Faktoren Ihres zukünftigen Erfolges haben Sie bei Fürstin Gloria von Thurn und Taxis kennengelernt?

1. Der Weg zum Erfolg ist ein lebenslanger Lernprozeß. Was immer Sie im Augenblick tun oder demnächst erfolgreich tun werden: In dem Augenblick, in dem Sie glauben, perfekt zu sein, werden Sie überheblich und damit unaufmerksam für all die Überraschungen und zusätzlichen Informationen auf dem Weg zu einem noch umfassenderen Erfolg. Sie sind flexibel genug, all die Lernmöglichkeiten zu nutzen, die sich Ihnen jeden Tag aufs neue bieten und dieses Wissen in Ihre schon vorhandenen Kom-

petenzen zu integrieren. Sie kennen den Unterschied zwischen zu-hören und hin-hören – also beginnen Sie damit, dieses Wissen zu nutzen.

2. Selbst als Erbe eines Riesenvermögens brauchen Sie ein hohes Maß an Leistungsorientierung und Einsatzbereitschaft – vorausgesetzt, Sie wollen sich länger an den ererbten Moneten erfreuen. Falls Sie nicht geerbt haben, ist Ihnen die Bedeutung diese Punktes ohnehin schon klar.

3. Orientieren Sie sich bei dem, was Sie tun, vor allem an sich selbst. Wenn Sie von sich selbst überzeugt sind, wird es Ihnen auch gelingen, andere Menschen zu überzeugen. Sie können sich die Flexibilität zugestehen, dort auf Konventionen zurückzugreifen, wo es Ihnen sinnvoll erscheint und Ihnen hilft, das Ziel zu erreichen. Ansonsten: Machen Sie Ihre eigenen Konventionen.

Anmerkungen:

1. Playboy, Dezember 1986
2. ebenda
3. ebenda
4. Capital, 1.10.1993
5. Stern, 13.2.1986
6. Der Spiegel, 27.8.1990
7. Stern, 13.2.1986
8. Der Spiegel, 27.8.1990
9. BILD, 24.4.1995
10. Der Spiegel, 27.8.1990
11. Playboy, Dezember 1986
12. ebenda
13. Stern, 13.2.1986
14. Playboy, Dezember 1986
15. Stern, 13.2.1986
16. ebenda
17. ebenda
18. Bunte, 30.7.1992
19. Stern, 30.7.1993
20. Bunte, 30.7.1992
21. BILD, 24.4.1995
22. Der Spiegel, 27.8.1990
23. Stern, 13.2.1986
24. Manager Magazin, 1.9.1991
25. Playboy, Dezember 1986
26. Bunte, 30.7.1992
27. Der Spiegel, 27.8.1990
28. Stern, 30.9.1993
29. Stern, 13.2.1986
30. ebenda
31. Playboy, Dezember 1986
32. ebenda
33. ebenda
34. Der Spiegel, 27.8.1990
35. Playboy, Dezember 1986
36. ebenda
37. ebenda
38. ebenda

39. Stern, 13.2.1986
40. Der Spiegel, 27.8.1990
41. Stern, 13.2.1986
42. Manager Magazin, 1.9.1991
43. Stern, 30.9.1993
44. Capital, 1.10.1993
45. Playboy, Dezember 1986
46. Bunte, 30.7.1992
47. Capital, 1.10.1993
48. Playboy, Dezember 1986
49. Capital, 1.10.1993
50. Stern, 13.2.1986
51. ebenda
52. Der Spiegel, 27.8.1990
53. Manager Magazin, 1.9.1991

11

Franz Beckenbauer: „Du kannst den Erfolg nicht auf Zufall aufbauen. Da muß ein Konzept dahinterstecken, eine Strategie."

Er hat geschafft, was auch in Zukunft ganz wenigen vorbehalten bleiben wird: Gleich zweimal Weltmeister zu werden und dies auch noch in zwei vollkommen unterschiedlichen Rollen – sowohl als Spieler wie auch als Trainer lernte er diesen Triumph kennen. Franz Beckenbauer, Jahrgang '46, Sohn eines Oberpostsekretärs aus München, Vater dreier Söhne.

Fußball war immer sein Leben und ist es bis heute geblieben: Er spielte in 103 Länderspielen, war mit Deutschland 1966 Vizeweltmeister und 1970 Weltmeisterschaftsdritter und komplettierte diese Titelsammlung als Kapitän der Nationalmannschaft 1974 durch den Weltmeisterschaftstitel. Zwischendurch war er noch Europameister (1972), Deutscher Meister (viermal), Deutscher Pokalsieger (auch viermal), Europacupsieger (auch dies: viermal), Weltpokalgewinner („nur" einmal) und mit Cosmos New York zweimal US-Meister. 1980 kehrt er nach seinem Gastspiel in den USA nach Deutschland zurück, setzt seiner aktiven Karriere beim HSV als Libero weitere Glanzlichter auf und wird 1984 trotz fehlender Trainerlizenz Teamchef der Deutschen Nationalmannschaft. Die Ergebnisse in Mexiko 1986 sind zunächst alles andere als überzeugend. Auch bei der Europameisterschaft 1988 in Hamburg scheidet das deutsche Team gegen den Prestige-Gegner Holland aus. Doch der „Kaiser", wie er inzwischen allerorten genannt wird, hat längst noch nicht ausgespielt. Er setzt auf Leistung und Einsatzbereitschaft, sowohl bei sich als auch bei seinen Spielern – und er weiß, daß große Erfolge mit Ausdauer und Geduld strategisch vorbereitet werden. Seine Strategie, Erfolge langfristig vorzubereiten, soll ihm während der Weltmeisterschaft 1990 in Italien recht geben. Fußballexperten aus aller Herren Länder attestieren ihm eine punktgenaue und präzise „Einstellung" der deutschen Mannschaft, die auf den Einsatz modernster Trainingsmethoden, wie etwa permanente Dokumentation der Herztätigkeit und ständige Überwachung der Lactat-Werte, zurückzuführen ist. Das deutsche Team war schlichtweg deshalb so gut, weil es die am besten und gewissenhaftesten vorbereitete Mannschaft des gesamten Turniers war.

Überhaupt zeigt er sich als sehr akkurater und genauer Mensch. Er nimmt schon die Informationssammlung im Vorfeld der WM 1986 (ebenso wie die weitergehenden Vorbereitungen) in einem Ausmaß ernst, das Paul Breitner ihm zum Vorwurf macht.

> *„Der Paul Breitner hat gesagt, ich reise zuviel, das sei alles nicht notwendig. Ich muß aber sagen, nachdem ich ein gewissenhafter Mensch bin, daß es notwendig ist.“* [1]

Franz Beckenbauer verteidigt seine Strategie gegen alle Kritik – und die Ergebnisse sprechen dann für sich: Nach eher bescheidenen Ergebnissen in der „Aufbau-WM“ 1986 in Mexico spielt die Deutsche Elf 1990 ein überragendes Achtelfinale gegen Angstgegner Holland und revanchiert sich durch ein 2:1 für die Niederlage während der Europameisterschaft 1988. Im Halbfinale können Beckenbauers Kicker einen Sieg gegen England verbuchen und triumphieren schließlich im Endspiel über Argentinien durch ein Tor von Andi Brehme. Was niemand vorauszusagen gewagt hätte, ist eingetreten: Die deutsche Mannschaft ist endlich wieder Weltmeister und hat damit auch die Gültigkeit des Beckenbauer'schen Erfolgsrezeptes bewiesen:

> *„Du kannst den Erfolg nicht auf Zufall aufbauen. Da muß ein Konzept dahinterstecken, eine Strategie.“* [2]

Das Wertediagramm Franz Beckenbauers zeigt in einigen Punkten erstaunliche Übereinstimmungen mit denen von Jil Sander (Kategorien 1, 4 und 6), Franziska van Almsick (Kategorien 1, 2 und 4) und Wolfgang Schäuble (Kategorien 1, 2, 4 und 6). Mit Jil Sander verbinden ihn seine außergewöhnliche Leistungsorientierung, die Fähigkeit, seine Talente zu erkennen und zu nutzen und seine Bereitschaft, Neues zu wagen und Risiken einzugehen. Ähnlich wie Franziska van Almsick baute auch er seinen Erfolg auf persönlicher Anstrengung und Einsatzbereitschaft auf, nutzte seine Fähigkeiten und Begabungen und hielt auch in Zeiten, als die Bedingungen weniger rosig waren, mit Geduld und zielgerichtetem Handeln am einmal angepeilten Ergebnis fest. Mit Wolfgang Schäuble verbindet ihn neben den eben genannten Eigenschaften noch die Fähigkeit, Neues zu riskieren, flexibel auf unterschiedliche Herausforderungen zu reagieren und den Reiz des Risikos als Herausforderung und Bereicherung zu verstehen. Jeder, der sich noch an die nervenaufreibenden Szenen der Weltmeisterschaft in Italien erinnert, kann direkt nachvollziehen, wie nützlich diese Denkstrukturen sind.

Wertediagramm Franz Beckenbauer

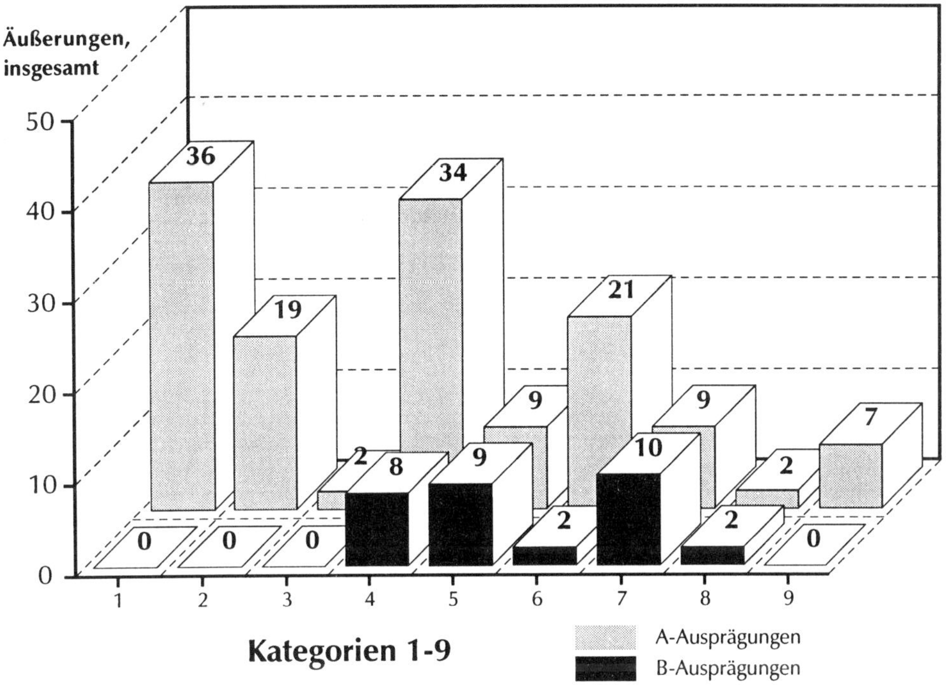

Insgesamt zeigt Franz Beckenbauer eines der durchwachsensten Profile, in dem dennoch ähnlich wie bei Thomas Gottschalk, Steffi Graf und Fürstin Gloria für beinahe alle Kategorien jeweils A- und B-Ausprägungen vorliegen. Ausgeglichen ist er also nicht notwendigerweise – aber er hat von fast allem etwas. Die Spannungsfelder, die sich aus den unterschiedlichen Ausprägungen der einzelnen Kategorien ergeben, setzen die Energien frei, die Voraussetzung für Spitzenleistungen sind.

Dominante Kategorien

Kategorie 1: <u>***Einsatz/Leistung***</u>*(= A-Ausprägung) vs. Gott wird es geben*

> *„Entscheidend ist der Erfolg. Wenn ich Erfolg habe, kann ich meine Auffassung vertreten.“* [3]

Ein Ausspruch wie dieser begleitete die gesamte Karriere von Franz Beckenbauer wie ein Leitstern und weist auf eine ungewöhnliche starke Ausprägung in dieser Kategorie hin. Sein Wille, etwas zu leisten, sich einzusetzen für etwas und selbst aktiv zu werden, verbindet ihn mit Henry Maske, Franziska van Almsick und Steffi Graf. Die Überzeugung, durch den nötigen Einsatz nahezu jedes einmal gesteckte Ziel erreichen zu können, zeigt Franz Beckenbauer nicht nur in seinen Denkstrukturen – er hat sie auch immer wieder eindrucksvoll durch sein Handeln bewiesen. So ist es umso interessanter, daß Aussprüche Beckenbauers, die aus sehr unterschiedlichen Abschnitten seiner Karriere stammen, sehr ähnliche Hinweise auf seine Leistungsorientierung geben. Überzeugt von der eigenen Leistungsfähigkeit und davon, auch nach seiner Rückkehr nach Deutschland erneut in der Bundesliga spielen zu können (was er später beim HSV noch einmal eindrucksvoll unter Beweis stellt), ist er nicht erst nach seinem Wechsel zu Cosmos New York.

> *„Unser größter Verdienst in jenen Jahren war nicht die Weltmeisterschaft [1974], sondern die Tatsache, daß der FC Bayern in der Bundesliga geblieben ist. Da haben wir uns voll in den Dreck reingehauen."* [4]

In New York gibt er dann zu verstehen:

> *„Nach drei bis vier Wochen intensivem Bundesliga-Training wäre ich sicher wieder ganz der alte."* [5]

In Amerika findet er auch die Art von Leistungs- und Serviceorientierung wieder, die seinen eigenen Vorstellungen von Einsatzbereitschaft entspricht.

> *„Der Service dem Zuschauer gegenüber ist im amerikanischen Fußball wesentlich besser als bei uns."* [6]

Und er kann regelrecht ärgerlich werden, wenn Leistungen, die erbracht werden können, aus Nachlässigkeit, Unüberlegtheit oder Phlegma einfach unter den Tisch fallen – selbst wenn er direkt nicht davon betroffen ist. Als er zum ersten Mal alle Möglichkeiten sieht, die den amerikanischen Zuschauern im Stadion durch die black boards geboten werden, erkennt er sehr schnell das Potential dieser Einrichtung und informiert sich anschließend, ob so etwas nicht auch in Deutschland möglich sei.

> *„Könnte man bei uns auch machen. Die technischen Einrichtungen gibt es ja. Ich habe mal gefragt: 250 000 Mark würde das kosten. Was sind schon 250 000 Mark, wenn dafür mehr Zuschauer kämen?“* [7]

1980 kritisiert er den damaligen DFB-Chef Hermann Neuberger für sein Verhalten im Vorfeld der Weltmeisterschaft 1978 und während der Europameisterschaft 1976 (Neuberger hatte erwirkt, daß das EM-Endspiel abweichend von der sonst üblichen Regelung, die eine Wiederholung des Spieles nach zwei Tagen vorschreibt, wenn der Spielstand nach 90 Minuten unentschieden ist, durch ein Elfmeterschießen beendet werden konnte, in dem Deutschland jedoch unterlag). Von jemandem, der an der Spitze eines Verbandes steht, verlangt er auch eine entsprechende (Spitzen-)Leistung, die sich mit denen, die in anderen Berufen vorausgesetzt werden, vergleichen läßt.

> *„Es waren zwei Fehler, die uns Europameisterschaft und Weltmeisterschaft gekostet haben. In welchem anderen Beruf kann man sich so etwas erlauben?“* [8]

Das Wort „Leistung“ taucht auffällig häufig in seinen Aussprüchen auf – ganz gleich, aus welcher Zeit sie stammen. Es weist auf die Bereitschaft zu hohem Einsatz für eine Sache als wichtigste Voraussetzung des Beckenbauer'schen Erfolges hin. Nur Franziska van Almsick und Steffi Graf erzielten in dieser Kategorie noch geringfügig höhere Werte als der „Kaiser“. Bei welchem Bundesliga-Verein er nach seiner Rückkehr nach Deutschland erneut einzusteigen bereit ist, hängt wesentlich von der Leistung des Trainers ab.

> *„Bei der Frage, in welchem Verein der Bundesliga ich gerne spielen würde, würde ich mich ganz bestimmt danach richten, wer wo Trainer ist.“* [9]

Er verlangt nicht nur von sich selbst, Grenzen zu überwinden und die Leistung zu steigern, sondern er will diese gedankliche Grundstruktur auch in seinem Umfeld wiederfinden.

> *„Mein Erfolg besteht aus harter Arbeit und harter Planung – was glauben Sie denn?“* [10]

Dieser Ausspruch beinhaltet gleich zwei der erfolgswichtigen Faktoren von Franz Beckenbauer: den Leistungswillen ebenso wie eine genaue Planung und eine disziplinierte Durchführung dessen, was er sich vorgenommen hat.

Vielleicht wollen Sie an dieser Stelle einen kleinen Moment innehalten und eine innere Bestandsaufnahme machen. Sind Sie momentan der Einäugige unter Blinden? Dann ist die Zeit günstig für einen Wechsel – bevor Sie das andere Augenlicht auch noch verlieren. Sie werden Ihr Potential dann optimal nutzen können, wenn Sie es in einer Umwelt entfalten, die dieser Absicht entgegenkommt. Vielleicht fühlen Sie sich ja schon zu alt, um sich noch zu den Leistungsträgern zu zählen. Franz Beckenbauer bietet dazu ein interessantes Denkmuster an, das nicht nur ihn, sondern auch andere Menschen erfolgreich macht.

> *„Wenn ich sehe, daß einer auf einer bestimmten Position der Beste ist, ist mir das Alter egal.“* [11]

Bei allem, was er tut, zählt ausschließlich das Ergebnis – nicht der Versuch, oder das, was jemand gern getan hätte.

> *„Ich stelle meine Ansprüche doch nicht unbegründet. Ich verlange ja nicht von irgendwem, daß er spielt wie Maradona. Ich verlange allerdings, daß er die Qualitäten umsetzt, die er hat.“* [12]

Die Grundphilosophie seines Erfolges war immer eine einfache, sachlich-nüchterne: Kämpfe um das, was du in deinem Leben erreichen willst, engagiere dich, arbeite hart. Dies bedeutet übrigens (ähnlich wie weiter unten am Beispiel Franziska van Almsick gezeigt), die Dinge richtig zu tun, statt nur die richtigen Dinge zu tun. Heißt: Mache das, was dir wichtig ist, mit aller Entschiedenheit und aller Energie, die dir zur Verfügung steht.

> *„Ich würde gerne einen technisch hochstehenden Fußball spielen lassen, gepaart mit Entschlossenheit und der nötigen Konsequenz. Fußball ist für mich nach wie vor ein Kampfspiel.“* [13]

Noch in der letzten Phase seiner Trainertätigkeit für den FC Bayern dominieren Denkmuster, die kampf- und einsatzorientiert sind und dadurch die Bedeutung dieser Kategorie für seinen Erfolg unterstreichen.

> *„Wir konnten alle Übungen durchziehen. Die Mannschaft zog hervorragend mit, kein Spieler ließ sich hängen.“* [14]

Ein Teil seines Erfolgsgeheimnisses besteht aus seiner Vorbildfunktion (siehe auch weiter unten: Kategorie 2, A-Ausprägung): Franz Beckenbauer fordert nicht einfach Leistung (was jeder könnte), er macht sie vor, er redet nicht über die Dinge, er zeigt sie, er ist kein Theoretiker, sondern ein Macher.

> *„Bei den Ausdauerläufen war ich vielleicht nicht ganz vorne dabei, aber ich habe stets alle Übungen mitgemacht. Alles andere sind Legenden. Unter Branko Zebec haben wir zum Teil noch härter trainiert als in diesem Trainingslager in Südfrankreich."* [15]

Selbst die nahe Weltmeisterschaft bringt ihn nicht dazu, die Ansprüche an sich und seine Spieler zu reduzieren – in solchen Situationen erfahren Spieler und Trainer gemeinsam, wie es ist, die Grenzen der eigenen Leistungsfähigkeit kennenzulernen. Auch das ist Teil seines Erfolgsgeheimnisses: wenn momentan nichts anderes möglich ist, als kurzfristig über die vorhandene (oder vielleicht nur angenommene?) Belastungsgrenze hinauszugehen.

> *„Die vier Monate waren eine harte Zeit, vor der Weltmeisterschaft blieb wenig Zeit zur Regeneration."* [16]

Einsatzbereitschaft, Härte und Durchsetzungsvermögen, auch nach der WM in Mexico, das sind prägende Werte seine Denkens – in einem Augenblick also, in dem er sich als Trainer weitestgehend vom WM-Geschäft zurückgezogen hat.

> *„Wir brauchen keine Basketballregeln. Ein sauberes Tackling muß erlaubt sein. Fußball ist ein harter Sport und das muß er auch bleiben."* [17]

Und selbst in jüngster Zeit, als Beckenbauer durch seinen 50. Geburtstag verstärkt von den Medien heimgesucht wird, ist seine Grundhaltung von Einsatz- und Leistungsbereitschaft ungebrochen und durchzieht wie ein roter Faden viele seiner Äußerungen:

> *„Wenn man erfolgreich ist, liegt es nahe zu sagen, dem fällt alles in den Schoß, oder der hat immer Glück. Aber hinter jedem Erfolg steht natürlich Beharrlichkeit und harte Arbeit."* [18]

Was er anfängt, das bringt er unter großem Einsatz auch zu Ende – eine Haltung, für die Franz Beckenbauer im Verlauf seiner gesamten Karriere in den unterschiedlichsten Positionen immer mit überdurchschnittlichem Erfolg belohnt wird. Diese Haltung spiegelt seine Leistungsorientierung ebenso wider, wie seinen unbedingten Willen, eine einmal angefangene Sache auch zu einem erfolgreichen Ende zu bringen (vgl.: Kategorie 4). Mit seiner typischen Eigenschaft, den eigenen Erfolg eher abzuwiegeln als lauthals anzupreisen, bringt er einen wichtigen Bestandteil seines Erfolgsgeheimnisses in einem scheinbar lapidar formulierten Satz unter:

> *„Das einzige, was ich wollte, war Fußballprofi zu werden, dann wollte ich Nationalspieler werden, dann Rekordnationalspieler. Klar, wenn man mal in der Supp'n drin ist, will man das alles erreichen."* [19]

Und so kann niemand so gut die wesentlichen Ergebnisse des Wertediagramms kommentieren und auf die enge Verbindung der Kategorien 1 und 4 hinweisen, wie Franz Beckenbauer selbst es in nur einem Satz schafft: knapp, auf den Punkt formuliert, der „Kaiser" eben, wie wir ihn kennen:

> *„Disziplin, Ordnung, Einsatz – alles, was im Leben von Gewicht ist, gibt es auch im Fußball."* [20]

Kategorie 2: <u>*Talente erkennen und nutzen*</u> *(= A-Ausprägung) vs. einordnen in die Strukturen der Zeit*

Aus einigen von Franz Beckenbauers Äußerungen geht sehr deutlich hervor, daß er auch deshalb so erfolgreich ist, weil er sich einfach darauf konzentriert, seine Fähigkeiten und Begabungen zu optimieren. In diesem Punkt besteht eine große Übereinstimmung zwischen ihm, Thomas Gottschalk und Claudia Schiffer.

> *„Das ist richtig – als Fußballspieler bin ich tatsächlich jemand, der vergleichsweise mühelos und elegant mit dem Ball umgehen kann."* [21]

Übrigens bedeutet ein Talent zu haben nicht, auf die entsprechende Anstrengung verzichten zu können. Das schönste Talent wird auch Ihnen nichts nützen, wenn Sie nicht bald damit beginnen, zu entdecken, welchen Nutzen Sie daraus ziehen können.

> *„Ich mußte auch laufen. Glauben Sie im Ernst, ich sei weniger gelaufen als die anderen? Mein Vorteil war halt, daß ich besser Fußball spielen konnte als die anderen."* [22]

Sein Talent zu nutzen, bedeutet zusätzlich zwei Dinge, die für den persönlichen Erfolg wichtiger sind als das Talent selbst: Lernfähigkeit und Glaubwürdigkeit.

> *„Ich kenne jede einzelne Situation, die auf dem Platz passiert, weil ich sie selbst schon tausendmal durchgespielt habe. Ich kenne mich aus."* [23]

Eine Situation einige Male zu erleben, vielleicht auch immer wieder zu erleben, ist eine notwendige, aber keine hinreichende Voraussetzung für den persönlichen Erfolg. Das tun sehr viele Menschen jeden Tag (vielleicht auch Sie, heute wieder, mit Ihrem Vorgesetzten), ohne damit jemals erfolgreich gewesen zu sein. Mit seiner Äußerung meint Beckenbauer etwas anderes, auch wenn er es nicht direkt anspricht: die Fähigkeit und Bereitschaft, zu lernen, zu analysieren, Rückschlüsse zu ziehen und in einem permanenten Prozeß der Selbstoptimierung immer besser zu werden. Diese gedankliche Haltung wird zur Voraussetzung der zweiten oben genannten Eigenschaft – der Glaubwürdigkeit.

> *„Die Spieler glauben mir, was ich ihnen sage, weil sie wissen, ich habe das alles erlebt."* [24]

Kategorie 4: *Zielfixierung/Disziplin* (= *A-Ausprägung*) vs. *zufälliges Agieren*

Wir haben schon weiter oben festgestellt, daß Franz Beckenbauers Denkmuster nicht nur Hinweise auf seine Fähigkeit erkennen lassen, sich ganz für eine Sache einzusetzen, sondern auch darauf, Ziele perspektivisch und langfristig anzugehen, und dies zeigt dieser Abschnitt. Dies gilt übrigens nicht nur für berufliche Ziele. Kann es auch gar nicht: Wenn Ausdauer, Zielfixierung und gerichtetes Handeln in Ihrem Leben eine Rolle spielen, werden sich diese Eigenschaften als Grundmuster durch alle Bereiche Ihres Lebens ziehen. Und wenn Sie immer noch glauben, undisziplinierte Esser könnten beruflich genauso erfolgreich sein wie disziplinierte, dann mögen Sie richtig liegen, was das Essen angeht – bei der Arbeitsorganisation werden Sie das gleiche Maß an Undiszipliniertheit feststellen wie beim Essen. Lassen Sie sich nicht täuschen und vor allem – täuschen Sie sich nicht selbst: Das Grundmuster „Zielfixierung" durchzieht entweder alle Lebensbereiche, oder gar keinen; Sie sind entweder schwanger, oder eben nicht. Halbschwangere jedenfalls sind uns noch nicht begegnet.

Ob Sie dann in einem nächsten Schritt von Ihren Möglichkeiten, bis zum Ziel durchzuhalten, auch Gebrauch machen, das hängt dann ganz von Ihnen ab, wie uns Franz Beckenbauer nicht ganz ohne Schalk verrät:

> *„Ich bin sowieso ein sehr disziplinierter Esser. [...] Ich kenne mich ja, wenn ich das wollte, dann wäre ich innerhalb einer Woche wieder auf 75 Kilo, aber was soll das."* [25]

Sie werden feststellen, daß eines seiner erfolgswichtigen Denkmuster darin besteht, ein einmal gestecktes Ziel mit Geduld, Disziplin und Hartnäckigkeit so lange zu verfolgen, bis er es auch tatsächlich erreicht hat. Zu Beginn seiner Karriere als Trainer der deutschen Nationalmannschaft gibt er einen in dieser Richtung sehr aufschlußreichen Satz zu Protokoll:

> *„Man hat zehn Jahre gebraucht, von 1974 bis 1984, um in dieser Talsohle angelangt zu sein. Also wird es vielleicht zehn Jahre dauern, bis wir wieder oben sind. [...] Ich habe es immer schon realistisch gesehen. Ich hatte gesagt, daß wir zuerst mal den Fall nach unten stoppen müßten. Dann können wir uns langsam überlegen, was man tun kann, um die Geschichte nach oben zu bringen."* [26]

Ein Satz aus jüngster Zeit markiert den zeitlichen Gegenpunkt zum vorangegangenen Zitat und zeigt gleichzeitig, daß sich das Erfolgsrezept Franz Beckenbauers über die Jahre hinweg nicht verändert hat, wohl aber perfektioniert wurde. Franz Beckenbauer war gebeten worden, den angeschlagenen FC Bayern aus der Krise zu führen und geht die neue Aufgabe nach dem bewährten Erfolgsrezept an. Noch immer bereitet er seine Erfolge von langer Hand vor, arbeitet konsequent auf das gesteckte Ziel hin und läßt sich nicht von Nebensächlichkeiten aufhalten.

> *„Ich bin nicht dazu da, den Pausenclown zu spielen und die Medienlandschaft zufriedenzustellen. Ich bin dazu da, die Mannschaft vorzubereiten, damit sie Deutscher Meister wird."* [27]

Seine zielstrebige Vorbereitungsarbeit setzt er zwar situativ und gefühlsmäßig um (vgl. unten, Kategorie 7, B-Ausprägung), dies kann jedoch nicht darüber hinwegtäuschen, daß hinter alledem ein durchdachtes Konzept steht. Erfahrungsgemäß reicht es nämlich nicht aus, einfach voller Energie auf ein Ziel zuzustreben. Schon manchem blieb ein Erfolg erspart, weil er zwar zielstrebig an die Sache heranging, dabei aber mehr strebte, als daß er zielte oder sich gleich ganz auf den Zufall, das Wohlwollen von Kunden, Vorgesetzten oder sonstige äußere Umstände verließ.

> *„Du kannst den Erfolg nicht auf Zufall aufbauen. Da muß ein Konzept dahinterstecken, eine Strategie."* [28]

Franz Beckenbauer hat es immer verstanden, solche Strategien konkret zu halten. Planung ja, aber bitte realistisch. Er gibt wenig auf Ziele, die in zeitlich allzu weiter Entfernung liegen und das hat auch seinen Sinn: Wir wissen inzwischen, daß nur konkrete und sinnesspezifisch repräsentierbare Ziele zu Selbstläufern werden können, an deren Realisierung das Unbewußte maßgeblich beteiligt ist.

> *„Ich weiß nicht, ob man heute schon über ein Jahrzehnt hinaus planen soll. Die nächsten drei Jahre vorzuplanen, ist realistisch."* [29]

Zusätzlich besitzt Franz Beckenbauer die Fähigkeit, sich permanent gedanklich auf ein Ziel zu fokussieren. Die meisten Menschen machen mit dieser gedanklichen Ausrichtung ähnliche Erfahrungen, wie Beckenbauer sie von 1984 bis 1990 machte. Erfolgreich ist der, der einfach „dranbleibt", das Gute immer weiter perfektioniert und seine Gedanken permanent auf den Erfolg ausrichtet.

> *„Man denkt es [das Spiel] immer wieder durch. Ich schaue mir die Spiele auf Video noch mal an. Der Augenblick geht ja schnell vorbei. Auch im Urlaub oder beim Skifahren ist der Gedankenapparat laufend in Bewegung."* [30]

Die Weltmeisterschaft 1990 gewinnt Beckenbauer mit dem deutschen Team wohl auch deshalb, weil er sich trotz einiger Irritationen nicht von seinem Weg, und damit seinem Konzept zum Ziel abbringen läßt. Seine erstaunliche, manchmal auch als Halsstarrigkeit abgemahnte Hartnäckigkeit ist nichts weiter, als eine besonders erfolgreiche Form von Konsequenz, die er an mehreren Stellen selbst als maßgeblich für seinen Erfolg bezeichnet hat. Erfolgsmenschen wie Franz Beckenbauer würden es sich nicht leisten, einfach ein einmal angepeiltes Ziel wieder herunterzuschrauben, nur um es Leistungen anzupassen, die hinter den Erwartungen zurückgeblieben sind.

> *„Es geht heute um viel Geld. Es ist schon zu meiner Zeit um relativ viel Geld gegangen. Da muß man halt einfach eine gewisse Konsequenz zeigen."* [31]

Die gleiche gedankliche Haltung ist aus dem nächsten Zitat ersichtlich, das gleichzeitig auf Berührungspunkte zu seiner Leistungsorientierung (Kategorie 1, A-Ausprägung) hinweist.

> *„Bei aller Härte und Konsequenz kannst du auch anständig bleiben.“* [32]

Zum (vorläufigen) Abschluß seiner Karriere als Trainer des FC Bayern, von dem er sich gewissermaßen mit der Meisterschale in der Hand 1994 verabschiedet, macht er ein letztes Mal die Bedeutung der Begriffe „Konsequenz“, „Zielfixierung“, „Gewissenhaftigkeit“ und „Selbstdisziplin“ im Zusammenhang mit dem gemeinsamen Erfolg deutlich.

> *„Wir haben immerhin vier Monate Zeit und Lebensqualität investiert, der Kopf war ein einziger Fußball.“* [33]

Kategorie 6: ***Mut und Risikobereitschaft*** (= *A-Ausprägung*) *vs. Sicherheit, Komfort und Tradition*

Franz Beckenbauer hat immer zu den Menschen gehört, die eine Herausforderung suchten und sie angenommen haben – dieses Verhalten hob ihn über den Durchschnitt. Das Wort „Herausforderung“ taucht mehrmals explizit in seinen Äußerungen auf.

> *„Im Moment fühle ich mich körperlich noch rüstig genug, um das eine oder andere Jahr anzuhängen, vielleicht sogar die Herausforderung der Bundesliga noch einmal anzunehmen.“* [34]

Einen Mann wie Beckenbauer kann nach einer gewonnenen Weltmeisterschaft und einem hochdotierten Vertrag mit einem amerikanischen Proficlub vor allem eine neue Herausforderung motivieren, sich noch einmal zu verändern – Ruhm und Geld hat er ja schon.

> *„In der Bundesliga würde mich die erneute Herausforderung reizen.“* [35]

Und so verhält er sich auch nach seiner Rückkehr nach Deutschland, als er einen neuen Vertrag als Fußballprofi beim HSV akzeptiert.

„Ich brauche eine Beschäftigung, die mich fordert." [36]

Er sucht das Neue, auch das Unkonventionelle. „Alte Hüte" oder Geschichten von gestern mag er ebensowenig wie Michael Schumacher („Ich mag keine alten Möbel, keine alten Autos und keine alten Frauen."):

„Lange Zeit habe ich gedacht: Nein – noch mal zu den „Bayern", das ist doch eine aufgewärmte Suppe." [37]

Auch im Bereich seiner persönlichen Entwicklung sind es die neuen, anfangs in seinem Erleben manchmal riskanten „Flexibilitätsübungen", die ihn persönlich einen oder mehrere Schritte nach vorn bringen. Der früher menschenscheue Beckenbauer verschiebt die eigenen Grenzen ständig nach außen, probiert aus und findet in diesem Prozeß mit der Zeit auch hier zu einer neuen inneren Balance.

„Früher hätte ich mich in die Ecke verdrückt, Mütze runtergezogen, Sonnenbrille auf. Wenn mich heute irgendjemand sieht, geh ich auf ihn zu und rede mit ihm." [38]

Dies beschreibt Entwicklungsaufgaben, die ihn reizen. Das Wort „Reiz" taucht auch in einigen seiner Zitate auf. Er sucht den Ansporn, das Ungewöhnliche, die persönliche Bereicherung durch Erfahrungen, die andere vielleicht auch machen könnten, sich aber noch nicht trauen, diesen Schritt zu tun.

„Aber es kann durchaus sein, daß mich plötzlich etwas ganz anderes reizt und ich das dann durchziehe, egal, ob das in New York ist oder in München." [39]

Er nimmt Risiken bewußt inkauf, er will in unbekanntes Terrain vorstoßen und hat dies durch seine Arbeit immer wieder getan. Was vielleicht noch wichtiger ist: Er weiß die Freiräume, die seine Denkmuster ihm ermöglichen, zu genießen. Wenn es wahr ist, daß der Frosch das Ausmaß des Himmels nach der Größe des Brunnenrandes beurteilt, in dem er sitzt, kennt Franz Beckenbauer erstens viele Brunnen und läßt sich zweitens nicht durch den Rand über das tatsächliche Ausmaß des Himmels hinwegtäuschen. Flexibilität ist ein wichtiges Kriterium seines Trainer-Arbeitsplatzes, eine Grundvoraussetzung, die seinem Wunsch nach Herausforderung und Bereicherung entspricht.

„Der Arbeitsplatz [des Trainers] ist nicht ortsgebunden, das ist schon mal gut." [40]

Auch was andere, offensichtlich „schwierige“ Fragen angeht, wie etwa die der Anwesenheit von Frauen im Trainingslager zur Weltmeisterschaft, geht er lieber neue und ungewohnte Wege, für die keine Erfahrungswerte existieren und übernimmt das Risiko für den Fall des Scheiterns, als ausgelatschten und längst überholten Vorurteilen zu folgen.

> *„Man muß versuchen, den Spielern möglichst viel Freiheit zu geben, ruhig einmal die Frauen einladen.“* [41]

Weniger stark ausgeprägte Kategorien

Kategorie 7: Kopfgesteuertes, rationales Handeln vs. emotionales, gefühlsmäßiges Handeln (= B-Ausprägung)

Wie für viele andere Prominente auch, ist Geld für Franz Beckenbauer allenfalls Mittel zum Zweck – jedoch nicht alleiniges Ziel seines Schaffens. Der Weg dorthin war jedoch auch für ihn ein Erkenntnisprozeß, der sich sprachlich sehr schön nachvollziehen läßt und von dem auch Sie profitieren können. Franz Beckenbauer hatte sich recht früh ein Haus in Grünwald gekauft, das ihm weniger zum Repräsentieren dienen sollte. Vielmehr glaubte er, diese Art von Besitzstand für sich persönlich zu brauchen; außerdem mochte er die zahlreichen Bäume, die auf dem großen Grundstück standen. Daß materieller Besitzstand dieser Art auch eine Reihe von Verpflichtungen mit sich bringt, merkt er sehr bald – selbst wenn es sich dabei nur um vergleichsweise triviale Dinge wie das Rasenmähen handelt.

> *„Man bekommt eine andere Einstellung zum Besitz.“* [42]

Er trennt sich anschließend von Haus- und Grundbesitz, weil er erkannt hat, daß materielle Dinge allein nicht notwendigerweise das Lebensglück erhöhen.

> *„Ich hänge heute nicht mehr so an materiellen Dingen. Ich kann auch mit einem alten VW fahren. Oder ich kann das ganze Jahr nur mit einem Paar Schuhe herumlaufen.“* [43]

Andere Aussprüche von ihm zum Thema „materieller Besitz“ erinnern sehr an die Aussagen von Fürstin Gloria und machen deutlich, daß Besitzstand und materielles Wohlergehen eine der vielen Begleiterscheinungen erfolgreicher Tätigkeit sind – keinesfalls jedoch deren Voraussetzung oder Ziel.

> *„Mir gehört eigentlich gar nichts.“* [44]

Da das Werteprofil Franz Beckenbauers eine recht deutliche Ausprägung in der Kategorie 6 A zeigt, überrascht auch der nächste Ausspruch nicht – er vervollständigt vielmehr das Bild eines erfolgreichen Menschen, für den der Wert eines Zieles darin liegt, seine Herausforderung anzunehmen und den Weg zum Ziel zu gehen.

> *„Im Moment bin ich nicht so sehr auf festen Besitz aus. Ich bleibe lieber flexibel.“* [45]

Ähnlich wie Franziska van Almsick und Boris Becker kann auch Franz Beckenbauer bei der Beurteilung entscheidender und damit erfolgsrelevanter Situationen auf sein Gefühl zurückgreifen. Diese Strategie mag überraschend erscheinen, denn am Spielfeldrand galt der „Kaiser“ – von wenigen Ausnahmen abgesehen – stets beherrscht und ruhig und weniger anfällig für Emotionen, als so mancher seiner Kollegen. Dennoch spricht er sich recht deutlich gegen eine rein rational-analytische Urteilsfindung aus und vertraut statt dessen lieber seiner „Nase“.

> *„Also meine natürliche Einschätzung, meine Psyche sind mir hilfreich genug. Da brauche ich keine Hochschule. Ich glaube sogar, daß sie hinderlich wäre. Da geht ja der natürliche Spürsinn verloren.“* [46]

Kategorie 4: *Zielfixierung/Disziplin* vs. *spontanes Handeln, zufälliges Agieren* (= B-Ausprägung)

Spielwitz und Variantenreichtum sind ohne Spontaneität nicht denkbar – deshalb ist es trotz aller Fixierung auf ein Ziel notwendig, genügend Raum für spontanes Handeln zu lassen. Franz Beckenbauer hat einige typische Äußerungen gemacht, die auf die Bedeutung dieser Kategorie hinweisen. Seine Antwort auf die Frage nach einer möglichen Rückkehr in die Nationalmannschaft zeigt ein solches Denkmuster:

> *„So weit gehen meine Gedanken nicht.“* [47]

Auch was andere Entscheidungen in seinem Leben angeht, benutzt er bisweilen seine schier unerschütterliche „Schau mer mal"-Mentalität, die inzwischen zu einem feststehenden Begriff geworden ist.

> *„Ich werde die Dinge auf mich zukommen lassen."* [48]

Kategorie 9: Handeln/Agieren zukunfts- und lösungsorientiert (= A-Ausprägung) vs. Handeln/Reagieren vergangenheits- und problemorientiert

Franz Beckenbauer hat die Fähigkeit, das, was passiert, als Möglichkeit zu sehen und aus der gegebenen Situation das Optimum herauszuholen.

Statt also zu jammern oder sich selbst zu bemitleiden, greift er einfach auf das zurück, was ihm an Ressourcen zur Verfügung steht und hat so auch wieder den Handlungsspielraum, um zukunftsorientiert zu gestalten.

> *„Die Lücken, die zwangsläufig da sind, muß man einfach besetzen: mit denen, die zur Verfügung stehen. Hilft alles nichts."* [49]

Sollte dabei an irgendeiner Stelle etwas schiefgehen (erfahrungsgemäß neigen ja selbst Butterbrote durch merkwürdige physikalische Gesetzmäßigkeiten dazu, stets mit der gebutterten Seite nach unten zu fallen), kann er auf einen fast unerschütterlichen Optimismus zurückgreifen, der ihn als wirklich erfolgreichen Menschen auszeichnet.

> *„Man muß halt alles mal mitmachen."* [50]

Welche Faktoren Ihres zukünftigen Erfolges haben Sie bei Franz Beckenbauer kennengelernt?

1. Härte, Disziplin, Konsequenz und der unbedingte Wille, mehr zu leisten als der Durchschnitt, sind die zentralen Erfolgsfaktoren von Franz Beckenbauer. Wenn Sie etwas wirklich erreichen wollen, so besteht Ihre Aufgabe darin, mit allen verfügbaren Möglichkeiten um dieses Ziel zu kämpfen. Damit ist keine Aufforderung zu kommunikativen Schlammschlachten verbunden, sondern ehrlicher und konsequenter Einsatz für Ihre Ziele.

2. Jeder Erfolg erfordert eine gute Vorbereitung, eine durchdachte Planung und eine konsequente Durchführung der Einzelschritte bis zum Erfolg. Die Liste der Erfolge, die nur deshalb errungen wurden, weil ihre Urheber sich nicht von der Realisierung ihrer Pläne abhalten ließen, ist lang, und Franz Beckenbauer ist nur eines von vielen herausragenden Beispielen. Auch Sie sollten manchmal daran denken, daß es den „Kaiser" sechs Jahre geduldiger, hartnäckiger und konsequenter Arbeit gekostet hat, mit seinem Team Weltmeister zu werden.

3. Finden Sie endlich heraus, was Sie am besten können und beginnen Sie, mit diesen Fähigkeiten Ihren Erfolg aufzubauen. Nutzen Sie Ihr Talent und setzen Sie sich da ein, wo Sie etwas Außergewöhnliches leisten können. Wenn Sie immer noch glauben, kein besonderes Talent zu besitzen, heißt das nur, daß Sie ab jetzt keine Zeit mehr zu verlieren haben, es zu entdecken – und deshalb JETZT anfangen.

4. Sie selbst entscheiden, ob Sie notwendige Veränderungen Ihrer beruflichen oder familiären Situation als interessante Herausforderung oder als verabscheuungswürdige Störung Ihrer angestammten Wohnstubengemütlichkeit ansehen. Ihnen stehen alle Möglichkeiten offen – und manchmal ist es einfacher, sich selbst zu verändern als andere Menschen. Sie können so frei darüber entscheiden, wann und wie Sie diese Herausforderung annehmen, wie Sie mögen. Es steht Ihnen auch frei, das Neue und Interessante zu meiden und weiterhin darauf zu warten, daß andere Menschen sich verändern.

Anmerkungen:

1. Playboy, Mai 1986
2. Sports, April 1994
3. Playboy, Mai 1986
4. Playboy, März 1980
5. ebenda
6. ebenda
7. ebenda
8. ebenda
9. ebenda
10. Sports, April 1994
11. Playboy, Mai 1986
12. Sports, April 1994
13. ebenda
14. Kicker, 24.1.1994
15. ebenda
16. Kicker, 9.5.1994
17. Kicker, 24.5.1994
18. Hamburger Abendblatt, 5.9.1995

19. Der Spiegel, 20.3.1995
20. Fit for Fun, 1.5.1995
21. Playboy, März 1980
22. Sports, April 1994
23. ebenda
24. Playboy, Mai 1986
25. Fit for Fun, 1.5.1995
26. Playboy, Mai 1986
27. Sports, April 1994
28. ebenda
29. Playboy, Mai 1986
30. ebenda
31. Playboy, März 1980
32. Sports, April 1994
33. Kicker, 9.5.1994
34. Playboy, März 1980
35. ebenda
36. ebenda
37. ebenda
38. ebenda
39. ebenda
40. Sports, April 1994
41. Kicker, 24.5.1994
42. Playboy, März 1980
43. ebenda
44. ebenda
45. ebenda
46. Sports, April 1994
47. Playboy, März 1980
48. ebenda
49. Playboy, Mai 1986
50. Playboy, März 1980

12 Boris Becker: „... für's Unmögliche war ich ja schon immer zuständig ...“

Geboren am 22. November 1967 in Leimen (17.000 Einwohner). Die Eltern: Vater Karl-Heinz, Architekt, CDU-Stadtrat, Mutter Elvira. Außer Boris gibt es noch ein Kind in der Familie Becker: Schwester Sabine. Das einzige, was die Stadt Leimen von anderen Kleinstädtchen dieser Größenordnung unterscheidet, ist das Zementwerk und ein Tennis-Leistungszentrum. Obwohl Boris Becker in seiner Kindheit auch Fußball spielt, versucht er es irgendwann auch einmal mit Tennis. Damals läßt noch nichts auf die späteren herausragenden Leistungen auf diesem Gebiet schließen – vielmehr zieht er durch seine ungelenke Art, den Ball zu spielen, eher den Spott als die Bewunderung der anderen Kinder auf sich. Das berührt ihn jedoch nicht weiter. Er will vor allem eines: besser werden und es den anderen zeigen. „Schon als kleiner Junge“, erinnert sich sein Vater Karl-Heinz, „stand Tennis für ihn im Mittelpunkt seines Lebens. Er hatte wenig Zeit und deshalb auch wenig Freunde. Als Kind entwickelte er sehr früh einen ausgeprägten Willen.“ [1]

Sein Trainer Boris Breskvar bemerkt zwar ein gewisses Talent bei ihm, dennoch fällt er bei einer Sichtung des Deutschen Tennis Bundes (DTB) zunächst durch. So spielt er einige Jahre ehrgeizig und verbissen vor sich hin, und fügt seinem ersten Pokal, den er als Neunjähriger gewinnt, ein paar weitere hinzu, bis sich Günther Bosch 1982 des hoffnungsvollen, aber immer noch ungestümen Talents annimmt. Er ist damit eines von vier Nachwuchstalenten, mit denen Bosch intensiver zusammenarbeiten will (neben ihm gehören noch Carl-Uwe Steeb, Patrik Kühnen und Udo Riglewski dazu). Das Team reist um den halben Erdball und nimmt an unterschiedlichen Veranstaltungen teil.

Ostern 1984 wird Ion Tiriac, Tennis-Dunkelmiene mit überdimensionalem Schnauzbart, der wie Bosch aus Kronstadt in Rumänien stammt und selbst einmal Tennisprofi war (Nummer 5 der Liste) und anschließend als Manager von Nastase, Orantes, Panatta, Leconte und Vilas arbeitete, in Monte Carlo auf Becker aufmerksam.

Becker wird damals auf Platz 722 der Weltrangliste geführt. Tiriac arrangiert ein Testspiel gegen sein damals bestes Pferd im Stall: Guillermo Vilas. Becker kann in diesem Spiel zwar dessen Tempo nicht mithalten, doch sein Kampfgeist und seine Einsatzfreude überzeugen den Rumänen – er bemerkt das große Talent und sieht in Becker einen aufsteigenden Star am Tennishimmel. Das haben andere vor ihm auch schon getan. Entscheidender Unterschied: Er beschließt, in Beckers Karriere zu investieren. So fliegt er umgehend nach Frankfurt, stattet sich bei einer Verleihfirma mit einer standesgemäßen Nobel-Karosse altenglischer Bauart aus (Rolls Royce) und fährt nach Leimen, um mit Beckers Eltern über eine Profi-Karriere zu verhandeln. Die sind angetan von dem Angebot des Rumänen. Boris darf das Helmholtz-Gymnasium mit der mittleren Reife verlassen und wird von Ion Tiriac aus seinem Ausbildungsvertrag mit dem Tennisverband herausgekauft. Tiriac verpflichtet Günther Bosch als Trainer und beginnt umgehend, das spätere Idol zu vermarkten. Die Erfolge des Trios sprechen sehr schnell eine eigene Sprache: 1985 stößt Boris Becker von Computer-Ranglistenplatz 65 offiziell auf Platz 5 vor. Von den 96 Einzelmatches, die er 1985 spielt, gewinnt er 74, außerdem spielt der gerade 17jährige im gleichen Jahr noch 40 mal im Doppel – ein Programm, das manch gestreßtem parlamentarischen Dauerschläfer bundesdeutschen Abgeordnetenwesens als schier unerreichbare Zielvorgabe erscheinen mag. Am 7. Juli 1985 ist es dann endlich soweit: Boris Becker gewinnt als jüngster Wimbledon-Teilnehmer aller Zeiten vor 14434 Zuschauern das berühmteste Tennisturnier der Welt. Der Rest ist eine Aneinanderreihung von Turnieren, Siegen, Reisen und beruflichen ups and downs. Mit dem Gewinn der Australien Open im Jahr 1991 ist Boris Becker endlich auch Weltranglistenerster. Im gleichen Jahr lernt er auch seine spätere Frau Barbara Feltus-Ferbst kennen, die er im Dezember 1993 heiratet. Das Jahr 1993 geht damit für ihn, zumindest was die private Seite des Lebens angeht, höchst erfreulich zu Ende. Sportlich dagegen sieht es weitaus weniger rosig aus. Ball und Schläger wollen nicht mehr so recht aufeinandertreffen, der Ball fliegt in der Mehrzahl der Fälle an ihm vorbei. Doch zu dieser Zeit ist das Jahr ohnehin schon längst gelaufen – zumindest, was den Sport betrifft. Zu dieser Zeit rücken für Boris Becker andere Dinge in den Vordergrund: Am 18.1.1994 wird er Vater seines Sohnes Noah Gabriel und entdeckt die Familie als wichtigen emotionalen Rückhalt seiner weiteren sportlichen Karriere. Wenig später meldet er sich mit seinem ersten Turniersieg seit einem Jahr in der internationalen Szene zurück und freut sich gemeinsam mit seiner Frau an dem geglückten

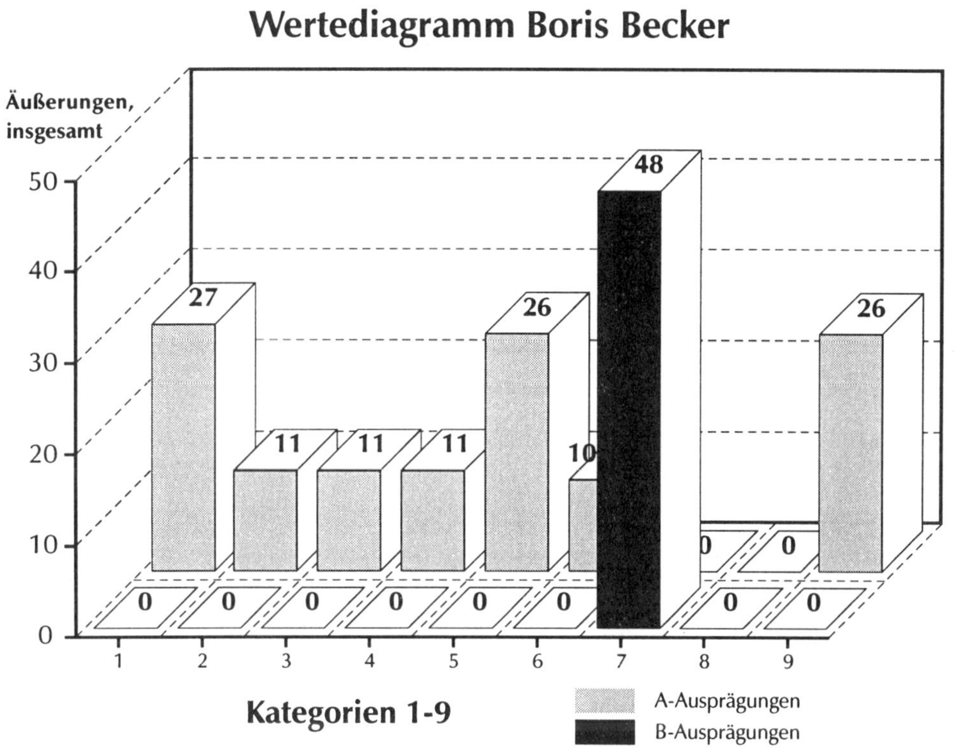

Comeback. Er wirkt abgeklärter seitdem, reifer. Welche gedanklichen Orientierungen liegen hinter dem für Millionen von Fernsehzuschauern sichtbaren Verhalten eines Ausnahmesportlers, dessen Wutanfälle in den internationalen Arenen des Tenniszirkus von den gleichen Menschen kritisiert wurden, die sein schnelles und präzises Spiel bewundern?

Boris Beckers Kategorienprofil zeigt eine Ähnlichkeit zu dem von Jil Sander. Beide erzielen hohe Werte in den Kategorien 1 (A-Ausprägung), 5 (A-Ausprägung) und 7 (B-Ausprägung). Kein anderer Sportler und auch keine andere der untersuchten Personen (die schon erwähnte Jil Sander ausgenommen) verfügt über eine gleiche oder ähnliche Merkmalskombination. Ähnlich wie bei Jil Sander stehen auch bei Boris Becker Leistungswille und Einsatzbereitschaft, Orientierung an den eigenen Wertvorstellungen und ein von Emotionen dominiertes Handeln im Vordergrund – bei Boris Becker noch ergänzt durch eine ausgeprägte gedankliche Orientierung auf die Zukunft, auf das Mögliche und Machbare. Einen ähnlich hohen Wert in dieser Kategorie (9, A-Ausprägung) haben bezeichnenderweise nur noch Steffi Graf, Henry Maske und Wolfgang Schäuble erzielt.

Dominante Kategorien

Kategorie 7: *Kopfgesteuertes, rationales Handeln vs. emotionales, gefühlsmäßiges Handeln* (= B-Ausprägung)

Boris Beckers gefürchtete Wutausbrüche, über die sich Trainer wie Manager in der Vergangenheit gleichermaßen beklagten und die ihm mehr als eine Ermahnung von Seiten der Schiedsrichter eingebracht haben, scheinen sich aus der gleichen Energiequelle zu speisen, aus der er auch die Energie für immer neue Siege nimmt.

Es liegt in der Natur der Sache, daß sich Boris Beckers Äußerungen, die dieser Kategorie zugerechnet werden, vor allem mit der Veränderung seiner familiären Situation in der jüngsten Vergangenheit auseinandersetzen. Er kann bei seinen Fans Emotionen erzeugen und er lebt von deren Gefühlen für ihn – insofern bezieht sich das nächste Zitat nicht ausschließlich auf sein Privatleben.

> *„Lieben und geliebt werden, das ist sehr wesentlich.“* [2]

Auch sonst spielt der Umgang mit den persönlichen Gefühlen eine entscheidende Rolle für seinen Erfolg. Ein wichtiger Entwicklungsschritt auf dem Weg dorthin: Er lernt im Laufe der Zeit, mit seinen Emotionen zu leben, anstatt gegen sie zu arbeiten und kann sie dadurch als Kraftquelle nutzen.

> *„Das müßte auch der Stärkste zugeben, daß er hier und da Augenblicke der Schwäche hat. Ich bin ja kein Übermensch. Manchmal habe ich Angst.“* [3]

Dieses Zitat verdeutlicht ähnlich wie einige der folgenden, daß Boris Becker inzwischen wesentlich effektiver mit den Energien haushalten kann, als dies noch vor einigen Jahren der Fall war. So nutzt er die positiven Seiten seiner Emotionalität, ohne dabei gleich in ein Tal der Verzweiflung zu stürzen, wenn einmal etwas nicht so funktioniert, wie er es ursprünglich geplant hatte.

> *„Es bedarf aber einer großen Portion Ehrlichkeit. Wenn ich Wimbledon 1993 betrachte, konnte ich mir das Finale in Ruhe anschauen, weil ich wußte, daß der beste Spieler*

des Turniers, sprich Pete Sampras, gewonnen hat. Und er in diesem Moment einfach besser war als ich. Punkt." [4]

Seine Gefühle setzen in ihm ein großes Maß der Energie frei, die er immer wieder braucht, um ganz vorne dabeizusein. Und wie das Beispiel Jil Sander deutlich zeigt, braucht Emotionalität eine Richtung, wenn sie sich nicht in quälenden Selbstzweifeln verlieren oder in unkontrollierten Wutausbrüchen auf dem Tennisplatz entladen soll – was bei Boris Becker ja zwischendurch zu beobachten war. Die Ausrichtung der emotionalen Grundenergie kann auf sehr unterschiedliche Weise geschehen – bei Jil Sander geschieht dies durch die Auseinandersetzung mit Materialien und Formen, bei Boris Becker durch ein perfektioniertes Tennisspiel, das Auswirkungen auf sein Privatleben hat und umgekehrt.

„Wenn ich heimkomme, dann ist da das Baby, die Frau. Ich fühle mich geborgen, es ist so wunderschön. Dadurch werde ich auch ein besserer Spieler." [5]

Gerade hier begegnet uns eine sehr enge Verbindung, die die Richtigkeit der in Kapitel zwei angedeuteten Vermutung bestätigt: Dauerhafter beruflicher Erfolg, ganz gleich, in welcher Sparte, ist ohne einen entsprechenden emotionalen Ausgleich nur schwer vorstellbar. Dies zu wissen ist insbesondere in den Berufen wichtig, in denen der 16 Stunden-Tag mit entsprechender Vernachlässigung der Familie auch heute noch als chic und zum guten Ton gehörend zählt.

„Ich habe mein Zuhause, ich habe eine Familie. Und dadurch auch wieder neuen Spaß am Tennis." [6]

Boris Becker spricht sogar davon, daß sein Leben, und damit auch sein Tennisspiel, durch genau diese Emotionalität einen völlig neuen Wert bekommen hat. Er kann mit seinen Emotionen umgehen und weiß sie zu nutzen, und dieser Umstand nützt ihm sowohl privat als auch auf dem Court.

„Kann sich denn keiner vorstellen, daß ich nervös bin, wenn meine Frau schwanger ist? Zum Glück habe ich ja noch solche Gefühle. Mein Leben hat im vergangenen Jahr wirklich eine neue Qualität bekommen. Durch Ehe und Vaterschaft habe ich jetzt einen Halt und eine Kraft, die ich noch nie hatte." [7]

Das Comeback nach der Geburt seines Sohnes gelingt ihm auch deshalb so gut, weil er die außergewöhnliche Gabe hat, sich voll auf eine Sache zu konzentrieren. Ob es um ein Wimbledon-Finale oder die Geburt seines Sohnes geht – er ist immer mit allen Energien und der vollen Aufmerksamkeit dabei.

Und was vielleicht noch wichtiger ist: Er weiß, wie er seine Gefühle in eine bestimmte Richtung verstärken und diese Fähigkeit sportlich ebenso nutzen kann wie privat.

> *„Ich möchte gern eine große Familie, damit ich dieses Gefühl noch verstärken kann; vielleicht sogar irgendwo auf einem Bauerhof mit Tieren, im Einklang mit der Natur. Ich kann mir auch gut vorstellen, Kinder zu adoptieren."* [8]

Auch die Beziehung zu seinem Sohn ist weitaus eher von Gefühlen dominiert als von rationalen Motiven. Daß sich dieser Umstand keinesfalls allein aus einer emotionalen Überwältigung durch das Miterleben der Geburt ergibt, wird im nächsten Zitat deutlich. Hier geht es um eine langfristige Perspektive in der Erziehung des gemeinsamen Kindes, für die wiederum Emotionen (Angst, Spannung, Unsicherheit, Neugierde) ein entscheidender Faktor sind.

> *„Ich habe einfach Angst davor, Fehler in der Erziehung zu machen, für die mein Kind dann das ganze Leben bezahlen muß."* [9]

Die emotionale Bindung an Frau, Kind und Freunde ist einer der wichtigsten Bestandteile der Becker'schen Erfolgsstory. Gerade in der letzten Zeit kann er diese Erfahrung auch im beruflichen Bereich verstärkt nutzen. Nachdem sein Verhältnis zu Michael Stich lange Zeit eher distanziert war, stellt er jetzt fest:

> *„Persönliche Beziehungen wachsen nicht über Nacht, und wir haben eben immer das große Problem, daß wir abseits des Davis Cup große sportliche Rivalen auf demselben Niveau sind. Deswegen werden wir nie Blutsbrüder werden. Aber wir haben gelernt, daß wir unsere Gefühle eben doch auch miteinander einigermaßen ausleben können und trotzdem unsere sportliche Stärke gegenseitig akzeptieren können."* [10]

Damit bestätigt er direkt oder indirekt eine unserer Aussagen, die wir weiter oben schon in bezug auf Franz Beckenbauer gemacht haben: Das Berufsleben beeinflußt ständig das sogenannte „Privatleben" entscheidend und umgekehrt. Und so entlarvt diese Feststellung auch die heute sehr populäre Einstellung, Arbeitszeit und Freizeit zu trennen, als einen einfachen Akt der Selbsttäuschung, der vorzugsweise von denen gewählt wird, die weiterhin frustriert in irgendeinem „Job" hängen und darauf warten, daß ihnen das Schicksal etwas Besseres vor die Füße legt. Erfolgreiche Menschen kennen keinen Unterschied zwischen Arbeitszeit und Freizeit – ihr Tag besteht aus 24 Stunden freier Zeit, die sie beliebig nutzen können – um das zu tun, woran ihr Herz hängt; etwas, das ihnen wirklich Spaß macht und ihr Leben zufrieden und erfüllt macht.

Kategorie 1: ***Einsatz/Leistung*(= A-Ausprägung) vs. *Gott wird es geben***

Schon in frühester Jugend fällt Boris durch seine außergewöhnliche Verbissenheit und seinen unerschütterlichen Fleiß auf. Was damals von manchem Beobachter noch als ungestümer Drang eines ungeschliffenen Diamanten angesehen wird, entwickelt sich im Laufe der Zeit zu einer der wichtigsten Grundlagen seines Erfolges: seine Fähigkeit, besser zu werden als alle anderen, seine Konzentration darauf, alles zu wollen, und seine Bereitschaft, dafür alles zu geben.

> *„Beim Tennis geht es um das Wort ‚Champion'. Da geht es um die Suche nach der Fähigkeit, alles auf einen Punkt zu konzentrieren und danach den Tennisplatz mit erhobenem Haupt verlassen zu können."* [11]

Seine Leistungsbereitschaft zeigt in manchen Teilen sehr kampfbetonte Züge. Das nächste Zitat zeigt in diesem Zusammenhang vor allen Dingen eines: Wer es nicht wagt, sich auseinanderzusetzen, wer nichts riskiert, wer immer im Leben versucht, auf der sicheren Seite zu stehen, hat möglicherweise ein bequemes Leben ohne größere Hochs und Tiefs. Dafür wird er aber auch nie zu solchen Höhen des Erfolges vorstoßen, wie Boris Becker es getan hat.

> *„Das ist der Urkampf – Mann gegen Mann. Da stehen sich zwei gegenüber, ein Showdown wie im Western, das Ende ist offen, die Zeit ist offen, einer verläßt als Sieger das Feld, nur einer kommt lebend raus. Du mußt dich dem Kampf stellen. Das ist wie früher – die Duelle im Morgengrauen."* [12]

Doch wie sieht es im Augenblick mit der Leistungsbereitschaft und dem Kampfgeist Beckers aus? Sind die Zeitungen nicht voll von Meldungen, denen zufolge er ins Familienleben abgetaucht ist und das dringend erforderliche Training vernachlässigt?

Manch ein Experte will ja schon den drohenden Untergang des Tennissterns am Firmament ausgemacht haben.

> *„Sollen sie reden [darüber, daß ‚seine' Zeit vielleicht vorbei sei]. Die Wahrheit ist: Ich trainiere vielleicht härter als jemals zuvor."* [13]

Nicht nur beim Training, sondern auch für die Turniere ist ein außergewöhnlicher Einsatz erforderlich. Boris Becker und seine Frau entschließen sich, trotz der Schwierigkeiten, die damit verbunden sind, mit einem Kleinkind zu reisen, dies noch für einen unbestimmten Zeitraum zu tun.

> *„Barbara und ich haben beschlossen, noch ein paar Jahre zu reisen."* [14]

Leistungsbereitschaft, Einsatzfreude und sein Wille zum Erfolg durchziehen die Erfolgsstory von Boris Becker auch dort wie ein Leitmotiv, wo der Kampf um einen Erfolg nicht von vornherein unter einem glücklichen Stern zu stehen scheint. So, wie das bei fast allen Wettkämpfen auf Aschenplätzen der Fall ist, die ihm nun einfach nicht sonderlich zu liegen scheinen. Boris Becker wäre eben nicht Boris Becker, wenn er nicht auch solche Anforderungen zumindest unter dem Aspekt der Herausforderung angehen würde:

> *„Das ist jedes Jahr die größte Herausforderung, die ich habe. Sich ihr zu stellen, macht Spaß, auch wenn ich sicher wieder das eine oder andere Mal auf die Schnauze fallen werde."* [15]

Und selbst in diese außergewöhnliche Leistungsorientierung mischen sich Töne aus der Kategorie 7 (B-Ausprägung), die noch einmal deutlich machen, daß Leistungsbereitschaft und Leistungsfähigkeit aufs engste mit seinen Gefühlen verbunden sind. Das eine ist nicht denkbar ohne das andere.

> *„Ich will immer noch tolles Tennis spielen, aber aus einem anderen Teil des Herzens als noch vor fünf Jahren."* [16]

Kategorie 5: Werteursprung innen, was ist für mich persönlich wichtig, Konfliktpotential wird erkannt und konstruktiv genutzt (= A-Ausprägung) vs. Werteursprung außen, was ist für andere wichtig, Konfliktvermeidung

Boris Becker hat inzwischen ein Leistungsniveau erreicht, auf dem er nur noch an sich selbst gemessen werden kann und auch nur noch sich selbst übertreffen kann. Gerade dieser Punkt markierte für viele Sportler den Scheideweg – dies traf für Björn Borg ebenso zu wie es augenblicklich für Steffi Graf gilt. Boris Becker wird so lange spielen, wie er selbst Spaß am Tennis hat. Keinen Aufschlag länger. Ein Teil seines Erfolgsrezeptes ist, daß er Dinge tut, weil er sie will – nicht, weil er meint, sie tun zu müssen.

> *„Wenn ich keinen Spaß mehr hätte, müßte ich es nicht mehr tun. Ich muß mir nichts mehr beweisen."* [17]

Becker hat erkannt, daß die Energie, die er braucht, um erfolgreich zu sein, nicht aus den Dingen kommt, die er vermeintlich „muß" – sondern ihm die Energie vor allem dann verfügbar ist, wenn er etwas will, das ihm Spaß macht. Diese Stelle zeigt deutlich, daß sich der Erfolg Boris Beckers erst aus der Kombination von zwei dominanten Kategorien ergibt: Die Orientierung an den eigenen Werten spielt dabei eine mindestens ebensogroße Rolle wie seine Fähigkeit, gefühlsmäßige Entscheidungen für oder gegen eine Sache zu treffen.

Die Meinung von Medien, Kommentatoren und selbsternannten Sportexperten war jedoch für Boris Becker auch schon zu Zeiten zweitrangig, in denen er weitaus weniger erfolgreich war.

> *„Ich will nicht zum Clown werden, der hin- und hergeschoben wird. Wir brauchen niemand, der uns sagt, was wir machen müssen."* [18]

Ein schönes Beispiel seiner Orientierung an den eigenen Wertvorstellungen ist auch Boris' Aussage über seinen Kollegen Stefan Edberg:

> *„Am Anfang hatte ich das Gefühl, daß er [Stefan Edberg] unbedingt beweisen wollte, daß man auch trotz Kind gut Tennis spielen kann. Da war er meines Erachtens nach zu verkrampft."* [19]

Was Becker tut, tut er nicht, weil andere es von ihm erwarten, oder um eine bestimmte Rolle zu füllen, einem Klischee zu entsprechen – das hat er ohnehin selten getan. Ob wohlüberlegt oder aus dem Bauch gesprochen – sowohl Beckers gefürchtete Ausbrüche auf den Tennisplätzen der Welt, teils in hilfloser Enttäuschung, teils in blinder Wut, als auch seine Äußerungen zu sport- oder tagespolitischen Themen, sei das nun Ausländerfeindlichkeit oder Hafenstraße, waren stets solche, mit denen er eher aneckte, als Harmonie zu stiften. Genau diese Offenheit, wenn auch auf ganz andere Art, schätzt er nach eigener Aussage an seinem Kollegen Michael Stich. Möglicherweise erkennt Becker sich hier, gleichsam in einem Spiegel, auf eine andere Art und Weise wieder – und vielleicht ist es genau dieser Wiedererkennungs-Effekt, der einen nicht unbedeutenden Anteil an der Normalisierung seines Verhältnisses zu Michael Stich beiträgt:

> *„Ich finde, daß er sehr ehrlich ist und sagt, was er denkt. Genau das schätze ich auch an ihm. Die wenigsten Menschen haben noch eine solche Offenheit.“* [20]

Kategorie 9: *__Handeln/Agieren zukunfts- und lösungsorientiert__* *(= A-Ausprägung) vs. Handeln/Reagieren vergangenheits- und problemorientiert*

In dieser Kategorie erzielt Boris Becker neben Henry Maske, Steffi Graf und Wolfgang Schäuble einen der höchsten Werte. Er ist einer derjenigen, an deren Erfolgsstory sich klar ablesen läßt, daß positive Gedanken, die Ausrichtung auf Ziele und die Suche nach dem Erreichbaren in logischer Konsequenz positive Handlungen nach sich ziehen müssen, die zu Erfolgen führen. Da Menschen, einer alten wahrnehmungspsychologischen Erkenntnis zufolge, nicht mehr als 7 +/- 2 Informationen pro Zeiteinheit aufnehmen UND verarbeiten können, sind wir gezwungen, aus der Informationsvielfalt, die uns umgibt, eine Auswahl zu treffen. Es ist also entscheidend, worauf ich mein Interesse, meine Aufmerksamkeit lenke – denn genau das werde ich auch wahrnehmen. Überprüfen Sie selbst, aus welchen Menschen Ihre Welt besteht – aus freundlichen und netten Zeitgenossen, aus Menschen, die Ihnen wohlgesonnen sind? Oder sind Sie umgeben von schlecht motivierten Mitarbeitern, überkritischen Kunden und unflexiblen Vorgesetzten? Die Welt bietet Ihnen alles an – Sie werden allerdings nur das sehen können, was Sie auch sehen wollen. Die folgenden Zitate zeigen schlaglichtartig, wie deutlich die gedankliche Fokussierung auf das Mögliche und Machbare, auf gegenwärtige Chancen und zukünftige Möglichkeiten sich bei Boris Becker auch sprachlich nachvollziehen läßt und damit letztendlich auch zu erfolgreichen Handlungen führt.

> *„Ich habe einen Traum. Ein großes Turnier, das ich noch einmal gewinnen will."* [21]

Zu den German Open am Rothenbaum meint er:

> *„Wenn ich ehrlich bin: Einmal hier [in Hamburg] siegen, das wäre traumhaft."* [22]

Seine gedankliche Vorbereitung besteht neben der sportlichen ganz einfach darin, mit Lust und Spaß an die Sache heranzugehen. Da er entsprechend seinem Wert in der Kategorie 5 (A-Ausprägung) die Turniere spielt, an denen er Spaß hat, fällt es ihm leicht, mit Spaß und positiven Gefühlen in ein Turnier zu gehen.

> *„Ich freue mich auf das Turnier."* [23]

Selbst seinen ungewöhnlichen Familienumständen kann er etwas Positives abgewinnen, indem er einfach unter den gegebenen Möglichkeiten das Beste daraus macht:

> *„Uns fehlt schon manchmal ein richtiges Zuhause. Aber wir machen es uns jetzt im Hotelzimmer gemütlich. Bei jedem Turnier bauen wir unser eigenes Heim."* [24]

Auch an seiner Vaterrolle entdeckt er vor allem die angenehmen Seiten – und beweist damit einmal mehr, daß nicht die Dinge an sich es sind, die uns manchmal Probleme bereiten, sondern vor allem der Betrachtungsrahmen, in den wir Ereignisse setzen. Kindergeschrei kann nervtötend sein, oder eben ein wunderbares, hörbares Zeichen dafür, Vater zu sein. Wenn Sie wollen, können Sie sich natürlich auch weiter ärgern.

> *„Vielleicht bin ich anders als andere Väter. Wenn er [Sohn Noah] schreit, merke ich umso deutlicher, daß es ihn gibt. Das ist ein unbeschreibliches Gefühl."* [25]

Sowohl familiär als auch sportlich richtet Boris Becker seine Aufmerksamkeit überwiegend auf das Schöne, Positive und Beglückende im Leben. Und auf dem Tennisplatz dominiert schon früh das Gefühl bei ihm, auch sehr schwierige und aussichtslose Situationen meistern zu können. Er zeigt diese Fähigkeit immer wieder, wenn er scheinbar längst verlorene Matches doch noch gewinnt, die an Dramatik und Spannung kaum zu überbieten sind. Er kennt und nutzt diese Fähigkeit und formuliert sie auch direkt sprachlich.

„... fürs Unmögliche war ich ja schon immer zuständig...“ [26]

Dies kann wohl nur jemand sagen, für den es zumindest gedanklich etwas Unmögliches nicht gibt, weil er, unabhängig davon, wie schwierig die Aufgabe zu sein scheint, doch zumindest einen Versuch unternehmen kann. In Kombination mit den oben beschriebenen Fähigkeiten von Einsatzbereitschaft und Leistungswillen müßte es schon ziemlich dumm zugehen, wenn aus einer solchen gedanklichen Haltung nicht irgendwann erfolgreiche Handlungen werden.

Weniger stark ausgeprägte Kategorien

Kategorie 2: *Talente erkennen und nutzen* (= *A-Ausprägung) vs. einordnen in die Strukturen der Zeit*

Dazu soll ein einziges Zitat reichen. Auch Ihnen werden noch die Zeiten in Erinnerung sein, da ganze Heerscharen von Kabarettisten mit mehr oder weniger guten Becker-Kopien („Ehm, ich meine, ähh...“) kalauernd durch die Lande zogen. Während sich manche Menschen darüber amüsierten und sich mit diesen Witzchen über das eine oder andere selbsterlebte Mißgeschick des eigenen Alltags hinwegtrösteten, sorgte Boris Becker auf seine eigene Art und Weise für Amusement: er wurde einfach immer erfolgreicher und besser – vielleicht, weil er längst erkannt hatte, daß ein Tennisspieler mit Weltklasse-Format nicht auch noch singen können muß wie Pavarotti oder die deutschen Dichter und Denker zitatemäßig auf Abruf zu halten hat:

„Abitur ist nicht gleichbedeutend mit Intelligenz.“ [27]

Und vielleicht meint Intelligenz (ein Begriff, über dessen Definition sich Psychologen noch heute streiten) in diesem Zusammenhang auch so etwas wie Cleverness und Lebensklugheit. Und die hat er im Laufe der Zeit allemal bewiesen.

Kategorie 3: *Verzicht, Demut und Entbehrung (= A-Ausprägung) vs. mitnehmen, was ich bekommen kann*

Eine Mitgliedschaft im internationalen Tenniszirkus fordert die Bereitschaft zu Entbehrungen nicht nur sportlicher Art. Sie haben schon am Beispiel Steffi Graf nachvollziehen können, daß der Verzicht auf Freunde und soziale Kontakte zum Alltag eines Tennisstars gehört. Da werden die Familie und enge Freunde zu wichtigen Bezugspunkten, die selbst Stars bescheiden machen. Insofern überraschen die rührende Bescheidenheit Boris Beckers, seine Demut und Ehrfurcht vor Kind, Familie und Geburt an dieser Stelle nicht.

> *„In dem Moment der Geburt fühlt man auf einmal, daß etwas von einem selber geboren wird. Das ist ein einzigartiges und wertvolles Erlebnis. Ich hoffe sehr, daß es nicht die letzte halbe Stunde war, die ich so erleben durfte."* [28]

Das Erlebnis der Geburt ist keines, das er wollen kann oder für das er sich durch seine eigenen körperlichen Anstrengungen einsetzen kann. Es ist ein Geschenk, etwas, das er miterleben darf.

Er erlebt die Geburt als einen der Wendepunkte in seinem Leben, die ihm nicht nur persönlich, sondern auch sportlich neuen Auftrieb geben. Das Erlebnis trägt auch dazu bei, Prioritäten in seinem Leben neu zu überdenken und vielleicht auch, manch vorheriges Erlebnis zu relativieren.

> *„Wimbledon gewinnen war auch sehr schön, aber gegen dieses Erlebnis ist das zweitrangig. Eine Geburt ist etwas wirklich Existentielles."* [29]

Aus diesem Zitat spricht sehr viel an Achtung, Anerkennung und Bewunderung – und gerade weil es sich nicht auf seine sportlichen Leistungen bezieht, wird mit diesem Ausspruch deutlich, wie wichtig die dahinterstehende emotionale Grundhaltung auch für die sportlichen Erfolge ist. Wer (im übertragenen Sinne) das Leben, die Leistung des anderen nicht achten kann oder will, der wird niemals langfristig erfolgreich sein – gleichgültig, ob es sich bei dem anderen um den Gegner beim Tennismatch, den Geschäfts- oder Verhandlungspartner handelt.

Akzeptieren zu können, daß ein anderer Mensch anders ist als ich selbst, ein anderes Weltbild, andere Vorstellungen oder unterschiedliche Ziele hat, gehört zu den wichtigen Fähigkeiten erfolgreicher Menschen – ganz egal, ob sie nun Boris Becker, Wolfgang Schäuble, Fürstin Gloria oder Claudia Schiffer heißen.

> *„Irgendwie glaubt man, daß man bei diesen kleinen Wesen etwas bewegen kann durch den eigenen Geist und Erziehung. Auf der anderen Seite muß man damit rechnen, daß sich ein Kind ja anders entwickelt, als man es sich gedacht hat."* [30]

Kategorie 4: Zielfixierung/Disziplin (= A-Ausprägung) vs. zufälliges Agieren

Ziele zu haben ist schön, Ziele zu erreichen ist besser. Die wirkliche Kunst des Erfolgreichen besteht jedoch darin, sich selbst auf dem Weg zum Ziel immer wieder zu korrigieren und selbst zu verbessern. Dies fällt vor allem denjenigen leicht, die über die innere Flexibilität verfügen, bei aller Disziplin auf dem Weg zum Ziel ab und an inne zu halten, sich gedanklich neben sich zu stellen und kritisch die bisherigen Schritte zum Ziel zu überprüfen. Diese Zeitinvestition macht sich immer bezahlt – und das Ziel kann schneller, leichter und mit größerer Eleganz erreicht werden. Es gibt einen besonderen Ausspruch Boris Beckers, der darauf hinweist, daß er genau diese Fähigkeit besitzt.

> *„Es ist für mich auch eine Herausforderung, zu beobachten, wie ich an die Spitze wieder herankomme."* [31]

Auch in Ihnen schlummert die Fähigkeit, sich auf dem Weg zu Erfolg und Spitzenleistungen immer wieder selbst zu kontrollieren, zu beraten und zu verbessern. Machen Sie damit weiter, diese Fähigkeit zu entdecken und auszubauen.

Welche Faktoren Ihres zukünftigen Erfolges haben Sie bei Boris Becker kennengelernt?

1. Boris wichtigstes Erfolgsgeheimnis: Er spielt aus dem Herzen. Er setzt stets seine ganze Energie, sein ganzes Wollen ein, um ein Ziel zu erreichen. Gelingt ihm dies, dann sieht die Fernsehnation einen strahlenden Gewinner – gelang es einmal nicht, einen zerknautschten und tieftraurigen Verlierer. Diese innere Haltung ist sicher nichts

für diejenigen unter Ihnen, die die alltägliche emotionale Gleichförmigkeit als erstrebenswerte Daseinsform betrachten – gibt aber denen extremen Erfolg, die sich mit ihren Gefühlen beschäftigen und mit diesen Emotionen arbeiten. Überprüfen Sie sorgfältig, wie häufig Sie von sich behaupten, etwas tun zu müssen. Diese sprachliche Formulierung setzt Sie in die Rolle eines passiven Opfers und Sie machen sich zum Spielball äußerer Umstände. Es gibt nichts, was Sie wirklich müssen (vom Sterben einmal abgesehen) – aber sehr viele Dinge, die Sie wollen können.

2. Ähnlich wie Franz Beckenbauer, Franziska van Almsick, Henry Maske, Michael Schumacher und Steffi Graf hat Boris Becker einen hohen Wert in der Kategorie 1 (Leistungsorientierung) erzielt. Auch Sie werden nur dann erfolgreich bleiben, wenn die Steigerung Ihrer persönlichen Leistungen für Sie zur obersten Priorität wird. Das heißt übrigens nicht, noch länger zu arbeiten – sondern vielmehr, daß Sie die anfallenden Arbeiten intelligenter organisieren können und damit letztendlich sogar noch Zeit für zusätzliche Aufgaben zur Verfügung haben.

3. Anders als alle anderen hier untersuchten Sportler hat Boris Becker sich selten um die öffentliche Meinung zu seiner Person gekümmert. Obwohl ein beträchtlicher Teil seines nicht gerade kleinen Einkommens aus Werbeverträgen fließt, hält er sich mit der Anpassung an vorgefaßte öffentliche Meinungen sehr zurück und tut mit schöner Beständigkeit einfach das, was ihm Spaß macht – er spielt Tennis, wann er Lust hat, gründet eine Familie, wenn ihm danach ist und schert sich nicht um das öffentliche Geschrei bezüglich seiner sogenannten „Steuerflucht". Zur Erinnerung: Nur Thomas Gottschalk, Wolfgang Niedecken und Jil Sander haben in dieser Kategorie ähnlich hohe Werte erzielen können wie Boris Becker. Diese Tatsache rückt ihn hinsichtlich seiner erfolgreichen Denkmuster und der daraus abgeleiteten Strategien in die Nähe der Künstler und Modeschöpfer und macht aus einem Tennisspieler genau den Tennis-Künstler, der er ja ist. Heißt für Sie: Vergessen Sie Vorgaben und sogenannte „Erfahrungswerte" bei der Planung Ihrer zukünftigen Erfolge ebenso, wie die wohlmeinenden Ratschläge älterer Kollegen, die nichts weiter von Ihnen wollen, als daß Sie sich genau den Zwängen unterwerfen, unter denen sie selbst 25 und mehr Jahre gelitten haben. Die Zeit ist reif für etwas Neues.

4. Was wohl am deutlichsten geworden ist: Konzentrieren Sie sich auf das Mögliche, das Machbare. Stellen Sie sich selbst immer wieder die Frage, was machbar ist – und verplempern Sie Ihre Zeit nicht damit, über das Unmögliche, Nicht-Machbare zu philosophieren. In jeder größeren Firma könnten Dutzende von Mann-Jahren eingespart werden, wenn Führungskräften und Mitarbeitern konsequent verboten würde, über nicht machbare, schwierige, problematische, unmögliche, riskante und ganz und gar undurchführbare Vorhaben zu sprechen. Sie alle haben schon Sitzungen und Arbeitsgruppen erlebt, in denen Sie ein Spiel mit sich selbst und den anderen spielten. Name: Wie stehle ich mir und anderen Zeit und Energien, indem ich genau die Punkte heraussuche, die schwierig sind, nicht funktionieren, schon in der Vergangenheit nicht klappten etc. Fokussieren Sie sich auf das, was funktioniert. Die Welt macht demjenigen Platz, der weiß, wo er hinwill.

Anmerkungen:

1. Playboy, 4/86
2. TEMPO, 1/1994
3. ebenda
4. Stern, 5/94
5. Bild, 15.3.1994
6. ebenda
7. Stern, 5/1994
8. ebenda
9. ebenda
10. Stern, 15/1995
11. Stern, 5/94
12. TEMPO, 1/1994
13. Bild, 3.5.1994
14. Bild, 15.3.1994
15. Stern, 15/1995
16. Stern, 5/1994
17. Bild, 15.3.1994
18. TEMPO, 1/1994
19. Stern, 5/1994
20. Stern, 15/1995
21. Bild, 3.5.1994
22. ebenda
23. ebenda
24. Bild, 15.3.1994
25. ebenda
26. TEMPO, 1/1994
27. ebenda
28. Stern, 5/1994
29. ebenda
30. ebenda
31. ebenda

13

Franziska van Almsick: „Es liegt an den Nerven, an der Psyche."

Am 5.4.1996 wird sie 18 Jahre alt. Sie hat bis zum heutigen Tage eine Karriere hinter sich, von der andere Sportler nur träumen können. Geboren und aufgewachsen in Ostberlin, ist Franziska seit nunmehr gut zwei Jahren der unumstrittene Stern am deutschen Schwimmerhimmel. Ihre Mutter Renate war zu DDR-Zeiten Trainerin und wissenschaftliche Mitarbeiterin beim SV Dynamo Berlin. Schon in dieser Zeit überzeugte Franziska van Almsick durch ihre sportlichen Leistungen – 1989 war die damals Elfjährige neunfache Siegerin bei der DDR-Kinder- und Jugendspartakiade.

Bei den Deutschen Meisterschaften 1991 belegt sie einen zweiten Platz über 200 m Freistil, ist aber noch zu jung für die Teilnahme an der Europameisterschaft und der Sprint-EM und wird deshalb nicht zum Start zugelassen. Die Gymnasiastin, die als Hobbies Radfahren, Reiten und Segeln nennt und spätestens mit 23 Jahren mit dem Sport aufhören möchte, um Tierärztin zu werden (ihr Traumberuf), muß sich noch ein Jahr gedulden, ehe sie bei den Olympischen Spielen in Barcelona für den Deutschen Schwimm-Verband starten darf.

1992 wird sie sechsfache Jugend-Europameisterin und nutzt das Weltcup-Finale 1992 in Palma de Mallorca, um erstmals einer ebenso überraschten wie interessierten internationalen Öffentlichkeit eine Kostprobe ihrer Fähigkeiten zu geben – sie gewinnt auf der Kurzbahn über 100 m und gehört als zweifache Deutsche Meisterin (200 m Freistil und 100 m Schmetterling) und zweifache Deutsche Vize-Meisterin (50 m Freistil und 100 m Freistil) zu den aussichtsreichsten Medaillenanwärterinnen in der Mannschaft des Deutschen Schwimm-Verbandes. In Barcelona erfüllt sie die in sie gesetzten Hoffnungen souverän und gewinnt zweimal Bronze (100 m und 4x100 m Freistil) und zweimal Silber (200 m Freistil und 4x100 m Lagen). 1993 dann wird sie fünffache Deutsche und sechsfache Europa-Meisterin und gewinnt außerdem den Gesamtweltcup im Freistilsprint.

Auch abseits der Wettkampfrekorde bewältigt sie ein Tagesprogramm, für das andere Menschen zwei Tagen benötigen würden: Schule, Training, Treffen mit Werbepartnern und Sponsoren, daneben Interviews mit der allgegenwärtigen Presse und Auftritte in Fernsehshows. Zwischendurch wird sie immer wieder von einer begeisterten Öffentlichkeit geehrt und mit Preisen dekoriert: 1993 Sportlerin des Jahres (zusammen mit „Sir" Henry Maske), 1994 wird sie zur Weltsportlerin des Jahres gewählt. Für Freund Steffen, der ebenfalls Schwimmer ist, bleibt da nur wenig Zeit.

Wie denkt die derzeit erfolgreichste deutsche Sportlerin, die über Thomas Gottschalk lachen kann, Boxen als Sportart überflüssig findet, Selbstbewußtsein als eine ihrer großen Stärken ansieht, den Grünen Punkt „beschissen" findet und die Rockgruppe BAP ebensowenig kennt wie Arafat [1], über Leistung, Erfolg und die Zukunft nach? Wie motiviert sie sich selbst zu immer neuen Top-Leistungen? Was, außer einer vielleicht außergewöhnlichen Begabung, ist noch nötig, um nicht nur im Schwimmsport derartig erfolgreich zu sein?

Wertediagramm Franziska van Almsick

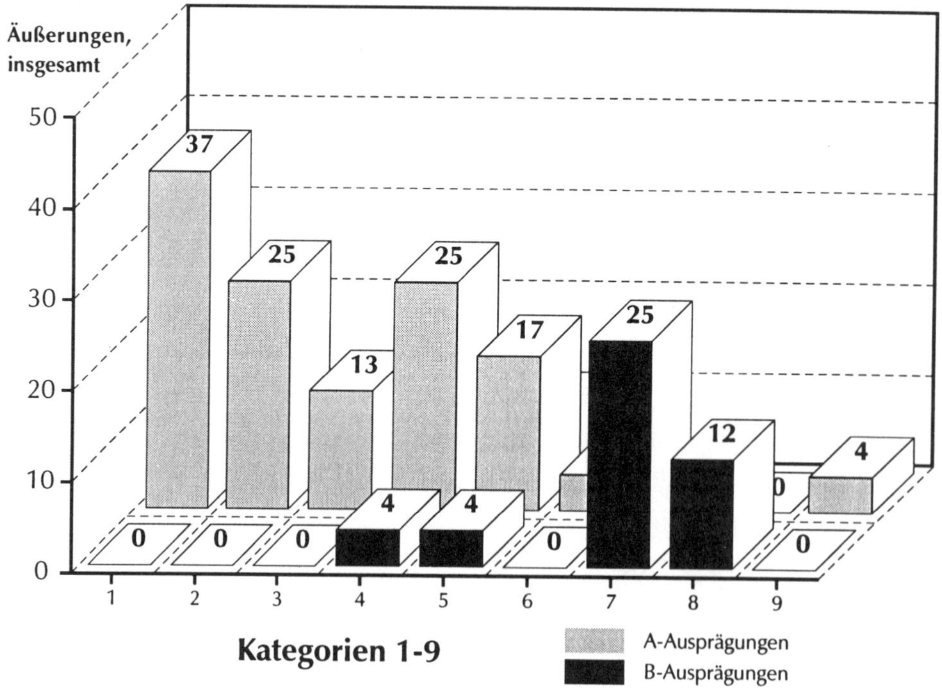

Ein Blick auf die dominant ausgeprägten Denk-Kategorien von Franziska van Almsick macht schnell einen der Gründe deutlich, weshalb sie Boris Becker als eines ihrer Vorbilder bezeichnen könnte:[2] Beide haben eine relativ deutliche Ausprägung im emotionalen Bereich (Kategorie 7, B-Ausprägung), d.h.: Beide schöpfen viel von der Energie, die sie erfolgreich macht, aus dem emotionalen Bereich, daraus, gefühlsmäßig an eine Aufgabe heranzugehen. Beide verplappern sich schon mal in Interviews bezüglich ihrer Sympathien oder Antipathien gegenüber gewissen Kollegen (Boris Becker naturgemäß mit abnehmender Häufigkeit) und gemeinsam betonen beide immer wieder den Rückhalt durch die Familie und deren Wichtigkeit und Bedeutung auch für ihre sportlichen Erfolge. Auch die Werte in der Kategorie 1 (A-Ausprägung) sind bei beiden ähnlich hoch, was allerdings auch für andere der hier untersuchten Sportler, wie z.B. Michael Schumacher, Franz Beckenbauer und Steffi Graf, aber auch für die Modeschöpferin Jil Sander gilt.

Und so plappert sie munter drauflos und erlaubt sich selbst bei den Themen, über die sie „eigentlich" nicht reden möchte, ein erfrischendes Maß an Offenheit:

> *„Ich rede drumherum, wenn es zum Beispiel um Politik geht. Ich kann mich bei solchen Themen, wie soll ich sagen, nicht so diplomatisch ausdrücken. Wenn dann was in den falschen Hals kommt, könnte man mir das später unter die Nase reiben."* [3]

Dominante Kategorien

Kategorie 1: ***Einsatz/Leistung*** *(= A-Ausprägung)* **vs.** ***Gott wird es geben***

Franziska van Almsicks Tag weist ein Programm auf, das selbst für eine Spitzensportlerin Ausnahmecharakter hat. Neben dem täglichen Schulbesuch ist ein umfangreiches Trainingsprogramm zu bewältigen, nicht selten ergänzt durch Auftritte für Werbepartner und Sponsoren. Umso verständlicher ist es da, daß ihre Aussagen zu diesem Thema nicht nur eine außergewöhnliche Leistungsbereitschaft widerspiegeln, sondern auch einen gewissen Stolz deutlich machen.

> *„Meine Eltern sind der Meinung, daß das Geld mir gehört. Sie verdienen ihr Geld selbst. Das ist der Unterschied zu den Eltern von Steffi Graf."* [4]

Bereitschaft zu eigener Leistung wird an dieser Stelle nicht nur bei der Tochter, sondern auch von Seiten der Eltern deutlich.

> *„Die [Eltern von Steffi Graf] leben doch vom Geld ihrer Tochter. So kommt mir das jedenfalls vor. Das wollen meine Eltern auf gar keinen Fall."* [5]

Franziska van Almsick zeigt nicht nur Leistungsfreude und außergewöhnliche Einsatzbereitschaft bei sich selbst, sie erwartet sie auch von anderen. Wer etwas erreichen will, muß dafür hart arbeiten und vorher die entsprechenden Leistungen erbringen – diese Grundüberzeugung, die sich an Selbstmotivation und persönlicher Anstrengung als Voraussetzung für den Erfolg orientiert, nimmt auch ihre eigene Familie nicht aus.

> *„Sie [ihre Mutter] hat dafür [die neuen Möbel] einen Kredit aufgenommen. Wir wollen so normal wie möglich bleiben. Ich will meiner Familie nichts schenken."* [6]

Für diejenigen, die versuchen, sich auf dem Weg nach oben mit Tricks am nötigen Einsatz und an der geforderten Anstrengung vorbeizumogeln, hat sie sehr deutliche Worte, die auch zeigen, wie stark sie sich mit der persönlichen Leistung identifiziert.

> *„Wenn ich Katrin Krabbes Managerin wäre, würde ich ihr gar nichts raten. Sie hat gedopt, und das ist Scheiße. Wer das macht, ist draußen."* [7]

Franziska van Almsick weiß, daß ihr Einsatz für diesen Erfolg sehr hoch ist. Und sie ist bereit, diesen Einsatz zu bezahlen.

> *„Olympia hat absoluten Vorrang. Wenn's sein muß, dann drehe ich in der Schule einfach eine Ehrenrunde."* [8]

Das nächste Zitat weist neben den Leistungen, die sie für ihren Erfolg erbringen muß, auch auf den Bereich hin, auf den sie verzichten muß – obwohl gerade dieser Bereich für viele andere Teenager ihres Alters inzwischen zu einer Selbstverständlichkeit geworden ist, die gar nicht mehr hinterfragt wird.

> *„Naja, irgendwie sehe ich das auch so [daß ich einen Großteil meiner Jugend verschenke], obwohl ich sehr gerne schwimme. Aber ich habe nie einen geregelten Urlaub, wenn ich überhaupt einen habe. Ich bin andauernd unterwegs, verbringe die meiste Zeit mit*

> *Schwimmen, Schule, Trainingslager, Wettkämpfen. Sportler sehe ich öfter als meine Eltern.“* [9]

Trotz des Verzichts, der damit verbunden ist, ist Leistung einer der wichtigsten Werte für sie. Als Nicole Haislet ihr bei den Olympischen Spielen die Goldmedaille vor der Nase wegschnappt, diktiert sie der Presse anschließend in die Blöcke:

> *„Muß noch geradegerückt werden, wer von uns [Nicole Haislet oder sie] die Bessere ist.“* [10]

Kategorie 2: *Talente erkennen und nutzen* (= *A-Ausprägung*) vs. *einordnen in die Strukturen der Zeit*

Vielleicht ist Ihnen bis hierher schon längst klargeworden, daß Michael Schumacher keineswegs deshalb erfolgreich ist, weil er auf eine bestimmte Art und Weise Auto fahren kann – ebenso, wie Franziska van Almsick nicht deshalb zu den bekanntesten und beliebtesten Menschen Deutschlands zählt, weil sie besonders schnell schwimmen kann. Der Erfolg beider beginnt ebenso wie der einer Steffi Graf, eines Boris Becker oder Thomas Gottschalk im Kopf. Wenn die Fähigkeit und Bereitschaft, sich ganz und gar für eine Sache einzusetzen, nicht vorhanden ist (Kategorie 1), nutzt alles Talent nicht viel, weil Sie sich niemals in Situationen begeben werden, in denen dieses Talent plötzlich Ihnen und anderen Menschen auffällt. Es ist nicht so wichtig, ein Talent zu finden – viel wichtiger ist es, an die eigenen, einmaligen Begabungen zu glauben und in einer inneren Suchhaltung zu sein. Dann entdecken Sie plötzlich Talente, von denen Sie vielleicht ahnten, daß Sie sie besitzen – und können damit beginnen, sie zu nutzen.

> *„Ich wäre auch ohne Ruhm und ohne Medaillen glücklich. Ich hätte auch ohne Wasser meinen Weg gemacht.“* [11]

Wenn Sie Ihr Talent entdeckt haben, dann vergeuden Sie die Zeit nicht länger mit Nebensächlichkeiten – tun Sie ab jetzt alles, um dieses Talent optimal zu nutzen. Dies kann in einem ganz anderen Bereich sein, als dort, wo Sie augenblicklich tätig sind. Ehrgeiz und Leistungsorientierung sind deshalb nicht die einzigen Voraussetzungen des Erfolgs – das eigene Talent zu erkennen und zu nutzen, kann eine noch wichtigere

Voraussetzung sein. Es gibt einen wichtigen Hinweis auf diesen Zusammenhang, der von Franziska van Almsick stammt.

Auf die Frage nach dem Erfolg und darauf, ob es am extremen Ehrgeiz läge, antwortet sie:

> *„Es liegt an den Nerven, an der Psyche. Man muß sich sein Rennen einteilen können. Vielleicht liegt es daran, daß ich mich im Wasser so extrem wohlfühle. Wie ein Fisch.“* [12]

Ähnlich wie Claudia Schiffer tut sie Dinge, bei denen Sie sich wohlfühlt – eine wichtige Voraussetzung, um mit allen Energien voll bei der Sache zu sein. Sein Talent zu erkennen und zu nutzen heißt auch, einen spielerischen Umgang damit zu pflegen und sich selbst nicht allzu ernst zu nehmen – ein Lächeln mit zusammengebissenen Zähnen sieht nicht unbedingt nach Erfolg aus.

> *„Vielleicht bin ich so locker, weil ich alles noch gar nicht so richtig wahrgenommen habe. Es gibt Momente, da denkt man nach: Warum kann gerade ich so schnell schwimmen? Es gibt doch Millionen andere.“* [13]

Franziska van Almsick weiß um ihr Talent – und gerade deshalb kann sie es sich leisten, sich nicht so viele Gedanken über ihren Erfolg zu machen. Anders ausgedrückt: Sie läuft ihm nicht hinterher, sondern kann ihm locker und entspannt entgegengehen (-schwimmen). Wenn Sie krampfhaft dem Erfolg hinterherjagen, merkt Ihre Umwelt das sehr schnell – und was soll schon so interessant an einem Menschen sein, der nichts anderes im Sinn hat, als erfolgreich zu werden?

> *„Ich bin heute noch so, mache mir über meinen Erfolg nicht viele Gedanken.“* [14]

Bei allem spielerischen Umgang mit dem Erfolg überrascht Franziska van Almsick in anderen Momenten wieder durch die Nüchternheit und Prägnanz, mit der sie ihre eigenen Fähigkeiten beschreiben kann.

> *„Jetzt kommen wir zu den guten Eigenschaften. Selbstbewußt, denke ich, offen, schlagfertig.“* [15]

Wir haben so manchen Seminarteilnehmer bei aufwendigen Versuchen beobachtet, innerhalb von 15 Minuten seine positiven Eigenschaften auf ein Blatt Papier zu bringen (bei den meisten war dies natürlich deshalb schwierig, weil sie derartig viele positive Eigenschaften hatten, daß ihnen lediglich die Auswahl der besten Kopfzerbrechen verursachte). Auch in anderen Situationen erkennt und nutzt Franziska ihre gedankliche Fähigkeit, die Dinge so zu sehen, wie sie sind – einfach, nüchtern und mit einem Minimum an Aufwand.

> *„Solange ich nicht als irgendeine Sexbombe eingestuft werde, ist mir das [der von der Regenbogenpresse aufgebrachte „Lolita"- Vergleich] völlig egal. Ich meine, Steffi Graf steht auf dem Tennisplatz, hat Turnschuhe, Socken, Tennisrock und T-Shirt an. Aber mein Job ist es, in einem engen Badeanzug zu schwimmen."* [16]

Kategorie 4: <u>*Zielfixierung/Disziplin*</u> *(= A-Ausprägung) vs. zufälliges Agieren*

Wichtig für den Erfolg Franziska van Almsicks ist es nicht so sehr, ein Ziel sofort zu erreichen. Ziele zu haben kann manchmal wichtiger sein, als Ziele zu erreichen (Sie werden auch schon herausgefunden haben, daß Ziele, auf die Sie sich gedanklich fixieren, die Tendenz haben, früher oder später real zu werden). Eine von Franziskas Stärken ist sicher auch die, konsequent auf ein Ziel hinzuarbeiten. Als das Olympische Gold in Barcelona an Nicole Haislet geht, gesteht Franziska van Almsick nüchtern:

> *„Ich bin noch nicht reif für Gold. Das hole ich mir 1996 in Atlanta."* [17]

Schon mancher Mensch vergaß auf einer der höheren Stufen der Erfolgsleiter, was ihn dorthingebracht hat: harte Arbeit, Disziplin und Geduld – nicht mehr und nicht weniger also, als die kontinuierliche gedankliche Ausrichtung auf das Ziel. Gerade im Bereich des Sports gibt es genügend tragische Beispiele von Menschen, die das Rezept ihres Erfolges irgendwann vergaßen, denen Parties und zweifelhafte öffentliche Auftritte wichtiger wurden, als weiterhin das zu tun, wodurch sie ursprünglich erfolgreich geworden waren. Der Fall kam meistens schnell und tief und nur wenige konnten sich, zumindest im sportlichen Bereich, davon erholen und an frühere Erfolge anknüpfen.

> *„Ich flippe trotz Ruhm und Medaillen nicht aus. Ich will so bleiben, wie ich immer war. Sicher bin ich total stolz auf meine Erfolge, aber ich war auch vorher mit meinem Leben*

zufrieden. Sicher prahl ich auch mal, zum Beispiel beim Training. Aber wenn ich zu Hause bin oder in der Schule, dann ist das für mich kein Thema mehr.“ [18]

Das nächste Zitat zeigt eine sehr ähnliche gedankliche Ausrichtung. Wissen, was sie will, sich auf das Wesentliche konzentrieren und all das hintenanstellen, was nicht unmittelbar dazu beiträgt, das persönliche Ziel zu erreichen – diese einfache Strategie macht Franziska van Almsick erfolgreich.

„Es bleibt nur wenig Zeit für mich. Ich picke mir halt Sachen raus. Wenn ich alles mitmachen würde, was mir so angeboten wird, müßte ich mit dem Sport aufhören.“ [19]

Es gibt immer noch eine Reihe von Menschen, die glauben, die bewußte Auseinandersetzung mit ihren Zielvorstellungen sei der einzige Weg, erfolgreich zu werden. Andere wiederum haben erkannt, daß sehr viele gedankliche Prozesse längere Zeit unbewußt ablaufen, bevor sie plötzlich, scheinbar zufällig, an der Oberfläche unseres Bewußtseins erscheinen. Wer schon tiefer in diese Materie eingedrungen ist, weiß natürlich, daß die sogenannten Zufälle nichts weiter als die Dinge sind, die uns zufallen, wenn sie fällig sind. Fällig werden sie dann, wenn unbewußte Prozesse, die schon viel früher unbemerkt in uns abliefen, so weit abgeschlossen sind, daß unser Bewußtsein rational und zielgerichtet in Aktion treten kann. Sie können nun also Ihrem Unterbewußtsein freie Hand lassen und darauf warten, was der größere Teil Ihres Gehirns Ihnen gewissermaßen „zufällig“ im Laufe der nächsten Zeit zur Bearbeitung anbietet, oder aber sie greifen zielgerichtet in diesen Prozeß ein, indem Sie Ihr Unterbewußtsein darauf programmieren, sich mit bestimmten Dingen (z.B. Ihrer Beförderung oder der Veränderung Ihrer familiären Situation) ein wenig genauer zu beschäftigen. Das zweite Verfahren kann manchmal schneller und effektiver sein. Wie es funktioniert, erklärt Ihnen Franziska van Almsick.

„Kurz nach der Wende schwärmten meine Eltern von den schönen Autos im Westen. Da versprach ich ihnen, wenn ich groß bin, kauf ich euch einen Porsche. Daß ich bei Olympia mitmachen würde, hab ich aus Spaß schon vor vier Jahren erzählt, als mir mein Vater den Aufkleber ‚Barcelona ’92‘ geschenkt hat.“ [20]

Diese scheinbar „nur so aus Spaß“ gemachten Äußerungen stellen eine möglicherweise zentrale innere Ressourcen Programmierung (IRP$^{(R)}$) dar, die von den Autoren speziell beim Führungskräfte-Coaching häufig als Methode der Wahl benutzt wird. Die innerlich-unbewußte Ausrichtung auf ein Ziel stellt dabei automatisch Ressourcen und Verhaltensweisen zur Verfügung, mit denen Sie das vorher definierte Ziel erreichen, ohne auf dem Weg dorthin bewußt darüber nachdenken zu müssen, wie dies möglich sein wird.

> *„Ich springe ins Wasser, und dann geht's los. Ich schwimme dann nur noch mein Ding, denke an nichts mehr."* [21]

Die meisten von Ihnen werden diese Strategie aus einer anderen Situation kennen: Beim Autofahren wissen wir häufig am Zielort nicht mehr genau, welchen Weg wir unterwegs genommen haben und sind manchmal erstaunt, wie kurz uns die Strecke dieses Mal vorkam. Das gilt insbesondere für solche Strecken, die wir häufiger fahren. Unser Unterbewußtsein besitzt alle Informationen, wie wir optimal zum Ziel gelangen können, so daß wir unser Bewußtsein nicht mit dieser Aufgabe belasten brauchen. Wir setzen uns einfach entspannt und bequem hin, lauschen unserer Lieblingsmelodie aus dem Radio und kommen locker und ausgeruht am Ziel an. Bei der inneren Ressourcen Programmierung geschieht etwas ganz ähnliches – mit dem Unterschied allerdings, daß hier meist ein einziger Durchgang reicht, um das Unterbewußtsein so auf ein wichtiges Ziel zu fokussieren, daß das Bewußtsein es später auch erreichen kann.

Kategorie 7: *Kopfgesteuertes, rationales Handeln vs. emotionales, gefühlsmäßiges Handeln* (= B-Ausprägung)

Es wirkt erstaunlich, wie ähnlich diese Kategorie bei erfolgreichen Menschen aus den unterschiedlichsten Bereichen ausgeprägt ist.

Nicht nur Franziska van Almsick, auch Boris Becker, Jil Sander, Wolfgang Niedecken und, allen voran, Claudia Schiffer, erzielten hier relativ hohe Werte. Ob es um ihr Verhältnis zum Sport, zu Kolleginnen, zur Familie oder zu ihrem Freund geht: Franziska van Almsick schöpft sehr viel Energie aus ihrer Emotionalität. Sie nimmt die entsprechenden Gefühle bei sich wahr und arbeitet mit ihnen, statt sie zu verdrängen.

„Ich will auch gar nicht sagen, daß mich das Getue dauernd nervt. Ich bin eben sehr launisch. Und wenn das Training geschlaucht hat, die Schule mir auf den Geist ging, kann von mir doch keiner verlangen, daß ich nachmittags noch gut drauf bin.“ [22]

In ihren Beziehungen zu anderen Sportlern verläßt sie sich ähnlich stark auf ihr Gefühl, wie Jil Sander während der Produktion einer neuen Kollektion oder Wolfgang Niedecken beim Texten und im Umgang mit Bandkollegen und den Menschen im Umfeld.

„Also, wenn ich ganz ehrlich bin, ich sollte es vielleicht nicht sagen, aber ich mag die Heike Henkel nicht. Ich habe sie einmal getroffen, auf einem Presseball, und mein Gefühl sagt mir, ich weiß auch nicht, warum, daß sie mir unsympathisch ist.“ [23]

Bei der Auswahl ihres engeren Freundeskreises dominieren einmal mehr gefühlsnahe Formulierungen. Franziska van Almsick läßt in der nächsten Äußerung auch ein für ihr Alter ungewöhnliches Ausmaß an Selbstsicherheit erkennen, das in Verbindung mit ihrer Offenheit und Unbeschwertheit ihre Erfolge unterstützt.

„Bei meinen Freunden bin ich mir immer hundertprozentig sicher, daß sie mich mögen. Trotzdem bin ich vorsichtiger geworden. Manchmal weiß ich nicht, ob die Leute mich mögen oder die Franziska van Almsick.“ [24]

Sie kann sich tatsächlich in den allermeisten Fällen auf ihr Gefühl verlassen und traut diesem Gefühl. Deshalb kann sie auch, im doppelten Sinn, einfach ins Wasser springen (s.o.) und ihr „Ding schwimmen“.

Wie hat sich Ihre Welt verändert, nachdem Sie diese Strategie auf Ihr Leben übertragen haben? Welche Auswirkungen hatte dies auf den Freundeskreis oder die Familie? Ähnlich wie bei Boris Becker und Claudia Schiffer spielt auch für Franziska van Almsick die Familie als Rückhalt und Stütze eine wichtige Rolle. Gerade weil es so wichtig ist, zu wissen, welche Menschen mich auch dann mögen, wenn es mir schlecht geht, wer mich so akzeptieren kann, wie ich bin, sind Rangunterschiede und Erfolge hier eher unwichtig.

„Wir sind eine ganz tolle Familie, wir stehen alle auf einer Ebene.“ [25]

Manche Menschen gehen jedoch auch hier gerade den umgekehrten Weg: Die Akzeptanz durch die eigene Familie oder den Freundeskreis scheint ihnen erst dann akzeptabel, wenn sie durch entsprechende Leistungen gleich welcher Art erklärbar und damit gerechtfertigt wird. Dieser Versuch gleicht dem der Quadratur des Kreises. Nicht Leistung kann Voraussetzung für emotionale Sicherheit sein, sondern innere Harmonie und emotionale Ausgeglichenheit sind die Voraussetzungen für Spitzenleistungen. Anders ausgedrückt: Wer nicht glücklich ist mit dem, was er hat, wäre auch nicht glücklicher, wenn er das hätte, was er vermißt.

Franziska van Almsick betont, daß dieser Zusammenhang nicht nur für ihr Verhältnis zur Familie gilt, sondern auch bei der Wahl eines Partners eine bedeutsame Rolle spielt. Die Basis gegenseitiger emotionaler Akzeptanz, die sich besonders in den gemeinsamen Gesprächen zeigen kann, stellt sich dann ein, wenn ich selbst die Voraussetzungen dafür bei mir geschaffen habe. Wie wäre es, als Mensch liebenswert zu sein? Vertrauen und Nähe geben zu können? Auf andere Menschen zuzugehen? Was ich nicht in mir selbst habe, werde ich niemals außerhalb meiner selbst bei einem anderen Menschen finden können.

> *„Die meisten sehen halt in so einer Beziehung nur Sex oder so. Sicher, das spielt auch eine große Rolle. Aber ich denke, es kommt darauf an, wie man sich versteht, wie man mit dem anderen reden kann."* [26]

Ihre Forderung nach Treue signalisiert die Bedeutung einer stabilen emotionalen Basis sowohl in sich selbst, als auch gemeinsam mit dem anderen als Voraussetzung für den Erfolg. Treue ist an dieser Stelle ein Synonym für Verbindlichkeit, dafür, ein Commitment einzugehen und Verantwortung zu übernehmen – und spiegelt an dieser Stelle einmal mehr Zielfixierung und gerichtetes Handeln (Kategorie 4, A-Ausprägung) als Voraussetzung des Erfolgs wider.

> *„Ohne Treue läuft bei mir nichts. Treue ist wichtig."* [27]

Wir haben nun fast alle Bereiche gestreift, in denen gefühlsmäßige Entscheidungen für Franziska van Almsick eine Rolle spielen. Wie sieht es im Sport aus?

> *„Manchmal, und das sage ich jetzt nicht nur so, manchmal kotzt mich das alles echt an. Da möchte ich aufhören zu schwimmen und mich irgendwo verkriechen."* [28]

Wenn Gefühle Botschaften sind, die mich auf wichtige Veränderungs- und Verbesserungspotentiale in meiner derzeitigen Lebenssituation hinweisen können, dann ist es umso wichtiger, mit sich selbst zu klären, was hinter einem solchen Gefühl steht. Gefühle weisen ähnlich wie Träume als Nachrichten des Unterbewußtseins häufig schon dann auf zukünftige Probleme hin, wenn unser Bewußtsein sie noch gar nicht als solche erkannt hat. Dadurch kann ich, wenn ich dieses „Frühwarnsystem“ kenne und nutze, schon heute den Ärger von morgen erkennen und in etwas Sinnvolleres verwandeln – und damit einen weiteren wichtigen Schritt auf dem Weg zum Erfolg gehen. Und wenn Sie dann sportlich oder sonstwie einen weniger hellen Tag erwischt haben, kann es sehr hilfreich sein, sich einfach einmal von den eigenen Emotionen tragen zu lassen – nur so, einfach weil sie da sind und ihre Berechtigung haben. Franziska van Almsick erlebt eine solche Situation, als sie bei der Schwimm-EM 1995 in Wien den Einzug ins Finale verpaßte, der nur den acht Schnellsten aus dem Zwischenlauf offensteht. Anders jedoch als 1994, als Dagmar Haase auf ihre Teilnahme am Finale verzichtete und Franziska durch eine Bestzeit Weltmeisterin werden konnte, startet sie diesmal nur im B-Lauf, der für die spätere Medaillenwertung bedeutungslos ist. Bitteres Ergebnis für Franziska: Sie ist in diesem Lauf fast drei Sekunden schneller als die spätere Goldmedaillen-Gewinnerin Kerstin Kielgaß:

> *„Da hab ich einfach drauflosgeheult – ausgerechnet auf meiner Lieblingsstrecke.“* [29]

Weniger stark ausgeprägte Kategorien

Kategorie 3: Verzicht, Demut und Entbehrung (= *A-Ausprägung*) vs. *mitnehmen, was ich bekommen kann*

> *„Mir gehen schon verdammt viele Dinge verloren. Ich möchte gerne in einer Theatergruppe sein, möchte Klavierspielen können und einen Tanzkurs besuchen. Geht aber alles zeitlich nicht. Skifahren darf ich auch nicht mehr, das ist vertraglich festgelegt.“* [30]

Verzicht und Entbehrung bedeuten für Franziska van Almsick nicht nur, auf private Kontakte, Freizeit oder Hobbies zu verzichten, die für andere Teenager ihres Alters selbstverständlich sind. Sie verzichtet auch auf die in gewissen erfolgreichen Kreisen allemal übliche Form öffentlicher Selbstpräsentation.

> *„Ich kann mir nicht vorstellen, daß ich eines Tages Jaguar fahre. Ich übernachte immer noch lieber im Zelt als im Hotel. Das ist romantischer.“* [31]

Überhaupt scheinen Geld und Statussymbole für sie eine eher untergeordnete Rolle zu spielen, die sie gern zugunsten weiterer sportlicher Erfolge und ihrer persönlichen Entwicklung vernachlässigt. Im Klartext: Wer wirklich erfolgreich ist, hat so oder so irgendwann das eine oder andere Statussymbol – sei es nun selbst angeschafft, oder einfach von einem Sponsor vor die Tür gestellt. Solche Symbole haben dann jedoch eher die Qualität von schmückenden Beigaben.

Kategorie 5: Werteursprung innen, was ist für mich persönlich wichtig, Konfliktpotential wird erkannt und konstruktiv genutzt (= A-Ausprägung) vs. Werteursprung außen, was ist für andere wichtig, Konfliktvermeidung

Sie haben schon festgestellt, daß Sie erfolgreicher sind, wenn Sie Ihrem eigenen Urteil mehr trauen als den Einflüsterungen so mancher Experten. Für Ihren Erfolg kann es genauso wichtig werden, eigene Vorstellungen und Ideale zu entwickeln, wie es für Franziska van Almsick war. Also: Versuchen Sie, besser ein gutes Original als eine schlechte Kopie zu sein. Bleiben Sie sich selbst treu und tun Sie das, was Sie persönlich für richtig halten – und der Erfolg ist auf Ihrer Seite.

> *„Eine Frau [als Vorbild] gibt es nicht, ich bin halt so wie ich bin und möchte nicht so aussehen wie jemand, den es schon gibt.“* [32]

Ähnlich wie Boris Becker und Fürstin Gloria kümmert sich auch Franziska van Almsick wenig um das, was „man“ so tut und für richtig hält.

> *„Warum sollte ich mit meinem Freund schlußmachen, wenn morgen in der ‚BILD‘ steht, daß er mich betrügt? Zeitungen können doch auch lügen.“* [33]

Und so begegnet sie auch den vielen Angeboten, die an sie herangetragen werden, eher mit kritischer Distanz, als mit überschwenglicher Begeisterung. Manchmal sind ihr die eigenen Werte, die ihr Leben bestimmen und auch ihren Tagesablauf regeln, derartig wichtig, daß sie schon einmal verärgert reagiert, wenn sich Außenstehende über diese Dinge wenig Gedanken gemacht haben.

> *„Manchmal fragt man sich echt, ob die Leute überhaupt nachdenken, wenn sie Angebote für irgendwelche Sendungen machen. Daß die sich überhaupt trauen, mich in eine Talkshow um 23 Uhr einzuladen, finde ich echt bescheuert."* [34]

Welche Faktoren Ihres zukünftigen Erfolges haben Sie bei Franziska van Almsick kennengelernt?

1. Wenn Sie etwas erreichen wollen im Leben, dann sollten Sie jetzt etwas unternehmen. Das ist übrigens die ursprüngliche Bedeutung des Wortes „Unternehmer", der sich dadurch vom Unterlasser unterscheidet. Für Leistung, Engagement und Einsatzbereitschaft gibt es noch immer keinen Ersatz. Sie allein entscheiden, ob Sie in den Gewässern des Erfolges durch überzeugende Leistungen zu denjenigen gehören, die Oberwasser haben und schwimmen, oder zur anderen Gruppe, die baden geht. Franziska van Almsick hat sich für das Schwimmen entschieden und ist deshalb auch in Zukunft in tieferen Gewässern olympischer Art anzutreffen.

2. Franziska van Almsick macht einfach das, was sie am besten kann. Sie nutzt ein Talent, das nur deshalb ihr größtes geworden ist, weil sie es zielstrebig ausgebaut hat. Ähnlich wie Steffi Graf, Henry Maske oder Michael Schumacher, kam sie eher „zufällig", durch Familienmitglieder oder äußere Umstände zum Schwimmen, blieb dann jedoch konsequent dabei. Was den Erfolgreichen vom weniger Erfolgreichen unterscheidet, ist oftmals nur das Quentchen Disziplin, Geduld und Hartnäckigkeit, wodurch der später Erfolgreiche einfach dabeibleibt – und zwar lange bevor sich Erfolge einstellen. Dieses „Dabeibleiben" ist eine gedankliche Grundhaltung und eine der wichtigsten Voraussetzungen für Ihren Erfolg.

3. Sie können sich die Zeit nehmen, einmal allein oder gemeinsam mit einem guten Freund oder Coach über Ihre Talente und Begabungen nachzudenken. Manche Dinge, über die Sie früher schon einmal nachgedacht haben, werden Sie dabei wiederentdecken – Dinge, von denen Sie vielleicht ahnten, daß sie einmal den Grundstein Ihres

Erfolges bilden würden – aber damals noch nicht wußten, wie Sie dieses Talent nutzen konnten. Schauen Sie sich jetzt um und nehmen Sie Ihre Umwelt einmal ganz bewußt wahr: Wie viele der Menschen, die Sie umgeben, ziehen tatsächlich Nutzen aus den Talenten, die für manchen Außenstehenden so offensichtlich darauf warten, endlich ihre Wirkung entfalten zu können?

4. Sie dürfen sich auf dem Weg zum Erfolg ruhig auch von Ihrem Unterbewußtsein ein wenig helfen lassen. Sie programmieren sich jetzt auf spätere Erfolge, indem Sie Ihrem Gefühl trauen und die Botschaften wahrnehmen, von denen Ihr Unterbewußtsein schon heute weiß, daß sie in Zukunft wichtig werden. Sie können allein oder mit Hilfe anderer Menschen Zugang zu diesen Kräften und Ressourcen innerhalb Ihrer Person finden und viele bereichernde und befreiende Entdeckungen machen. Sie sind auf dem Weg dorthin und entscheiden ganz allein, in welchem Tempo Sie Ihre Entwicklung fortsetzen.

Anmerkungen:

1. marie claire, 1.12.1993 und: kicker, 21.9.1992
2. marie claire, 1.12.1993, auf die Frage: „Fünfzehnjährige haben normalerweise Vorbilder." Franziska van Almsick: „Ja, Boris Becker. Was der alles erreicht hat. Der ist durch Höhen und Tiefen gegangen."
3. FOCUS, 8.2.1993
4. marie claire, 1.12.1993
5. ebenda
6. ebenda
7. ebenda
8. Sport BRAVO, 20/1995
9. FOCUS, 8.2.1993
10. ebenda
11. marie claire, 1.12.1993
12. ebenda
13. FOCUS, 8.2.1993
14. ebenda
15. Bunte, 7.4.1994
16. ebenda
17. Bild, 31.7.1992
18. marie claire, 1.12.1993
19. FOCUS, 8.2.1993
20. ebenda
21. Bunte, 7.4.1994
22. FOCUS, 8.2.1993
23. marie claire, 1.12.1993
24. ebenda
25. ebenda
26. Bunte, 7.4.1994
27. marie claire, 1.12.1993
28. FOCUS, 8.2.1993
29. Sport BRAVO, 20/1995
30. FOCUS, 8.2.1993
31. marie claire, 1.12.1993
32. ebenda
33. ebenda
34. FOCUS, 8.2.1993

14 Wolfgang Schäuble: „Kommunikation ist das A und O, um die Macht zu erringen und sie zu erhalten."

Wolfgang Schäuble, Jahrgang 1943, promovierter Jurist und Vater von vier Kindern (drei Töchter, ein Sohn), wird am 12. Oktober 1990 bei einer Wahlkampfveranstaltung in Oppenau (Baden) durch Schüsse eines Attentäters schwer verletzt und ist seitdem durch eine Rückenmarksverletzung querschnittgelähmt. Trotz dieser körperlichen Behinderung nimmt er nach einer kurzen Rehabilitationsphase von sechs Wochen seine Arbeit als Innenminister wieder auf.

Als Kanzleramtsminister spielte er als Jurist, Berater und enger Vertrauter Helmut Kohls eine entscheidende Rolle bei der Aushandlung des Einigungsvertrages mit der letzten DDR-Regierung.

Kurze Zeit nach seiner Rückkehr in den Bundestag wird er Fraktionschef der regierenden CDU. Er gilt als Mann der Tat, den bei aller Abgeklärtheit und Besonnenheit die konkreten Problemlösungen viel stärker interessieren als strategische Grundsatzdiskussionen. Sein Leben nach dem Attentat gilt als überzeugender, wenn auch unter tragischen Begleitumständen vorgelebter Beweis für die Wirksamkeit und Machbarkeit seiner Denkstrukturen und ihrer Handlungskonsequenzen.

Das Wertediagramm Wolfgang Schäubles hält gleich auf den ersten Blick einige Überraschungen parat: Er erzielt in der Kategorie 9 den höchsten Wert aller untersuchten Personen. Seine gedankliche Ausrichtung auf das Positive, Mögliche, zukünftig Machbare lassen sich allenfalls noch mit den Werten von Steffi Graf, Boris Becker und Henry Maske vergleichen – drei Personen, die in sehr kampfbetonten Sportarten erfolgreich sind, deren Ausübung eine oder mehrere Stunden dauern kann. Ähnlich wie in der Politik scheint es hier auf langfristig erfolgreiche Strategien anzukommen, und nicht so sehr auf schnelle Siege. Überhaupt ähnelt der Politiker Schäuble mit seinem Diagramm am ehesten einigen Sportlern – die Kategorien 1 (Einsatz, Leistung) und 4 (Zielfixierung, Disziplin) sind ähnlich hoch ausgeprägt wie etwa bei Franz Beckenbau-

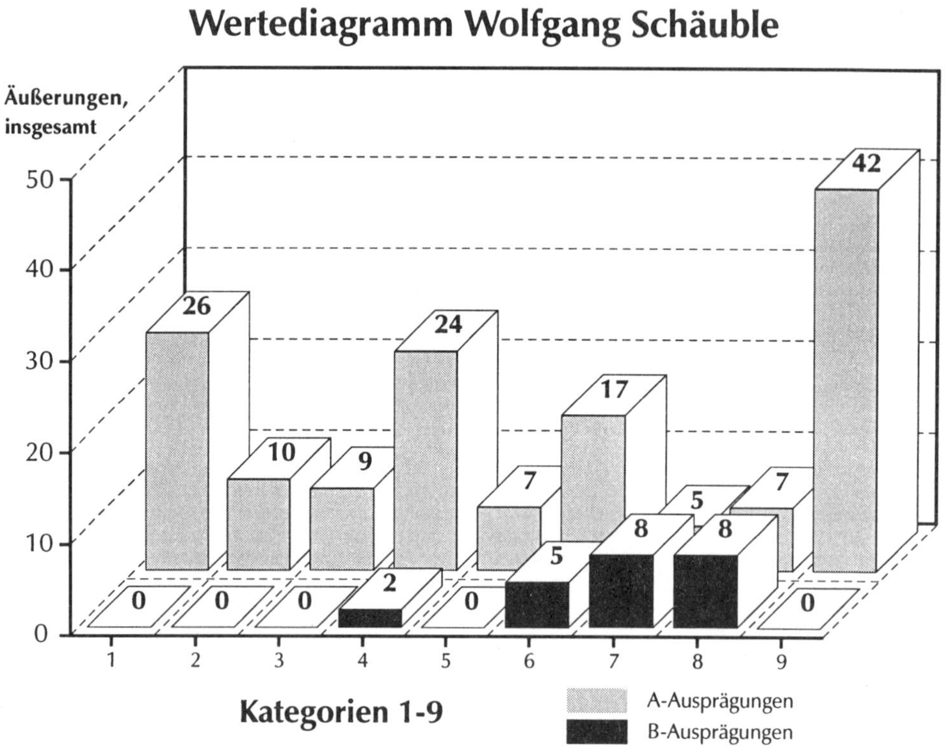

er, Steffi Graf, Boris Becker und Henry Maske. So überrascht es auch nicht, daß Schäuble vielfach mit den Adjektiven „effizient“, „pragmatisch“, „kompromißfähig“ und „geschickt“ beschrieben wird[1], weil auch diese Eigenschaften sehr genau eine Dominanz seiner Denkstrukturen in der Kategorie 9 (A-Ausprägung) widerspiegeln.

Dominante Kategorien

Kategorie 9: ***Handeln/Agieren zukunfts- und lösungsorientiert*** *(= A-Ausprägung)* **vs.** ***Handeln/Reagieren vergangenheits- und problemorientiert***

Neben vielen tagespolitischen Aussagen finden sich in dieser Kategorie natürlich auch solche, die Wolfgang Schäubles Umgang mit seiner körperlichen Behinderung dokumentieren. Schäuble wird zwar durch das Attentat von einem auf den anderen Tag aus der bisherigen Normalität herausgerissen und vor eine Reihe schwieriger Aufgaben gestellt; letztlich dominiert bei ihm jedoch immer wieder der Gedanke an das, was machbar ist.

> *„Es wäre unehrlich, wenn ich nicht zugeben würde, daß man gerade in den ersten Tagen darüber nachdenkt, ob man ein möglicherweise so eingeschränktes Leben nun als ein halb volles oder ein halb leeres Glas empfinden soll. Aber das war eben genau der Weg, den ich innerlich gehen mußte, bei dem mir auch viele geholfen haben; zu begreifen, daß dieses Leben, auch wenn es auf Dauer eingeschränkt wäre, mit den Möglichkeiten, die es bietet, letztlich ein neues Geschenk ist. Ich habe mich entschieden, das Meine dazu beizutragen.“* [2]

In einer weiteren Aussage zu diesem Thema (Kategorie 4, s.u.) weist Wolfgang Schäuble darauf hin, wie wichtig konkrete Ziele sind, um auch aus einer solchen Situation einen Gewinn machen zu können.

Er denkt in die Zukunft und er lebt für die Zukunft – dadurch kann sein Körper später, nach einer auch für die Ärzte erstaunlich kurzen Rehabilitationsphase, tatsächlich das nachvollziehen, was seine Gedanken bereits vorher Realität werden ließen:

> *„Ich beschäftigte mich natürlich sofort mit der Frage: Wie ist das, wenn du wieder in der Politik bist?“* [3]

Doch er denkt nicht nur beruflich zukunftsorientiert, sondern auch medizinisch. Obwohl ihm die Ärzte wenig Hoffnung auf ein Leben außerhalb des Rollstuhles machen können, versäumt er es nicht, auch für diesen Fall die nötigen Vorbereitungen zu treffen.

> *„Und wir halten die Beine beweglich für den Fall, daß die Lähmung zurückgeht.“* [4]

In seinen politischen Aussagen dominieren eindeutig Formulierungen, die von der Machbarkeit einer Sache sprechen und die gedankliche Orientierung Schäubles in die Zukunft verdeutlichen. Wie bei allen anderen untersuchten Prominenten geht es hier keinesfalls so sehr um die Bewertung des inhaltlichen Standpunktes, den sie vertreten. Inhaltliche Standpunkte können jederzeit Gegenstand unterschiedlichster Auseinandersetzungen sein und hängen immer sehr vom persönlichen Standpunkt des Betrachters ab. Für alle interessant werden solche Statements dann, wenn sie unter formalen Gesichtspunkten betrachtet werden. Und hier bietet Wolfgang Schäuble auch in seinen politischen Statements einige sehr interessante Beispiele an.

In seinen Aussagen zum Asylrecht fokussiert er gedanklich stark in Richtung positiver Gemeinsamkeiten.

> *„Denken Sie an die lange Debatte ums Asylrecht, wo sich ja heute auch zeigt, wie richtig es war, daß wir uns durchgesetzt haben. Aber solange wir keine Einigung haben, besteht die Gefahr, daß Uneinigkeit in einem Punkt, der eigentlich nicht der zentrale ist, das andere überdeckt."* [5]

Ähnlich wie schon aus den Zitaten zu seiner Person deutlich wurde, zeigt sich auch in den nachfolgenden Zitaten eine deutlich lösungsorientierte Tendenz, die auf zukünftige Perspektiven setzt.

> *„Herr Scharping und die SPD fahren eine nicht ungeschickte Strategie oder Taktik, das ist wohl wahr. Sie lösen aber keines der Probleme."* [6]

Gleich im nächsten Satz schiebt Wolfgang Schäuble dann hinterher, welches die aus seiner Sicht wichtigsten Aufgaben sind, die es zu lösen gilt.

> *„Bundeswehreinsätze im Rahmen der UNO sind nicht gelöst, im Gegenteil, es gibt eine Blockade durch die Sozialdemokraten. Pflege ist nicht gelöst und auch das ist eine Blockade. Innere Sicherheit ist nicht gelöst."* [7]

Einen Großteil seines Erfolges dürfte Wolfgang Schäuble deshalb erreicht haben, weil er über alle Grenzen des Trennenden und der Verschiedenheit hinweg immer wieder nach lösungsorientierten Gemeinsamkeiten sucht, die sich in der Zukunft realisieren lassen.

Auch die hier wiedergegebene, zusammenhängende Aussage hat genauso die gleiche Struktur, die wir weiter unten noch eingehender beleuchten werden: Problemaufriß im ersten Teil der Aussage, zukünftige mögliche Lösung im zweiten.

> *„Es gibt eine breite gemeinsame Basis – da sind auch die Sozialdemokraten eingeschlossen –, daß man mehr für die innere Sicherheit tun muß."* [8]

Die Kategorie „weg-von" kommt in seinem Wertediagramm nicht ein einziges Mal vor – ein weiterer Punkt, der Wolfgang Schäuble als Pragmatiker ausweist. Sein Erfolg ergibt sich jedoch nicht nur aus einer Dominanz der A-Ausprägung in Kategorie 9; er zeichnet sich auch durch ein hohes Maß an Zielfixierung und Geduld aus, die ihrerseits in einem festen Glauben an das Machbare verankert sind.

> *„Naja, ich denke, wir werden in absehbarer Zeit ein Urteil über den grundgesetzlichen Rahmen für den Einsatz der Bundeswehr bekommen. Das wird eine gute Gelegenheit sein, diese Debatte weiterzuführen.“* [9]

Was sich im Augenblick nicht erledigen läßt, muß nicht notwendigerweise aufgegeben werden – es besteht jederzeit die Möglichkeit, zu einem späteren Zeitpunkt einen zweiten Anlauf zu nehmen und erneut auf dieses Thema zurückzukommen. Auch Sie könnten versucht sein, auf dem Weg zu Ihrem Erfolg sich an und an einen zweiten Versuch zu gönnen.

> *„Das wird einige Zeit dauern, das erfordert eine Grundgesetzänderung, die bekommen wir wegen der Verweigerungshaltung der SPD nicht von heute auf morgen. Aber das ändert nichts daran, daß diese Frage diskutiert werden muß.“* [10]

Das obenstehende Zitat gehört zu einem sehr kontrovers diskutierten Thema, mit dem Schäuble in der Weihnachtszeit 1993 Parteifreunde und Öffentlichkeit gleichermaßen überrascht: den Einsatz der Bundeswehr auch innerhalb Deutschlands. In seiner Erklärung zu dieser Idee fällt einmal mehr sein handlungsorientiertes, in die Zukunft gerichtetes Denkmuster auf.

> *„Zum erstenmal bin ich 1985 beim Weltwirtschaftsgipfel in Bonn auf diese Frage gestoßen. Es gab damals Gerüchte, daß möglicherweise aus der Luft ein Anschlag verübt werden könnte. Nur die Bundeswehr hätte so etwas verhindern können.“* [11]

Diese Aussage zeigt eine in sich interessante Struktur, die Sie in vielen anderen Aussagen Schäubles wiederfinden werden: Er benennt eine zu lösende Aufgabe im ersten Teil der Aussage, bleibt jedoch nicht beim Aufstellen von Forderungen stehen, sondern liefert gleich die Möglichkeiten mit, die ein Erreichen des Zieles wahrscheinlich machen. Dabei fokussiert er typischerweise stark auf den Ergebnisaspekt.

> *„Wenn die Diskussion zum Ergebnis hätte, mehr für den Grenzschutz zu tun, wäre das ja schon ein guter Effekt.“* [12]

Sie finden exakt diese Struktur auch in der nächsten Aussage wieder: Eine Bestandsaufnahme im ersten Teil der Aussage (Ist-Zustand), danach eine Überleitung zu zukünftigen Möglichkeiten und Erfordernissen.

> *„Die Grenzen zwischen innerer und äußerer Sicherheit sind jedenfalls nicht mehr so eindeutig zu definieren. Deshalb muß es möglich sein, auf die Bundeswehr als eine Art Sicherheitsreserve zurückzugreifen.“* [13]

Auch bei anderen kontroversen Themen zeichnet sich Wolfgang Schäuble dadurch aus, sich auf die Möglichkeiten und Chancen zu fokussieren, die eine Veränderung mit sich bringt.

> *„Und es [Änderung des Asylgesetzes] hat vor allen Dingen bewirkt, daß das Verhältnis von Deutschen und ausländischen Mitbürgern wieder entspannter und weniger stark belastet ist.“* [14]

Beim Thema „Deutsche Einheit“, das nun weiß Gott kein Thema zur Steigerung von Politikerpopularität ist, spricht Schäuble ganz explizit von dem, was möglich ist – und gleichzeitig auch, WIE es möglich ist.

> *„Als Folge der deutschen Einheit sind wir nun wieder auf den Stand von Anfang der achtziger Jahre zurückgefallen. Davon müssen wir bis zum Ende dieses Jahrzehnts wieder runter. Das ist auch möglich mit harten Entscheidungen und Auseinandersetzungen.“* [15]

Es gibt ein weiteres Zitat, das wie kein anderes seine gedankliche Ausrichtung auf Lösungsansätze und das aktive Gestalten der Zukunft zeigt – hier spricht er sogar ganz wörtlich davon, was Politik ihm bedeutet.

> *„Der Lustgewinn an der Politik ist das Gestalten.“* [16]

Dies heißt nichts anderes, als selbst Verantwortung für einen bestimmten Bereich zu übernehmen, aktiv zu sein und das eigene Umfeld so zu gestalten, daß es auch in Zukunft attraktiv und lebenswert ist. Der Begriff „Zukunft“ spielt auch in der folgenden Aussage in Verbindung mit einer lösungsorientierten Denkrichtung eine Schlüsselrolle und bringt Schäubles Denken auf den Punkt:

„Ich glaube, wir haben die besseren Antworten für die Zukunft unseres Landes. Jeder konkrete Schritt wird auf erhebliche Widerstände stoßen, die uns aber nicht davon abhalten, das Notwendige zu tun.“ [17]

Kategorie 1: ***Einsatz/Leistung*** *(= A-Ausprägung)* vs. *Gott wird es geben*

Es gibt wohl kaum einen Menschen, der bei entsprechender Nachfrage nicht von sich behaupten würde, sich in seinem Beruf einzusetzen und dort genau die Leistung zu bringen, für die er sein Geld verdient. So betrachtet, kommt auch das Wort „verdienen“ wieder näher an seine ursprüngliche Bedeutung heran. Trotzdem zeigt die Erfahrung uns, daß nicht jeder dieser Menschen ein erfolgreicher Politiker, Musiker, Talkmaster oder eine Modeschöpferin wird – selbst wenn er es gerne wollte. Einsatz, Leistung und Anstrengung müssen also noch etwas anderes sein, als die Bereitschaft, Überstunden oder Dienst nach Vorschrift zu machen. In allen hier untersuchten Fällen war es erst die Kombination der unterschiedlichen Merkmalsausprägungen zu bestimmten „Erfolgstypen“ (siehe Kapitel 15 und 16), die dafür sorgen, daß jemand erfolgreich sein kann. Dieses „Mehr“ jedenfalls zeigt sich in Wolfgang Schäubles Äußerungen ebenso wie in denen der anderen untersuchten Prominenten. „Einsatz“ ist etwas anderes als stupide Plackerei – er setzt eine wohlüberlegte Zielplanung voraus. Wer kein Ziel hat, strampelt sich im Fluß des Lebens dabei ab, den Kopf über Wasser zu halten und hält dies fälschlicherweise auch noch für harte Arbeit. Leistungsorientierte Menschen bauen an dieser Stelle ein Boot. Den Zeitverlust zu ihrem kopflosen Konkurrenten, der längst in den Fluß gesprungen ist, holen solche Menschen durch ein ungewöhnliches Maß an Leistung, Zielidentifikation und Leidenschaft wieder auf. Während dieses Prozesses wird genau das entscheidende Quantum an Energie freigesetzt, das unserem schon gestarteten Freischwimmer fehlt, um sein Ziel zu erreichen – falls er eines hatte. Ansonsten geht er ganz einfach irgendwo an Land (neuer Job, neue Frau, neue Stadt, neues Auto, neue Freunde), fühlt sich dort genauso unwohl wie zuvor und wird in immer schnelleren Abständen in den Fluß springen, um endlich den schönsten Platz der Welt zu finden.

Wolfgang Schäuble gehört in diesem Sinne zu den Bootsbauern – er zeigt das gesamte Spektrum der Kategorie 1 verbunden mit sehr deutlichen Zielausrichtungen

(Kategorie 4, s.u.). Dies zeigt sich deutlich auch in einem ganz persönlichen Bereich – demjenigen, der den Umgang mit seiner Krankheit berührt.

> *„Ich habe darauf gedrängt, so früh wie möglich verlegt zu werden. Mir war sehr rasch klar, ich muß diesen Weg der Rehabilitation, die Anpassung an ein vielleicht ja nur vorübergehendes Leben im Rollstuhl, möglichst rasch beginnen."* [18]

Selbst zu einem Zeitpunkt, als die Konsequenzen der Schußverletzung aus ärztlicher Sicht relativ klar zu beurteilen sind, spricht Wolfgang Schäuble immer noch von einem „vielleicht ja nur vorübergehenden Leben im Rollstuhl". Dieses Zitat zeigt eine recht auffällige Kombination der Kategorien 1 (A-Ausprägung) und 9 (A-Ausprägung) und mit ihr einen ungeheuren Willen, eine enorme Einsatzbereitschaft, all das in seiner Situation, was sich zum Positiven verändern läßt, auch tatsächlich zu verändern. Anstatt auf Mitleid zu spekulieren, wird er selbst aktiv und damit zum Vorbild für andere, die ihn gerade wegen dieser Konsequenz zu schätzen gelernt haben.

> *„Meine Freunde halten in ungewöhnlichem Maß an der Beziehung fest. Ich habe einen Freund, mit dem ich Waldlauf machte. Seit meiner Verletzung hat er völlig damit aufgehört. Inzwischen bin ich es, der ihn motivieren muß rauszugehen."* [19]

Eine solche gedankliche Haltung steht natürlich nicht isoliert nur für den privaten Bereich da. Sie ist Teil einer Gesamtpersönlichkeit und spiegelt sich insofern natürlich auch in Wolfgang Schäubles Aussagen über seine Arbeit wider.

> *„Ich wäre ein miserabler Innenminister, wenn ich mich nicht vorbereiten würde auf meinen Verantwortungsbereich für jene Fragen, die ab 3. Dezember eine maßgebliche Rolle spielen werden."* [20]

Einsatz für etwas, vielleicht sogar eine Art von besessenem Fleiß auf dem Weg zu einem Ziel kann derjenige am ehesten entwickeln, der im Erreichen des Zieles eine Herausforderung sieht, die ihn persönlich interessiert, für die es sich zu kämpfen lohnt.

> *„In diesem Super-Wahljahr wird es um die Frage gehen, mit welcher Politik und mit welcher Strategie die Union die Herausforderungen bestreitet."* [21]

Immer wieder hebt er darum in seinen Reden und Publikationen die Themen hervor, die ihm am wichtigsten sind – d.h. für die er sich eingesetzt hat und einsetzen wird.

Auch in dem nächsten Zitat stecken eine ganze Reihe von Begriffen (stärken, gewinnen, kümmern), die dem semantischen Feld der Leistungsbereitschaft zuzurechnen sind.

> *„Wir müssen nachhaltig das wirtschaftliche Wachstum stärken und mehr Arbeitsplätze gewinnen; wir müssen uns um die äußere Sicherheit kümmern."* [22]

Leistungsbereitschaft, Lösungsorientierung und Ausrichtung auf die Zukunft (hier schaut die Kategorie 9 wieder einmal um die Ecke) verdeutlicht auch die nächste Aussage Schäubles.

> *„Bei der absehbaren demographischen Entwicklung – immer mehr Rentner, immer weniger Aktive – müssen wir uns jetzt Gedanken machen, wie auch in späterer Zukunft die Renten sicher und finanzierbar bleiben."* [23]

Ungewöhnliche Einsatzbereitschaft erscheint vielleicht gerade denjenigen Lesern als eine überzogene Forderung, die sie mit Plackerei verwechseln – mit Sieg über jemand anderen oder Verlust eines Duells mit anschließenden Unterwerfungsritualen. Ob es nun Verkäufer, Führungskräfte, leitende Mitarbeiter oder Politiker waren, mit denen wir gesprochen haben, nahezu alle diese Personen hatten einen Glaubenssatz, der ein wichtiger Grundstein ihres Erfolges wurde (auch wenn ihnen selbst dieser Umstand manchmal vielleicht gar nicht bewußt war): Noch niemand ist mit zusammengebissenen Zähnen erfolgreich geworden. Verbissene Plackerei läßt Ihre Gesichtsmuskeln erschlaffen und Sie alt und grau erscheinen. So können Sie zwar als lebende Reklamesäule für diverse Schönheitsfarmen durch Ihr Leben stolpern, auf Ihrer Erfolgsleiter werden Sie jedoch nur dann zwei, drei oder noch mehr Stufen höher steigen, wenn Sie mit einem Lächeln und einer guten Portion innerem Abstand all die Ressourcen in Ihnen nutzen, die schon lange darauf warten aktiviert zu werden: Sie können das Ganze spielerisch angehen und als sportliche Übung ansehen. Sie haben so viele Versuche, wie Sie sich selbst geben.

> *„Natürlich ist es [der Lustgewinn der Politik] auch der politische Wettbewerb. Das hat etwas Sportives."* [24]

Der wirklich erfolgreiche Mensch ist deshalb erfolgreich, weil er beide Seiten der Medaille kennt (und ihren Rand dazu) und zu akzeptieren bereit ist. Vielleicht gehörten ja auch Sie zu denjenigen, die das Sonntagsgesicht des Erfolges sehr mochten, es aber an allen anderen Tagen eher mit einem berühmten Song der Boomtown Rats hielten: „I don't like mondays." Sie werden auch in Zukunft die Medaillen nicht ohne Rückseite und (manchmal) dunkle Ränder bekommen – greifen Sie trotzdem zu, sie glänzen so schön!

> *„Siegen wollen ist ja nichts Schlimmes. Ich habe etwas gegen Politiker, die dauernd über die Bürde ihres Amtes jammern. Es wird ja keiner gezwungen. Ich möchte sehen, wie einer guckt, wenn man ihn nicht nur von der Bürde, sondern auch vom Amt befreit. Ich bekenne mich dazu: Ich mache den Job gern."* [25]

Kategorie 4: Zielfixierung/Disziplin (= A-Ausprägung) vs. zufälliges Agieren

Daß Wolfgang Schäuble ein Mensch ist, der bei der Verfolgung seiner Ziele ungewöhnlich ausdauernd und zäh sein kann, wurde bereits mehrfach angedeutet. Er selbst hat den engen Zusammenhang zwischen Zielen und nachfolgendem Erfolg in mehreren aufschlußreichen Zitaten beschrieben.

> *„Wissen Sie: Man ist in der Versuchung, weil alles, was man neu trainieren, lernen muß, schmerzhaft, anstrengend, unbequem ist, zu sagen: Ich könnte auch im Bett liegen bleiben. Hat man nun Ziele, hat man auch einen Impuls, um zu sagen: Na, komm, jetzt ran. Wenn ich bisher schnell vorangekommen bin, hat es sicher auch damit zu tun, daß ich eben so rasch wie möglich wieder meine Tätigkeit aufnehmen möchte."* [26]

Wie oft haben Sie sich schon in irgendwelche halbherzigen Silvestervorsätze geflüchtet, die sich mit dem Kater des Januarmorgens ebenso verflüchtigt hatten wie der Zauber der vorangegangenen Silvesternacht? Wolfgang Schäuble begann schon in der Klinik, sich konkrete Ziele für sein Leben nach dem Attentat zu setzen und konnte seinen Genesungsprozeß auch deshalb in diesem erstaunlichen Tempo voranbringen.

> *„Ich habe mir das Ziel gesetzt, an der letzten Kabinettsitzung der laufenden Legislaturperiode teilzunehmen."* [27]

Wurde Ihre Abteilung in den letzten Monaten aufgelöst? Ihr Betrieb umstrukturiert? Bekamen Sie neue Aufgaben oder ein verändertes Tätigkeitsfeld? Wenn ja, welche neuen Ziele haben Sie sich gesetzt? Manchen Menschen reicht ja bekanntlich schon eine Zielformulierung, die auf die Erhaltung des momentanen Status quo hinausläuft. Dabei gibt es inzwischen kaum noch Menschen, die bestreiten, daß sich eine Menge ändern muß, wenn weiterhin alles so bleiben soll wie es ist. Wem es reicht, den momentanen Status quo zu erhalten, der sollte sich auch nicht wundern, wenn er es nicht schafft, über das momentan akzeptierte Ausmaß an Mittelmäßigkeit herauszukommen.

Wolfgang Schäuble sieht dies alles auch in einem engen Zusammenhang mit der Verantwortung des erfolgreichen Menschen. Der nämlich kann jederzeit sagen, wofür (und nicht wogegen) er sich einsetzt, was seine Ziele sind und welche Aktionen sich daraus ableiten werden – er hat Zielklarheit und weiß daher auch, was in bestimmten Situationen zu tun ist.

> *„Ich muß als Politiker, der einen gewissen Führungsauftrag und der Verantwortung hat, sagen, was ich will, was ich anstrebe, wofür ich mich einsetze."* [28]

Die bis hierher aufgeführten Zitate zeigten zum guten Teil eher den Privatmenschen Wolfgang Schäuble. Bei der Deutlichkeit jedoch, in der sich seine Zielklarheit in seinen Äußerungen zur Privatperson widerspiegelt, liegt natürlich die Vermutung nahe, daß gleiches auch für den politischen Bereich gilt. Und tatsächlich dominieren auch hier Äußerungen, die ein ungewöhnliches Ausmaß an Zielklarheit und gerichtetem Handeln erkennen lassen.

> *„Deshalb werden wir in unserem Ringen, die Blockadehaltung der SPD zu überwinden, nicht nachgeben."* [29]

Ganz egal, in welchem Bereich Sie arbeiten und Ihren Erfolg ausbauen wollen: Sie werden früher oder später Stagnationen zu überwinden und Rückschläge zu bewältigen haben. Nicht nur Wolfgang Schäuble, sondern auch viele andere Menschen, denen wir begegnet sind und mit denen wir zusammenarbeiteten, nehmen solche Situationen als Herausforderung an. Der Umgang Wolfgang Schäubles mit seiner Verletzung spricht hier eine ebenso deutliche Sprache wie die Erfahrungen eines Außendienstmitarbeiters, der erst deshalb mit einem Kunden ins Geschäft kam, weil er von dieser

Möglichkeit überzeugt war, ein klares Ziel vor Augen hatte und dies mit aller Energie verfolgte.

> *„Es ist ein verfassungspolitischer Mißbrauch, was die sozialdemokratische Bundestagsmehrheit betreibt. Deswegen geben wir auch nicht auf."* [30]

Die „Wir"-Form im Zitat oben weist auf Schäubles Fraktion hin, deren Vorsitzender er ist – das gleiche Denkmuster gilt darüber hinaus jedoch ebenso für den Politiker und Menschen Wolfgang Schäuble.

> *„Das Thema wird so lange auf der Tagesordnung bleiben, das sage ich Ihnen vorher, bis es in dem Sinne gelöst ist, den ich vorgeschlagen habe."* [31]

Zielklarheit heißt in diesem Zusammenhang auch Konzentration auf das Wesentliche. Wir erleben in unseren Zeitmanagement-Seminaren immer wieder Führungskräfte, die halbe und ganze Tage mit Aufgaben auszufüllen wissen, die jede halbwegs aufgeweckte Bürohilfskraft ebensogut ausführen könnte, wenn ihr Vorgesetzter das Wundermittelchen „Delegieren" zu benutzen wüßte. Da stehen nun die hochbezahlten Firmenspitzen an Kaffeeautomaten und Kopierern, bestätigen Termine und melden Autos zur Reparatur an oder lassen sich von Außendienstmitarbeiter Stapelmann in die Hohe Schule der zeitgerechten Lagerhaltung einführen – und legen abends bei Mutti den Kopf aufs Sofa und klagen über Arbeitsüberlastung und unselbständige Mitarbeiter; schön, wenn man so gebraucht wird. Delegieren, und damit verbunden, Konzentration der Kräfte auf das Wesentliche, ist natürlich in einem solch verzwickten Fall nicht möglich – schließlich hat man den Mitarbeiter jahrelang von allen wichtigen Informationen unbelastet arbeiten lassen (um ihn nicht zu überlasten) und dabei gleichzeitig, sozusagen als Nebeneffekt, die Wichtigkeit der eigenen Position dokumentiert und ausschlaggebende Schritte zur persönlichen Unentbehrlichkeit innerhalb der Firma eingeleitet. Führungskräfte wie diese fürchten nichts so sehr wie Urlaub oder Krankheit – einfach weil plötzlich jemand die Entdeckung machen könnte, daß der Laden auch ohne sie läuft (manchmal sogar besser). Ein Ziel nicht nur zu definieren, sondern auch zu realisieren ist daher ein Privileg derjenigen, die ihre Gedanken zielgerichtet auf das Wesentliche ausrichten.

> *„Die politisch Verantwortlichen müssen sich letztlich auf die wenigen, wirklich vorrangigen politischen Handlungsfelder konzentrieren."* [32]

Diese gedankliche Ausrichtung ist für den Erfolg Wolfgang Schäubles derartig zentral, daß sie in seinen Äußerungen sogar mehrfach auftaucht.

> *„Wir müssen uns jetzt auf die vorrangigen Themen konzentrieren: Wirtschaft, Arbeitsmarkt, innere und äußere Sicherheit."* [33]

Zur Zielfixierung gehört auch, die Dinge, die nicht im ersten Anlauf erreicht wurden, so lange diszipliniert weiterzuverfolgen, bis es möglich wird, einen Gedanken zur Tat werden zu lassen. Menschen, die schon beim ersten Versuch erfolgreich waren, sind eben selten, und Konsequenz und Ausdauer die Zutaten des Schäuble'schen Erfolgsrezeptes.

> *„Wir ringen seit Jahren gemeinsam darum, die Pflegeversicherung in einer Zeit zu ermöglichen, in der die Rahmenbedingungen für eine weitere Verteuerung der Arbeitskosten nicht gegeben sind."* [34]

Kategorie 6: <u>*Mut und Risikobereitschaft*</u> *(= A-Ausprägung)* vs. *Sicherheit, Komfort und Tradition*

Wer erfolgreich werden will, tut gut daran, ausgetretene Wege zu verlassen, Risiken einzugehen und Neuland zu betreten. Nur wer die ausgetretenen Wege verläßt, wird Spuren hinterlassen. Wolfgang Schäuble hat dieses Prinzip als Politiker im Umgang mit dem Risikofaktor „Macht" gezeigt. Als Privatperson lebt er durch den Umgang mit seiner körperlichen Behinderung vor, was es heißt, mitten im Leben Neuland zu betreten und sich sowohl auf das Wagnis, als auch die Bereicherung einer vollständigen Neuorientierung einzulassen.

> *„Man muß es [den Umgang mit der Macht] lernen. Meine Lehrjahre habe ich als Kanzleramtsminister verbracht und da habe ich mir ganz klar bewußtmachen müssen: Das ist jetzt nicht mehr ein Spiel, das du spielst, wie wenn du im Studentenverband Politik machen würdest."* [35]

Seine Verletzungsfolgen nimmt er nicht als Schicksalsstrafe, sondern als eine Form, neue Erfahrungen zu machen und auch auf unbekanntem Gebiet Fortschritte zu erzielen. Wenn Sie diese gedankliche Haltung in Relation zu der weitverbreiteten Kleingeisterei setzen, die sich in jeder größeren Firma bei organisatorischen Veränderungen breitmacht, der ängstlichen Wahrung des eigenen Territoriums mit all seinen Privilegien, dann erkennen Sie präzise den Unterschied, der einen Wolfgang Schäuble aus dem Mittelmaß hervorstechen läßt: seine Fähigkeit und Bereitschaft, in neuen Situationen zu lernen, wie Erfolg auch unter erschwerten Bedingungen erreichbar ist.

> *„Ich lerne, im Rollstuhl zu leben und zu trainieren. Das ist eine ganz neue Erfahrung, und ich freue mich über die Fortschritte."* [36]

Besonders im nächsten Zitat zeigt sich sehr deutlich, daß Wolfgang Schäuble fähig ist, Herausforderungen an seine Flexibilität viel eher als Bereicherung, denn als eine Einschränkung zu empfinden.

> *„Ich erlebe jetzt so vieles, was mir früher völlig fremd war und was ich als Bereicherung empfinde."* [37]

Auch im politischen Bereich sind es die Herausforderungen, das Neue und manchmal Risikoreiche, was ihn reizt. Die Bereitschaft, sich auf diese Herausforderung einzulassen, erwartet er auch von seinem Umfeld – ebenso wie er die grundsätzliche Bereitschaft dazu beobachtet hat.

> *„Die Leute spüren, daß wir in dieser schwierigen Zeit nicht jeden Besitzstand sichern können und jeder mehr Veränderungen hinnehmen muß, als er bisher gewohnt war."* [38]

An anderer Stelle macht er eine sehr ähnliche Äußerung zu diesem Thema, die seine gedankliche Fokussierung auf den Bereich des Neuen und Ungewöhnlichen, der Veränderung und seine Bereitschaft zur Übernahme von Risiken verdeutlicht.

> *„Aber wahr scheint mir eben auch zu sein, daß die Mehrzahl der Menschen dies im Grunde weiß und begreift und auch bereit ist, die notwendigen Veränderungen zu ertragen."* [39]

Weniger stark ausgeprägte Kategorien

Kategorie 2: ***Talente erkennen und nutzen*** *(= A-Ausprägung) vs. einordnen in die Strukturen der Zeit*

Im Laufe seiner steilen politischen Karriere rückt Wolfgang Schäuble immer näher an das Zentrum der politischen Macht heran. Das hat schon so manchen Kollegen zu falschen Schlußfolgerungen über die eigene Macht und Bedeutsamkeit verleitet und aus Mümmel- und Möllemännern, ursprünglich eine Gattung von Lehrern aus dem westfälischen Provinzkaff Dülmen, selbsternannte politische Großwildjäger gemacht, die über kurz oder lang jämmerlich im politischen Unterholz hängengeblieben sind. Die kurzen, schnellebigen Erfolge waren nie das Metier von Wolfgang Schäuble – trotz steiler Karriere setzte er eher auf Langfristigkeit und Kontinuität. Dazu gehört neben der Fähigkeit, die eigenen Talente und Möglichkeiten situationsbezogen wahrzunehmen, auch ein ausreichendes Maß an Demut, Bescheidenheit und Verantwortungsbewußtsein – sowohl sich selbst gegenüber, als auch im Umgang mit politischem Einfluß. Die nachfolgende Äußerung spiegelt beide Fähigkeiten Schäubles und gibt einen Ausblick auf die nächste Kategorie.

> *„Wer ein sehr enges Verhältnis zu einer sehr mächtigen Person hat, muß sich immer wieder bewußt machen: Wenn du das Ohr des Regierungschefs hast, hast du eine unheimliche Verantwortung. Man darf niemals denken: Es ist ja schließlich seine Sache, was er daraus macht, was du ihm sagst.“* [40]

Kategorie 3: ***Verzicht, Demut und Entbehrung*** *(= A-Ausprägung) vs. mitnehmen, was ich bekommen kann*

Macht, gleich welcher Art, ist rückgebunden an ihre Legitimation durch diejenigen, die dem Mächtigen Macht verleihen. Wolfgang Schäuble nimmt in seinem Umfeld sehr wohl auch Formen von Mißbrauch der Macht zur Kenntnis. Ähnlich wie bei Drogen erleben Menschen auch bei Macht den kurzen Rausch, dem ein tiefer Fall folgt. Als Hilfsmittel, in Maßen, kritisch und distanziert eingesetzt, kann Macht viele Veränderungen ermöglichen oder erleichtern – über Gebühr strapaziert, zeigen sich ähnliche Folgen wie beim Drogenmißbrauch.

„Man muß erkennen, daß Macht eine Droge sein kann, zu der man eine gewisse Distanz wahren muß, und zwar ganz bewußt." [41]

Zeit ist das einzig verbliebene sozialistische Gut auf dieser Welt. Jeder Mensch hat gleich viel Zeit pro Tag – und nicht einmal der Bundeskanzler hat mehr Zeit als Sie. Sie haben übrigens alle Zeit der Welt für die Dinge, die Ihnen wirklich wichtig sind. Und wenn Sie ab heute das Wörtchen Zeit durch den Begriff der „Priorität" ersetzen, übernehmen Sie aktiv die Verantwortung für das, was Sie tun und genauso für das, was Sie unterlassen. Sie werden es nicht länger unterlassen, weil Sie vorgeblich keine Zeit haben, sondern weil Sie – absichtsvoll und bewußt – Ihre Prioritäten anders gesetzt haben. Als erfolgreicher Mensch wußte Wolfgang Schäuble dies natürlich. Seine Verletzung hat ihren Teil dazu beigetragen, seinen Umgang mit der Zeit nochmals zu überdenken und zu einem rücksichtsvolleren Umgang mit sich selbst zu finden. Wenn Sie keine Zeit haben, werden Sie auch die Zeit nicht finden, erfolgreich zu werden – indem Sie sich (s.o.) auf das Wesentliche konzentrieren.

„Ich lege mich pro Tag zweimal eine Viertelstunde hin, was ich früher nie getan hätte. Ich versuche nicht mehr, aus einer Stunde 70 Minuten zu machen, sondern nur noch 50. Die zehn Minuten sind mein Gewinn, ich werde ruhiger, baue Druck ab." [42]

Kategorie 8: *Denken in großen Zusammenhängen vs. Denken in detaillierten Strukturen* (= B-Ausprägung)

Die hier vorgestellten Porträts, allen voran die von Wolfgang Schäuble, Wolfgang Niedecken, Michael Schumacher, Franziska van Almsick und Henry Maske machen noch einen weiteren Erfolgsbaustein deutlich: Die Überlegung, theoretische Konzepte und Überlegungen durch praktisches Handeln zu befruchten, kann eine durchaus sehr gewinnbringende sein. Erfolgreich ist derjenige, der irgendwann die Brücke vom Reden zum Handeln baut. Auch Sie werden eine ganze Reihe von Menschen kennen, die lange Vorträge darüber halten können, was eigentlich getan werden könnte – und ganze Lebensabschnitte damit zubringen, diese Absichtserklärungen zu verbreiten. Andere Menschen, und dazu gehören die in diesem Buch vorgestellten, fangen irgendwann an, etwas zu tun – und sei der Schritt noch so klein und unbedeutend. Statt ihr ganzes Leben darauf zu warten, wann endlich alle Voraussetzungen optimal für die weltverändernde Tat sind, fangen diese Menschen im Kleinen an und wachsen in größere Erfolge hinein. Diese gedankliche Haltung hat auch Wolfgang Schäuble erfolgreich gemacht.

> *„Es gibt einen Unterschied zwischen praktisch-politischen und akademischen Diskussionen. Über die abstrakten Pflichten von Fraktionsvorsitzenden können Sie vieles sagen."* [43]

In einer weiteren Äußerung wird die Handlungsorientierung ebenso deutlich wie die Unsinnigkeit immer neuer theoretischer Konzeptionen, die, ähnlich wie ein Zaubertrick, häufig nur dazu benutzt werden, die Aufmerksamkeit des Zuschauers von einem anderen, viel wichtigeren Punkt wegzulenken: von der Notwendigkeit des Handelns.

> *„Wir werden nicht nur nach der Vielfalt der Vorschläge und Konzeptionen beurteilt werden; vielmehr erwarten die Menschen Entscheidungen und Handeln."* [44]

Seine gedankliche Vorliebe für das Konkrete und Machbare drückt Wolfgang Schäuble nicht nur in seinen Sprachstrukturen aus, sondern auch ganz direkt in dem, was er inhaltlich sagt. Fast fühlt der Leser sich an dieser Stelle an ein Zitat aus Goethes „Faust" erinnert. Faust erteilt Wagner eine Belehrung über die praktische Unbrauchbarkeit aller pathetisch überhöhten „Redekunst"; eine Einsicht, die bis heute nichts an Gültigkeit verloren hat.

> *„Such' er den redlichen Gewinn!*
> *Sei er kein schellenlauter Tor!*
> *Es trägt Verstand und rechter Sinn*
> *Mit wenig Kunst sich selber vor;*
> *Und wenn's euch Ernst ist, was zu sagen,*
> *Ist's nötig, Worten nachzujagen?"*

Wolfgang Schäuble dürfte einen ähnlichen Zusammenhang vor Augen gehabt haben, als er feststellte:

> *„Das Pathetische ist mir völlig fremd, ich mystifiziere nichts, dazu bin ich zu sehr Jurist."* [45]

Welche Faktoren Ihres zukünftigen Erfolges haben Sie bei Wolfgang Schäuble kennengelernt?

1. Richten Sie Ihr Denken auf die 80% an Ressourcen und Möglichkeiten aus, die Ihnen zur Verfügung stehen – und nicht auf die 20%, die Sie im Augenblick noch nicht besitzen. Sie werden immer irgendeine Voraussetzung Ihres Erfolges finden, die momentan noch nicht erfüllt ist, immer irgendeine Bedingung, die Sie zukünftig optimieren können. Erfolgreiche Menschen sind schon losgegangen – jetzt, hier, konkret! Sie reden nicht über Erfolg, sie haben Erfolg. Gehen Sie dem Erfolg entgegen, statt ihm hinterher zu rennen.

2. Warten Sie nicht auf den Erfolg, sondern setzen Sie sich jetzt dafür ein. Machen Sie in Ihrem Umfeld deutlich, was Sie zu leisten imstande sind. Gehen Sie auch unangenehme oder unpopuläre Entscheidungen und Veränderungen an. Der größte Gegner Ihres Erfolges sind Warteritis und Aufschieberitis. Es gibt keine Entschuldigung dafür, nicht gestern schon den ersten Schritt in Richtung Erfolg getan zu haben.

3. Konzentrieren Sie Ihre Zeit und alle anderen Energien auf das Wesentliche. Behalten Sie Ihr Ziel im Auge und fragen Sie sich bei jeder Handlung, ob diese Handlung Sie näher an Ihr Ziel heranbringt. Falls nicht, delegieren Sie diese Arbeiten oder lassen Sie sie. Die Erde wird sich auch weiterhin drehen – selbst wenn Sie an dieser Stelle heftig widersprechen, wird Ihr Tag dadurch nicht länger und Sie gewinnen auch keine Zeit. Widerspruch fokussiert Sie auf die Unmöglichkeiten dieser Welt, mit denen es noch niemand geschafft hat, erfolgreich zu werden. Sie haben sich auf das Mögliche fokussiert – also fangen Sie an.

4. Wenn Ihre Nachbarn die Hände über dem Kopf zusammenschlagen, Sie aus dem Kaninchenzüchterverein ausgeschlossen werden und der Briefträger Sie nicht mehr grüßt, sind Sie auf dem richtigen Weg. Erfolgreiche und innovative Menschen aller Zeiten waren deshalb erfolgreich, weil sie einen Strich unter die zu ihrer Zeit allgemein akzeptierten Vorurteile gezogen haben und etwas Neues wagen. Sie können diese Haltung als Bereicherung empfinden, die Ihnen all Ihre Flexibilität und Ihre Wahlmöglichkeiten verdeutlicht. Greifen Sie zu – Freunde werden Sie anschließend genug ha-

ben. Freundliche Briefträger gibt es überall und bei den Treffen der Pferdezüchter geht es auch meistens ganz anders zu.

Anmerkungen:

1. Süddeutsche Zeitung Magazin, 21.2.1992.
2. Der Spiegel, 26.11.1990
3. Berliner Zeitung, 20.2.1993
4. Der Spiegel, 26.11.1990
5. Süddeutsche Zeitung, 14.1.1994
6. ebenda
7. ebenda
8. Der Spiegel, 3.1.1994
9. ebenda
10. Süddeutsche Zeitung,14.1.1994
11. Der Spiegel, 3.1.1994
12. ebenda
13. ebenda
14. Süddeutsche Zeitung,14.1.1994
15. ebenda
16. Berliner Zeitung, 20.2.1993
17. Der Spiegel, 11.9.1995
18. Der Spiegel, 26.11.1990
19. Berliner Zeitung, 20.2.1993
20. Der Spiegel, 26.11.1990
21. Süddeutsche Zeitung,14.1.1994
22. ebenda
23. Der Spiegel, 3.1.1994
24. Berliner Zeitung, 20.2.1993
25. Die Woche, 7.4.1994
26. Der Spiegel, 26.11.1990
27. ebenda
28. Süddeutsche Zeitung, 14.1.1994
29. ebenda
30. ebenda
31. ebenda
32. ebenda
33. Der Spiegel, 3.1.1994
34. ebenda
35. Berliner Zeitung, 20.2.1993
36. Der Spiegel, 26.11.1990
37. Die Woche, 7.4.1994
38. Der Spiegel, 3.1.1994
39. Süddeutsche Zeitung,14.1.1994
40. Berliner Zeitung, 20.2.1993
41. ebenda
42. ebenda
43. Der Spiegel, 3.1.1994
44. Süddeutsche Zeitung,14.1.1994
45. Berliner Zeitung, 20.2.1993

15

Wer jetzt noch wartet, wartet weiter!

Es gibt auch für Sie eine Erfolgsstrategie. Wir konnten aus allen vorgestellten Strategien drei Grundmuster des Erfolges herauskristallisieren, von denen eines auch für Sie passen wird. Sie brauchen sich jetzt wirklich nur einmal kurz vorstellen, wie sich Ihr Leben verändert hat, wenn auch Sie mithilfe einer dieser Strategien schon bald Erfolg in Ihrem speziellen Gebiet haben. Oft ist es nur ein kleiner Schritt, gegen manches innere Zögern und manchen Zweifel gegangen, der Sie plötzlich viel näher an Ihr Ziel herangebracht hat, als Sie es noch vor kurzem gedacht haben. Erfolg bedeutet für Sie neben harter Arbeit, einer guten Ausbildung und kompetenten Partnern in der Beratung natürlich auch Anerkennung und Wertschätzung Ihrer Mitmenschen, ein attraktives und gemütliches Zuhause, und oftmals auch eine freie Zeiteinteilung.

Und das Ganze ist sehr viel einfacher und leichter, als Sie sich das jetzt noch vorstellen: Sie lesen hier einfach weiter und werden erfahren, welche drei Grundmuster des Erfolges es gibt. Sofort danach füllen Sie den Testbogen aus: Er gibt Ihnen Auskunft darüber, welches der drei Grundmuster des Erfolges für Sie am besten geeignet ist. Wenn Sie das jetzt getan haben, ist der nächste Gedanke nur noch ein kleiner Schritt: Sie senden uns Ihr persönliches Testergebnis (siehe S. 297) und erhalten bald darauf alle Informationen, die Ihnen zeigen, wie Sie Erfolg leben können, statt nur von einem erfolgreichen Leben zu träumen. Sie werden dankbar feststellen, wie wertvoll die einzelnen Handreichungen und Möglichkeiten sind, mehr aus dem zu machen, was Sie jetzt schon können. Vielleicht sind Sie schon jetzt auf die Idee gekommen, daß viele der hier vorgestellten Persönlichkeiten nur deshalb so erfolgreich sind, weil sie ihre Talente nicht nur erkannt, sondern auch genutzt haben. In jedem Menschen schlummern einmalige Potentiale, Energien und Fähigkeiten, die nur Sie haben. Sie allein entscheiden darüber, was im weiteren Verlauf Ihres Lebens mit diesen Energien geschieht. Sie können Sie vergeuden oder nutzen – die Entscheidung darüber liegt ganz allein bei Ihnen. Bevor Sie jetzt weiterlesen, machen Sie bitte noch kurz die folgende

Übung, die vielen von Ihnen deutlich machen wird, daß Sie in der Tat keine Zeit zu verlieren haben.

Ihr Zeitkapital

Buchen Sie bitte Ihr Lebensalter von Ihrem Zeitkonto ab, indem Sie oben links beginnen und für jedes Lebensjahr ein Kästchen ankreuzen.
Buchen Sie dann die Zeit vom 65. bis zum 72. Lebensjahr ebenfalls ab.

Der noch verbleibende Zwischenraum ist der Kontostand Ihres persönlichen beruflichen Zeitkontos.
Wie wollen Sie ab heute mit dieser Zeit umgehen?
Heute ist der erste Tag vom Rest Ihres Lebens.
Können Sie sich Zeitverschwendung leisten?

Nun, wie sieht es bei Ihnen aus? Denken Sie daran: Sie allein entscheiden darüber, wie Sie Ihre noch verbleibende Zeit nutzen. Niemand hat Sie verpflichtet, weiter Dinge zu tun, die Sie nicht mögen, Talente zurückzuhalten, die schon sehr bald für Sie arbeiten können oder Ihren Anspruch auf ein erfülltes und glückliches Leben an jemand anderes abzutreten. Sie leben Ihr Leben – und Sie haben alle Möglichkeiten, es sich so angenehm und erfolgreich wie nur möglich zu gestalten.

Tun Sie einfach hier den zweiten Schritt und lassen Sie sich überraschen, wie sich all die Erfolgsstrategien der Super-V.I.P.s in einer Typologie wiederfinden lassen, die leicht nachvollziehbar ist und sich deshalb im Alltag sofort umsetzen läßt.

Die Metapher: Der Adler

Wo immer der Adler hinfliegt, wann immer er erfolgreich ist – er hat vorher im Kopf eine Entscheidung über seine Strategie getroffen. So weiß er auch unter ungünstigen Bedingungen und dann, wenn etwas mal nicht so funktioniert wie vorhergeplant, genau, was sein Weg ist und was als nächstes zu tun ist, um sein Ziel zu erreichen. Unabhängig von Regen oder Sturm hat der Kopf des Adlers stets die Richtung präsent und dient als wertvolle Erfahrungs- und Entscheidungshilfe. Im Kopf ist die Rationalität und Wohlüberlegtheit des Adlers zu finden, sein sachliches Abschätzen und Planen und seine Vorbereitung für zukünftige Erfolge. Doch der Adler braucht noch mehr, um wirklich erfolgreich zu sein: Wenn er das, was er tut, nicht aus voller innerer Überzeugung täte, wenn er nicht von ganzem Herzen dahinterstünde, wäre all seine Planung vergebens und zum Scheitern verurteilt. Das Herz des Adlers beschreibt eine besonders wichtige Eigenschaft erfolgreicher Menschen: die Identifikation mit dem, was sie tun. Die Tätigkeit ist kein einfaches Mittel zum Zweck, sondern wird aus innerer Überzeugung gelebt und getan. Diese Überzeugung strahlt nach außen ab und verschafft nicht nur dem Adler, sondern auch allen Menschen, die diesen Zug in sich entwickelt haben, Überzeugungskraft und Glaubwürdigkeit in ihrer Umwelt und bei den Mitmenschen. Die dritte erfolgsentscheidende Komponente des Adlers sind seine Flügel. Was der Kopf als Strategie beschlossen und womit sich das Herz als innere Überzeugung identifiziert hat, wird hier bereichert durch die unglaubliche Leistungsfähigkeit der Flügel, bekommt einen Motivations- und Energieschub und kann dadurch tatsächlich umgesetzt werden. Die Flügel symbolisieren Einsatzkraft, Leistungsbereitschaft und Energie. Sie stellen das an Kraft und Dynamik zur Verfügung, was Sie ebenso benötigen, um Ihre Ziele zu erreichen, wie es der Adler braucht, um nicht einfach vom Himmel zu fallen, sondern souverän und majestätisch auf jede beliebige Höhe aufzusteigen. Wir haben für Sie die Zuordnungen der einzelnen Kategorien der META-Programme zu Kopf, Herz und Flügeln vorgenommen und verraten Ihnen, welcher der untersuchten Prominenten zu welchem Typ gehört. Anschließemd finden Sie das gleiche durch einen einfachen Test für sich selber heraus.

Reintypen

Kopfmenschen

Kopfmenschen zeichnen sich durch einen hohen Wert in den Kategorien 7 und 9, jeweils in der A-Ausprägung aus. Hohe Werte müssen dabei nicht in beiden Kategorien erzielt werden; ein hoher Wert in einer der beiden Kategorien reicht für unsere Klassifizierung aus. Zusätzlich erzielen Kopfmenschen in den übrigen Kategorien typischerweise Mittelwerte – es gibt weder besondere Ausreißer nach oben, noch nennenswerte Abweichungen nach unten. Typische Vertreter dieser Kategorie sind Wolfgang Schäuble und Michael Schumacher. Beide haben als typische Vertreter des Kopfmenschen einen vergleichsweise hohen Wert in der Kategorie des zukunfts- und lösungsorientierten Denkens. Bei Wolfgang Schäuble dominiert dieser Wert alle anderen Werte. Bei Michael Schumacher sehen die Werte ein wenig anders aus, bringen aber auch hier die gleiche Tendenz zum Ausdruck: Eine hohe, dominierende A-Ausprägung in der Kategorie „Rationalität" ist kombiniert mit einem Wert in der A-Ausprägung der Kategorie 9, der immer noch alle anderen Werte überragt. Kopfmenschen zeichnen sich also durch ihre Fähigkeit aus, stets nüchtern und sachlich-überlegt vor allem die Aufgaben anzugehen, die in Zukunft wichtig werden und sich dabei ausschließlich auf das zu konzentrieren, was möglich und machbar ist. Ihr Erfolg ist dadurch auch leicht erklärbar: Sie verschwenden keinen Gedanken an Schuldzuweisungen oder zeitraubende Ursachendiskussionen, sondern wissen schon jetzt, was sie morgen besser machen können. Dennoch werden Kopfmenschen gerade bei öffentlichen Auftritten häufig unterschätzt: Ihre klare, sachlich-nüchterne Sprache weckt beim Zuschauer bisweilen den Eindruck der Unterkühltheit, Reserviertheit oder gar der Distanziertheit. Der Zuschauer weiß intuitiv, daß alles, was der Kopfmensch sagt und tut, wohlabgewägt und das Ergebnis sorgfältiger Prüfungen ist – dennoch will der Funke der Begeisterung oder Identifikation manchmal einfach nicht überspringen.

Flügelmenschen

Flügelmenschen zeichnen sich durch eine außergewöhnlich hohe Leistungs- und Einsatzbereitschaft aus, die mit einem enorm hohen Potential an Motivation verbunden ist. Sie haben fast immer ein typisches U-Profil in den Werten der ersten vier Kategorien. Dies bedeutet: eine sehr große Leistungsbereitschaft gepaart mit der Fähigkeit, zielgerichtet und ausdauernd an einer Sache zu arbeiten.

Typische Vertreter dieser Kategorie sind Franz Beckenbauer und Steffi Graf. Ihr Fleiß und ihre Zähigkeit auf dem Weg zum Ziel sind schon sprichwörtlich, ihre Geduld und Ausdauer sind es auch. Menschen dieser Kategorie schreiben ein Ziel erst dann als unerreichbar ab, wenn sie wirklich alles gegeben haben – und vielleicht versuchen sie es danach trotzdem noch einmal. Sie arbeiten sehr beharrlich und nehmen auf dem Weg zum Ziel fast jede Anstrengung inkauf. Sie haben ein scheinbar unerschöpfliches Reservoir an körperlichen und mentalen Kräften, um sich der Herausforderung immer wieder zu stellen. Die beiden dominanten Kategorien des Flügelmenschen können in unterschiedlichen Kombinationen mit anderen Kategorien auftreten – bei Steffi Graf fällt außer den Werten der dominanten Kategorien der hohe Wert in der Kategorie 9 ins Auge, bei Franz Beckenbauer und Steffi Graf können wir darüber hinaus eine zusätzliche Ausprägung der Herzkomponente im mittleren Bereich feststellen. Beide Kombinationen führen dazu, daß Menschen, die dieses Erfolgsmuster benutzen, sich wenig Sorgen über Energien oder Motivation machen – sie sind als natürliche Gabe jederzeit verfügbar und warten nur darauf, genutzt zu werden. Entwicklungsmöglichkeiten des Flügelmenschen liegen vor allem im Bereich seiner Herzkomponente. Bei aller Leistungsmotivation und Ausdauer, bei seinen schier unerschöpflichen Kräften und der Disziplin, mit der der Flügelmensch Ziele vom Anfang bis zum Schluß realisiert, kann durchaus einmal das Privatleben, der Freundeskreis oder die persönliche Entwicklung auf der Strecke bleiben. Es ist jedoch für den Flügelmenschen dank seiner großen Energiereserven in der Regel kein Problem, hier kurzfristig Abhilfe zu schaffen.

Herzmenschen

Tun, was ihr Herz ihnen sagt, auch wenn damit manchmal ein hohes Risiko verbunden ist. Sie würden nie etwas tun, was gegen ihre eigenen Überzeugungen geht – und was sie tun, da stehen sie wirklich hinter. Herzmenschen wie Boris Becker, Claudia Schiffer oder Wolfgang Niedecken tun die Dinge, die sie wirklich wollen, die ihnen wichtig sind; eben die, an denen ihr Herz hängt. Rational-analytisches Kalkül ist ihnen nicht unbedingt fremd, spielt aber in ihrem Leben keine dominierende Rolle. Die Dominanz der Kategorie 7 kann dabei durch unterschiedliche andere Ausprägungen ergänzt und harmonisiert werden: Sowohl Leistungsbereitschaft als auch Risikofreude und Lust am Neuen kommen hier infrage. Und wer jemals Boris Becker nach dem Verlust eines Matchballes oder Wolfgang Niedecken im Gespräch über ein Thema, das ihn aufbringt, erlebt hat, der weiß, daß auch Zielfixierung oder Konfliktorientierung als zusätzliche Wahlmöglichkeiten beim Herzmenschen nicht ausgeschlossen sind – die Kategorie 7 bleibt dennoch stets dominant. Und so profitiert der Herzmensch von allen anderen möglichen Kategorien immer als einer sinnvollen Ergänzung. Herzmenschen können deshalb nicht weniger kompromißlos sein und nicht weniger zielstrebig an der Realisierung ihrer Ziele arbeiten. Der Aufstieg und die anschließende Karriere von Claudia Schiffer sind dafür nur eines von vielen hier zitierten deutlichen Beispielen. Eines jedenfalls sind Herzmenschen nicht: Träumer oder Romantiker, die auf bessere Zeiten oder den Zufall warten.

Mischtypen

Mischtypen treten in den unterschiedlichsten Kombinationen der drei Reintypen auf. Wir haben in unserer Untersuchung sowohl Flügel/Herz- als auch Flügel/Herz/Kopf- und auch Kopf/Herz-Menschen gefunden.

Kopf/Herz

Für die Mischtypenklassifikation Kopf/Herz gibt ein hoher Wert in der Kategorie 3 (A-Ausprägung) den Ausschlag – dieser Wert ist gepaart mit gleichmäßig verteilten Werten in den anderen Kategorien. Der hohe Wert für eine Haltung von Demut und Verzicht entspricht dabei der Herzkomponente dieses Mischtyps. Fürstin Gloria von

Thurn und Taxis ist ein typisches Beispiel dieser Kombination. Die Kopfkomponente wird durch einen hohen Wert in der B-Ausprägung der Kategorie 5 repräsentiert. Thomas Gottschalk ist ein typisches Beispiel eines Kopf/Herz-Mischtypen, dessen Priorität eher im Kopfbereich liegt. Beiden gemeinsam ist eine sehr gleichmäßige und harmonische Verteilung der Werte der übrigen Kategorien.

Flügel/Herz

Flügel/Herz-Menschen gleichen in ihrem u-förmigen Profil der Kategorien 1-4 den reinen Flügelmenschen, zeichnen sich jedoch durch ein zusätzliches Erkennungsmerkmal aus: Ihr Profil zeigt einen hohen Wert in der B-Ausprägung der Kategorie 7. Jil Sander und Franziska van Almsick können als typische Beispiele von erfolgreichen Menschen gelten, deren Erfolgsgeheimnis in dieser Kombination liegt. Eine außergewöhnlich hohe Leistungsbereitschaft ist bei ihnen gepaart mit der Fähigkeit, die eigenen Talente zu erkennen und zu nutzen und zusätzlich all das, was getan wird, um Erfolg zu haben, aus einer tiefen und unerschütterlichen inneren Überzeugung zu tun. Flügel/Herz-Menschen vertrauen bei allem, was sie tun, auf ihr Gefühl und greifen für wichtige Entscheidungen auf die Potentiale ihres Unterbewußtseins zurück. Sie wissen, daß es einen Unterschied zwischen „emotional“ und „kopflos“ gibt und sie können sich ohne rationale Analyse darauf verlassen, intuitiv das Richtige zu tun.

Flügel/Herz/Kopf

Eine der interessantesten, weil vielschichtigsten Kombinationen finden wir in der Konstellation Flügel/Herz/Kopf wieder. Einer, der sich hier als ausgewogener Mischtyp zeigte, ist Henry Maske. Sein Wertediagramm zeigt auf den ersten Blick die für diese Kombination typische W-Form der Werte der A-Ausprägungen, d.h. hohe Werte in den Kategorien 1 und 9, die außergewöhnliche Leistungsbereitschaft und eine Orientierung am Möglichen und Machbaren, d.h. eine Orientierung des Denkens in die Zukunft, widerspiegeln. Gleichzeitig verfügt Henry Maske zusätzlich über einen hohen Wert in der B-Ausprägung der Kategorie 7, was ihn als Herzmenschen ausweist, dem Familie und Freunde allemal wichtiger sind als der Stand seines Bankkontos. Zusätzlich verfügt der Flügel/Herz/Kopf-Mensch über einen recht hohen Wert in der Kategorie 4. Er ist niemand, der in der Planung steckenbleibt oder sich ein Leben lang mit Reisevorbereitungen aufhält, sondern jemand, der ein einmal anvisiertes Ziel durch Ausdauer, Geduld und Hartnäckigkeit dann auch tatsächlich erreicht.

Jetzt liegt es an Ihnen ... Füllen Sie einfach den auf der nächsten Seite beginnenden Testbogen aus und stellen Sie mithilfe der Auswertung auf S. 297 fest, welcher Erfolgstyp Sie sind. Senden Sie uns Ihr persönliches Testergebnis (Adresse siehe letzte Seite) und Sie erhalten umgehend ausführliche Informationen, wie Sie Ihre persönliche Strategie noch effektiver nutzen können. Zögern Sie nicht, uns anzurufen, wenn Sie Fragen haben, und denken Sie daran, daß immer noch alles so bleiben kann wie es ist. Niemand muß sich verändern und erfolgreicher werden – Sie können auch Ihr bisheriges Leben so weiterleben und denen Glück wünschen, die an Ihnen vorbeiziehen. An der Spitze ist schließlich nicht für alle Platz, und mancher ist eben wirklich glücklicher, einen Platz weiter unten in der Pyramide zu haben. Wenn Sie also jetzt eine Entscheidung getroffen haben, dann senden Sie uns Ihr Testergebnis einfach zu und lassen Sie sich davon überraschen, daß es manchmal die kleinen Veränderungen im Leben sind, die eine große Wirkung zeigen.

Manchmal, und das zeigen die Lebensgeschichten der hier untersuchten Prominenten sehr deutlich, ist es eine einzige Entscheidung, in einem bestimmten Augenblick des Lebens getroffen, die den Unterschied macht: darüber, ob jemand glücklich ist mit dem, was er tut, oder einfach in seiner bisherigen Tretmühle der Gewohnheiten weitermacht. Der zäheste Klebstoff der Welt sind Ihre Gewohnheiten, die Sie in der Vergangenheit immer wieder davon abgehalten haben, Neuland zu betreten. Alles, was Sie jetzt noch brauchen, ist ein bißchen Mut, um das zu tun, wofür Sie sich gefühlsmäßig möglicherweise schon längst entschieden haben...

... ein kleiner Test

Sie kreuzen einfach in dem nachstehenden Test die Antwort an, die auf Sie persönlich zutrifft. Bei manchen Fragen werden Sie spontan keine passende Antwort finden – kreuzen Sie dann einfach das an, was auf Sie am ehesten zutrifft. Wichtig ist nur:

Kreuzen Sie spontan an und lassen Sie sich nicht so sehr von bewußten Überlegungen leiten.

1. Sie bekommen überraschend Besuch. Die Arbeit, die Sie sich für diesen Nachmittag vorgenommen haben, ist zu diesem Zeitpunkt noch nicht erledigt. Wie reagieren Sie?

a) Ich höre erstmal genau zu, was der Besuch will und entscheide dann, ob das wirklich wichtig genug ist, meine Arbeit zu unterbrechen.

b) Ich sage dem Besuch ohne wenn und aber, daß ich im Augenblick keine Zeit habe und erkläre auch, weshalb das so ist. Wir können dann gemeinsam einen späteren Termin vereinbaren.

c) Ich lasse die Arbeit einen Augenblick liegen und versuche später, entweder den Besuch in die Arbeit mit einzubeziehen, oder den Zeitverlust durch ein höheres Tempo wieder auszugleichen.

2. Am Freitagnachmittag wollen Sie dringend noch einen Kunden erreichen, dessen Firma in der gleichen Stadt liegt. Am Telefon ist jedoch nur das Besetztzeichen zu hören. Ihre Reaktion ...

a) Dann bleibe ich eben selbst noch ein wenig länger im Büro und versuche später noch einmal mein Glück.

b) Da fahre ich gleich noch schnell vorbei, dann ist die Angelegenheit sofort vom Tisch.

c) Es macht mehr Sinn, das Ganze am Montag wieder zu probieren – im Augenblick scheint der Kunde ohnehin überlastet zu sein.

3. Bei einem Kollegen/Mitarbeiter fällt Ihnen in letzter Zeit immer häufiger auf, daß seine Leistungen hinter den Zielvereinbarungen zurückbleiben. Wie reagieren Sie?

a) Ich suche ein Gespräch mit ihm und versuche zu klären, ob er derzeit vielleicht persönliche oder familiäre Probleme hat.

b) Ich weise ihn darauf hin, daß bestimmte Ziele vereinbart worden sind und daß ich von ihm erwarte, diese Ziele auch zu erreichen.

c) So einen Durchhänger kann jeder einmal haben – ich versuche ihn zu unterstützen, so gut ich es kann und werde seine Leistungen weiter genau beobachten.

4. Trotz mehrmaliger Versuche ist es Ihnen nicht gelungen, einen Kunden zu gewinnen. Wie gehen Sie vor?

a) Ich überdenke nochmals mein Angebot aus der Sicht des Kunden und gehe später wieder auf ihn zu.

b) Ich lade den Kunden zum Essen ein und versuche in einem klärenden Gespräch herauszufinden, was die Ursache der Absage war.

c) Ich hole den Rat eines Kollegen ein, der in einem ähnlichen Fall erfolgreich war.

5. Obwohl Ihre Leistungen die Zielvereinbarungen mit der Geschäftsleitung bei weitem übersteigen, sind Sie nicht für eine Beförderung vorgesehen. Wie reagieren Sie?

a) Ich gehe davon aus, daß meine Leistungen zu einem späteren Zeitpunkt sicher gewürdigt werden und erhalte mein hohes Leistungsniveau aufrecht.

b) Ich beginne vorsichtig, meine Fühler in Richtung einer anderen Firma auszustrecken – vielleicht kann ich dort meine Leistungen besser verkaufen.

c) Ich vereinbare ein Gespräch mit meinem Vorgesetzten. Nötigenfalls werde ich ihm deutlich zu verstehen geben, was ich von diesem Verhalten halte.

6. Nach längeren Diskussionen wird an Ihrem Arbeitsplatz ein neues EDV-Programm eingeführt. Trotz einer Schulung durch die Herstellerfirma hat das Programm so seine Tücken. Welche Einstellung trifft auf Sie am ehesten zu?

a) Nur Geduld, das wird schon werden. Was bis jetzt noch nicht funktioniert, bearbeite ich eben mit dem alten System.

b) Ich war von Anfang an dagegen – wenn jetzt die Arbeit insgesamt etwas langsamer läuft, dann sind das eben Anfangsschwierigkeiten, die man inkauf nehmen muß.

c) Ist doch klar, daß so eine Umstellung dauert. Deshalb nehme ich mir heute abend das Manual mit nach Hause und arbeite noch etwas nach.

7. Wie Sie gerüchteweise hören, sind in Ihrer Firma für die nächste Zeit Personalkürzungen geplant. Was tun Sie?

a) Ich spreche mit Kollegen und versuche herauszufinden, wer zu den Betroffenen zählen soll.

b) Ich achte noch mehr als sonst darauf, Kunden und Geschäftsleitung zufriedenzustellen.

c) Ich überlege mir sehr genau, was ich im Fall einer Kündigung tun werde und treffe erste Vorbereitungen für den Fall der Fälle.

8. Ein Kollege von Ihnen stellt sich immer wieder gegen die dringend notwendige Umorganisation Ihrer Abteilung. Hinter Ihrem Rücken äußert er sich abfällig über Ihre Arbeit und beschuldigt Sie, Zuträger des Abteilungsleiters zu sein. Wie verhalten Sie sich?

a) Die Sache kann mich kalt lassen, solange ich meine Arbeit 100%ig erledige.

b) Ich suche ein klärendes Gespräch mit dem Kollegen.

c) Ich überlege mir, mit welchen positiven Argumenten ich meinen Kollegen für die Veränderung gewinnen kann.

9. Sie stehen kurz vor Ihrem lange geplanten Jahresurlaub mit Ihrer Familie, als ein Auslandskunde einen größeren Auftrag in Aussicht stellt. Ihr Vorgesetzter erkundigt sich, ob eine Verschiebung Ihrer Reise möglich wäre. Was schlagen Sie ihm vor?

a) Genaue Überprüfung der Kundenpriorität und des Auftragsvolumens. Möglicherweise kann ein Kollege den Kundenbesuch übernehmen oder ich selbst besuche den Kunden zu einem späteren Zeitpunkt.

b) Meine Reise ist auf jeden Fall wichtiger – schließlich gibt es mit meiner Familie eine klare Absprache.

c) Ich verständige meine Familie, schon einmal loszufahren, vereinbare mit dem Kunden einen Termin und werde meinen Urlaub dann zwei Tage später beginnen.

10. In Ihrer Firma ist ein Projektleiterposten neu zu besetzen, der für Sie sehr attraktiv ist. Sie müßten dafür allerdings längere Anfahrtswege und eine ungünstigere Arbeitszeit inkauf nehmen. Der Ausgang des Projektes ist höchst ungewiß. Da es sich jedoch um eine Prestige-Projekt des Firmengründers handelt, ist bei Gelingen auf jeden Fall mit einer Beförderung zu rechnen. Wofür entscheiden Sie sich?

a) So eine einmalige Chance nehme ich sofort an. Wenn es unterwegs Schwierigkeiten gibt, werde ich die schon irgendwie lösen können.

b) Grundsätzlich will ich annehmen. Ich werde jedoch vorher genau überprüfen, welche Hindernisse mich erwarten und mir eine Ablehnung vorbehalten.

c) Ich überlege erst einmal, ob dieser Posten mich in meiner persönlichen Entwicklung weiterbringt. Wenn nicht, werde ich ablehnen.

11. Ein Kunde beschwert sich immer wieder über die unbefriedigende Reklamationsabwicklung der Serviceabteilung in Ihrem Haus. Wie könnten Sie am ehesten reagieren?

a) Ich überlege, welche Veränderungen unter den gegebenen Umständen machbar sind.

b) Ich versuche auf jeden Fall, den drei wichtigsten Kundenforderungen nachzukommen, auch wenn damit momentan ein Mehraufwand verbunden ist.

c) Ich bin besonders freundlich zu dem Kunden und nehme mir sehr viel Zeit für ihn. Da an eine Verbesserung aus internen Gründen momentan nicht zu denken ist, schicke ich dem Kunden einen Präsentkorb und das Buch „Small talk und Karrierestart".

12. Sie haben einen Kunden an den Wettbewerb verloren. Was tun Sie?

a) Ich rufe den Kunden an, um herauszufinden, was ihn zu dem Wechsel bewogen hat.

b) Ich stelle sofort Überlegungen an, wie ich die verbliebenen Kunden optimal bedienen kann.

c) Ich versuche den Kunden zurückzugewinnen. Parallell dazu versuche ich neue Kunden zu gewinnen.

Werten Sie den Test nun nach folgender Schablone aus:

		Buchstabe	
Nummer	**a**	**b**	**c**
1	K	F	H
2	H	F	K
3	H	K	F
4	F	H	K
5	F	K	H
6	K	H	F
7	H	F	K
8	F	H	K
9	K	H	F
10	F	K	H
11	K	F	H
12	H	K	F

Anhand der Buchstabenkombinationen können Sie jetzt sehr leicht feststellen, zu welchem Erfolgstypen Sie gehören und ob Sie eher ein Reintyp oder ein Mischtyp sind. Vielleicht macht es Ihnen ja Spaß, in diesem Buch nochmal ein wenig zurückzublättern und festzustellen, mit welcher Erfolgsstrategie eines Prominenten sich Ihre eigene Strategie am ehesten deckt. Liegen Sie näher an Henry Maske oder gehen Sie an Ihre Erfolge eher wie Claudia Schiffer heran? Vielleicht hat Ihre Strategie aber auch mehr Ähnlichkeit mit der von Boris Becker, Franziska van Almsick oder Wolfgang Schäuble. Möglicherweise haben Sie auch Übereinstimmungen mit Thomas Gottschalk oder Fürstin Gloria von Thurn und Taxis herausbekommen. Bei einigen von Ihnen werden Jil Sander oder Michael Schumacher mit ihren Erfolgsstrategien Pate gestanden haben. Vielleicht haben Sie aber auch eine ganz persönliche Kombination, die hier noch gar nicht erwähnt worden ist. Wie immer Ihr persönliches Testergebnis ausgefallen ist, kommt es jetzt entscheidend darauf an, was Sie daraus machen. Sie können auch jetzt noch so tun, als hätten Sie dieses Buch nie gelesen. Sie können auch einfach so weitermachen wie bisher. Nur eines können Sie jetzt nicht mehr: Behaupten, daß Sie nicht wüßten, daß es auch noch andere Wege gibt. Und hier schließt sich der Kreis zu unserem ersten Kapitel, denn, mal ganz ehrlich: Haben Sie nicht auch schon einmal im tiefsten Winkel Ihres Herzens all die Stars und Sternchen bewundert, die den Erfolg und das Leben in vollen Zügen genießen können ...?

Anhang

Eine Untersuchung wie die von uns geführte wirft viele Fragen nach der Ernsthaftigkeit und der Gültigkeit der hier getroffenen Aussagen auf. Wir haben deshalb hier im Anhang für Sie Informationen über die wichtigsten methodischen Schritte dieser Untersuchung zusammengestellt.

1. Zum Test im Kapitel 15

Der in Kapitel 15 verwendete Test enthält typische Antworten aus Verkaufs- und Serviceseminaren und repräsentiert insofern einen guten Querschnitt durch das Antwortspektrum, das in fast jeder Firma zu finden ist. Die Zuordnung der einzelnen Antworten zu den drei Kategorien entstand nicht zufällig, sondern ist das Ergebnis unserer mehrjährigen Arbeit mit diesem Instrument. Dies heißt auch, daß der Test im wesentlichen induktiv entwickelt worden ist. Wir halten diese Methode für geeignet, weil sie sich sehr nah an der tatsächlichen Lebensrealität vieler Menschen bewegt, die ihre Leistungen steigern und ihre persönliche Zufriedenheit erhöhen konnten, nachdem ihnen durch dieses Verfahren ihre persönliche Erfolgsstrategie deutlicher geworden war und sie alle weiteren Maßnahmen auf ihre persönliche Strategie abstimmen konnten. Zusätzlich abgesichert wurde die Zuordnung durch vier unabhängige Rater, die pro Frage neun unterschiedliche Antwortmöglichkeiten den Kategorien Herz, Kopf und Flügel zuzuordnen hatten. Nach einer vorangegangenen Trainingsphase, deren Antworten bei der späteren Testkonstruktion keine Verwendung mehr fanden, startete das eigentliche Rating. Für unseren Test wurde stets die Antwort mit der höchsten Übereinstimmung aller Rater aufgegriffen. Bei gleich hoher Übereinstimmung mehrerer Antworten wurde nach einem Zufallsgenerator entschieden. Damit ist der Test bezüglich der Konstruktvalidität hinreichend abgesichert.

2. Untersuchungsdurchführung

Zu Konstruktion und Aufbau der semantischen Felder

Konstruktion und Aufbau der semantischen Felder orientieren sich im wesentlichen an Dornseiffs „Der Deutsche Wortschatz nach Sachgruppen". Der Begriff und die Bedeutung der META-Programme wird an dieser Stelle als bekannt vorausgesetzt und repräsentiert eine inzwischen fast zehnjährige Tradition der NLP-Anwendung in Therapie und Business. Sollten Sie Fragen bezüglich der META-Programme haben, so wenden Sie sich bitte direkt an uns oder nutzen Sie die einschlägig bekannte NLP-Literatur.

Die Zuordnung eines Dornseiff'schen Wortes zur A- oder B-Ausprägung eines META-Programms war von zwei Faktoren abhängig: zum einen von der inhaltlichen (semantischen) Übereinstimmung des betreffenden Wortes mit der jeweiligen Ausprägung der Kategorie und dem inhaltlichen Aspekt der Kategorie, zum anderen natürlich auch von der inhaltlichen Übereinstimmung zwischen der Dornseiff'schen Kategorie und dem META-Programm.

Dazu wurden zunächst von einer Expertenrunde Vorschläge erarbeitet, aus denen schließlich eine erste Arbeitsversion der Wortfelder abgeleitet werden konnte. Die so erstellten Wortfelder wurden in einem nächsten Schritt wieder von den META-Programmen getrennt und drei Ratern vorgelegt. Es handelte sich hierbei um Literaturwissenschaftsstudenten, die kurz vor der Magisterarbeit bzw. Promotion standen oder schon mit der jeweiligen Arbeit beschäftigt waren. Die Aufgabe der Rater bestand nun darin, jedes der angegebenen Wörter zweifelsfrei sowohl einem META-Programm, als auch einer Ausprägung (A- oder B-Ausprägung) zuzuordnen. Unser Validitätskriterium dabei war eine 100%ige Übereinstimmung, d.h. es wurden nur solche Begriffe weiterverwendet und einer Kategorie bzw. einer Ausprägung zugerechnet, die von allen drei Ratern übereinstimmend zu dieser Kategorie gezählt wurden. Diese Vorgehensweise mag einigen Lesern sehr konservativ erscheinen, zumal sich gerade bei Ratings alternativ eine zwei zu eins Entscheidung anbieten würde, die auch bei der späteren Kodierung der Prominentenaussagen verwendet wurde – uns erschien jedoch dieses Verfahren als das geeignetere im Hinblick auf die Ableitung späterer Schlußfolgerungen.

So wurden aus den ursprünglich ca. 6.000 Wörtern, Formulierungen, Begriffen und Redewendungen zuerst ca. 500, in einem späteren Schritt dann ca. 400 Begriffe ausgewählt, die das jeweilige Wortfeld hinreichend repräsentieren. Die einzelnen Wortfelder sind nachfolgend wiedergegeben.

2.1 Kategorie 1, A-Ausprägung

Erfolg, Leistung, Einsatz, Anstrengung, Ehrgeiz, gut sein, Spannung, Reserven herauskitzeln, Stimulation, hart arbeiten, abrechenbare Erfolge erzielen, das ist ganz allein mir überlassen, Selbstverantwortung, Eigeninitiative, selbstkritisch, Kampfgeist, Grenzen erfahren, Willensstärke, Entschlossenheit, Eifer, Energie, im Schweiße seines Angesichts, daß einem der Kopf brummt, daß man nicht weiß, wo einem der Kopf steht, mit Aufgebot aller Kräfte, sich abarbeiten, sich abplacken, sich abquälen, sich abmühen, sich abrackern, sich abquälen, ankämpfen gegen, sich anstrengen, arbeiten, sich aufreiben, sich bemühen, fronen, sich befleißigen, kämpfen, pauken, sich placken, sich plagen, sich quälen, rackern, ringen, schanzen, sich schinden, schuften, schwitzen, streben, sich übernehmen, zerren, ziehen, nichts unversucht lassen, Übermenschliches leisten, seine ganze Fähigkeit aufbieten, alle Kräfte anspannen, jeden Nerv anstrengen, Mühe aufwenden, Herkulesarbeit verrichten, alle Hände voll zu tun haben, voll ausgelastet sein, Feuer und Wasser nicht fürchten, auf die Tube drücken, dahinter her sein, Blut und Wasser schwitzen, anstreben, erstreben, schinden, schlauchen, jagen nach, angespannt, anstrengend, aufreibend, beschwerlich, ermattend, mühsam, mühselig, mühevoll, schwierig, Anstrengung, Arbeit, Beschwerde, Dienst, schwer fallen, über Gebühr beanspruchen, Pflicht, Plackerei, Plage, Schinderei, Schuldigkeit, Strapaze, Tretmühle, Druck, Jagd, Kampf, Rekord, Ringen, sich auszeichnen, sich bewähren, mit Hochdruck, mit heißem Herzen, mit Volldampf, mit Schwung, sich beeifern, büffeln, ochsen, sich dranhalten, sich sputen, trachten, mitmachen, vorwärtskommen, etwas leisten, vom Fleck kommen, sein Bestes geben, sein Mögliches tun, zeigen, was eine Harke ist, alles dransetzen, alle Hebel in Bewegung setzen, Himmel und Hölle bewegen, die Gelegenheit beim Schopf ergreifen, nicht ruhen bis, sich aufreiben, sich hineinknieen, sich festbeißen, alles andre stehn und liegen lassen, seine ganze Kraft aufbieten, sich die Beine ablaufen, in etwas aufgehen, erpicht sein, die Nase in etwas stecken, überall dabei sein, das Eisen schmieden, solange es heiß ist, das Feuer schüren, Arbeitslust, Ausdauer, Tatendrang, Vehemenz, Teilnahme, Dampf dahinter machen, beschleunigen, betreiben, fördern, vorwärts bringen, alert, beflissen, betriebsam, beweglich, tätig, tüchtig, emsig, fieberhaft, fleißig, flink, flott, forsch, frisch, gewand, hurtig, leistungsfähig, munter, resolut, ruhelos, schnell, stürmisch, temperamentvoll, rastlos, rege, geschäftig, lebhaft, unternehmend, unermüdlich, unverdrossen, versessen, Arbeitstier, treiben, Begeisterung, Strebsamkeit, Ehrgeiz, Eifer, Einsatz, Energie, Feuer, Glut.

2.2 *Kategorie 1, B-Ausprägung*

sich drücken vor, dösen, sich räkeln, sich kein Bein ausreißen, die Beine hochlegen, den lieben Gott einen guten Mann sein lassen, nölig, säumig, schlafmützig, abgestumpft, bequem, betäubt, dickfellig, faul, flau, lahm, langsam, lässig, lax, lauwarm, leblos, lasch, lendenlahm, lustlos, matt, müßig, phlegmatisch, schlaff, schläfrig, schwach, schwerfällig, starr, stumpf, tot, träge, untätig, unwirksam, wirkungslos, zahm, leichthin, Hals über Kopf, auslassen, bummeln, faseln, hudeln, murksen, pfuschen, schludern, tändeln, springen, vernachlässigen, wursteln, sich entgehen lassen, auf die leichte Schulter nehmen, sich nicht um etwas kümmern, außer Acht lassen, nicht denken an, seine Gedanken woanders haben, nicht fragen nach, nicht denken an, beiseite schieben, liegen lassen, in den Tag hinein leben, auf die lange Bank schieben, durch die Finger sehen, ein Auge zudrücken, fünf gerade sein lassen, fahrig, flatterhaft, flüchtig, lässig, oberflächlich, sorglos, schlampig, immer langsam voran, mit der Schneckenpost, komm ich heut nicht, komm ich morgen, sich aalen, abwarten, ausruhen, bummeln, dasitzen, faulenzen, warten, zaudern, zögern, nichts leisten, müßig gehen, blau machen, auf der faulen Haut liegen, sich von der Sonne anscheinen lassen, es sich behaglich machen, vergeuden, verlottern, verplempern, die Zeit totschlagen, der Arbeit aus dem Wege gehen, nicht von der Stelle kommen, sich Zeit lassen, keinen Finger rühren, sich tot stellen, auf seinen Lorbeeren ausruhen, auf der Bärenhaut liegen, behäbig, bequem, beschaulich, bleiern, bummelig, energielos, faul, gelassen, gleichgültig, lahm, langsam, leblos, lethargisch, matt, müde, nachlässig, saumselig, schläfrig, schlapp, schwerfällig, teilnahmslos, träge, träumerisch, unbeweglich, unlustig, untätig, verbummelt, verdrossen, zögernd, Siebenschläfer, Sonnenbruder, Pflastertreter, Murmeltier, Müßiggänger, Nichtstuer, Schlafhaube, Tagdieb, Träumer, Vagabund, ewiger Student, Zeitverschwender, verbummeltes Genie, müder Heini, Müßiggang, Erholung, Feier, Pause, Bummelei, Stockung, Trägheit, Verdrossenheit, auf die leichte Schulter nehmen, die Achsel zucken, sich nichts daraus machen, über den Dingen stehen, sich nicht scheren um, nicht an sich herankommen lassen, in den Tag hineinleben, die Ruhe weghaben, anteilslos, apathisch, behäbig, dickfellig, lasch, lau, leidenschaftslos, Wurschtigkeit, pfeifen auf, husten auf, scheißen auf, sich aus etwas nichts machen, geringschätzen, verachten, verschmähen, links liegen lassen, ehrgeizlos, gleichgültig, alles eins, macht ihm nichts aus, Phlegma, Teilnahmslosigkeit, wunschlos, interessenlos, gleichgültig, Herdenmensch, Hundeschnauze, ist ihm egal, nicht einen Pfifferling geben für, einerlei, egal, müßig, piepe, gehüpft wie gesprungen, Jacke wie Hose, fünftes Rad am Wagen, bleibt sich gleich, bedeutungslos, belanglos, von mir aus, kann mir gestohlen bleiben, damit lockt man keinen Hund vom Ofen, danach kräht kein Hahn.

2.3. *Kategorie 2, A-Ausprägung*

Talent, Begabung, Fähigkeit, im Bereich der Möglichkeit liegen, Möglichkeit, Potential, erreichbar, denkbar, ausführbar, Erfolg, Ergebnis, Errungenschaft, Ertrag, Erzeugnis, Ergebnis, Geschöpf, Produkt, Resultat, Werk, Wirkung, können, vermögen, wirken, imstande sein, zustande bringen, fertigbringen, Stärke, Kraft, Macht, Gabe, Vermögen, Fähigkeit, Wirkungsvermögen, Geltungsbereich, Rolle, Werk, Fähigkeit, Wirksamkeit, Zweck, Nützlichkeit, nutzbringend, vorteilhaft, fruchtbar, günstig, verwendbar, behilflich, dienlich, Nutzen, Verdienst, Vorteil, Wert, Profit, Einträglichkeit, Nutzbarkeit, gelegen kommen, in den Kram passen, zu Gesicht stehen, hat Hand und Fuß, ist am Platz, verwerten, angebracht, angemessen, angezeigt, tauglich, verwendbar, verwertbar, willkommen, wünschbar, probat, praktisch, Eignung, Vorzüglichkeit, sich geschickt anstellen, das Zeug dazu haben, Bescheid wissen, seine Augen offen halten, auf dem Laufenden sein, wissen, wo Barthel den Most holt, einen guten Griff tun, die Gelegenheit beim Schopfe fassen, seinen Vorteil wahren, mit allen Wassern gewaschen sein, bewährt, eingeweiht, erprobt, findig, gelernt, geschult, talentiert, intelligent, klug, vernünftig, verständig, nicht auf den Kopf gefallen, begabt, bewandert, erfahren, erfinderisch, versiert, meisterhaft, Fertigkeit, Gabe, Geschick, Gewandtheit, Kunstfertigkeit, Tauglichkeit, Tüchtigkeit, Naturgabe, Meisterschaft, Vollendung, Vollkommenheit, Vorzüge, Vermögen, brauchbar, fähig, geeignet, nutzbar, praktisch, verwendbar, zweckmäßig, Einfall, Eingebung, Erleuchtung, Gedanke, Gedankensplitter, Geistesblitz, Idee, Inspiration, Intuition, Konzeption, Anlage, Auffassungsgabe, Begabung, Begriffsvermögen, Denkkraft, Einsicht, Erkenntnisvermögen, Fassungskraft, Geist, Intellekt, Kopf, Naturgabe, Sinn, das ist seine Stärke, auffassen, aufschnappen, begreifen, durchblicken, durchschauen, erfahren, erfassen, erfühlen, erkennen, erleben, merken, dahinterkommen, draufkommen, gewahr werden, bewußt werden, erfahren, firm, versiert, Fachmann, Kenner, Einsicht, Übersicht, Entdeckung, Verständnis, Horizont, Erleuchtung, beflissen, geschickt, sich auskennen, etwas los haben, den Bogen kennen, mit allen Schlichen vertraut sein, geistesgegenwärtig, gelehrig, gereift, gescheit, gewandt, ist auf Draht, hat Grips im Kopf, weiß, von welcher Seite das Brot gebuttert ist, talentvoll, helle, scharfsinnig, klug, intelligent, smart, klarer Kopf, eine Frau, die weiß was sie will, Geistesgegenwart, gesunder Menschenverstand, vermögen, wirken, bemeistern, den Ton angeben, Wirkung.

2.4. *Kategorie 2, B-Ausprägung*

Bestimmung, Fatum, Fügung, Gegebenheit, Geworfenheit, Geschick, Los, Notwendigkeit, Schicksal, Schickung, Vorherbestimmung, Vorhersehung, Buch des Lebens, mit dem Strom schwimmen, den Mantel nach dem Winde hängen, sich drehen und wenden, flattern, fluten, irrlichtelieren, sich ändern, schwanken, wanken, verfliegen, vergehen, umfallen, vor dem Wind lavieren, sich drehen und wenden, beweglich, charakterlos, flatterhaft, flüchtig, launisch, mobil, opportunistisch, schwankend, tauschbar, unbeständig, wankelmütig, schlüpfrig, unbestimmt, unentschlossen, wechselnd, wetterwendisch, Blatt im Wind, Unbestand, Chamäleon, Jünger, Begleiter, Epigone, Hintermann, Mitläufer, Jäger, Nachzügler, Nachfolger, Satellit, Schatten, Trabant, Nassauer, Opportunist, Herdentier, mit den Wölfen heulen, tun, was alle tun, Mitläufer, tun, was opportun ist, sich an der Mehrheit orientieren, Mehrheit, Mehrzahl, Kollektiv, Herde, Meute, Rotte, Rudel, massenhaft, Zeitgeist, Leitidee, Mehrheitsmeinung, Bürgerstand, Mittelstand, Mittelstraße, goldene Mitte, spießig, bieder, bürgerlich, Seifensieder, Spießbürger, kleineleutemäßig, ehrbar, der gewöhnliche Sterbliche, kleiner Pinscher, einfach, gemein, niedrig, gering, ranglos, schlicht, subaltern, untergeordnet, armselig, kommun, die große Herde, der große Haufen, im Fahrwasser schwimmen, einer wie alle, ich stimme ganz wie mein Kollege Mohr, bejahen, einschwenken, einstimmen, Pagodenmännchen, einseifen, einwickeln, hofieren, lobhudeln, um den Bart gehen, den Pudel machen, hinten hineinkriechen, die Speckschwarte streichen, Ja-Sager, Einklang, Eintracht, gewähren, den Wünschen entgegenkommen, eine Auffassung teilen, auf dem Bauch rutschen, sich zu allem hergeben, sich jeder Laune fügen, im Staube kriechen, sich krümmen, den Staub von den Füßen lecken, sich in die Gunst einschmeicheln, den Hof machen, sich um jemandes Gunst bewerben, in den Ohren liegen, den Ohrenbläser machen, augendienerisch, beflissen, diplomatisch, doppelzüngig, falsch, gefällig, geschmeidig, glatt, liebedienerisch, glatt, höflich, hofmännisch, parasitenhaft, Gleisner, Heuchler, Höfling, schranzenhaft, kalfaktern, kriechen, schöntun, jemanden nach dem Mund reden, Schöntuer, Zwischenträger, Allerweltsfreund, Pudel, Radfahrer, Parasit, den Lakaien machen, einen Diener machen, sich bis zur Erde verbeugen, sich jemanden warm halten, mit dem Strome schwimmen, speichelleckerisch, auf der Schleimspur bleiben, Streber, willfährig sein, die Mehrheit kann sich nicht irren, in Ordnung sein, in der Reihe sein, ausrichten, ordnen, organisieren, disziplinieren, ruhig, sacht, sinnvoll, systematisch, überlegt, der Regel nach, sich einordnen, finden, gewöhnen, sich richten nach, übereinstimmen, gleichförmig, gemein, gewöhnlich, Routine, Wiederkehr, Gleichartigkeit, Regelmäßigkeit, Gewohnheit, Gesetz, sich anpassen, sich gewöhnen, gehorchen, dienen, nach anderer Pfeife tanzen, den Rücken krümmen, wess' Brot ich ess' – dess' Lied ich sing', dienstbar, hörig, untergeordnet, Verpflichtung, Verbindlichkeit.

2.5. *Kategorie 3, A-Ausprägung*

beschränken, sich bescheiden, sich genieren, sich schämen, sich verbergen, sich zurückhalten, sich nicht vordrängen, im Hintergrund bleiben, im Verborgenen bleiben, sein Licht unter den Scheffel stellen, sein Pfund vergraben, nicht nach Titeln und Orden jagen, nicht brauchen, nicht angewiesen sein auf, es bewenden lassen, entbehren, missen können, anspruchslos, einfach, bescheiden, zufrieden, genügsam, schlicht, prunklos, rührend, gutmütig, scheu, schüchtern, zurückhaltend, dem Prunk abhold, blind für eigene Verdienste, Bescheidenheit, Beschränkung, sich abfinden, in Kauf nehmen, aushalten, ausharren, dulden, durchmachen, sich beherrschen, einstecken, entsagen, erleiden, ertragen, hinnehmen, sich fügen, sich mäßigen, beugen, schlucken, überwinden, verwinden, sich zurückhalten, sich darein schicken, sich ergeben, die Bäume wachsen nicht in den Himmel, den Kopf oben behalten, sich selbst besiegen, sich nicht anfechten lassen, sich nicht aus dem Gleichgewicht bringen lassen, über den Dingen stehen, in sich ruhen, sich fassen, zur Besinnung kommen, inneren Abstand gewinnen, sich in der Hand behalten, Vernunft annehmen, abhärten, bändigen, beruhigen, besänftigen, mäßigen, beschwichtigen, stillen, zähmen, geduldig, gefaßt, gelassen, gemütlich, gesetzt, nüchtern, standhaft, stoisch, tolerant, würdig, die Ruhe in Person, sich aussöhnen, begnügen, begrüßen, bejahen, sich ergeben, sich fügen, zufrieden sein, es dabei belassen, von der besten Seite nehmen, bedürfnislos sein, Seelenfrieden besitzen, duldsam, ergeben, frohsinnig, geduldig, gelassen, heiter, klaglos, ungestört, ungetrübt, innere Harmonie, sich beherrschen, sich enthalten, sich abfinden, in Kauf nehmen, hinnehmen, in den sauren Apfel beißen, einhalten, entbehren, entsagen, entwöhnen, verzichten, sich einschränken, einteilen, planen, rationieren, sich etwas versagen, sich zufriedengeben, es dabei bewenden lassen, abschlagen, abschwören, absprechen, zurücknehmen, sich verbergen, sich zurückziehen, sich abseits halten, der Welt entsagen, meiden, aufs weltliche Leben Verzicht leisten, zurückgezogen, einlenken, sich beugen, nachgeben, nachsichtig sein, dulden, gestatten, schonen, gönnen, verschonen, vergönnen, verzeihen, zulassen, ein Auge zudrücken, Rücksicht nehmen, Herz haben, darüber hinwegsehen, fünf gerade sein lassen, mit sich reden lassen, Nachsicht üben, Milde walten lassen, gelassen bleiben, seinen eigenen Weg gehen lassen, einsichtsvoll, freundlich, gelinde, großzügig, gütig, mild, nachgiebig, tolerant, weitherzig, Geduld, Gnade, Güte, Nachsicht, Sanftmut, Vergebung, Verzeihung, an sich halten, zurückhalten, beruhigen, besänftigen, erweichen, glätten, mäßigen, mildern, Frieden schließen, bedachtsam, besonnen, beruhigend, ruhig, sanft, tolerant, überlegt, vernünftig, verständig, gelassen, geduldig, friedfertig, vorsichtig, zahm, zart, geduldig, gelassen, gemäßigt, geruhsam, Barmherzigkeit, Bedauern, Erbarmen, Duldung, Langmut, Menschenfreundlichkeit, Schonung, opferfreudig, selbstlos.

2.6. *Kategorie 3, B-Ausprägung*

sich ausleben, ausschweifen, sich austoben, bummeln, juxen, sich mästen, prassen, schlemmen, schwärmen, tollen, vernaschen, in Saus und Braus leben, die Grenzen überschreiten, das Maß überschreiten, alle Schranken überschreiten, bis zur Neige leeren, der Sinnlichkeit frönen, seinen Leidenschaften nachhängen, seinen Begierden dienen, sich seinen Gelüsten ergeben, sich nicht beherrschen, sich nicht zügeln können, sich nicht bezähmen können, sich nicht bemeistern können, sich nicht mäßigen, vom Fette des Landes leben, sich nichts versagen, sich nichts abgehen lassen, sich die Hörner abstoßen, über die Stränge schlagen, sich gute Tage machen, über die Schnur hauen, Orgien feiern, sich in den Wirbel der Zerstreuung stürzen, sich in den Strudel des Vergnügens begeben, sich gehen lassen, dem Affen Zucker geben, Fettlebe machen, ausgelassen, ausschweifend, begehrlich, flatterhaft, frech, frivol, gemein, genießerisch, genußsüchtig, leicht, leichtfertig, leichtsinnig, liederlich, locker, lose, maßlos, naschhaft, obszön, prasserisch, sauflustig, schwelgerisch, übermäßig, ungezügelt, unmäßig, unsolide, vergnügungssüchtig, wild, wollüstig, zügellos, Genießer, Genußbold, Genußmensch, Lebemann, Lebenskünstler, Nachtschwärmer, Prasser, Schwelger, Lebenslust, Leichtsinn, Lotterleben, Luxus, Maßlosigkeit, Taumel, Übermaß, Unmäßigkeit, Üppigkeit, Vergnügungssucht, Verschwendungssucht, Wohlleben, Ausgelassenheit, Ausschweifung, Prasserei, Schwelgerei, Zügellosigkeit, verarmen, abnützen, aufbrauchen, aufzehren, ausgeben, veraasen, vergeuden, verlieren, verbrauchen, verschleudern, verschwenden, verzehren, vertun, verschwenderisch, Vorteil bringen, gelegen kommen, sich bedienen, benutzen, ausnutzen, profitieren, Platz an der Sonne, Profit, Egoismus, Eigenliebe, Eigennutz, Ichsucht, Selbstsucht, Einträglichkeit, Nutzbarkeit, Wirtschaftlichkeit, kommt wie gerufen, in den Kram passen, gelegen kommen, dienlich, bequem, begehrenswert, geeignet, gelegen, gemäß, gerecht, zweckdienlich, annehmbar, ausschlachten, brauchen, zehren von, Kapital schlagen aus, den Rahm abschöpfen, die Gelegenheit beim Schopf fassen, Genuß, Nießbrauch, Nutzanwendung, Vorteil, Nutznießung, einnehmen, einheimsen, einsacken, einstecken, einstreichen, erbeuten, ergattern, erhaschen, erwischen, erfassen, seinen Vorteil wahren, herausschlagen, sich zu nutze machen, sich die Börse füllen, seine Taschen füllen, sein Schäfchen ins Trockene bringen, für seinen Vorteil sorgen, seinen Schnitt machen, sich gesund stoßen, in den Schoß fallen, zufallen, zum Vorteil gereichen, ausnützen, kein Herz haben, über Leichen gehen, keine Nachsicht kennen, eisern, empfindungslos, erbarmungslos, gleichgültig, hart, kaltschnäuzig, mitleidslos, rücksichtslos, unempfindlich, unnachsichtig, sich ausleben, sich freuen, frohlocken, sich aalen, sich amüsieren, genießen, schwelgen, sich der Lust hingeben, sich das Leben angenehm machen, sich sonnen, flott leben, leben und leben lassen, sich nichts abgehen lassen, sich's wohlsein lassen, sich die Hörner ablaufen, munter, optimistisch, vergnügt, ausgelassen, berauscht, beseeligt, bezaubert, Eldorado, Elysium, Honigmonat, entzückt, froh, heiter, erfreut, lebt wie Gott in Frankreich.

2.7. Kategorie 4, A-Ausprägung

beschließen, bestimmen, entscheiden, aktiv, beharrlich, beherzt, bestimmt, beständig, betriebsam, energisch, entschieden, entschlossen, fest, forsch, hartnäckig, kraftvoll, resolut, mutig, tüchtig, standhaft, straff, tatkräftig, unerschütterlich, unnachgiebig, willensstark, unternehmend, zielbewußt, unveränderlich, durchgreifen, festbleiben, sich an etwas halten, entschlossen sein, auf dem Plan sein, sich etwas nicht abspenstig machen lassen, sich nicht beirren lassen, nicht locker lassen, sich entscheiden, sich entschließen, sich zusammennehmen, zum Entschluß kommen, zu einer Wendung bringen, führen, nicht nachgeben, nicht viel federlesen machen, die Gelegenheit beim Schopf fassen, aufs Ganze gehen, Selbstbeherrschung, felsenfest, abschließen, ausführen, beendigen, beschließen, besiegen, bewerkstelligen, durchführen, erfüllen, erledigen, fertigmachen, fertigstellen, schließen, tätigen, vervollständigen, verwirklichen, vollbringen, vollenden, vollführen, vollziehen, abwickeln, ausarbeiten, ausbauen, durchdringen, durchsetzen, erreichen, erwirken, erzielen, gelangen zu, hinbringen, schaffen, vervollkommnen, vervollständigen, ankommen, anlangen, zur Reife bringen, zustandebringen, zu Ende führen, die letzte Hand anlegen, das Endziel erreichen, den Tüpfel aufs i setzen, zum Schluß kommen, einen Schluß herbeiführen, die Ernte einheimsen, die Frucht austragen, erschöpfend, fertig, komplett, vollständig, Krönung, Enthüllung, das Soll zu 100% erfüllt, Ende, Endspurt, Erledigung, Schlußarbeit, wegen, zwecks, im Zuge von, damit, um zu, auf daß, darum, deshalb, deswegen, beschlossenermaßen, extra, gerade, just, mit Fleiß, mit Vorbedacht, wohlweislich, sich befleißigen, gedenken, neigen, sinnen, streben, überlegen, Lust bekommen, auf dem Sprunge stehen, entschlossen, gesonnen, gewillt, willens sein, abheben, abzielen, anstreben, beabsichtigen, bezwecken, erstreben, hinsteuern auf, hinzielen, intendieren, hinauswollen auf, sich konzentrieren auf, zu erreichen suchen, lechzen nach, planen, schielen nach, verfolgen, sich interessieren für, trachten nach, vorhaben, sich vornehmen, wünschen, im Auge haben, ins Auge fassen, es anlegen auf, sein Augenmerk richten auf, einen Zweck verfolgen, auf etwas hinauswollen, gewillt sein, im Sinne haben, das Auge richten auf, es abgesehen haben auf, sich in den Kopf setzen, projektieren, überlegen, abmachen, ausmachen, final, ausdrücklich, bewußt, geflissentlich, erpicht, planmäßig, zielstrebig, Bestimmung, vorbedacht, vorsätzlich, Zweck, Absicht, Zielpunkt, Sinn, Entschluß, Entwurf, Intention, Neigung, Plan, Projekt, Richtung, Tendenz, Unternehmen, Vorhaben, Vorsatz, Berechnung, Entschließung, lustbetonte Idealvorstellung, Prädestination, Vorherbestimmung, Ideal, zur Perfektion bringen, sich für etwas aufopfern, von etwas besessen sein, streben, trachten, zielen, Beharrlichkeit, Konsequenz, aushalten, ausharren, bleiben, seinen Willen durchsetzen, einer Sache treu bleiben, dabei bleiben, bei der Stange bleiben, sich einer Sache verschreiben, emsig, fleißig, geduldig, unermüdlich, eifrig, eigensinnig, hartnäckig, leidenschaftlich, unablässig, unentwegt, unbeirrbar, unbeeinflußbar, versessen, Beständigkeit, Emsigkeit, Fleiß, Geduld, Stetigkeit, Unermüdlichkeit, Festigkeit, Hartnäckigkeit, Standhaftigkeit, Zähigkeit, Hindernisse überwinden, Schwierigkeiten aus dem Weg räumen, nicht ablassen, nicht nachlassen, nicht locker lassen, nicht eher ruhen, als bis, durchfechten, durchführen, durchkämpfen, durchsetzen, durchstehen, zustandebringen, nicht aus dem Auge verlieren, dabei bleiben, beharrlich, beständig, bestimmt, fest, gerade, hundertprozentig, nachhaltig, standhaft, ständig, stetig, systematisch, unerschütterlich, zäh, zielstrebig, Mut, Selbstvertrauen, Tatendrang, Initiative, Kraft, Unternehmungsgeist, Energie, Entschiedenheit, Entschlußkraft, Festigkeit, Ausdauer, Willensnatur, Willensmensch, Persönlichkeit, unbedingt, unumstößlich, zuversichtlich, nachdrücklich, kategorisch, bindend, definitiv, endgültig, unausweichlich, unwiderruflich, streng, ernstlich.

2.8. Kategorie 4, B-Ausprägung

hin und her, aus den Augen, aus dem Sinn, heute so, morgen so, schwanken, den Mantel nach dem Wind hängen, mit den Wölfen heulen, umkehren, den Sinn ändern, anderen Sinns werden, die Farbe wechseln, aufgeben, ausstreichen, umstoßen, widerrufen, zurücknehmen, rückgängig machen, charakterlos, flatterhaft, flüchtig, launenhaft, launisch, leichtsinnig, nachgiebig, unberechenbar, unbeständig, unstet, untreu, unzuverlässig, wandelbar, wankelmütig, wetterwendisch, widerspruchsvoll, windig, zerfahren, ziellos, Chamäleon, Leichtfuß, Luftikus, Wetterfahne, Wetterhahn, Windbeutel, Windfahne, Konjunkturritter, Resignation, Sinnwechsel, Strohfeuer, Unbeständigkeit, Resignation, Umkehr, Verzicht, Zauderer, Zufall, weich wie Wachs, leichter Sinn, Übermut, Unbeständigkeit, Wankelmut, Flatterhaftigkeit, Eigensinn, Stimmung, Laune, Manie, Marotte, Posse, Schelmerei, Scherz, Spleen, Tick, Schrulle, grillenhaft, hysterisch, nervös, Allüren, Anwandlung, Gehabe, Faxen, Grille, Hirngespinst, Kateridee, blindlings, Feuer fangen, affektgeladen, aufgeregt, exaltiert, extravagant, exzentrisch, fickerig, flackerig, geladen, haltlos, hastig, hemmungslos, kollerig, lebhaft, leidenschaftlich, plötzlich, schwärmerisch, sprunghaft, unstet, unüberlegt, unbeherrscht, unberechenbar, überstürzt, verstiegen, vorschnell, Abenteurer, Augenblicksmensch, Bohemien, Brausekopf, Glücksritter, Eiferer, Heißsporn, Himmelsstürmer, Irrwisch, Künstlerblut, Romantiker, Stürmer und Dränger, Tollkopf, Vagabund, Wirbelwind, Strohfeuer, Unrast, Phantast, Halbnarr, Augenblicksmensch, rasch, blindlings, auf gut Glück, aufs Geratewohl, von ungefähr, ins Blaue hinein, knobeln, losen, spielen, wagen, wetten, würfeln, es drauf ankommen lassen, dem Schicksal anheimstellen, aufs Spiel setzen, mir nichts, dir nichts, es geht, wie es geht, das Los entscheiden lassen, den Zufall entscheiden lassen, die Katze im Sack kaufen, einen blinden Kauf machen, sich nichts dabei denken, absichtslos, automatisch, blind, unbeabsichtigt, unbewußt, unmotiviert, unvorhergesehen, versehentlich, vorsatzlos, ziellos, zufällig, zweckfrei, Schicksal, Spiel, Treffer, Wagnis, Wette, Zufall, zwecklos, Glücksritter, Los, Lotterie, Vabanque, Abenteuer, Chance, Hasard, von selbst, von selber, von allein, ursachenlos, autogen, automatisch, selbsttätig, spontan, zufällig, zwangsläufig, alleine, von ungefähr, jählings, mit einem Mal, auf einmal, unversehens, wie ein Blitz aus heiterem Himmel, sich verrechnen, aus allen Wolken fallen, verdutzt, unverhofft, plötzlich, überraschend, unberechenbar, unerwartet, unfaßlich, ungeahnt, unverhofft, unvermutet, verrechnen, verzweifeln, Glück muß man haben, vergessen, verlernen, verbummeln, Gras wachsen lassen über, gedankenlos, schnellebig, zerstreut.

2.9. Kategorie 5, A-Ausprägung

seinen Weg gehen, sich selbst treu bleiben, Format haben, zu seinem Wort stehen, darauf kann man bauen, Mensch sein, etwas darstellen, ist aus dem Holz geschnitzt, aus dem man..., ausrichten, formen, gestalten, modeln, unvertauschbar, Anlage, Art, Ausdruck, Eigenart, Gepräge, Gesicht, Gestalt, Kontur, Marke, Muster, Modell, Prägung, Profil, Qualität, Stil, Typ, Wesen, Wesensart, auf eigene Faust, entweder-oder, frisch weg, ohne Umschweife, sich auseinandersetzen, Art, Charakter, Geisteshaltung, innere Haltung, Gesinnung, Herz, Ich, Individualität, Sinnesart, Weltanschauung, Glauben, Überzeugung, innere Einstellung, Empfänglichkeit, Faible, Hang, Leidenschaft, Lust, Neigung, Passion, Haltung zeigen, von sich überzeugt sein, souverän, stattlich, stolz, würdevoll, Haltung, Ruhe, Würde, Standort, Standpunkt, Stellungnahme, Bekenntnis, Urteil, Ausdruckswille, Handschrift, Manier, konsequent, Werte, ein Mann – ein Wort, charakterfest, korrekt, makellos, auf seinen Ruf halten, sein Wort einlösen, etwas taugen, sein Versprechen gewissenhaft erfüllen, gerade seinen Weg gehen, aufrecht, beständig, echt, ehrbar, ehrenhaft, fair, gerecht, redlich, wertvoll, zuverlässig, aufrichtig, glaubwürdig, lauter, unbestechlich, unerschütterlich, verläßlich, vertrauenerweckend, abgeklärt, stimmig, geerdet, balanciert, inneres Gleichgewicht, Symmetrie, Gleichgewicht, reifen, überragen, übertreffen, meisterhaft, mustergültig, vorbildlich, Auswahl, Inbegriff, gewachsen sein, kongruent, Ausgewogenheit, mit Bedacht handeln, sich nicht aus der Ruhe bringen lassen, über den Dingen stehen, Geduld, Langmut, Lebensklugheit, Lebensweisheit, Ausgewogenheit, Kenner, anfragen, ansprechen, befragen, beobachten, betrachten, diskutieren, erforschen, ergründen, ermitteln, erwägen, feststellen, lernen, stöbern, untersuchen, auf den Busch klopfen, eine Frage aufrollen, Aufklärung suchen, einem Studium unterziehen, fragselig, offenstehend, strittig, kontrovers, unentschieden, Erkundung, Zwischenfrage, experimentieren, probieren, prüfen, verifizieren, versuchen, einen Weg finden, auf die Probe stellen, sich einer Prüfung unterziehen, sich bewähren, aufgeklärt, aufgeschlossen, großzügig, Niveau, Weitblick, Weite, großer Stil, großes Format, eine Ausnahme machen, gegen die Regel verstoßen, anders, auffallen, herausfallen, einzig in seiner Art sein, ausgenommen bleiben, aus dem Rahmen fallen, auffallend, ausgefallen, exotisch, fremdartig, ungewöhnlich, ungewohnt, Eigenart, Eigentümlichkeit, Kuriosität, Gegenstück, Gegensatz, Gegenpol, Kontrast, Polarität, Widerspruch, Unstimmigkeit, Dissonanz, Zwiespalt, entgegengesetzt, Reibung, Widerstand, Zusammenstoß, Hindernis, Opposition, Polarität, ablehnen, auseinandergehen, protestieren, verneinen, sich wenden gegen, widersprechen, zurückweisen, einwenden, entgegenhalten.

2.10. *Kategorie 5, B-Ausprägung*

Konfliktvermeidung, Schwierigkeiten aus dem Wege gehn, den Schwanz einziehen, sich an anderen orientieren, sich bedenken, lavieren, schwanken, zaudern, zögern, zweifeln, sich nicht entschließen können, ratlos, ungewiß, unschlüssig, mit sich selbst kämpfen, Anstand, es darauf ankommen lassen, weiß nicht was er will, ist kein Jung und kein Mädel, abwarten, bedenken, hinhalten, überlegen, vertagen, energielos, ergeben, entwurzelt, flatterhaft, haltlos, indifferent, kraftlos, lahm, lau, neutral, tolerant, unbeständig, innerlich zerrissen, unentschieden, unentschlossen, unfrei, unschlüssig, veränderlich, wandelbar, wetterwendisch, zweifelhaft, zwiespältig, willensschwach, ziellos, Bedenken, Neutralität, Schaukelpolitik, Verlegenheit, Wankelmut, Weichheit, Zaudern, Zwiespalt, nachgeben, entsagen, nachlassen, abschwächen, drosseln, stutzen, lahmlegen, an Hand und Fuß gebunden, auf tönernen Füßen, auf Sand gebaut, Kartenhaus, dünner Faden, Spielball, Halbheit, Hemmung, Hinfälligkeit, Eiertanz, heißes Eisen, kitzliger Punkt, mißliche Angelegenheit, verwickelte Geschichte, delikate Frage, zarter Punkt, schaudern, scheuen, bangen, Manschetten haben, zurückweichen, Bedenken, Befangenheit, Scheu, Unentschlossenheit, Zweifel, Anstand, Beschönigung, Rücksichtnahme, wohltätig, unbeschädigt, unverdorben, unschuldig, wohltuend, harmlos, heilsam, segensreich, anständig, brillant, edel, einwandfrei, unterordnen, sich orientieren an, sich zurechtmachen, ausschmücken, dekorieren, artig, einnehmend, elfenhaft, berechnen, berücksichtigen, achtgeben, erwägen, aufmerksam, bedacht, behutsam, besonnen, diplomatisch, Sorgfalt, Verschwiegenheit, der Verstand der Verständigen, in bester Absicht, beistehen, entgegenkommen, helfen, lindern, mildern, mitfühlen, unterstützen, verwöhnen, wohltuen, zuvorkommen, gute Dienste leisten, Freundschaftsdienste erweisen, zur Verfügung stehen, es gut meinen, Mitgefühl besitzen, auf die Gefühle anderer eingehen, aufmerksam, bereitwillig, barmherzig, entgegenkommend, gefällig, kulant, menschenfreundlich, gütig, gutherzig, verbindlich, wohlmeinend, wohlwollend, mitfühlend, rücksichtsvoll, teilnehmend, brüderlich, freundschaftlich, herzlich, selbstlos, Edelmut, Freigiebigkeit, gute Behandlung, Entgegenkommen, Güte, Humanität, Liebenswürdigkeit, Nächstenliebe, Rücksicht, Sanftmut, Teilnahme, Toleranz, Wärme, mit Rücksicht auf, abschätzen, abwägen, wägen, werten, ins Auge fassen, überlegen, abschwächen, berücksichtigen, begrenzen, limitieren, mildern, Konzession, Vorbehalt, anlächeln, begleiten, verehren, sich anständig benehmen, Respekt ausdrücken, Höflichkeit bezeigen, die schuldige Rücksicht an den Tag legen, den Anstand wahren, bilden, erziehen, die Hand bieten, wohlerzogen, gefällig, gutmütig, hilfsbereit, verbindlich, willfährig, zuvorkommend, vorauseilender Gehorsam, Ehrerbietung, Verbeugung, Empfehlung, Gesittung, Haltung, Umgänglichkeit, Zuvorkommenheit, gewandte Umgangsformen.

2.11. *Kategorie 6, A-Ausprägung*

zwischen Hammer und Amboß, zwischen zwei Feuern, wenn alle Stränge reißen, sich abarbeiten, sich durchschlagen, kämpfen, ringen, aufsitzen, feststecken, stocken, Schwierigkeiten erfahren, ins Gedränge hineingeraten, sich in Gefahr stürzen, von Hindernissen umringt sein, von der Übermacht erdrückt werden, Schwierigkeiten begegnen, gegen Schwierigkeiten ankämpfen, sich mühselig durchbringen, sich herumschlagen, sich die Zähne ausbeißen, mit Mühe erkämpfen, erringen, sich zwischen zwei Stühle setzen, gegen den Strom schwimmen, wider den Stachel löcken, Brennesseln anfassen, Verwicklung, Zwangslage, Zwickmühle, Komplikation, Hindernis, Schwierigkeit, Schlamassel, Unsicherheit, kritische Wendung, unvorhergesehener Umstand, harte Arbeit, schweres Werk, schwere Zeit, heißes Eisen, Eiertanz, Dilemma, Enge, saure Trauben, Bedrängnis, Krisis, mißlich, mühevoll, mühsam, mühselig, schwer zu bewerkstelligen sein, heikel, knifflich, kompliziert, problematisch, schlimm, unangenehm, verfänglich, verwickelt, verzweifelt, Schlinge, gordischer Knoten, Herkulesarbeit, harte Nuß, auf dem Pulverfaß sitzen, um Haaresbreite, in letzter Stunde, zwischen zwei Feuern, im Feuer stehen, Gefahr laufen, auf einem Vulkan leben, Mut, riskieren, sich aussetzen, exponieren, gefährden, schutzlos, unbehütet, unbewacht, unsicher, mit den Traditionen brechen, gewagt, heikel, kitzlig, riskant, unsicher, Wendepunkt, Abenteuer, Feuerprobe, Wagnis, Klippe, tapfer, tüchtig, unerschrocken, selbstsicher, standhaft, unerschütterlich, unverzagt, persönlicher Einsatz, Zuversicht, frischer Mut, Kampfgeist, Begeisterung, Festigkeit, Zivilcourage, Mut, Schneid, Entschlossenheit, Furchtlosigkeit, Beherztheit, dreist, frech, keck, kühn, schneidig, uneingeschüchtert, unerschütterlich, unternehmend, hartnäckig, Mann der Tat, beherzt, forsch, herzhaft, sich einsetzen, getraun, hervortun, riskieren, verantworten, vertreten, wagen, der Gefahr ins Auge sehen, entgegentreten, trotzen, die Traute haben, hat das Herz auf dem rechten Fleck, nicht wanken und nicht weichen, den Stier bei den Hörnern packen, die Stirn bieten, durch dick und dünn gehen, ein Herz haben, die Feuerprobe bestehen, sich ein Herz fassen, den inneren Schweinehund kleinkriegen, anfeuern, anspornen, alles auf eine Karte setzen, sich erdreisten, sich erkühnen, die Gefahr aufsuchen, herausfordern, sich bemühen, einen Anlauf nehmen, Hand anlegen, das Eis brechen, ins Rollen bringen, die Verantwortung übernehmen, seinen Mann stellen, den Mond mit den Zähnen packen, ein Eisen im Feuer haben, anfangen, anfassen, ankurbeln, angreifen, anpacken, anstreben, beginnen, deichseln, drehen, managen, organisieren, schaukeln, schieben, starten, in die Wege leiten, in die Hand nehmen, auf den Markt bringen, auf seine Schulter nehmen, in Bewegung bringen, dafür sorgen, daß, ausführen, durchführen, bestreben, betreiben, verantworten, Unternehmung, Versuch, Versuchsballon, Wagnis, Sprung ins Dunkle, Abenteuer, Anlauf, Ansatz, versuchsweise, probeweise, untersuchen, versuchen, wagen, auf die Probe stellen, sondieren, riskieren, ausproben, basteln, beobachten, durchproben, erforschen, sich bemühen, sich bestreben, sein Heil versuchen, es drauf ankommen lassen, auf den Busch klopfen, anstreben, Mut, Risiko, Chance, Entwicklungsmöglichkeit, Veränderung.

2.12. *Kategorie 6, B-Ausprägung*

Vorsicht mit der Porzellankiste, um ganz sicher zu gehen, wie die Katze um den heißen Brei, mauern, sich vorsehen, warten, wägen, zählen, sich in acht nehmen, Sorge tragen, auf der Hut sein, Vorsichtsmaßregeln treffen, die Augen offen halten, sich außer Schußweite halten, sich Zeit lassen, sich vor Gefahr hüten, schützen, Gefahren ferne halten, die Zunge im Zaum halten, achtsam, bedächtig, behutsam, sichergehend, sorglich, umsichtig, vorsichtig, wachsam, verschwiegen, zurückhaltend, Schonung, Selbstbeherrschung, Umsicht, Politik des Zuschauens, Verstand der Verständigen, Vorbehalt, Zurückhaltung, Sicherung, Riegel, Fürsorge, Rückzieher, greueln, miesmachen, unken, verzagen, eine Hoffnung zu Grabe tragen, die Flügel hängen lassen, die Tradition wahren, verloren geben, über Bord werfen, gemeinhin, genau wie früher, gewohnt sein, pflegen, sich angewöhnen, sich einer Gewohnheit überlassen, an der Tagesordnung, gang und gäbe, einwurzeln, in Brauch kommen, Sitte werden, in Fleisch und Blut übergehen, sich herausbilden, sich verfestigen, sich aneignen, angewöhnen, befolgen, einbürgern, alltäglich, althergebracht, anerzogen, bewährt, gängig, gebräuchlich, landläufig, traditionell, typisch, üblich, vertraut, konservativ, Gewohnheitsmensch, Stammgast, Gebrauch, Etikette, Form, Gemeinplatz, Mode, Regel, Schablone, Schematismus, Sitte, Trott, Zeremonie, Gepflogenheit, Alltag, Macht der Gewohnheit, zweite Natur, Zopf, Schema F, alte Schule, Leier, Gleis, Tretmühle, Dauerzustand, steht nun einmal in den Handbüchern, anheimeln, anlocken, laben, Befriedigung bieten, Vergnügen bereiten, tätscheln, angenehm, behaglich, gefällig, gemächlich, gemütlich, heimelig, lauschig, wohlig, wonnevoll, vergnüglich, Bequemlichkeit, Wohlleben, Schmaus, Herz, was begehrst du mehr, im traulichen Heim, im trauten Kreise, Ja und Amen sagen, Vorlieb nehmen, es dabei belassen, ohne Ehrgeiz sein, in Frieden dahinleben, anspruchslos, befriedigt, seinen Kohl bauen, Geistesfriede, Gemütsruhe, Genüge, Gleichmut, Herzensruhe, Glück im Winkel, Mäßigkeit, Geduld, blockieren, eindämmen, dichtmachen, versichern, versiegeln, dicht, fest, undurchlässig, unzugänglich, versperrt, zuschnüren, besiegelt, bestimmt, definitiv, dogmatisch, ersichtlich, erwiesen, sicher, unausweichlich, Bibel, Glaubenssatz, Evangelium, so sicher wie 2 x 2 = 4 ist, Überzeugung, Erfahrung, Tatsache, vor Anker liegen, wachen, decken, wahren, bergen, beschirmen, beschützen, bewachen, verhüten, in Schutz nehmen, hieb- und stichfest, geschützt, gesichert, gefeit gegen, unantastbar, uneinnehmbar, unbezwinglich, unvergänglich, widerstandsfähig, Schutzbrief, Obhut, Sicherung, Verwahrung, Dogma, Vorurteil, Ideologie, Volksglaube, Weltanschauung, wahrhaftig in Gott, feststehen, den Tatsachen entsprechen, sich bewahrheiten, sich bewähren, amtlich, unbezweifelbar, ungelogen, gediegen, erlebt, offiziell, verbrieft, faktisch, greifbar, konkret, unzweifelhaft, wahrheitsgemäß, zuverlässig, bestimmt, durchaus, absolut, unbedingt, vollkommen, kein Zweifel, per se, sowieso, selbstredend, versichern, beweisen, beurkunden, Zeugnis, Dogma, Lehrsatz, These, verbürgen, apodiktisch, logischerweise, erwiesenermaßen, einleuchtend, einwandfrei, demnach, demzufolge, nachweisen, legitimieren, anerkennen, folgern, tradieren, überliefern, verewigen, verzeichnen, festgelegt, gebucht, sicher, garantieren, sicherstellen, gewährleisten, sichern, Rückversicherung.

2.13. Kategorie 7, A-Ausprägung

Plan, Absicht, Einsicht, Vorhaben, Gewinn, Logik, Kausalität, abhandeln, ableiten, argumentieren, auseinandersetzen, begründen, beurteilen, beweisen, folgern, schließen, überlegen, urteilen, Ergebnisorientierung, verhandeln, rauskommen, resultieren, bei Verstand sein, seine fünf Sinne beisammen haben, beweiskräftig, einwandfrei, erfahrungsmäßig, folgerichtig, klar, konsequent, logisch, nüchtern, objektiv, rational, richtig, sachlich, schlüssig, vernunftgemäß, verständlich, Gedankengang, Gedankenreihe, Postulat, Fazit, Profit, Ergebnis, grundsätzlich, prinzipiell, Glaubenssatz, Grundgedanke, Kernsatz, Satzung, Regel, denn, nämlich, daher, darum, deshalb, deswegen, infolgedessen, anläßlich, gemäß, halber, laut, vermöge, in seiner Eigenschaft als, in Anbetracht, alldieweil, da, indem daß, weil, auslösen, bedeuten, bedingen, bewerkstelligen, anrichten, anzeigen, weil, zumal, erschaffen, erwecken, erzeugen, gereichen zu, herbeiführen, hervorrufen, leisten, schaffen, veranlassen, verursachen, zeitigen, zur Folge haben, zugrunde liegen, nach sich ziehen, mit sich bringen, kausal, ursächlich, ausschlaggebend, Beweggrund, Anlaß, Anreiz Anregung, Anstoß, Antrieb, Hebel, Triebfeder, Stimulans, Kausalität, helfen, nützen, brauchbar sein, Gewinn eintragen, sich als lohnend erweisen, sich gut bezahlt machen, den Zweck erfüllen, gute Dienste leisten, brauchbar, erfolgreich, ergiebig, förderlich, wirksam, gewinnbringend, nützlich, dienen, einbringen, sich lohnen, nützen, rentieren, Gewinn bringen, berechnen, erzielen, gewinnen, dienlich, einträglich, ertragreich, lohnend, nützlich, profitlich, rentabel, vorteilhaft, egoistisch, eigensüchtig, selbstsüchtig, Ausbeute, Ernte, Ertrag, Erwerb, Vorteil, Eigennutz, Einträglichkeit, Wirtschaftlichkeit, gelingen, geraten, glücken, klappen, gewinnen, herausschlagen, mitnehmen, profitieren, verdienen, vereinnahmen, sich verschaffen, sich versichern, sich zueignen, in seinen Besitz bringen, habhaft werden, nutzbringend anlegen, aufs beste verwerten, sich zu nutze machen, es zu etwas bringen, sich die Tasche füllen, an sich denken, seine eigenen Wünsche im Auge haben, den eigenen Vorteil ausnützen, berechnend, gewinnsüchtig, hartherzig, streben, suchen, sich umsehen, einarbeiten, forschen, fragen, kontrollieren, umtersuchen, sich vergewissern, die Augen aufmachen, in Erwägung ziehen, einer Frage nachgehen, eine Sache beleuchten, Forschung, Problem, Pionierarbeit, Test, Untersuchung, Erkundung, bekunden, belegen, bekräftigen, beweisen, dokumentieren, darlegen, erhärten, erweisen, begleichen, bezahlen, beitragen, aufwenden, ausgeben, honorieren, vergüten, zahlen, Beitrag, Einnahme, ertragreich, einkassieren, eintreiben, verlangen, Gage, Gratifikation, Gehalt, herzlos, eigennützig, egozentrisch, gewinnorientiert.

2.14. Kategorie 7, B-Ausprägung

Emotionalität, Herzblut, Gefühl, mit dem Bauch denken, Koexistenz, Menschlichkeit, Humanität, mitempfinden, teilnehmen, wiederaufrichten, Anteil nehmen, Mitleid haben, Duldung üben, Gnade erweisen, Mut zusprechen, Trost spenden, die Freude teilen, sich mitfreuen, das Herz bewegen, beglückwünschen, gratulieren, barmherzig, duldsam, gnädig, gütig, human, liebevoll, menschenfreundlich, menschlich, milde, mitfühlend, nachsichtig, sanft, teilnahmsvoll, weich, zart, Mitgefühl, Mitleid, Nachsicht, Sympathie, Teilnahme, Verzeihung, jemandem gewogen sein, jemandem hold sein, entschuldigen, freisprechen, nachsehen, sich vertragen, verzeihen, nicht nachtragen, mit Langmut vorgehen, fünf gerade sein lassen, die Augen zudrücken, aussöhnen, dazwischentreten, beschwichtigen, interessieren, vermitteln, versöhnen, Frieden bewirken, friedlich, geduldig, gutmütig, nachsichtig, sanft, versöhnlich, eingreifen, sich einmischen, einschreiten, erledigen, intervenieren, schlichten, verhandeln, vermitteln, sich verwenden, sich ins Mittel legen, ein gutes Wort einlegen, in Einklang bringen, Fürsprache, Intervention, Vermittlung, zum Einverständnis gelangen, sich einigen, sich vergleichen, sich verständigen, zusammenarbeiten, ausgleichen, begütigen, beilegen, beruhigen, Vergleich, Schwierigkeiten beseitigen, Eintracht, Freundschaft, Friede, Entspannung, Sanftmut, Übereinstimmung, Vereinbarung, Ausgleich, Aufbau, Aufstieg, Bildung, Denkfreiheit, Entwicklung, Fortschritt, Geist, Gesittung, Kontinuität, Menschtum, anbieten, aushändigen, aushelfen, ausstatten, austeilen, bescheren, beschenken, beisteuern, bewirten mit, bieten, gewähren, gönnen, hergeben, hinterlassen, liefern, opfern, schenken, spendieren, stiften, überreichen, überantworten, teilen, widmen, zueignen, unter die Arme greifen, über Wasser halten, angedeihen lassen, mit Bedacht, sich gefallen lassen, geduldig, ruhig, unbekümmert, unerschütterlich, Lebensklugheit, Langmut, Lebensweisheit, Geduld, Ausgewogenheit, altruistisch, aufopferungsfähig, brüderlich, fürsorglich, gemeinsinnig, gütig, hilfsbereit, liberal, sanftmütig, selbstlos, selbstvergessen, uneigennützig, Ahnung, Fingerspitzengefühl, Instinkt, Intuition, Nase, Riecher, Unterbewußtsein, Witterung, innere Stimme, sechster Sinn, fühlen, kombinieren, widmen, kümmern, sich sorgen, unterstützen, geteiltes Leid ist halbes Leid, auffrischen, aufmuntern, beleben, erfrischen, erneuern, kräftigen, stärken, beschwichtigen, eingehen auf, aufmerksam, bereit, bereitwillig, einsatzbereit, freudig, geneigt, höflich, kulant, ungezwungen, zuvorkommend, Gunst, Vorliebe, Neigung, Zustimmung, sich befassen, sich beteiligen, einschreiten, mitmachen, eingreifen, Hand anlegen, sich ins Zeug legen, rechte Hand.

2.15. *Kategorie 8, A-Ausprägung*

allgemein, generell, hauptsächlich, grundsätzlich, im Grunde genommen, tendentiell, alles in allem, zusammenhängend, entscheidend, grundlegend, prinzipiell, regelmäßig, a priori, Angelpunkt, Ausgangspunkt, Axiom, Denkspruch, Devise, Elementarprinzip, Formel, Gebot, Grundgedanke, Grundregel, Grundsatz, Kernsatz, Kernspruch, Lehrsatz, Leitgedanke, Leitmotiv, Maxime, Motto, Norm, Postulat, Prinzip, Richtschnur, generalisieren, schließen, letztlich, letzthin, nur, zutiefst, letzten Endes, in letzter Linie, strenggenommen, genau besehen, letzten Grundes, so recht eigentlich, an und für sich, tatsächlich, schließlich, bei Licht betrachtet, in Wirklichkeit, ankommen auf, vorwiegend, hinauslaufen auf, essentiell, wesentlich, Hauptsache, Grundsache, Dominante, Kardinalpunkt, A und O, Kernstück, Quintessenz, Schwerpunkt, springender Punkt, Wesenheit, des Pudels Kern, Zusammenhang, der Regel nach, gemeinhin, in der Regel, meistens, zumeist, ohne Ausnahme, im großen und ganzen, stetig, übereinstimmend, überwiegend, unveränderlich, vorherrschend, wohlbekannt, Grundsatz, Konvention, Norm, Prinzip, Regel, Richtschnur, Standard, Typus, in bezug auf, mit Rücksicht auf, im Hinblick auf, im Zusammenhang mit, angehen, anlangen, berühren, betreffen, sich beziehen auf, entsprechen, zusammenhängen mit, Bezug haben, verbinden, verknüpfen, Berührung, Berührungspunkt, Verhältnis, Verknüpfung, Verbindung, ferner, außerdem, zudem, überdies, sowohl als auch, nicht nur sondern auch, Hand in Hand, miteinander, anknüpfen, einbinden, einklinken, Synthese, Union, Verkettung, Verknüpfung, Zusammengehörigkeit, Zusammenhang, überblicken, verstehen, wissen, Ausdruck, Bedeutung, Gehalt, Sinn, Verstand, überordnen, verallgemeinern, generalisieren, geläufig, gewohnheitsmäßig, gewöhnlich, gewohnt, pünktlich, regelmäßig, systematisch, zyklisch, festgestellt, gebräuchlich, kanonisch, natürlich, buchstäblich, direkt, durchgehend, schlechterdings, schlechthin, totaliter, durch die Bank, bis auf die Wurzel, durch und durch, ohne Ausnahme, alles in allem, kurzum, überhaupt, im ganzen genommen, in Summa, summa summarum, umfassen, vollenden, zusammenfassen, absolut, allumfassend, ausnahmslos, durchgängig, durchgreifend, einheitlich, einhellig, ganz, gänzlich, generell, gesamt, komplett, lückenlos, sämtlich, vollkommen, systematisch, völlig, Ganzheit, System, Summe, Produkt, Universalität, allzeit, immerfort, immerzu, jederzeit, stets, immer, immerdar, nochmals, des öfteren, verschiedentlich, erneuern, neuerlich, wiederholt, anhaltend, kontinuierlich, unaufhörlich, unausgesetzt.

2.16. Kategorie 8, B-Ausprägung

speziell, in diesem Fall, Einzelfallbetrachtung, ausnahmsweise, Detail, Einzelheit, Kleinheit, Häppchen, Körnchen, Partikel, minimal, unscheinbar, klein, an und für sich, besonders, analysieren, aufbrechen, aufdröseln, auflösen, einteilen, entzweien, separieren, zergliedern, teilen, trennen, abgrenzen, ausschneiden, isolieren, freisetzen, analytisch, Trennung, Teilung, Zerlegung, einzig und allein, besonders, vereinheitlichen, gesondert, monistisch, singulär, Einzelfall, Exemplar, Unicum, löffelweise, aufschlüsseln, ausgliedern, aufgliedern, dividieren, einteilen, parzellieren, teilen, unterteilen, zerlegen, geteilt, partiell, Ausschnitt, Abschnitt, Passage, Absatz, Bestandteil, Bissen, Bruchteil, Kleinigkeit, Einzelheit, Fragment, Fetzen, außer, ausgenommen, außerdem daß, es sei denn, aber, demungeachtet, dennoch, doch, jedoch, sondern, andernfalls, eine Ausnahme machen, außergewöhnlich, beispiellos, besonders, eigentümlich, individuell, selten, seltsam, rar, singulär, sonderbar, speziell, Original, Seltenheit, Wunder, außergewöhnlich, beispiellos, dünn gesät, gelegentlich, gesucht, vereinzelt, wenig, Ausnahme, Kostbarkeit, Seltenheit, bisweilen, da und dort, hin und wieder, dann und wann, zuweilen, gelegentlich, sich zersplittern, exakt, genau, minutiös, ordentlich, penibel, präzis, pünktlich, bedächtig, achtsam, akkurat, Akribie, sich vergewissern, vorbeugen, vorkehren, wachen, acht geben, Obacht geben, auf die Finger sehen, aufpassen wie ein Schießhund, im Auge behalten, mit Argusaugen beobachten, wieso, warum, auskundschaften, erörtern, eruieren, mustern, sezieren, sondieren, untersuchen, in Betracht ziehen, ausfindig machen, auf den Busch klopfen, verhören, einer Sache nachgehen, etwas auf den Grund gehen, Analytik, Erkundung, bis auf Widerruf, allenfalls, ausgenommen, allerdings, freilich, jedenfalls, dennoch, doch, jedoch, gleichwohl, bedingungsweise, ausbedingen, ausnehmen, bedingen, beschränken, einengen, einräumen, modifizieren, vorbehalten, wahren, nachträglich, Einschränkung, Voraussetzung, Vorbehalt, Limitation, Pedant, Krümelkacker, dagegen, entgegen, auseinander, im Gegenteil, entgegenstellen, umkehren, verdrehen, abweichend, dialektisch, disparat, einander ausschließen, läßt sich nicht vereinigen mit, antithetisch, divergent, entgegenstehend, diametral, geradewegs entgegengesetzt, Widerpart, Gegenstück, Antipode, Antithese, Gegensatz, Kehrseite, ein Unterschied wie Tag und Nacht, steht auf einem ganz anderen Blatt, kontrastieren, ist gar nicht in einem Atem zu nennen, da liegen Welten zwischen, ist auf einem anderen Stern geboren, das sind zwei Paar Stiefel, sich abheben, differieren, je nach den Umständen, von Fall zu Fall.

2.17. Kategorie 9, A-Ausprägung

etwas erreichen wollen, Probleme lösen, sich einer Aufgabe stellen, optimistische Haltung, Aufgaben schon im Vorfeld durchspielen, in etwas hineinwachsen, etwas schaffen, Zukunft gestalten, bei guter Zeit, jetzt oder nie, zugreifen, zupacken, die Gelegenheit benutzen, die Gelegenheit beim Schopfe fassen, zu jeder Stunde, ohne Unterlaß, endlos, ewig, immer, ständig, Dauer, alsbald, frischweg, kurzerhand, schnurstracks, sofort, sogleich, spornstreichs, stracks, unbesehen, unverweilt, auf dem Fleck, auf der Stelle, stehenden Fußes, von heute auf morgen, gesagt getan, in medias res, auf Anhieb, aus dem Stegreif, im Handumdrehen, über Nacht, im Nu, wie mit einem Schlag, stantepede, aufblitzen, nicht anstehen, kurze Fünfzehn machen, nicht lange fackeln, nicht viel Federlesen machen, alsbaldig, augenblicklich, blitzartig, fristlos, plötzlich, postwendend, schlagartig, sofort, umgehend, ungesäumt, unvermittelt, unverzüglich, Geistesgegenwart, eben, gerade, heute, jetzt, nunmehr, neuerdings, brennen, drängen, ist auf der Tagesordnung, aktuell, augenblicklich, derzeitig, diesjährig, momentan, gegenwärtig, früher oder später, morgen, nachher, über kurz oder lang, bevorstehen, kommen, vorbereiten, liegt vor uns, nahen, im Anzug sein, in petto haben, steht zu erwarten, fortleben, ahnen, entgegensehen, erwarten, sich freuen auf, gewärtigen, Zukunft, kommende Zeit, Anwartschaft, Aussicht, Hoffnung, Vorahnung, Voraussicht, bald, demnächst, nächstens, gleich, binnen kurzem, in absehbarer Zeit, dieser Tage, in Bälde, in der nächsten Zeit, bevorstehen, steht vor der Tür, steht zu erwarten, in Aussicht, nahen, näherkommen, in Sicht sein, im Begriff stehen, am Vorabend stehen, drauf und dran sein, ankündigen, kurzfristig, baldig, nah, morgig, auf lange Sicht, dereinst, einmal, den Dampf anlassen, den Grundstein legen, die Segel klarmachen, Schritte tun, den Weg bahnen, Luft schaffen, sich anschicken, Vorkehrungen treffen, die Karten mischen, die Rollen verteilen, in die Wege leiten, Anstalten machen, den Boden vorbereiten, Schwierigkeiten beseitigen, das Feld vorbereiten, den Samen legen, in Bereitschaft sein, sich fertigmachen, anbahnen, ausarbeiten, entwickeln, eröffnen, gründen, ordnen, organisieren, präparieren, vorbereiten, zurechtlegen, herrichten, ausbilden, befähigen, bereiten, schulen, trainieren, üben, in Bereitschaft bringen, in Angriff nehmen, klar, gestiefelt und gespornt, vorsehen, vorsorgen, sich Mühe geben, überlegen, erwägen, ernst nehmen, bei einer Sache bleiben, Aug und Ohr offen halten, pfleglich behandeln, nicht aus den Augen lassen, gewissenhaft, beachten, bedenken, berücksichtigen, gelingen, geraten, gedeihen, glücken, gehen, gewinnen, seinen Weg machen, ein Ziel erreichen, vollbringen, vollenden, bewältigen, auf einen grünen Zweig kommen, seine Wünsche verwirklichen, die Früchte ernten, siegreich, erfolgreich, gelungen, glücklich, mit vollen Segeln dem Ziel zusteuern, Beifall, durchführen, vollbringen, vollenden, es schaffen.

2.18. *Kategorie 9, B-Ausprägung*

nach, seit, als, nachdem, seitdem daß, dann, darauf, fortan, hernach, hinfort, hinterher, nachher, seitdem, später, Vergangenheit, Problem, war immer schon so, haben wir noch nie gemacht, anstehen lassen, aufschieben, auf die lange Bank schieben, vertagen, etwas hat Zeit, nachträglich, sekundär, sukzessiv, einteilen, entschwinden, verfliegen, vergehen, verirren, vorübergehen, ein Ende nehmen, sich verflüchtigen, die Zeit verstreicht, das Leben geht weiter, auf Sand bauen, flüchtig, hinfällig, kurzlebig, unbeständig, vergänglich, wandelbar, nie, niemals, kaum, eher bricht die Welt zusammen, wenn die Böcke lammen, zu Pfingsten auf dem Eise, unmöglich, wenns Katzen hagelt, Schatten, Trau, Zahn der Zeit, Seifenblase, Flüchtigkeit, Hinfälligkeit, Kurzlebigkeit, als, nachdem, damals, ehedem, einmal, früher, bereits, längst, schon, sonst, vormals, weiland, vor unserer Zeit, erlöschen, veralten, vergehen, versinken, verwehen, zurückliegen, liegt hinter uns, vorüber sein, ist nicht mehr, ist passé, die Zeit ist abgelaufen, einstig, früher, gestrig, gewesen, historisch, überholt, unwiederbringlich, verflossen, vergangen, vergessen, vorig, gute alte Zeit, Vorfahren, Geschichte, Historie, eben noch, erst, gerade, jüngst, kürzlich, letzthin, unlängst, vorhin, in letzter Zeit, gestrig, kürzlich, einst, einstens, einstmals, vor Jahr und Tag, als der Großvater die Großmutter nahm, in unvordenklicher Zeit, vor Zeiten, es ist lange her, liegt weit zurück, vorgeschichtlich, urtümlich, vorsintflutlich, die gute alte Zeit, goldenes Zeitalter, Problem, Schwierigkeit, vielleicht, nahezu, noch nicht, ungefähr, ist in der Schwebe, bleibt offen, es könnte sein, in Frage stehen, anstehen, schwanken, unschlüssig sein, bestreiten, bezweifeln, heikel, prekär, unbestimmt, unentscheidbar, wackelig, unsicher, ungewiß, ungeklärt, zweifelhaft, hypothetisch, fraglich, problematisch, fehlbar, doppelsinnig, verdächtig, undeutlich, nicht geheuer, nicht stichfest, Zweifel, Vergangenheit, stutzig werden, es dabei belassen, energielos, ergeben, innerer Konflikt, Ratlosigkeit, Unsicherheit, Verlegenheit, Wankelmut, Zaudern, Zwiespalt, Starrsinn, Störrigkeit, Unnachgiebigkeit, Verstocktheit, sich abrackern, schwitzen, sich sträuben, drückend, Kopfzerbrechen, Last, Mühe, Strapaze, aufgefahren sein, nicht weiterkönnen, steckenbleiben, sich im Kreise drehen, am Ende seines Wissens angelangt sein, ist mit seinem Latein am Ende, keinen Ausweg wissen, im Dunkeln tappen, in der Patsche sitzen, einschließen, erschweren, entgegenarbeiten, hapern, es sieht böse aus, das dicke Ende kommt nach, ist leicht gesagt, unzugänglich, ratlos, schwerfällig, unmöglich, mühevoll, schwierig, verhängnisvoll, undurchführbar, unerlangbar, unerreichbar, unmöglich, unpraktisch.

3. Datengewinnung

3.1. Auswahl der untersuchten Textstellen

Vor Beginn der Untersuchung haben wir bei mehreren renommierten Datenbanken in Deutschland Textmaterial der untersuchten Personen angefordert. Wir gingen dabei nach folgenden Kriterien vor:

1. Es sollte sich um Interviews mit den betreffenden Personen handeln.
2. Das verwendete Material sollte nicht älter als fünf Jahre sein, um ein höchstmögliches Maß an Aktualität sicherzustellen. Bis auf ein Interview Franz Beckenbauers genügen alle verwendeten Quellen diesen Kriterien.

Die Quellenlage war bei den verschiedenen Prominenten sehr unterschiedlich. Bei einigen war Material im Überfluß vorhanden, andere hatten der Presse in letzter Zeit eher spärliche Auskünfte erteilt. Wir entschieden uns deshalb, aus den von jeder Person insgesamt zur Verfügung stehenden Quellen pro Person nach dem Zufallsprinzip 172 (+/-2, was statistisch nicht relevant wird) Äußerungen auszuwählen, die Gegenstand näherer Untersuchung sein sollten. So konnte es passieren, daß in einem Interview mehrere aufeinanderfolgende Sätze einzuschätzen waren, oder in einer längeren Passage nur ein einzelner Satz oder Ausspruch – dies hing einzig und allein vom Zufall ab. Dieses Verfahren erschien uns auch aus folgendem Grund angebracht: Bei Persönlichkeiten, von denen mehr Interviews vorlagen, konnten wir dadurch einen ersten und einen zweiten Text-„Satz" bilden – dadurch bestand die Möglichkeit, die Reliabilität der Ratings nach der split-half-Methode zu berechnen. Dazu verglichen wir die mit den ersten 172 Äußerungen ermittelten Kategorienwerte mit denen des zweiten Text-„Satzes" und konnten auch hier hohe Übereinstimmungen feststellen. Die Werte der einzelnen Kategorien sind mithin kein Artefakt der Messung (des späteren Ratings), sondern beruhen auf tatsächlichen Unterschieden in den Denkstrukturen der untersuchten Personen. Bei der Zitierweise im fortlaufenden Text des Buches wurde stellenweise auch auf Textmaterial aus dem zweiten Textsatz zurückgegriffen, wenn das dort zu findende Zitat einen Sachverhalt besonders deutlich widerspiegelt. Zur Berechnung der einzelnen Kategorienwerte wurden jedoch nur die Ergebnisse des ersten Textsatzes herangezogen.

3.2. *Die Einteilung des Textmaterials in Analyseeinheiten*

Naturgemäß läßt sich bei der gesprochenen Sprache eher als beim geschriebenen Wort eine Verwebung unterschiedlicher Gedankenteile in einem Satz oder in einer Satzsequenz erkennen. Gerade bei der Natürlichkeit der gesprochenen Sprache in einem Interview, dessen Antworten als spontan betrachtet werden können, ist eine Einteilung und Kategorisierung des so erhaltenen Materials zu Analyseeinheiten nicht ganz unproblematisch. Für unsere Analyseeinheiten galt daher: Grundsätzlich wird eine Antwort immer als eine Sinneinheit, unabhängig von ihrer Länge, aufgefaßt. Eine davon abweichende Einteilung war unter folgenden Bedingungen möglich: Der Befragte wechselte während der Antwort in ein anderes semantisches Feld, d.h. er beantwortet eine Frage zu einem bestimmten Thema und bringt dann von sich aus ein weiteres Thema zur Sprache oder entwickelt ein bereits früher angesprochenes Thema weiter. Dazu ein Beispiel von Wolfgang Schäuble:

> *„Denken Sie an die lange Debatte ums Asylrecht, wo sich ja heute auch zeigt, wie richtig es war, daß wir uns durchgesetzt haben. Aber solange wir keine Einigung haben, besteht die Gefahr, daß Uneinigkeit in einem Punkt, der eigentlich nicht der zentrale ist, das andere überdeckt."* [1]

Weitaus häufiger kam dagegen der folgende Fall vor: Eine Person gibt eine Antwort und führt außerdem zusätzliche Beispiele, Details etc. an. Kriterium für die Eigenständigkeit einer Äußerung war deshalb die Frage, ob sich der betreffende Satz auch ohne den Kontext des vorhergegangenen als eigenständige Aussage begreifen und beim Lesen verstehen ließ. War dieses Kriterium erfüllt, so wurde der betreffende Satz als eine eigenständige Sequenz kodiert und gewertet. War der oben beschriebene Sachverhalt nicht der Fall, so wurde der Satz für die Auswertung der vorangegangenen Sequenz zugerechnet. Ein Beispiel von Steffi Graf verdeutlicht den ersten Fall:

> *„Ich bin fast hundertprozentig fit. [...] Morgen beginne ich mit leichtem Training. Ich bin lebensfroh und zuversichtlich. Meine Gedanken sind: Wie werde ich schnell wieder fit?"* [2]

Jeder dieser Sätze kann einzeln verstanden werden und ergibt auch als Einzelaussage einen Sinn. Insofern wurde hier vier Mal mit Kategorie 9, A-Ausprägung, kodiert.

3.3. *Zitierweise der Textstellen*

Wo es die Verständlichkeit der Antworten erforderte, wurden einige Zitate unter Wahrung des Gesamtsinnes der Aussage geringfügig abgeändert, indem z.B. die vorherige Frage aus dem Interview in die Antwort der befragten Person integriert wurde. Dies geschah insbesondere an den Stellen, an denen die vorhergehende Frage durch ein einfaches „Ja", „Nein", „Nee" oder ein ähnliches Wort beantwortet wurde.

Beispiel aus einem Interview mit Claudia Schiffer:

Frage: „Denken Sie in solchen Momenten, daß der Preis des Ruhms zu hoch ist?"

Antwort: „Nein. Der Beruf ist so toll, dafür muß man irgendeinen Preis zahlen."

Um die Referenz des Wortes „Nein" zu verdeutlichen, wurde die Frage in die Antwort integriert: *„Der Preis des Ruhmes ist nicht zu hoch. Der Beruf ist so toll, dafür muß man irgendeinen Preis zahlen."*

Von dieser Möglichkeit wurde besonders bei den Statements von Franziska van Almsick mehrmals Gebrauch gemacht. Häufiger als alle anderen untersuchten Personen beantwortete sie eine Frage zunächst mit nur einem oder zwei Wörtern, um daran eine ausführlichere Stellungnahme anzuschließen.

Ein Beispiel von Franziska van Almsick:

Frage: „Stell dir vor, du wärst Katrin Krabbes Managerin. Was würdest du ihr raten?"

Antwort: „Gar nichts. Sie hat gedopt und das ist Scheiße. Wer das macht, ist draußen."

Im fortlaufenden Zitattext liest sich diese Passage der besseren Verständlichkeit halber so: *„Wenn ich Katrin Krabbes Managerin wäre, würde ich ihr gar nichts raten. Sie hat gedopt, und das ist Scheiße. Wer das macht, ist draußen."*

4. Die Auswahl und Schulung des Kodiererteams

4.1. *Auswahl*

Unser Kodiererteam bestand aus drei Sprachwissenschaftlern, die über einen Aushang am germanistischen Institut der Universität Münster und Zeitungsannoncen geworben wurden. Im Aushang wurde explizit darauf hingewiesen, daß es sich bei der Studie um eine Untersuchung öffentlich und kommerziell erfolgreicher Persönlichkeiten handle, deren Erfolgsstrategien zu modellieren seien. Mit dieser Ankündigung verfolgten wir auch die Absicht, die eher kritischen Personen aus dieser Zielgruppe anzusprechen – wir versprachen uns davon ein weniger hypothesengeleitetes Kodieren und fanden uns in dieser Vermutung bestätigt (s.u.). Ein weiteres Auswahlkriterium war die Tatsache, daß in einem Vorgespräch vorsichtig vorgefühlt wurde, ob eine der Personen, die sich gemeldet hatten, möglicherweise Anhänger oder Gegner einer der untersuchten Personen war. Sowohl im ersten wie auch im zweiten Fall führte dies zum Ausschluß von der Untersuchung.

Da die gewöhnlicherweise bei solchen Untersuchungen übliche Anonymisierung von Personen, Orten oder Daten im Text (vgl.: Frenzel, „Geschlechtsrollenspezifisches Interaktionsverhalten in ausgewählten Dramen der Goethezeit und der Jahrhundertwende: Eine Untersuchung zur Rezeption von Interaktionsstrukturen") aufgrund der Aktualität der in den Interviews beschriebenen Ereignisse hier nicht möglich schien, wurde darauf verzichtet. Konkret heißt dies: Das Kodiererteam wußte jeweils, mit welcher prominenten Person ein Interview geführt wurde. Um jedoch andere Störeinflüsse (besonders durch die den Interviews beigefügten Bilder) auszuschalten, wurden alle Interviews vor Beginn der Untersuchung transkribiert.

4.2. *Schulung der Kodierer*

4.2.1. *Ablauf und Zielsetzung der Schulung*

Das Kodierertraining hatte zwei Ziele:

1. Die Kodierer sollten mit den grundlegenden Absichten der Untersuchung vertraut gemacht werden.
2. Sie sollten nach dem Training die Aussagen der untersuchten Personen korrekt und zweifelsfrei den einzelnen Wortfeldern und den dahinterstehenden META-Programmen zuordnen können. Dazu gehört insbesondere eine klare Vorstellung über Ein- bzw. Ausschlußkriterien der Äußerungen bezüglich der neun Kategorien.

Um über den gesamten Untersuchungszeitraum möglichst konsistente Einschätzungen der Kodierer zu bekommen, wurden die META-Programme immer wieder anhand von Beispielsequenzen, die nicht zu dem Datenpool des Kodierteams gehörten, erklärt; Zweifelsfälle wurden einer ausführlichen Besprechung unterzogen.

Nachfolgend eine Übersicht über den zeitlichen Ablauf und die Gestaltung des Trainings:

Erstes Treffen (Dauer: vier Stunden)

Beim ersten Treffen sollten sich die Teilnehmer untereinander etwas näher kennenlernen und mit dem Ziel der Untersuchung sowie den META-Programmen vertraut gemacht werden.

Außerdem wurden die Motivation für die Teilnahme an der Untersuchung und die Erwartungen an ihre Ergebnisse angesprochen.

Zur thematischen Einführung skizzierte ich (Frank Frenzel) den aktuellen Stand der Literatur hinsichtlich erfolgreicher Strategien und der Planbarkeit von persönlichem Erfolg.

Anschließend stellte ich den Teilnehmern Entwicklung und Grundgedanken der META-Programme und der Wortfelder nach Dornseiff vor.

Die Teilnehmer erhielten das Wortfeld-Manual mit der Bitte, es zu Hause nochmals zu lesen und eventuell auftretende Verständnisschwierigkeiten zu notieren.

Das Manual bestand aus einer Gesamtfassung, die alle Wörter eines Wortfeldes enthielt und einer zusätzlichen Kurzfassung. So war es den Teilnehmern möglich, bei Unklarheiten auf die Beispieloperationen der Gesamtfassung zurückzugreifen.

Zweites Treffen (erste Trainingseinheit; Dauer: drei Stunden)

Die erste Trainingseinheit diente der Klärung von Verständnisschwierigkeiten, die sich aus der Lektüre des Manuals ergeben hatten. Außerdem hatten die Teilnehmer Gelegenheit, den Umgang mit dem Manual an unterschiedlichen Textstellen, die nicht zu dem Pool der untersuchten Textstellen gehörten, zu üben.

Die Kodierung erfolgte „offen", d.h. jeder Teilnehmer sollte bekanntgeben, für welche Kategorisierung er sich bei der jeweiligen Sequenz entschieden hatte.

Danach gab ich jedem Teilnehmer eine individuelle Rückmeldung zu seinem Urteil, wobei ich jeweils nochmals auf die Wortfelder nach Dornseiff und die entsprechenden META-Programme hinwies und Unklarheiten oder Schwierigkeiten ausführlich besprochen werden konnten, indem ich erklärte, welche Kriterien für oder gegen die Wahl einer bestimmten Kategorie sprachen.

Die Teilnehmer wurden in dieser wie auch in allen anderen Trainingseinheiten immer wieder aufgefordert, bei Unklarheiten über die Zuordnung einer Textstelle zu einer Kategorie auf die zugeordneten Beispiele im Manual zurückzugreifen.

Zum Abschluß des zweiten Treffens erhielten die Teilnehmer die Aufgabe, zu Hause eine weitere Übungssequenz zu kodieren, die ebenfalls nicht zum Pool der untersuchten Textstellen gehörte.

Drittes Treffen (zweite Trainingseinheit; Dauer: fünf Stunden)

Während der zweiten Trainingseinheit wurden die Übungssequenzen besprochen, die die Kodierer zu Hause eingeschätzt hatten. Außerdem wurde eine weitere Übung zum Umgang mit den META-Programmen und den Wortfeldern durchgeführt.

Dabei hielt ich mich bei strittigen Entscheidungen mit einem eigenen Urteil zurück und forderte vielmehr die anderen Teilnehmer auf, ihr Verständnis der entsprechenden Sequenz zu erklären und ihre Kodierentscheidung zu begründen. Dabei griff ich nur noch an den Stellen erklärend ein, an denen es offensichtlich zu Mißverständnissen oder Fehlinterpretationen der META-Programme gekommen war. Den Abschluß der zweiten Trainingseinheit bildete die Ausgabe weiterer Übungssequenzen mit der Aufgabe, diese zur nächsten Woche zu kodieren.

Viertes Treffen (dritte Trainingseinheit; Dauer: drei Stunden)

Bei der dritten Trainingseinheit wurden die nicht übereinstimmend kodierten Textstellen nochmals analog dem oben beschriebenen Verfahren besprochen. Anschließend erhielten die Teilnehmer die ersten Texte aus dem für die Untersuchung relevanten Material.

4.2.2. Der Kodierbogen und die Kodierregeln

Mit den jeweiligen Textszenen bekamen die Kodierer auch eine entsprechende Anzahl an Kodierbögen ausgehändigt, in denen sie ihre Urteile festhalten konnten.

In der linken Spalte des Bogens waren jeweils die Nummer der Datenquelle und die Nummern der einzuschätzenden Sequenzen zu finden. Neben jeder dieser Zahlenkombinationen waren zwei Spalten angeordnet, in die jeweils das Urteil für die gewählte Kategorie und daneben die gewählte Ausprägung eingetragen werden konnte. Eine dritte Spalte diente zur Eintragung eines möglichen Alternativurteils.

Ich habe die Kodierer darauf aufmerksam gemacht, daß eine Eintragung in die Spalte Alternativurteil nur dann erfolgen sollte, wenn nach ihrem Textverständnis tatsächlich eine Mehrdeutigkeit der Aussage i.S. des Kategoriensystems vorlag.

Oben rechts wurde der Name des jeweiligen Kodierers eingetragen. Für alle Kodierer galten folgende Regeln:

1. Vor Beginn der Einschätzung ist die gesamte Szene einschließlich der nicht hervorgehobenen (fett gedruckten) Äußerungen zu lesen.
2. Danach sollen die hervorgehobenen Textstellen anhand des Manuals kodiert und die Entscheidungen in den Kodierbogen eingetragen werden.
3. Der weitere inhaltliche Verlauf des Interviews soll bei der jeweils aktuellen Kodierentscheidung unberücksichtigt bleiben.

4.3. Die Reliabilität der Kodiererurteile

Um festzustellen, ob die Kodierer in ihren Urteilen hinreichend reliabel urteilen, habe ich aus den oben genannten vier Übungstexten nach dem Zufallsprinzip zwei ausgewählt und einer Reliabilitätsberechnung unterzogen, von deren Ergebnis ich eine eventuelle Verlängerung des Kodierertrainings abhängig gemacht habe.

Die Reliabilität der Urteile habe ich durch die Übereinstimmung der Beobachter untereinander (Inter-Rater-Reliabilität) erhoben, die in einem Prozentwert angegeben ist. Als Maß für die Inter-Rater-Reliabilität habe ich den Prozentwert aus dem Teil der Fälle gebildet, in denen mindestens zwei von drei Kodierern ein übereinstimmendes Urteil abgegeben haben. Wenn zwei Kodierer zu einer Sequenz ein übereinstimmendes Urteil abgegeben haben, so habe ich dieses Urteil auch in dem Fall als das gültige angesehen, in dem der dritte Kodierer zu einem abweichenden Urteil gekommen ist.

Die Erfahrungen während der Trainingsphase spiegelten im wesentlichen die Erfahrungen wider, die wir auch in unseren Seminaren mit den META-Programmen und zusätzlich in vielen hundert Trainingstagen gewonnen haben: Viele Teilnehmer geben Urteile hinsichtlich eines Gesprächsinhaltes ab, der anfangs sehr von der inhaltlichen Dimension des Gesagten und ihrem persönlichen Standpunkt als Zuhörer geprägt ist. Entscheidend für die Beurteilung einer Sequenz im Sinne der META-Programme ist jedoch weniger deren inhaltlicher, als vielmehr deren formaler Aspekt. Literaturwissenschaftlich läßt sich dieser Ansatz, mit Sprache als einem Instrument umzugehen, der ja im NLP sehr deutlich zu erkennen ist, dem Strukturalismus zuordnen: Hier wie dort wird die Form als wesentlicher Bestandteil des Ganzen und damit auch als Träger von Inhalten gesehen. Im Laufe der Trainingsphase funktionierte das Verfahren erwartungsgemäß immer besser, so daß schließlich eine stabile Übereinstimmungsrate der Kodiererurteile erreicht werden konnte.

Ich sehe eine Übereinstimmungsrate von 90% für die Zwei-aus-drei-Reliabilität der untersuchten Textstellen als ausreichend an. Die folgenden Tabellen zeigen, daß dieses Kriterium erfüllt wurde – wobei auffällt, daß die Übereinstimmungen für die Sequenzen des zweiten Übungstextes, der erst im zweiten Teil des Trainings eingeschätzt worden ist, noch etwas höher liegen, als die für den ersten Text aus der ersten Trainingsphase.

Nachdem ich diese Information hatte, konnte die Trainingsphase als erfolgreich abgeschlossen erklärt werden.

Tab. 1: Übereinstimmung aller möglichen Zweierkonstellationen

Text	Kodierer	Übereinstimmung in %
Ü 1	K1 – K3	91,75
	K1 – K2	90,45
	K2 – K3	83,33
Ü 4	K1 – K3	94,44
	K1 – K2	91,66
	K2 – K3	90,90

5. Ergebnisse

5.1. Prüfung der Reliabilität

Die Reliabilitätsprüfung untergliedert sich in die Überprüfung der Übereinstimmung von mindestens zwei von drei Kodierern bei einer Sequenz eines Autors (Inter-Rater-Reliabilität) und in die Kontrolle der Stabilität der Urteile jedes einzelnen Beobachters (Intra-Rater-Reliabilität).

5.1.1. Inter-Rater-Reliabilität

a) Nichtübereinstimmung von mindestens zwei Kodierern nach der Zwei-aus-drei-Reliabilität

Tab. 2 zeigt eine Übersicht über die Übereinstimmung der Kodierer in zwei von drei Fällen für jede einzelne Textstelle. Die Zahlen auf der linken Seite entsprechen der fortlaufenden Numerierung der Texte.

Tab. 2: Übereinstimmung zwischen drei Kodierern nach der 2-aus-3-Reliabilität

Text	Person	Sequenzen	Übereinstimmung in %
1	H. Maske	43	100,00
2	H. Maske	16	93,75
3	H. Maske	51	92,85
4	H. Maske	27	100,00
5	H. Maske	34	100,00
6	Th. Gottschalk	67	100,00
7	Th. Gottschalk	22	95,45
8	Th. Gottschalk	36	100,00
9	Th. Gottschalk	12	91,66
10	Th. Gottschalk	24	100,00
11	Th. Gottschalk	11	87,50
12	Jil Sander	76	100,00
13	Jil Sander	53	100,00
14	Jil Sander	23	86,36
15	Jil Sander	19	94,73
16	M. Schumacher	12	100,00
17	M. Schumacher	42	90,90
18	M. Schumacher	57	93,75
19	M. Schumacher	21	100,00
20	M. Schumacher	39	95,83
21	Steffi Graf	25	100,00
22	Steffi Graf	13	87,50
23	Steffi Graf	16	100,00
24	Steffi Graf	34	100,00
25	Steffi Graf	63	85,71
26	Steffi Graf	9	100,00
27	Steffi Graf	6	100,00
28	Steffi Graf	6	94,44
29	W. Niedecken	27	83,33
30	W. Niedecken	34	100,00

31	W. Niedecken	58	100,00
32	W. Niedecken	13	87,50
33	W. Niedecken	19	100,00
34	W. Niedecken	20	91,66
35	C. Schiffer	48	87,50
36	C. Schiffer	32	91,66
37	C. Schiffer	56	83,33
38	C. Schiffer	35	100,00
39	Gloria v. Th. u. T.	38	94,44
40	Gloria v. Th. u. T.	46	100,00
41	Gloria v. Th. u. T.	51	100,00
42	Gloria v. Th. u. T.	36	88,88
43	Franz Beckenbauer	33	100,00
44	Franz Beckenbauer	18	88,88
45	Franz Beckenbauer	72	91,66
46	Franz Beckenbauer	11	90,00
47	Franz Beckenbauer	37	100,00
48	Boris Becker	16	100,00
49	Boris Becker	52	90,90
50	Boris Becker	44	83,33
51	Boris Becker	31	100,00
52	Boris Becker	28	90,00
53	F. van Almsick	56	100,00
54	F. van Almsick	47	100,00
55	F. van Almsick	31	96,77
56	F. van Almsick	37	100,00
57	W. Schäuble	42	100,00
58	W. Schäuble	32	91,66
59	W. Schäuble	22	100,00
60	W. Schäuble	18	87,5
61	W. Schäuble	30	95,45
62	W. Schäuble	27	100,00

Gesamtzahl aller Nicht-Übereinstimmungen:

98 Sequenzen; dies entspricht einer Gesamtübereinstimmung von 93,72%.

b) Anzahl der Abweichungen eines Kodierers vom übereinstimmenden Urteil der beiden anderen pro Person und Textstelle

Um zu überprüfen, ob einer der drei Kodierer systematisch vom Urteil der beiden anderen abweicht, habe ich die Anzahl der Abweichungen eines Kodierers vom übereinstimmenden Urteil der beiden anderen für jede Textstelle getrennt erhoben. Auch hierbei traten keine signifikanten Unterschiede zwischen den einzelnen Kodierern auf.
Tabelle 3 zeigt die Ergebnisse dieser Erhebung:

Tab. 3: Abweichungen jedes Kodierers vom übereinstimmenden Urteil der beiden anderen

Text	Sequenzen	Kodiererabweichungen		
		K1	K2	K3
1	43	2	6	7
2	16	2	2	1
3	51	1	3	2
4	27	0	0	0
5	34	0	1	0
6	67	0	3	2
7	22	3	3	5
8	36	1	2	0
9	12	5	2	1
10	24	0	1	0
11	11	4	2	8
12	76	0	1	1
13	53	1	1	1
14	23	4	2	4
15	19	1	3	3
16	12	2	1	2
17	42	3	5	7
18	57	1	1	0
19	21	4	3	0
20	39	6	8	3
21	25	4	3	10
22	13	0	1	1
23	16	4	1	2
24	34	1	1	4
25	63	3	8	6
26	9	0	3	1
27	6	2	5	0
28	6	1	3	3
29	27	2	4	1

30	34	0	2	0
31	58	0	3	1
32	13	7	8	9
33	19	3	0	1
34	20	0	2	2
35	48	0	0	2
36	32	6	6	2
37	56	1	1	0
38	35	0	0	0
39	38	0	0	1
40	46	1	1	1
41	51	0	2	3
42	36	1	3	3
43	33	2	1	0
44	18	1	4	1
45	72	0	2	2
46	11	0	0	0
47	37	2	2	5
48	16	2	0	1
49	52	2	0	1
50	44	14	3	7
51	31	1	2	2
52	28	6	4	3
53	56	4	1	1
54	47	2	1	1
55	31	2	1	3
56	37	1	1	1
57	42	3	2	6
58	32	2	3	10
59	22	1	2	3
60	18	3	2	1
61	30	0	2	1
62	27	3	1	1
Gesamtzahl der Abweichungen:		**99**	**87**	**101**
Abweichung in % :		**17,04**	**14,97**	**17,38**

5.1.2. Intra-Rater-Reliabilität

Um sicherzustellen, daß es sich bei den Einschätzungen meiner Kodierer um zeitstabile Urteile handelte, bekam jeder Kodierer eine nach dem Zufall ausgewählte Textstelle, die er bereits eingeschätzt hatte, vier Wochen nach Abschluß der Kodierphase erneut zur Beurteilung vorgelegt. Für die einzelnen Kodierer ergab sich folgende Intra-Rater-Reliabilität:

K1: 3/43; dies entspricht einer Intra-Rater-Reliabilität von **93,00%**.
K2: 1/76; dies entspricht einer Intra-Rater-Reliabilität von **98,68%**.
K3: 2/34; dies entspricht einer Intra-Rater-Reliabilität von **94,11%**.

Ich halte die Werte aller drei Kodierer für gut. Bei der Beurteilung der Werte muß berücksichtigt werden, daß sowohl die neun META- Programme, als auch die einzelnen, ihnen zugeordneten Wörter aus den Dornseiff'schen Wortfeldern ein komplexes kognitives System darstellen, das jedem Kodierer während der Einschätzung durch den ständigen Trainingseffekt beim Kodieren präsent gewesen ist. Dieses System muß jedoch nicht notwendigerweise zeitstabil sein. Um eine ausreichende Intra-Rater-Reliabilität sicherzustellen, ist also entweder, wie im Fall der vorliegenden Arbeit, ein durchgängiger Umgang mit den Kategorien und dem Manual oder aber eine neue Trainingsphase notwendig, um die Intra-Rater-Reliabilität auf einem durchgängig hohen Niveau zu halten.

Anmerkungen:

1. Süddeutsche Zeitung, 14.1.1994
2. Die Presse, Januar 1992

Danksagung von Frank Frenzel

Dieses Buch hätte nicht zustandekommen können ohne die tatkräftige Unterstützung einiger Menschen, die mir lieb, wertvoll und teuer sind und denen ich an dieser Stelle meinen Dank aussprechen will:

Danke

an meinen Co-Autor Wolf Lasko – Dein Engagement und die Zeit, die wir gemeinsam in dieses Projekt investiert haben, waren wertvoll für mich.

Danke

an alle Seminarteilnehmer und Kunden, die mich an den Erfolgen unserer gemeinsamen Seminare und Projekte teilhaben ließen – wir haben uns versprochen, auch das Feiern nicht zu vergessen.

Danke

allen Partnern von **Winner's Edge** und von der **European Academy and Research for NLP & MORE,** besonders Werner Bergmann, Dr. Dietrich Buchner, Marianne Brege, Sabine Hoffmeister, Angelika Schauenberg und Dr. Josef Schmelzer.

Danke

allen Seminarteilnehmern, Trainern, Mentoren und Wegbegleitern, die mich im Laufe der letzten Jahre an ihrem Wissen und ihrer Weisheit teilhaben ließen – es gibt kaum etwas Wertvolleres im Leben,

Danke

an Herrn Probst vom Junfermann Verlag; unsere „Expertengespräche" über Weltmeisterschaftspunkte, Boxenstopstrategien und linke Haken und Ihre selbst durchs Telefon spürbare Begeisterung für dieses Buch haben mir großen Spaß bereitet und waren eine wertvolle Motivationsquelle für mich,

Danke

allen, die mir durch Anregungen, Kritik und ein herzliches, aufmunterndes Lachen bei den ersten „Lesungen" weitergeholfen haben.

Spezieller Dank

geht an Ruth Nusser, die durch ihren unermüdlichen Einsatz bei der Datenrecherche wesentlich zum Gelingen dieses Buches beigetragen hat – be all, you can be – living your life to the fullest.

Adressen

Frank Frenzel
Könemannstraße 11
48161 Münster-Roxel
Tel.: 02534/2538
Tel. Büro: 0201/53 51 29
FAX Büro: 0201/ 53 12 88

Wolf W. Lasko
Haus Heckelsberg
Bachstraße 29
50189 Elsdorf/Oberembt
Tel.: 02274/62 08

Winner's Edge, Gesellschaft für Führungs-, Strategie- und Verkaufscoaching mbH
Schloß Elbroich
Am Falder 4
40589 Düsseldorf
Tel.: 0211/75 70 75-5/6
FAX: 0211/75 32 15

European Academy and Research of NLP & MORE
Schloß Elbroich
Am Falder 4
40589 Düsseldorf
Tel.: 0211/75 70 75 7
FAX: 0211/75 70 75 8

JUNFERMANN

Den Stein ins Rollen bringen

1995, 100 S., geb.
mit Schutzumschlag
DM 29,80
ISBN 3-87387-136-X

Wie findet man seinen Märchenprinzen bzw. seine Traumfee, wenn man Ecken und Kanten hat und sich alles andere als vollkommen fühlt? Was tun, wenn man so gerne ganz sein möchte, doch von sich selber glaubt, lediglich ein Teil zu sein, das jemand anderem fehlt?

In dieser beeindruckenden Bildergeschichte können wir erleben, wie Missing Piece auf der Suche nach dem idealen Part-ner so manchen Irrweg geht und manche Enttäuschung einstecken muß. Endlich scheint das Ziel erreicht - und dann kommt alles doch ganz anders...

Shel Silverstein, 1932 in Chicago geboren, gehört zu jenen wenigen Künstlern, die es vermögen, mit sparsamen Strichen und wenigen Worten Typisches, Besonderes und jegliche Feinheiten im menschlichen Dasein liebevoll darzustellen.
Er hat neue Akzente gesetzt - das ist sicher. Er ist nicht auffindbar für die Öffentlichkeit. Er ist Cartoonist, Literat, Komponist, Illustrator und Sänger - kurz: ein kreatives Genie oder anders gesagt, voller genialer Kreativität.

JUNFERMANN VERLAG • Postfach 1840
33048 Paderborn • Telefon 0 52 51/3 40 34